国家重大出版工程项目
"十二五"国家重点图书

中国古建筑丛书

○吴昊 翁萌 编著

甘肃古建筑

中国建筑工业出版社

审图号：GS（2015）2780号

图书在版编目（CIP）数据

甘肃古建筑／吴昊，翁萌编著．—北京：中国建筑工业出版社，2015.12

（中国古建筑丛书）

ISBN 978-7-112-18237-4

Ⅰ.①甘⋯　Ⅱ.①吴⋯②翁⋯　Ⅲ.①古建筑—介绍—甘肃省　Ⅳ.①K928.71

中国版本图书馆CIP数据核字（2015）第141536号

责任编辑：李东禧　唐　旭　吴　绫　杨　晓
书籍设计：康　羽
责任校对：姜小莲　党　蕾

中国古建筑丛书

甘肃古建筑

吴昊　翁萌　编著

*

中国建筑工业出版社出版、发行（北京西郊百万庄）
各地新华书店、建筑书店经销
北京锋尚制版有限公司制版
北京顺诚彩色印刷有限公司印刷

*

开本：880×1230毫米　1/16　印张：24¾　字数：653千字
2015年12月第一版　2015年12月第一次印刷
定价：388.00元
ISBN 978-7-112-18237-4
（25831）

版权所有　翻印必究

如有印装质量问题，可寄本社退换
（邮政编码 100037）

《中国古建筑丛书》总编委会

总顾问委员会：

罗哲文　张锦秋　傅熹年　单霁翔　郑时龄

总编辑委员会：

主　任：吴良镛　周干峙
副主任：沈元勤　陆元鼎
总主编：陆　琦　戴志坚
委　员（按姓氏笔画排序）：

丁　垚　王　军　王　南　王金平　王海松　左满常　朱永春
刘　甦　李　群　李东禧　李晓峰　李乾朗　杨大禹　杨新平
吴　昊　张玉坤　张兴国　张鹏举　陆　琦　陈　琦　陈　颖
陈　蔚　陈伯超　陈顺祥　范霄鹏　罗德启　柳　肃　胡永旭
姚　赯　徐　强　徐宗威　翁　萌　高宜生　唐　旭　黄　浩
谢小英　雍振华　蔡　晴　谭刚毅　燕宁娜　戴志坚

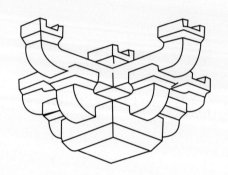

《甘肃古建筑》

主　任：刘临安
副主任：吴　昊　翁　萌
委　员：吴家骅　庄惟敏　吕品晶　侯黎明　孙毅华　娄　婕　张　睿
　　　　　贺建强　慕　剑　黄跃昊
审稿人：孙西京

总 序

中国历史悠久，地大物博，人口众多，是一个多民族的国家，文化遗产极为丰富。中国古建筑是世界建筑史上的四大体系之一，五千年来，光辉灿烂，独特发展，一脉相传，自成体系。在建筑历史发展过程中，从来都没有中断过，因而，积累了大量的极为丰富的优秀建筑文化遗产。中国古代建筑的实践经验、创作理论、工艺技术和艺术精华值得总结、传承和发扬。

中国古代建筑具有强大的生命力，首先是独特的地理环境。中国位于亚洲东方，北部有长白山、乌苏里江高山河流阻挡，西有天山、喀喇昆仑山脉和沙漠横贯，西南有喜马拉雅山脉，东南则沿海，形成封闭与外界隔绝的地域，加上地处热带、温带和寒带，宽阔的地理和悬殊的气候，促进建筑与环境的巧妙和谐结合。

其次，独特的民族性格。中国是以汉族为主的多民族所组成。以中原文化为主的汉族人民团结、凝聚着居住和生活在各地的少数民族。由于各民族的历史、文化、宗教信仰、生活习俗与审美爱好的不同，以及他们所处地区的自然条件和地理环境的差异，长期的劳动实践，形成了各民族独特的性格和绚丽灿烂的建筑风貌。

其三，文化的独特体系。中国文化是以黄河流域中原文化为中心，周围有燕赵文化、晋文化、齐鲁文化、吴越文化、楚文化、秦文化和巴蜀文化所烘托，具有历史渊源长久、人类智慧集中、思想资源丰富的特点。中国传统文化思想的集中表现是以儒学、道学为代表，其后，佛教的传入与中国传统文化的结合，形成以儒学为主的儒、道、释三者合一的中国传统文化思想。归纳起来，就是天人合一的宇宙观念，以人为本、和为贵的人文思想，整体直觉的思维方式，真善美相结合的美学观念。

封闭而独特的地理环境，团结凝聚而又富于创造的民族性格，以儒学为主的文化独特体系，创造了中华民族的雄伟壮丽的建筑工程。长期的经验积累，独树一帜，虽经战争的炮火，民族之间的斗争与融合，外来文化之传入及本土化，但中华民族建筑始终一脉相传，傲然生存下来，顽强发展，独树一帜而不倒，在世界建筑史发展中是罕见的、独有的。

中国古代建筑发展经历了原始社会、奴隶社会和封建社会三个历史阶段。

旧石器时代，原始人群利用天然崖洞作为居住场所。南方湿热多雨，虫害兽多，出现巢居。1973年，在浙江余姚河姆渡村发现大约建于6000~7000多年前的、长约23米、进深约8米的木构架建筑遗址，推测是一座长方形、体量相当大的干阑式建筑，这是我国最早采用榫卯技术构筑房屋的一个实例。

原始社会晚期，黄河流域有广阔而丰厚的黄土层，土质均匀，含有石灰质。黄河中游的氏族部落，在利用黄土层作为壁体的土穴上，用木架和草泥建造简单的穴居，逐步发展到浅穴居，再到地面上的房屋，形成聚落。

奴隶社会，夯土技术逐步成熟，宫室建于高大的夯土台上，木构建筑逐步成为中国古代建筑的主要结构方式。等级制度出现。工程管理有了专职的"司空"，以后各朝代沿袭发展成为中国特有的工官制度。

封建社会初期，高台建筑盛行，修建了长城、驰道和水利工程。东汉时代，建筑中已大量使用成组的斗栱，木构楼阁增多，城市和建筑类型扩充，中国古代独特的木构建筑体系基本形成。

两晋南北朝是我国历史上充满着民族斗争和民族融合的时期，佛教的传入，宗教建筑大量兴建，高大的寺庙、壮丽的塔幢，石窟中精美的雕塑和壁画，这是我国古建筑吸收外来文化使之本土化的创造时期。

隋、唐统一全国，开凿贯通南北的大运河，促进了我国南北物资和文化的交流和发展。唐代的长安、洛阳成为世界上最大的城市。木构建筑的宫殿、楼阁和石窟、塔、桥，无论布局或造型都具有较高艺术和技术水平，唐代建筑已发展到成熟的阶段。

宋、辽、金时期，南方在经济和文化方面居于先进地位。由于手工业分工更加细致，国内商业和国际贸易活跃，城市逐渐开放，改变了汉以来历代都城采用的封闭式里坊制度，形成沿街设店的方式。建筑的设计和施工达到一定程度的规格化、制度化，公元12世纪初在总结经验的基础上编写了《营造法式》这一部重要文献。

元代大都建立，喇嘛教和伊斯兰教建筑影响到各地。明、清时期官式建筑已经达到完全程式化、定型化阶段。明代后期出现资本主义萌芽，清代在城市规划上、建筑群体布局和建筑艺术形象上有所发展，例如北京城、故宫、天坛等。民居、园林和民族建筑遍布各地，呈现一片繁荣景象。

中国古建筑有明显的特征。在城市规划上，严谨规整、对称宏伟，表现出庄重威武的中华民族性格。单体建筑中，雄伟的飞檐屋宇、大红的排列柱廊、高大的汉白玉台基，呈现出崇高壮丽又稳定的形象。黄河流域盛产的木材资源，形成了中国古建筑木构架体系的特色。室外装饰的富丽堂皇、金碧辉煌，室内陈设装修的华丽多样、细腻雕饰，体现了中国古建筑绚丽多彩的民族风格。

聚居建筑方面，包含民居、祠堂、家庙、书院等遍布全国各地，它们与人民生活息息相关。各地各族人民根据自己的生活习俗、生产需要、经济能力、民族爱好和审美观念，结合本地的自然条件和材料，因地制宜、因材致用地进行设计与营造。他们既是设计者，又是营建者、使用者，可以说设计、施工、使用三位一体，因而，这种建造方式所形成的民宅民间建筑，既实用简朴，又经久美观，并富有民族风格和地方特色。

中国古园林的特征。以自然山水即中国山水画为蓝本，并以景区、景物和建筑、山水、花木为构件，由景生情，产生意境联想，达到艺术感受。皇家园林因其规模大、范围广，其园林布局自秦、汉时期的一池三岛，到唐、宋以山水画为蓝本，明、清仍沿袭池中置岛古制，但采用人工造山置水的方法。

明、清私家园林因属民间，士大夫文人常在宅后设园休闲宴客，吟诗享乐，其特点是以最小的场所造成无限的景色为目的。因其规模小，常以叠石或池水为主，峰峦洞壑、峭壁危径或曲径通幽取胜。在情景中则采用巧于因借、精在体宜的手法。

我国是一个人口众多的多民族国家。相传秦汉以前，中华大地上主要生存着华夏、东夷、苗蛮三大文化集团，经过连年不断的战争，最终华夏集团取得了胜利，上古三大文化集团基本融为一体，历史上称为华夏族。春秋、战国时期，东南地区古老的部族称为"越"，逐渐为华夏族所兼并而融入华夏族之中。秦统一各国后，到汉代都用汉人、汉民这个称呼，直到隋、唐，汉族这个名称才固定下来。

由于各民族的历史文化、宗教信仰、生活生产、习俗性格的不同，又由于各族人民所处地区的自然条件和环境的不同，导致他们各自产生了富有特色的建筑和民宅，如宏伟壮丽的藏族布达拉宫，遍布各族聚居地的寺院庙宇、寨堡围村、楼阁宅居，反映了绮丽多彩的民族风貌。

中国传统文化渗透了中国古建筑，中国古建筑深刻地体现了中国文化。

新中国成立后，作为全国性有领导有组织地编写中国古代建筑史，第一次是1959年，由原建筑科学研究院组织"编写三史"开始。当时集中了全国高等院校、科研部门分工编写，1962年由中国工业出版社出版《中国建筑简史》第一册（古代部分）。随后，又组织有关院校、文化、历史、考古等单位对古代建筑史有研究的人员，经多次修改，由刘敦桢教授执笔主编的《中国古代建筑史》，于1966年完成。由于"文化大革命"，未能出版，1980年才由中国建筑工业出版社正式出版。作为高等院校的中国建筑史教材则由全国高校教师编写，参考了上述专著，由中国建筑工业出版社1982年出版。

作为系统的、全面的、编写中国古建筑丛书是从1984年开始，当时作为《中国美术全集》中的一个门类——建筑艺术，称为《中国美术全集·建筑艺术编》，共6辑，包含宫殿、坛庙、陵墓、宗教建筑、民居、园林，1988年完成出版。

第二次编写从1992年开始，编写的原因是《中国美术全集·建筑艺术编》6辑出版后，各界反映良好，但感到篇幅不够，它与我国极为丰富的建筑文化遗产大国不相适应。于是，再次组织编写《中国建筑艺术全集》丛书30辑，其中古建筑24辑，近现代建筑6辑。古建筑部分仍按类型编写。该丛书中的24辑于1999年5月出版。

由于这两次丛书都是全国性编写，按类型写，又着重在艺术，因此，一些地方特色和民族特色的、中型的优秀古建筑就难于入选。为了弘扬和传承优秀传统建筑文化体系，总结经验和规律，保护我国优秀传统建筑文化遗产，因此，全面地、系统地、按省（区）来编写古建筑丛书是非常必要的、合时宜的。

本丛书编写的主要特点是：其一，强调本省（区）古建筑的民族特色和地方特色；其二，编写不限于建筑艺术，而是对本省（区）古建筑的全面叙述，着重在成就、价值、特色、技术和经验、规律等各个方面，这是我国民族和地区的资料比较全面和丰富的传统建筑文化丛书。

陆元鼎

2015年1月10日

前 言

甘肃，从东部的陇南到西部的酒泉，横跨1600多公里，面积45万余平方千米。仔细看看甘肃版图的形状，可以发现她多少有些像中国古时候的黄铜钥匙，横亘在祖国广袤疆域的西北部。甘肃是华夏文化的重要发祥地之一，中华民族的人文始祖伏羲、女娲都诞生在这里。这块大地上深深地埋隐着历史上风云际会发生的悲壮的抑或凄婉的故事。在以陆地为交通的古代，特别是从秦汉到隋唐的一千余年间，这块锁钥状的土地，一端搭接在中原，另一端深入到西域，承担着连通东西方文化交流的功能。公元之交，当以罗马（史称大秦）为代表的西方文化不断地向东方移动的时候，而以长安为代表的东方文化也在努力地向西方挺进，正是通过这块"锁钥之地"，千余年沧桑坎坷的岁月孕育出了举世闻名的文化廊道——丝绸之路。在人类文明史上，第一次实现了中国与欧洲大陆的文化沟通。

今天，当我们读到张骞、班超、裴矩、玄奘[①]这些历史人物的名字时，多少有些恍如隔世的感觉；但是，当我们读到当年他们经过的武威、张掖、酒泉、敦煌这些城市的名字时，我们却不会有丝毫的陌生感。正是因为这些人物的名字和城市的名字有着同样悠久的历史，充满着文化生命的基因，才会让我们油然生出刻骨铭记与世代传承的不竭力量。

甘肃，是一块点缀着文明珍珠的土地，从史前大地湾的殿堂[②]、伏羲故里的传说、先秦文化的发祥到天马踏燕的雄姿[③]、阳关边塞的诗章、莫高石窟的风采……从汉到唐的一千余年，这些熠熠生辉的历史成就充分地证明甘肃在中华民族历史上的巨大作用和重要地位。

两宋之后，直至明清，随着我国的政治经济中心的东移和北上、海上水路交通的开拓，直至近代西方列强的殖民侵入，整个国家的文化重心逐渐由内陆转移到了沿海，甘肃的作用和地位才日渐式微，她那曾经活泼跃动的文化印记在人们的脑海里也随之逐代消减乃至淡漠了。

历史上，地处丝绸之路重要地段的甘肃一直

[①] 张骞（公元前164-前114年），西汉时期杰出的外交家和探险家，开拓汉朝通往西域的道路，对于丝绸之路的开拓有着重大贡献。班超（公元32-102年），东汉时期著名的军事家和外交家，为西域诸国的平定和丝绸之路的通畅立下卓著功勋。裴矩（公元547-627年），隋唐时期政治家、外交家、地理学家，常年在西域地区奉使行政，维护中央政权。玄奘（公元602-664年），唐代著名高僧，曾通过西域的丝绸之路到达印度取经。其影响远播东亚地区。
[②] 甘肃秦安大地湾的新石器时期文化遗址曾发掘出土一座面积达450平方米的殿堂遗址，是迄今国内发现的该时期面积最大的单体建筑遗址。
[③] 为汉代青铜器，1969年在甘肃武威的雷台墓出土。以奔马单足踏飞燕的造型表明天马行空的意蕴。现被引用为中国旅游业的标志。

演绎着多元文化交流与融合的故事。今天，甘肃大地上遗存的古代建筑，虽然没有都城宫殿的恢宏壮丽、没有中原寺庙的崇峻繁绮、没有江南民居的灵巧婉约，但是，由于她地处多民族聚居、多文化交融的地带，她的建筑特点恰恰具有别于正统制式建筑的另样生面，体现出建筑文化交汇熔融的成就，也就是在文化多样性的语境中产生出来的类型丰富的建筑作品。在这些建筑作品中，囊括了城池、寺庙、宫观、宗祠、祭坛、石窟、塔幢、关防、衙署、书院、会馆、宅院、民居……种类繁多，不尽枚数。我们可以通过阅读或欣赏这些文字和图片，连缀或者黏合我们头脑中曾有的对于我国历史的所知所会，就不难想象出甘肃古代建筑的辉煌。

《甘肃古建筑》采用纵横交错的手法展开古代建筑的叙说。先以甘肃的自然形胜与人文特色作为铺垫，进而从建筑文化的角度对建筑格局、类型、风格、样式展开总体的描绘。接下来以建筑类型为线索，以建筑实例为样板，用通俗的专业词汇悉心地进行描绘。这种从宏观到微观、从整体到具体的手法，让读者能够对于甘肃古代建筑产生一个生动而清晰的印象。

今逢改革开放，春风遍吹，政通人和，国家富强，文化勃兴，正当其时。更有"一带一路"，国家战略，海陆并举，博大恢宏，旷世空前，预示着一种华夏文化复兴的吉祥之兆。《甘肃古建筑》的付梓出版，集合了科研与编撰人员的三年多的辛劳，是他们的艰辛付出与无怨奉献，把甘肃的历史建筑长卷展现在我们面前，让我们欣喜地看到了"心血之注，嫣然生花"的丰硕结果。

甲午马年在即，祝愿他们跃身上马，再续奔腾，再获成功。

刘临安
2015年1月1日

目 录

总 序

前 言

第一章 绪 论
第一节 影响甘肃古建筑发展的因素 / 〇〇三
一、山河塑形——影响甘肃古建筑发展的自然
　　因素 / 〇〇三
二、东承西鉴——人文因素 / 〇〇四
三、丝路为魂——丝绸之路对甘肃古建筑发展的
　　影响 / 〇〇七
第二节 甘肃古建筑的发展与特色 / 〇〇七
一、甘肃古建筑的演变 / 〇〇七
二、甘肃古建筑的格局 / 〇〇九
三、甘肃古建筑的类型 / 〇一〇
四、甘肃古建筑的造型 / 〇一四
第三节 甘肃古建筑的区域分化与特征 / 〇一六
一、陇东地区、陇南地区 / 〇一六
二、甘南地区 / 〇一七
三、河西走廊 / 〇一九
四、兰州、兰州周边及临夏 / 〇一九

第二章 宗教寺观
第一节 佛寺 / 〇二七
一、拉卜楞寺 / 〇二七
二、郎木寺 / 〇三九
三、张掖大佛寺 / 〇四一
四、西来寺 / 〇四九
五、秦安兴国寺 / 〇五〇
六、红城感恩寺 / 〇五三
七、妙因寺 / 〇五六
八、庄严寺 / 〇六〇
九、蔡家寺 / 〇六二
十、武威海藏寺 / 〇六四
十一、圣容寺 / 〇六七
十二、宋代福津广严院 / 〇六八
十三、天堂寺 / 〇六九
十四、东大寺 / 〇七一
十五、合作米拉日巴佛阁 / 〇七三
第二节 伊斯兰清真寺 / 〇七四
一、天水后街清真寺 / 〇七四
二、静宁清真寺 / 〇七八
第三节 道教宫观 / 〇八〇

一、玉泉观 / ○八○
二、金天观 / ○八三
三、雷台观 / ○八五
四、白云观 / ○八六
五、崆峒山建筑群 / ○八七

第三章 坛庙宗祠
第一节 坛庙 / 一○○
一、天水市伏羲庙 / 一○○
二、平凉市崇信县武康王庙 / 一○二
三、陇南宕昌县梓潼文昌帝君庙 / 一○七
四、武威市下双大庙及魁星阁 / 一○七
第二节 文庙 / 一一一
一、甘肃武威文庙 / 一一一
二、天水市秦安县文庙 / 一一六
三、甘肃陇南市两当县文庙 / 一一七
四、平凉静宁文庙 / 一一七
五、天水市甘谷县文庙 / 一二○
六、甘肃天水文庙 / 一二一
七、兰州市皋兰县文庙 / 一二一
八、甘肃礼县文庙 / 一二四

九、陇南徽县文庙 / 一二四
十、白银会宁文庙 / 一二四
十一、兰州府文庙 / 一二四
第三节 隍庙 / 一二五
一、兰州府城隍庙 / 一二五
二、泾川城隍庙 / 一二六
三、兰州榆中青城镇青城隍庙 / 一二七
四、平凉府城隍庙 / 一二九
第四节 祠堂 / 一二九
一、天水市纪信祠 / 一二九
二、榆中青城高氏祠堂 / 一三○

第四章 塔 幢
第一节 阁楼式塔 / 一三九
一、凝寿寺塔 / 一三九
二、东华池塔 / 一四一
三、湘乐砖塔 / 一四三
四、延恩寺塔 / 一四六
五、罗什寺塔 / 一四九
六、肖金塔 / 一五○
七、环县塔 / 一五二

八、凌空塔 / 一五五

九、张掖木塔 / 一五六

十、塔儿庄砖塔 / 一五七

十一、栗川砖塔 / 一五八

十二、莲花山塔 / 一五九

第二节　覆钵式塔 / 一五九

一、白马塔 / 一五九

二、塔院寺金塔 / 一六〇

三、镇国塔 / 一六三

四、敦煌土塔 / 一六四

第三节　造像塔 / 一六七

一、白马造像塔 / 一六七

二、双塔寺造像塔 / 一六八

三、华池盘龙寺造像塔 / 一七一

四、合水塔儿湾造像塔 / 一七一

五、脚扎川万佛塔 / 一七四

第四节　其他塔幢 / 一七四

一、圆通寺塔 / 一七四

二、永昌圣容寺塔 / 一七六

三、北海子塔 / 一七八

四、敦煌花塔 / 一八〇

五、兰州白塔山白塔 / 一八一

六、白衣寺塔 / 一八一

七、敦煌慈氏塔 / 一八三

第五章　石窟建筑

第一节　莫高窟 / 一九一

一、千年佛光现敦煌——莫高窟历史沿革 / 一九二

二、窟龛形制展全貌——石窟建筑形制分类 / 一九二

三、窟檐建筑留珍宝 / 一九六

四、壁画艺术世无双 / 一九七

第二节　麦积山石窟 / 二〇二

一、崖阁建筑存精粹 / 二〇三

二、泥塑艺术现精华 / 二〇五

第三节　其他石窟 / 二〇七

一、张掖马蹄寺石窟群 / 二〇七

二、永靖炳灵寺石窟 / 二一一
三、榆林窟 / 二一三
四、西千佛洞 / 二一七
五、北石窟寺 / 二一八
六、南石窟寺 / 二二〇
结语 / 二二二

第六章　公共建筑及军事建筑

第一节　公共建筑 / 二二七
一、酒泉钟鼓楼 / 二二七
二、张掖鼓楼 / 二三〇
三、永昌钟鼓楼 / 二三一
四、定西市陇西威远楼 / 二三一
五、白银市靖远县钟鼓楼 / 二三三
六、敦煌清代粮仓（南仓）/ 二三三
七、张掖东仓 / 二三六
八、兰州永登连城鲁土司衙门 / 二三七
第二节　军事建筑 / 二四三
一、甘肃古长城 / 二四三
二、嘉峪关建筑群 / 二五二

三、酒泉玉门关及长城烽燧 / 二五五
四、敦煌市阳关遗址 / 二五七
五、酒泉瓜州锁阳城遗址 / 二五七
六、汉居延遗址——
　　大湾城遗址（甘肃部分）/ 二五九
七、汉居延遗址——
　　地湾城遗址（肩水堠官）/ 二五九
八、酒泉瓜州破城子遗址 / 二六〇
九、酒泉金台肩水金关遗址 / 二六一
第三节　古城及堡寨 / 二六二
一、高台县骆驼城 / 二六二
二、张掖黑水国故城城址 / 二六五
三、敦煌汉悬泉置 / 二六五
四、平凉静宁成纪古城 / 二六六
五、酒泉晋城门 / 二六六
六、白银景泰县永泰城址 / 二六八
七、甘南洮州卫城 / 二七一
八、张掖东古城城楼 / 二七二

第七章 民 居

第一节 天水民居 / 二七七
一、单体类型 / 二七九
二、院落类型 / 二七九
三、民居建筑组成部分 / 二八〇
四、天水民居实例
　　（天水典型的名人宅居）/ 二八二
第二节 临夏回族民居 / 三〇〇
一、民居院落布局特点 / 三〇〇
二、建筑类型及特点 / 三〇〇
三、砖雕艺术形式 / 三〇〇
四、临夏民居实例 / 三〇一
第三节 甘南藏族民居 / 三〇六
一、居住类型和特点 / 三〇七
二、传统甘南藏族聚落 / 三〇七
第四节 其他地区古民居 / 三〇九
一、经典民居——瑞安堡 / 三〇九
二、兰州地区民居——马宅 / 三一四
三、榆中县青城镇民居——西北民居
　　建筑的活化石 / 三一五

第八章 其他类型建筑

第一节 书院 / 三二七
一、甘肃举院 / 三二七
二、兰州禅院 / 三二九
三、政平书房 / 三三〇
第二节 楼 / 三三二
一、四家魁星楼 / 三三二
二、红山魁星楼 / 三三三
三、宁县辑宁楼 / 三三四
四、文县文昌楼 / 三三五
五、陇西保昌楼 / 三三六
第三节 坊、桥、会馆及其他 / 三三八
一、罗川赵氏石坊及其他 / 三三八
二、周旧邦木坊 / 三四一
三、渭源灞陵（凌）桥 / 三四一
四、榆中兴隆山卧桥 / 三四二
五、张掖民勤会馆 / 三四三
六、张掖山西会馆 / 三四六
七、大靖财神阁 / 三四八
八、土门三义殿 / 三四八
九、榆中青城镇 / 三四九

十、环县兴隆山建筑群 / 三五〇

十一、五泉山古建筑群 / 三五三

十二、甘南八角城 / 三五六

甘肃古建筑地点及年代索引 / 三五九

参考文献 / 三六六

后记 / 三七六

作者简介 / 三七八

甘肃古建筑

甘肃古建筑

第一章 绪论

图1-0-1 敦煌玉门关的壮丽与萧瑟

甘肃省，简称甘或陇，位于黄河上游，是中国西部的一个省份。因甘州（今张掖）与肃州（今酒泉）而得名，省会为兰州，辖12个地级市和2个自治州。古属雍州，是丝绸之路的锁匙之地和黄金路段，与蒙古国接壤，像一块瑰丽的宝玉，镶嵌在中国西北部的黄土高原、青藏高原和内蒙古高原的交会处。甘肃源自元代"甘州和肃州"两地的字首。作为古代的边陲之地，今日的西北腹地甘肃常被人理解为异质文化的载体，似乎总是在中原思想的边缘游走，经常淡出人们的视线。甘肃古建筑的大轮廓线条粗犷而内部神秘，各种文化的交融激荡使得甘肃古建筑雄浑苍凉，人们总是远观而很少细细揣摩（图1-0-1）。甘肃的古建筑也正是在这样的萧瑟落寞中静静等待。让我们从这样的情绪中逃离出来，揭开它的神秘面纱，慢慢诉说甘肃古建筑的种种。甘肃古建筑虽不如北京古建筑气势恢宏，不似广东古建筑轻盈婉约，不像山西古建筑端庄大气；但是，甘肃古建筑苍凉中平添妩媚、萧瑟中尽显壮丽，要说甘肃古建筑的气度却是别具一格（图1-0-2）。

作为人类发展的印记，建筑不但是人类活动的载体，也成为体现人类历史的活化石。甘肃古建筑体现着甘肃地区古代社会发展的点点滴滴：政治经济与文化融入其中、艺术与技术贯穿其中、民俗与民风体现其中，一个建筑体现着一个时代的内容。

追溯至20世纪30年代，梁思成先生与刘敦桢先生带领营造学社对以中原为主的地区进行了大规模的古建筑测绘调查，来填补中国古代建筑之缺环，而后又对西南地区古建筑进行了全面调查。以测绘的形式，为我们留下了古建筑的鲜活形象。"20世纪50年代以来，文物部门对各地区古建筑进行了普查。然而古代建筑的发现与探索仍处于基础资料积累的起步阶段，并且各地域的相关研究水平参差不齐。北方中原地区因建筑遗存数量较为丰富，与官式做法渊源密切，相关研究业已达到相当的理论深度"。[①]而较为偏远闭塞的西北内陆，对传统建筑的研究则相对落后，对甘肃古建筑的研究深入不足。

甘肃地区多民族聚居的特色十分鲜明，古建筑存在鲜有的宋、元代过渡建筑实例，在建筑工艺上也存在大量的传统地方做法。甘肃古建筑是中国古建筑重要的组成部分，更是我国西北地区古代建筑重要的组成部分，因此，对甘肃古建筑进行深度的普查和研究是我们亟待完成的一件事情。

本书的编著建立在大量实地调研的基础之上，希望在笔者的能力范围之内对甘肃古建筑的整体面貌进行扼要的介绍，全书分为八个章节，第一章概述意在理清甘肃古建筑产生、发展和现状的脉络，着重论述发展的因素、演变、格局、类型、区域划分等总体的轮廓，望读者能窥其全貌进而细细品味。二、四、五章为宗教建筑范畴。甘肃地区受宗教因素影响巨大，宗教建筑遗存完好，因此这几章形成了本书写作的重点，使用了大量篇幅作重点叙述，既能显示出其地位，也能带读者走进丰富多彩的甘肃古代宗教建筑世界。之后承接的章节继续展现甘肃古建筑的丰富类型，希望读者能领略到甘肃古建筑之魅力所在。

甘肃古建筑的发展也遵从中国古建筑的发展规律而演进发展。作为中国古建体系中的一部分，甘肃古建筑与其他地区的古建筑有很多相同的基本特点。本文着重强调甘肃古建筑的特点，对其他基本点仅作一般性的叙述，希望让读者能够品味到不一样的甘肃古建筑。

第一节　影响甘肃古建筑发展的因素

通过对甘肃地区姜家湾和寺沟口遗址的研究，文化的遗物可以证明在旧石器时代（距今20多万年）就有原始人在甘肃大地上生存繁衍。甘肃是我国历史上经济开发、特别是农业垦殖和古代文化发展较早的地区之一，作为传说中伏羲和女娲的故乡，也是中华民族灿烂文化的重要发祥地之一。随着时代的变迁、政治中心的迁移，甘肃这个往日的边陲重地越来越淡出了人们的视野，使得甘肃的面貌越来越模糊。由于甘肃曾经是边陲之地，与西域诸国的交流多于中原，民族的交融、文化的渗透、思想的激荡、交易的频繁注定了甘肃的多面性格，也注定了甘肃古建筑呈现出鲜明的民族特征、丰富的地域特性、多样的文化特点、共融的思想传承。

一、山河塑形——影响甘肃古建筑发展的自然因素

甘肃省的版图形态两边广阔、中间狭长，好似一个哑铃，地势呈西南高东北低。东接陕西，南邻

图1-0-2　敦煌莫高窟窟檐建筑

四川，西连青海、新疆，北与宁夏、内蒙古两自治区毗邻，西北一隅和蒙古国接壤。一条大河从这里经过，正是华夏文明发源的母亲河——黄河。境内有两大高原引人注目：以农耕为代表的陇中黄土高原和以游牧为代表的甘南青藏高原。黄土高原上有一座大山——陇山，即六盘山，甘肃省名因此山而简称"陇"，以陇山为界可将甘肃分为陇中、陇东、陇南、陇西。全省以高原、山地为主，地形、地貌复杂多样，山地、高原、平川、河谷、沙漠、戈壁，类型齐全，交错分布，地势呈西南高东北低，有很明显的过渡。

特殊的地形和自然条件成就了甘肃省境内古建筑的多元化特征。全省同一时期、同一类型的古建筑形态差异都很大。天津大学的唐栩在硕士论文《甘青地区传统建筑工艺特色初探》中将甘肃、青海的建筑工艺划分为两个体系：河州体系、秦州体系。而后李江又在硕士论文《明清甘青建筑研究》中将分类细化为：河西体系、河州体系、秦州

体系，三者既有联系又有区别。比如，兰州地区的古建筑，其建筑工艺属于河州体系[②]，同为宋代建筑的武康王庙和秦安兴国寺，前者武康王庙的建筑空间形式，其铺作形制、材分制度基本合乎宋《营造法式》的规定；而后者秦安兴国寺的般若殿，在平面上使用了减柱法，减去前金柱，使前排空间扩大，便于人们供佛礼拜，前廊于梢间柱头上置大额、托平梁额明显倾斜，有元代遗风。两者在做法和形制上都存在差异。

甘肃从地理位置上讲深居内陆，具有明显的温带大陆性季风气候，气候类型十分复杂，大致由陇南的北亚热带与暖温带湿润区，渐向陇中暖温带半湿润与温带半干旱区变化，河西走廊为温带、暖温带干旱区，而甘南地区为高寒湿润区。气候的变化影响着建筑营建方式。

如在甘南高寒湿润区，早晚温差大，人们对建筑保温隔热的性能要求就很高。藏式建筑中夯土墙面的做法在这一地区被普遍使用，拉卜楞寺中的寿喜殿墙面厚实，上置汉式的木构歇山屋顶，是人们结合自然、建筑功能和审美建筑的典型实例（图1-1-1）。

张掖属于典型的温带大陆性干旱气候，年平均降水量仅130毫米左右。2011年全国平均降水量为556.8毫米，为60年来最少，可见张掖是少雨地区。因为少雨，张掖民勤瑞安堡的屋顶铺设材料为夯土方砖，屋面平整，只在檐口处用少量的瓦丰富立面形象，这种材料的应用是由大陆性干旱气候影响的，既省人工，又满足建筑的功能需求，同时还形成了有特色的建筑形象。

二、东承西鉴——人文因素

甘肃省历史悠久，就目前的资料显示，甘肃至少远在10万年前就有人类进行生产活动。古建筑的发展与变迁，契合着甘肃省历史的进程，传说伏羲和女娲在今甘肃葫芦河流域开垦土地，发明农具，开创了中华文明的先河。如今伏羲文化的发源地天水建有全国最大的伏羲庙。距今约5000年前，轩辕黄帝前往崆峒山，向在此修炼的广成子问道。由此，崆峒山成为中国第一道教名山，至今保存着大规模的建筑群。上古的文明发展为甘肃古建筑带来巨大的推动力，人类文明的发展在甘肃广袤的土地上为后人留下许多的建筑印记。作为秦国的故地，先秦文化对华夏文明的推动是巨大的，先秦文化对甘肃地区古建筑的影响也让古建筑呈现出多元化的特点。对于影响甘肃古建筑的人文因素，最先想到的关键词应该就是：宗教影响、战争影响和多民族聚居的影响。

（一）宗教影响

史料记载，公元前4世纪甘肃的武威、天水就有佛教传入，比一般认为佛教传入内地的时间早了300多年。佛教在传入我国内地的过程中，甘肃全境是最早得闻佛法的地区。由于佛教信徒和伊斯兰教信徒增多，佛教文化和伊斯兰文化也渗透到社会的各个层面。再加上本土道教文化的发展，三教的文化内涵也融入宗教建筑当中。我国的传统建筑以木构为主，唐以前的建筑实例留存甚少，而莫高窟中的壁画，为我们留下了鲜活的建筑形象，从莫高窟壁画上我们可以研究北魏时期的建筑形象，通过大量的窣堵坡式的佛塔建筑我们可以感受到佛教在中国大地的流传过程。甘肃是丝绸之路的重要节点，善于经商的穆斯林络绎于途，其中不乏中途落居者，至元代成吉思汗三次大规模西征，大批穆斯林作为战俘被征调到中国甘肃，多数地区形成了较大的穆斯林聚居区。同治末年，西北回民起义，遭清廷镇压，临夏地区逐步发展成中国的"小麦加"，伊斯兰教有长足发展。宗教对于建筑有重大的影响，宗教文化在甘肃古建筑上的体现远比其他地区要来得更加突出、更加复杂。

在甘肃古建筑中，佛教建筑和伊斯兰教建筑的地位比较高，这给人留下了深刻的印象。另外，甘肃陇西在战国时期，就有道家方士活动，东晋时道教在甘肃广泛传播。中国本土的信仰——道教，其建筑在这里也是大放异彩，仿佛比其他地区更加引

图1-1-1　寿喜寺木构歇山顶

人注目。

敦煌莫高窟这个沙漠中的"佛教艺术博物馆",它的名字好像比"甘肃"还要响亮。人们对神灵的崇拜成就了敦煌,敦煌莫高窟也成就了甘肃省给人们的整体印象,那就是寥落与瑰丽并存、神秘与包容同在。单说莫高窟的建筑成就,石窟寺的平面空间构成和外部的窟檐形式就值得后人细细揣摩,莫高窟保存的唐代、宋代的窟檐建筑实例弥足珍贵。这些都是研究中国古代建筑史的重要资料和依据。

道教名观天水玉泉观留存了一组建筑群,气势恢宏,是一座相传为芦、梁、马三位真人羽化的道观。观内的古树名木多达50多棵,均为500多年的古香柏,由此亦可以感受到浓重的仙风道骨的宗教氛围(图1-1-2)。

佛教、道教、伊斯兰教古建筑共同发展,有时还相互影响,这就是甘肃地区古建筑的一大特色。在莫高窟中就有将释迦牟尼像和太上老君像同塑在一窟之内的做法,佛道合一体现了人们的美好愿望。在建筑中同样有所反映,永登县的妙因寺是鲁土司的家庙,鲁土司信奉藏传佛教,但在装饰上出现了许多道教的装饰题材。天祝县的东大寺这一特点更为突出,该寺本为藏传佛教寺庙,但是在后世的发展中将道教的卦象图装饰在墙壁之上(图1-1-3)。宗教建筑的融合发展给甘肃古建筑带来了独特的气质,这是宗教造化在建筑之上的气质。

(二)战争影响

甘肃的西北部自古就为通往西域的边界,为了防止匈奴来犯,边疆的战事不断。王维在《使至塞上》写道:"大漠孤烟直,长河落日圆。"在《送元二使安西》中云:"劝君更尽一杯酒,西出阳关无故人。"诗中描写的边塞景色那样磅礴,边塞的人们内心那样感伤。边塞诗人用他们大气、苍凉的语气勾勒出人们对甘肃的向往。甘肃省与"军事"这个名词有千丝万缕的关系,甘肃为古甘州和古肃州的并称,境内的很多城市都是我国古代的军事重镇。

天下第一雄关嘉峪关就坐落在甘肃省嘉峪关市。它是明代万里长城的西端起点,是明代长城沿线建造规模最为壮观、保存程度最为完好的一座古代军事城堡，是明朝及其后各代长城沿线的重要军事要塞，素有"中外钜防"、"河西第一隘口"之称。它由外城、内城和瓮城组合而成，关城周长733米，内城周长640米。内城西宽东窄，略呈梯形，城高9米，东西开"光化门"和"柔远门"两门。门外各筑有瓮城，城楼对称，三层三檐五间式，周围有廊，单檐歇山顶，高17米。城四隅有角楼，南、北墙中段有敌楼，一层三间式带前廊。外城正中大门额刻"嘉峪关"三个大字。门顶原有城楼，与东西二楼形制相同，三楼东西成一线，上悬"天下第一雄关"匾额。

甘肃境内的古城址都位于古代主要交通线上，目前在河西地区的一般保存比较完整。甘肃境内的古城与其他省份相比有一个显著地特点：那就是古城都有很强的军事防御功能，既是古城镇也是军事要塞。民乐县八卦营古城建于汉代，坐北朝南，平面作凸字形，由内外城组成，面积达43公顷，东、南各辟一门。内城位于外城内西北角，内城中部为衙署区。此城是当时控遏阻隔北方匈奴与青海羌人交通的军事要塞。敦煌市大方盘城是汉代边塞仓城，即汉简所记载的河仓城，该城也是由内、外城相套，内城建三间相连的仓库，墙壁上设三角形通风孔。其位置布局性质及有关遗物，为了解汉代边塞后勤仓储制度提供了重要资料。

（三）多民族聚居的影响

在甘肃的历史上发生过几次大的人口迁徙，如秦代修长城时有移民采取"屯垦戍边"政策，到了汉代西汉王朝采取"移民实边与河西屯田"的政策来抵御匈奴发动的战争，并设置了河西四郡，使人口激增，从西汉中后期始，河西地区已成为东学西渐和西学东渐的文化融汇之地。西汉中后期又有迁徙凉州民入中原之举动，到了唐代达到鼎盛，开元

图1-1-2 玉泉观古柏

图1-1-3 东大寺的墙面

年间"天下称富庶者无如陇右"。如今在甘肃地区还共同生活着54个少数民族，少数民族人口总数219.93万人，占全省总人数的8.7%。世居甘肃的少数民族有回、藏、东乡、裕固、保安、蒙古、撒拉、哈萨克、满等16个，其中东乡族、裕固族、保安族为甘肃特有民族。民族自治地方面积17.9万平方公里，占全省面积的39.8%。③多民族聚居、民族融合使多样民族文化成为甘肃古建筑最显著的特征。多民族聚居引发了文化的相互借鉴，比如在汉族宗教建筑上体现出藏族和回族等少数民族建筑的特征。这种藏、回、汉三种文化融合而成的建筑艺术是该地区宗教建筑的显著特征。

三、丝路为魂——丝绸之路对甘肃古建筑发展的影响

甘肃地处我国的西北部，是古代"丝绸之路"的枢纽。丝绸之路最早出现在秦汉时期。公元前139年，张骞首次从长安出使西域，到达楼兰、龟兹（今新疆轮台、库车、沙雅、拜城、阿克苏、新和地区）、于阗（今新疆塔里木盆地南沿）等地，其副手更远至安息（伊朗）、身毒（印度）等国。在以后几个世纪的交往中，这条通道得到扩展并将中国和地中海东岸国家联系起来。丝绸之路有"沙漠丝绸之路"、"海上丝绸之路"和"草原丝绸之路"三个概念。文中涉及的"丝路"是指：欧亚北部的商路，即西汉时张骞和东汉时班超出使西域开辟的以长安（今西安）、洛阳为起点，经甘肃、新疆，到中亚、西亚，并联结地中海各国的陆上通道。这条道路也被称为"陆路丝绸之路"，以区别日后另外两条冠以"丝绸之路"名称的交通路线。因为由这条路西运的货物中以丝绸制品的影响最大，故得此名，其基本走向定于两汉时期。丝绸之路不仅是中国联系东西方的"国道"，也是整个古代中外经济及文化交流的国际通道。

丝绸之路在甘肃境内自东向西主要经过庆阳、平凉、天水、临夏、兰州、武威、张掖、酒泉等市，在丝绸之路沿途分布了大量的古建筑遗存。这一线的建筑形成了自身的体系，由于特殊的地理位置，在丝绸之路沿线人们聚居的地方保存了各个时期的宗教、古城、驿站、衙署等类型的建筑，也成为整个丝绸之路建筑文化的缩影。丝绸之路之上的建筑体现出商业的氛围，体现出防御的势态，也体现出民族融合、没有民族界限的建筑形式。开放融合的精神传递在建筑之上，古建筑遗存也成为有形的历史见证。

第二节　甘肃古建筑的发展与特色

一、甘肃古建筑的演变

史前时期，远古最早的先民就对这片土地进行了开发。甘肃境内独特的黄土高原地貌非常适合于先民们选择穴居居住形式，在已经发掘的数百处史前遗址上都有建筑遗迹。现将甘肃地区各时期具有典型意义的建筑遗存及建筑艺术加以叙述。

甘肃省秦安县大地湾F901号殿堂遗址被认为是中国最早的殿堂建筑。F901距今5000年，属大地湾后期文化，是我国目前出土的史前时期面积最大、工艺水平最高的房屋建筑。这座多间复合式建筑，布局规整、中轴对称、前后呼应、主次分明，开创了后世宫殿式建筑先河。在秦安县大地湾遗址中，测定出窝棚式住宅，穴壁一周有支撑屋顶的木柱留下的10个柱洞，是甘肃境内发现的最早的穴居建筑。并且在大地湾遗址中，我们可以看到由地穴式、半地穴式发展到平地式的多种房屋，大地湾房屋遗址在我国建筑文化历史上占有非常重要的地位。

甘肃古建筑多数都是延续北方建筑体系的，它广泛采用抬梁式木构架，组群格局严谨，庭院宽阔，建筑单体凝重简练，河西地区建筑的屋顶低平或采用平顶，风格淳朴。

古代甘肃险要的地理形势，具有重要的军事战略意义，因而被历代王朝和割据政权所重视，《读史方舆纪要》摘要之六——陕西（六）中描述，秦州当"关陇之会，介雍、梁之间，屹为重镇，秦人始基于此"。可以看出甘肃是秦国的故地，现存秦

直道遗迹，经秦安、陇西，直抵临夏，有一条东西走向的驰道。

两汉时期，甘肃古建筑的形式可以从石阙和明器中反映出来，在建筑中使用庑殿、悬山、歇山、攒尖等多样的屋顶形式。在出土的汉代陶楼院中建筑的构件，阶梯、柱、斗栱、栏杆、扶梯、门窗等一目了然。

到了魏晋南北朝时期，中原战事频繁，甘肃地处西北部反而相对安宁。在民族大融合的背景下，异质的文化在这里交汇和碰撞。从印度传来的佛教文化，通过"舍宅为寺"的途径，迅速地扩大了佛寺的规模，祠庙寺院很快融入人们的生活。这一时期最具有代表性的建筑实例是石窟寺建筑、佛寺和佛塔。甘肃是古代佛教传播的交通要道，有47座石窟寺都是这一时期建立的。④大规模建造石窟寺为我们留下了最直观的建筑资料，麦积山北周第4窟、第30窟的崖阁建筑都体现建筑细腻之美（图1-2-1）。

甘肃境内现存唐宋元代创建的寺院、道观、石窟、墓葬建筑近百座，但是保存完整的木构建筑，多经后世不断维修改建已难窥其初见时的风貌。甘肃省的建筑遗存形制保存较好的是宋代的佛塔，宋代佛塔建筑艺术的造诣很高。敦煌莫高窟的几座木构窟檐，是唐宋时期木构建筑的代表（图1-2-2、图1-2-3）。张掖大佛寺的牟尼殿是典型的西夏建筑，其装饰包括雕塑、彩绘、绘画三部分，屋顶部分施以绿釉瓦，牟尼殿入口门楣的做法完全是藏式建筑之做法。它是多民族文化碰撞的产物，建筑装饰很有地域特色。

发展到元代，甘肃地区的古建筑遗存明显增多，也有很多元末明初的建筑，其结构形式有典型的元代遗风。天水的纪信祠中殿阁上采用的就是大额式过梁（图1-2-4）。元代的建筑为了获得广阔的开间，增加入口的气势，广泛采用大额式的做法，并且简化了许多构件，如使用了减柱法，增大

图1-2-1　麦积山第30窟

图1-2-2　敦煌莫高窟窟檐1

图1-2-3　敦煌莫高窟窟檐2

图1-2-4　纪信祠大额式的过梁

图1-2-5 妙因寺建筑琉璃瓦的使用

图1-2-6 朗木寺民居聚落

图1-2-7 踏板房屋顶肌理

了室内的空间，节省了木料。但这也带来结构的不稳定性，因此后世并未沿袭。

明清是中国古建筑发展的高潮时期，甘肃地区也不例外。在明代时，砖已普遍用于民居砌墙，斗的结构作用减少，梁柱构架的整体性加强。色彩丰富的琉璃面砖、琉璃瓦在建筑中大量使用（图1-2-5）。

甘肃古建筑在这一时期从建筑的形制到建筑的装饰，从官式建筑到民居建筑，从单体建筑到建筑群体布局，其建筑特征已经发展得非常成熟。

藏传佛教寺院的兴起也是甘肃古建筑在这一时期的重要表现，它在一定程度上影响了内地的传统建筑艺术风格。西北少数民族的建筑形制也丰富了甘肃古建筑的艺术形式，多民族聚居的特征在这里体现得淋漓尽致。

民居建筑的代表有天水民居和甘南藏族民居聚落（图1-2-6、图1-2-7）。园林建筑，如五泉山建筑群

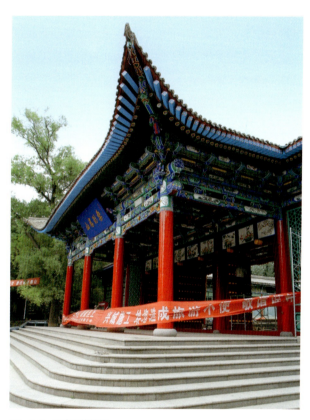

图1-2-8 五泉山蝴蝶楼

（图1-2-8），代表着较高的建筑水平。甘肃境内现存的木构建筑遗存多系明清时期重建或者修缮的，明清时期的古建筑遗存成为研究甘肃古建筑的主体。

二、甘肃古建筑的格局

甘肃古建筑的格局特点是多样化、复杂化和地域分明，呈现出东、西、南三足鼎立的建筑格局。由于地理跨度大，多民族共生共荣，还有受历史影响甘肃

省行政区域上的变化，使得甘肃古建筑分布在河西走廊地区、东部地区、甘南地区，形成三个特点鲜明的分布区域。如全国重点文物保护单位共7批，其中甘肃省共有64座古建筑，22个石窟寺及石刻，仅张掖就有5座古建筑，3个石刻，古酒泉有1座古建筑，5个石窟石刻，可见在这三个区域古建筑遗存较多。

河西走廊上分布着众多围绕军事为主线的建筑群，古代甘州和肃州都是统治政权的边境线上重要的军事重镇，因此古建筑的发展和类型也多是围绕军事主题发展起来的。要屯兵，因此发展出防御性极强的城墙和寨堡；为便于统治，出现了官署、驿站；由于其地域位置，得以先闻佛法，东西贯通又带动了经济的发展，佛教文化逐渐地渗透，因此建成了许多特色鲜明的佛寺，如石窟寺、西夏皇家佛寺、清代敕建的藏传佛寺等，可以说此类建筑是以汉代定型的河西四郡⑤为中心，随地形，呈带状分布。

甘南藏族自治州建筑形式与当地汉族建筑形式相结合，自成一体，与河西走廊地区的建筑共同形成甘肃建筑体系的河西工艺。

陇东的很多地区古代曾经归为今陕西省，在明代"省"称为"布政使司"，比如天水在明代为陕西布政使司巩昌府秦州，虽然今天它划归为甘肃的一部分，但是该地区的历史文化还是与中原地区保持一致，所以建筑的特点也是与传统的大木构建筑体系保持一致，再加上一些当地的材料和当地的特殊做法共同形成了秦州工艺。⑥

兰州及周边最为典型的是临夏地区（古称河州），其建筑工艺和体系在中国大木作的基础上又传承和发展，自成一体。

从建筑分布上来说，古建遗迹在东部地区比较多，时代也比较早。从类别上来看，宗教建筑较多，保存也较好。甘肃现存古建筑的一个最大特点是不论是庄严神圣的宗教建筑还是威严肃穆的衙署，抑或是端庄沉稳的学宫，以及简朴实用的民居，均保持了中国传统建筑木构架建筑模式和特点。在自然条件不尽相同的地区，不同的民族建筑当中，能够巧妙地以结构和组合的变化，充分体现不同区域特点和时代风格。单体建筑从对称中体现稳健，建筑群组注重布局的主次关系并与环境相呼应。

三、甘肃古建筑的类型

社会的发展和历史文化背景为甘肃古建筑的发展提供了肥沃的土壤，存在于甘肃广袤大地上的古建筑遗存类型多种多样。从用途上来分类，主要有佛寺、道观、清真寺、塔幢、衙门、城关、城墙、坛庙、祠堂、会馆、书院、楼、牌坊、桥梁、仓储、民居、园林建筑、拱北等。下面介绍几种体现甘肃区域特色的古建筑类型。

（一）佛寺

甘肃是一个多民族共同聚居的大省，不同类型

图1-2-9 敦煌莫高窟的山门

图1-2-10 麦积山石窟

图1-2-11 拉卜楞寺全景

的宗教也在这里共荣发展。甘肃境内有着数量庞大的佛教信徒，佛寺建筑数量十分可观。据统计甘肃现存佛教寺庙95座[7]，包括三种主要的佛教建筑形式：石窟寺、寺院和塔幢。

石窟寺大多是仿照印度"支提窟"模式，依山开凿。在甘肃省内石窟寺的数量是非常可观的，中国四大石窟有两个都在甘肃省境内，即"沙漠中的佛教艺术博物馆"敦煌莫高窟（图1-2-9）和以造像艺术著称的麦积山石窟（图1-2-10）。此外还有榆林窟、马蹄寺石窟群、南石窟寺、北石窟寺等，数量和艺术造诣都堪称全国之最。佛教寺院在甘肃地区分为：藏传佛寺、藏汉结合和普通寺院。

藏传佛教建筑主要分布在西藏、内蒙古、青海、甘肃等地，甘肃的藏传佛教建筑有其自身的地域特点。从选址和总平布局来说一般是倚山而建。新中国成立初期，甘肃全省有藏传佛教寺院369座，喇嘛16934人，活佛310人，主要分布在甘南地区。[8] 1986年，全省共有藏传佛教寺院108处。最著名的当属甘南拉卜楞寺（图1-2-11）。拉卜楞寺是中国著名的黄教六大寺院之一，建筑风格也是由藏式、汉式和汉、藏结合式三种形式组合而成。拉卜楞寺是安多地区藏传佛教佛事活动的中心之一，而且该地区是甘南地区的政治、经济、军事、教育中心。

主体建筑包括六大佛学院，十八囊谦及其他附属建筑属寺。此外河西地区有一座著名的寺院，就是张掖大佛寺。大佛寺是河西地区现存最大的木构建筑之一，是一座风格独特的西夏建筑群。其大佛殿高两层、面阔九间，还因受到藏传佛教的影响，其营造的氛围有藏传佛教色彩。

（二）道教宫观

新中国成立初期，甘肃地区的道教宫观1054座，主要属于全真派。天水的玉泉观是甘肃境内颇具影响力的道观，玉泉观位于甘肃省天水市秦州区城北天靖山麓，俗称城北寺，又名崇宁寺，建于元大德三年（1299年）。现存建筑为明清时重建，占地面积9万余平方米，观因玉泉而得名（图1-2-12）。

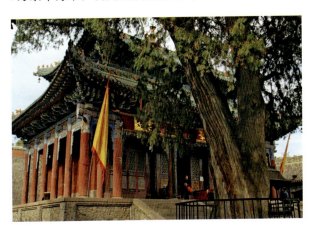

图1-2-12 玉泉观三清殿

另一著名的宫观是金天观，金天观位于古兰州西关城外雷坛河畔，始建于明建文二年（1400年）。雷坛河西畔的金天观古建筑群（现为兰州市工人文化宫），现占地20余亩，坐南朝北（原坐北朝南）。金天观原是一座古老的庙宇。唐代在这里修建云峰寺，宋代建过九阳观。如今的金天观内古建筑多为明代建筑，清代修葺。

（三）清真寺

据1943年调查，甘肃境内有清真寺736处，甘肃大部分清真寺是20世纪60年代被拆毁后重修的，能完整保存下来的古建遗存较少。位于天水市秦州区成纪大道西段人民西路后街清真寺是甘肃省内最古老的清真寺之一。后街清真寺又称西关清真寺，寺内保存着一座古色古香的礼拜堂，它的结构形式是汉式大木构的厅堂式，装饰体现出伊斯兰教传入中国初期简朴而庄严的学风。全寺建筑集中对称，其格局采用古建筑的院落式布局原则，其细部带有浓厚的伊斯兰建筑的装饰风格（图1-2-13）。

（四）塔幢

塔幢在甘肃分布很广泛，形式也多种多样，几乎囊括了所有塔的类型，包括楼阁式塔、密檐式塔、覆钵式塔、金刚宝座塔。甘肃地区也留存有特殊的塔幢形式，如：造像塔、花塔。塔幢在甘肃数量很大，白衣寺塔造型最能反映甘肃地区建筑民族融合的特点（图1-2-14）。塔幢沿丝绸之路星点散布，自西向东，塔的类型由覆钵式塔向阁楼式塔变化，在过渡的阶段有很多佛塔都是两种形式结合在一起，反映出窣堵坡形式的塔逐渐转化为中国式塔的过程。

（五）官衙

甘肃作为古代国家的边境地区，封建政权必须要在这里设置国家机器来进行统治和管理，因此就出现了官衙这种类型的建筑。鲁土司衙门是甘肃地区保存最完整，形制和规模最明确，也是最能体现甘肃地区官衙特点的建筑群体（图1-2-15），详见第六章。

（六）城关

甘肃的河西地区自古就为通往西域的边界，有很强的攻防需求，城关建筑不但是军事上的需求也是体现国力强盛的重要建筑形式。在甘肃境内有着天下第一雄关嘉峪关，上文已详细叙述①，这里不再赘述。

（七）坛庙

中国民间俗神庙宇种类繁多，数量庞大。其来源有神话传说、圣贤英雄、忠孝义士、文化名流等，反映着中华民族传统的审美道德观。据不完全统计，甘肃省境内有这类庙宇约有90座，可分为四大类：（1）神话传说类，比如有人文始祖伏羲庙。（2）文

图1-2-13　天水后街清真寺

图1-2-14　白衣寺塔

化名流类，主要是遍布全省各地的孔子庙（或称文庙）。（3）历史英雄类，主要有城隍庙、纪信祠、关羽关帝庙等（图1-2-16）。（4）自然神鬼类，如雷神庙（图1-2-17）、土地神庙、山神庙、财神阁等。由于建筑内容的不同，建筑形式也会体现出自身的特点，比如为了使小空间体现建筑形体的恢宏气势，常将屋顶做成勾连搭的形式，建筑的群体组合形式也充分体现着建筑本身的精神内涵。

（八）民居

由于甘肃地处黄土高原、青藏高原和内蒙古高原的交汇地带，因此在广袤大地上先民们营造了类型丰富的居住场所。民居不同于官式建筑的磅礴气势，但却有顽强的生命力和文化传承的意义。在甘肃地区主要的民居类型有合院式民居（图1-2-18）、藏式民居（图1-2-19）和窑洞民居，内容详见第八章民居建筑。

图1-2-15　鲁土司衙门大堂

图1-2-16　天水纪信祠

图1-2-17　永登县雷坛

图1-2-18　榆中县青城镇民居

图1-2-19　甘南民居

（九）拱北

拱北是中国伊斯兰教先贤陵墓建筑称谓，阿拉伯语音译，原意为拱形建筑物或圆拱形墓亭。中亚、波斯及中国新疆地区称"麻札"，意为"先贤陵墓"、"圣徒陵墓"。原为流行于阿拉伯、波斯及中亚地区的伊斯兰教建筑形式，后专指苏菲派在其谢赫、圣裔、先贤坟墓上建造的圆拱形建筑物，供人瞻仰拜谒，称为"拱北"。临夏地区的大拱北和国拱北能够反映出这种建筑形式的特点，建筑装饰结合当地特有的砖雕、木雕艺术，极具特色（图1-2-20、图1-2-21）。

此外还有祠堂、会馆、书院、楼、牌坊、桥梁、仓储、墓葬建筑、园林建筑等类型的建筑，它们共同谱写了甘肃古建筑的丰满形象。

四、甘肃古建筑的造型

中国古建筑的造型在世界建筑之林是独树一帜的，中国人对宇宙图形的想象反映到建筑之上，熏染陶冶出人们对方以及圆的特殊知觉习惯。甘肃古建筑的造型既雄厚健硕又灵透多变，既稳重大气又充满异域风格。下面试从四个方面来论述其体现出来的特点。

（一）建筑的造型受到古代人对宇宙模式认识的影响

甘肃地区的古建筑从总体组合上来说，也都是遵循中国传统建筑组合的形式。古人认为，"宇宙

图1-2-20　临夏拱北

图1-2-21　临夏拱北砖雕

天圆地方，天若圆盖，笼罩大地，地则有四方之野"。《墨子·天志》中写道："子墨子置立天之，以为仪法，若轮人之有规，匠人之有矩也。今轮人以规，匠人以矩，以此知方圆之别矣。"汉族建筑的平面形式表现出古代传统的礼仪制度，汉式建筑的平面以方形为主，以四合院为基本形组成规模宏大的建筑群体。

但是敦煌莫高窟的平面形式，受到古印度的影响。古印度认为天地是一个卵诞生的，因此出现了穹庐的形式来象征世界之卵，要做出穹庐的形式就需要圆形的平面形式。佛教石窟起源于印度，后来从印度经中亚到西域广大地区，逐渐传入汉民族聚居的敦煌及河西走廊。[⑩]其平面形式和空间布局有略微的差异。平面形式的变化再加上西域装饰素材的点缀，使得敦煌莫高窟中西结合，依山而建的石窟气势宏大，"升其栏槛，疑绝累于人间；窥其宫阙，似游神乎天上"[⑪]。

（二）建筑形式的构成元素反映出时代的审美情趣和特征

中国古建筑的基本构成是由屋顶、屋身和台基等基本元素来组成的。甘肃古建筑的屋顶由于地域的影响呈现出复杂化的特点。"对于甘青建筑屋面所具有的举高特点，当地则有着一种形象的描述：'脊如高山，檐如平川'，其屋面檐步举高十分平缓，而靠近屋面脊步的举高非常陡峭。"[⑫]工匠们创造出看似轻盈婉约又十分符合当地干旱性气候的屋顶形式。甘肃古建筑的屋顶也经常做"勾连搭"形式[⑬]，勾连搭屋顶形式可以获得更大的建筑空间。甘青地区的勾连搭具有多种组合，被串联起来的前后屋顶形态各异，变化剧烈，侧立面轮廓丰富，形象突出。由此，使得甘肃古建筑屋顶做法表现出强烈的地方性特色（图1-2-22）。

图1-2-22 兰州庄严寺中殿复合式屋顶

图1-2-23　拉卜楞寺中寿喜寺的外墙　　　图1-2-24　临夏蝴蝶楼的檐口做法

（三）不同功能的古建筑呈现出不同的造型形式

甘肃地域广阔，古建筑的留存种类十分丰富。藏传佛教建筑沿用的是传统的藏式建筑的形象：平顶多窗、土木石结构相结合，墙厚窗小，建筑依随山势，雄壮自由（图1-2-23），色彩上多用红、黄、白、黑，金碧辉煌。夏河的拉卜楞寺就有"小布达拉宫"之称。甘肃地区的塔幢也有很多特殊的做法，密檐式塔与覆钵式塔相结合形成了一种特殊的造型形式，体现出民族融合的特点。军事与政权建筑端庄威严，整体的造型比例协调，多为重檐，有瞭望之功能，拉长了建筑的垂直线条，增加建筑的气势，为建筑平添了庄重之感。

（四）中国特有的建筑构件为甘肃古建筑的造型奠定了基本形式

明清古建筑中，斗栱在木构架中的结构功能大为减退，甚至沦为装饰。甘肃地区的古建筑在斗的装饰作用上表现得十分突出。地方做法"苗檩花牵"、"檐上全"、"花板踩"等[14]繁复的檐口装饰，让甘肃建筑呈现出与其他西北地区古建筑不同的空灵秀美气质（图1-2-24）。

第三节　甘肃古建筑的区域分化与特征

甘肃地形复杂，地域东西狭长，甘肃古建遗存也呈带状分布。为了便于研究，笔者从地缘上进行分类[15]。我们可以将全省分为四个大的区域：陇东南地区，甘南地区，河西走廊，临夏、兰州及周边。而从地方工艺做法上甘肃古建筑可以划分为三大体系：迟至晚清，甘肃地区形成了不同于北方官式做法和中原地区常见做法的工艺特色，逐步发展出河州体系、秦州体系和河西体系。产生了以临夏地区为中心，涵盖了甘肃兰州、青海西宁、青海海东、宁夏南部、川甘青安多藏族聚居地区以及康巴藏族聚居地区的一部分的河州体系建筑；以天水地区为中心，影响陇中、陇南等地区的秦州体系建筑；河西走廊和宁夏北部的河西体系建筑。[16]本书就地缘分类对甘肃古建筑的特征进行总结。

一、陇东地区、陇南地区

陇东地区就是甘肃的东部，从地域上来讲与陕西联系较密切，包括：天水、庆阳、平凉等地区。从文化上来讲，陇东地区更多的是受到关中文化的影响，耿直、外冷内热、感情深藏。体现在古建筑上，就是其形象是与中原建筑模式一脉相承。流传下来的建筑实例从材质、形态和制式上都体现出了中国古代传统建筑的特征形式。天水伏羲庙是目前我国规模最宏大、保存最完整的明代建筑群之一，它是为了纪念上古"三皇"之一伏羲氏而建造的，因此文化和形式上的传承自不必说（图1-3-1）。但是整个甘肃的东部建筑也有着多样的面孔，庆阳的北石窟、天水的麦积山石窟，也在传递着不同的文化信息，展现着不同的历史与记忆。

在这一地区，塔幢建筑艺术表现得十分突出，陇东地区尤其是华池县留存有丰富古塔实例，东华池塔是其中之一（图1-3-2）。从结构特征和艺术特征上来说基本属于秦州体系建筑。

陇南地区的建筑与甘南地区的建筑相比较，建筑形式截然不同。陇南地区受汉式建筑、传统大木架结构体系的影响更大。陇南市武都区广严院做单檐歇山顶，结构简明，是宋代木构架设计、施工接近完善和规范化的真实写照，也是甘肃境内仅存的宋代建筑。

二、甘南地区

甘南位于青藏高原东南端的甘南藏族自治州，地处甘、青、宁三省区交界处，是一个以藏族为主体的多民族聚居区。走进甘南，它呈现给你的第一印象就是草原。在这里生活着30多万藏族同胞，他们大都信奉藏传佛教。藏传佛教建筑成为这一区域最显著的标志。藏族人常说："懂得空灵，雪峰便属于你；懂得静谧，湖泊便属于你。"藏族人虔诚、空灵、静谧和热情的民族性格造就出独特的建筑艺术表现。在面积4.5万平方公里的甘南大地上，散布着藏传佛教大小寺院，修行的僧侣上万人。无论群山之巅还是草原深处，到处有寺院的金顶红墙，到处有旋转的嘛呢经轮。生活在这里的藏族信教群众，早已把祈愿、朝圣、礼佛、放生看作是生活的组成部分，藏传佛教建筑正是这种生活的载体（图1-3-3、图1-3-4）。在甘南的广袤地域上分布着众多的藏传佛教寺院：拉卜楞寺、郎木寺、米拉日巴九层佛阁、贡巴寺等。其中甘南的拉卜楞寺就是藏传佛教建筑的典型建筑实例。从建筑的结构特征和艺术特征上来说体现出藏式建筑体系的特色。详见第二章宗教建筑第一节（图1-3-5～图1-3-8）。

图1-3-1　天水伏羲庙前广场

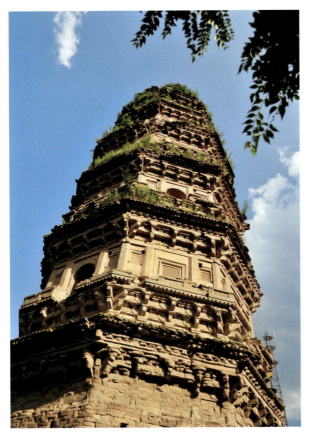

图1-3-2　东华池塔

图1-3-3　甘南藏传佛寺

图1-3-4 夏河旁的拉卜楞寺

图1-3-5 寿喜寺

图1-3-6 甘南八角城

图1-3-7 拉卜楞寺静谧空间

图1-3-8 甘南八角城城门

三、河西走廊

河西走廊仿佛是真正、纯粹地属于甘肃的，位于河西走廊的腹地的甘州（张掖）和位于河西走廊尽端的肃州（酒泉），最能体现甘肃的性格。

在河西走廊上，分布着重要的军事建筑汉长城、烽火燧、天下第一雄关；留存着西夏风格的古老寺庙张掖大佛寺；矗立着多座受印度窣堵坡形式影响的覆钵式塔幢；还坐落着举世闻名的敦煌莫高窟。河西走廊上的建筑遗存在甘肃境内可谓是类型丰富，数量众多。其中军事建筑、宗教建筑和官衙建筑在这一区都有上佳的表现，莫高窟、张掖大佛寺、嘉峪关、白马塔等都能够体现出河西走廊地区的建筑特色和河西体系的建筑结构、艺术特征（图1-3-9~图1-3-11）。

四、兰州、兰州周边及临夏

兰州地处中国地理版图的几何中心，是古丝绸之路上的重镇。早在5000年前，人类就在这里繁衍生息。西汉设立县治，取"金城汤池"之意而称金城。隋初改置兰州总管府，始称兰州。作为"金城"的古建筑也是表现得光彩照人，对于民族风情、地区特色都有所体现。在兰州城中留存着类型完备的各种古建筑：始建于唐代的寺院、颇负盛名的道观、特色的城隍庙还有南泉北塔交相辉映[17]。

兰州地区的建筑工艺也是属于典型的河州体系。轻盈的屋顶做法把瓦作和木作很好地结合在一起。沿着山形和黄河，五泉山和白塔山上的民间的园林艺术表现得热情而浓郁。官式建筑鲁土司的府邸威严庄重，在平面布局上透着"京味"，但是在一板一眼的

图1-3-9 嘉峪关

图1-3-11 瑞安堡

图1-3-10 雅丹地貌

做法当中却既表现出稳重端庄，也体现出民族融合后的民族特点。比如墙面内侧砖雕上的做法，增加了墙面装饰性，同时也融合地区的传统工艺。衙门大堂横梁的虎纹彩绘也是古建彩绘题材的鲜见实例，可见鲁土司衙门是各民族工匠共同努力的艺术结晶。

临夏地区的重要的民族群体就是回族。临夏县位于甘肃省中部西南面，黄河南岸。境内马家窑、武威、半山、马厂文化星罗棋布，历史上曾是羌人聚居地，枹罕古城所在地，也是丝绸之路南线和唐蕃古道的重要驿站，西北"三马"的故乡，花儿经典《马五哥与尕豆妹》爱情故事的发生地。回族同胞在临夏地区所营造的建筑艺术氛围更加鲜明和浓烈。它们体现在建筑的雕刻上（图1-3-12～图1-3-14）。至今临夏砖雕仍然是全国著名的四大砖雕之一，而雕刻的工匠们抵着生活的窘困，依旧在坚持着古老技艺的传承。临夏的大拱北成为临夏砖雕艺术的载体，各种题材、各种规制的砖雕在这里表现得淋漓尽致（图1-3-15～图1-3-17）。

图1-3-12　东公馆

图1-3-13　东公馆照壁

图1-3-14　临夏蝴蝶楼正面

图1-3-15　临夏国拱北

图1-3-16　临夏国拱北砖雕

图1-3-17　红园砖雕

注释

① 李靖，丁垚·甘肃武都广严院及陇东南古建筑考察记略，建筑创作，2009年01期：第146页。

② 参见 唐栩．甘青地区传统建筑工艺特色初探[D]．天津：天津大学，2004；李江．明清甘青建筑研究[D]．硕士学位论文天津天津大学，2007．

③ 参考《申论》甘肃省公务员考试专用教材．甘肃人民出版社2009年11月（第一版）。

④ 参考《古代建筑——遥望星宿》，甘肃考古系列丛书。

⑤ 河西四郡为酒泉郡、张掖郡、武威郡、敦煌郡，分别为现在的酒泉市、张掖市、武威市和敦煌市。

⑥ 秦州建筑工艺所体现的渭河流域的秦地建筑文化是从属于黄河建筑文化圈的。按朱光亚先生《中国古代建筑区划与谱系研究初探》和《中国传统民居营造与技术》中的叙述可推论出。按朱光亚的归纳："（黄河文化圈）通行于黄河流域及以北地区，包括河北、河南、山东、山西、陕西、甘肃、宁夏，绵延数千里，并影响到塞外。""它也是直梁抬梁体系，但梁枋断面不如清官式5：4那样严格，檩下也不总是垫板，随檩枋三大件。结角为隐角深法。另外由于木材相对缺乏，斗栱作简化处理，是为'檐上全'做法。参见，唐栩《甘青地区传统建筑工艺特色初探》。"

⑦ 参见甘肃古建巡礼

⑧ 胡国庆主编：《甘肃宗教》，甘肃人民出版社，1989年，151页。

⑨ 参见本文第一节"人文因素"。

⑩ 参见《敦煌石窟全集 石窟建筑卷》。

⑪ 见《莫高窟纪游诗》，晚唐 佚名僧人。

⑫ 参考《明清甘青建筑研究》。

⑬ 两栋或多栋房屋的屋面沿进深方向前后相连接，在连接处做一水平天沟向两边排水的屋面做法，其目的是扩大建筑室内的空间，常见于大型宅第及寺庙大殿等建筑中。在这种勾连搭屋顶中有两种最为典型即"一殿一卷式勾连搭"和"带抱厦式勾连搭"。仅有两个顶形成勾连搭而其中一个为带正脊的硬山悬山类、另一个为不带正脊的卷棚类，这样的勾连搭屋顶叫作"一殿一卷式勾连搭"。甘肃地区的勾连搭形式更为多样，更为复杂。

⑭ "在河州体系中，有一种出一跳的斗栱做法叫作'苗檩花牵'。具体做法为：用檐牵横向拉结檐柱。檐牵上自下而上依次施万字枋压条、荷叶墩、又一道万字枋压条、水纹压条和瓣玛枋，瓣玛枋上皮齐檐柱顶。檐柱头用托手与金柱拉结，托手头挑出檐步，端部做出栱形，上施一斗。秦州体系中，施一跳的斗栱做法叫作'檐上全'。具体做法为：用托牵横向拉结明柱，柱头再用牛檩与架柱以半卯拉结，牛檩头挑出檐步，端部做出栱形，上施大斗。"花板踩是河西体系中十分具有地方特色的檐下做法，与"花牵代栱"指的是同一檐下做法。参见唐栩《甘青地区传统建筑工艺特色初探》（硕士学位论文）。天津：天津大学，2004。

⑮ 实际上是从当地居民使用的语言的相似程度上对地域进行划分，由于笔者能力和认知所限，粗略地将甘肃全省划分为四个区域，望专家批评指正。

⑯ 《明清甘青建筑研究》，第P21页。

⑰ 兰州史话，南泉是指五泉山上的五口泉眼、北塔是指白塔山上的白塔。五泉山已有两千多年的历史，景区以五眼名泉——惠、甘露、掬月、摸子、蒙而得名，佛教古建筑众多，有明清以来的建筑群10余处。兰州市黄河北岸山势巍峨，拱抱金城。元代，一位西藏喇嘛前往蒙古觐见成吉思汗，途经兰州时病故，人们为了纪念他在山顶修建白塔，此山因名之为白塔山。——走遍中国之甘肃宁夏。

甘肅古建築

甘肃古建筑

第二章 宗教寺观

甘肃宗教寺观分布图

- ① 拉卜楞寺
- ② 郎木寺
- ③ 1 张掖大佛寺 / 2 西来寺
- ④ 1 秦安兴国寺 / 2 蔡家寺 / 3 天水后街清真寺 / 4 玉泉观
- ⑤ 红城感恩寺
- ⑥ 1 庄严寺 / 2 金天观 / 3 白云观
- ⑦ 1 武威海藏寺 / 2 雷台观
- ⑧ 圣容寺
- ⑨ 宋代福津广严院
- ⑩ 天堂寺
- ⑪ 东大寺
- ⑫ 合作米拉日巴佛阁
- ⑬ 静宁清真寺
- ⑭ 崆峒山建筑群
- ⑮ 妙因寺

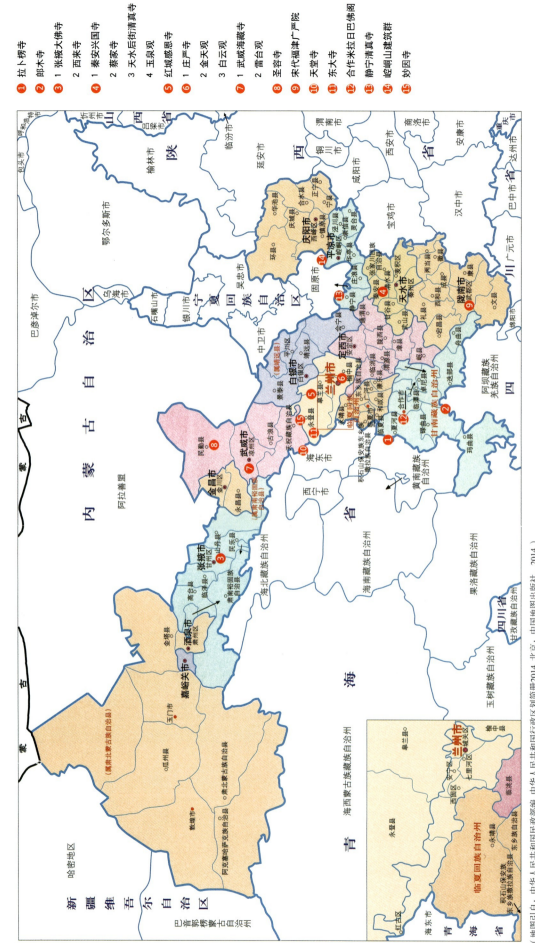

(地图引自：中华人民共和国国民政部编. 中华人民共和国行政区划简册2014. 北京：中国地图出版社，2014.)

甘肃历史悠久，是多民族共同生活的聚居地，在众多信徒的心目中，寺院、道观、教堂这些建筑才是他们备感神圣的地方，是他们顶礼膜拜的一方净土。宗教在当今世界上扮演着重要的角色，它和政治、经济以及文化相提并论，在普通人的生活中起着重要的作用。装载宗教活动空间的就是宗教建筑，宗教建筑的文化艺术性极高，它能反映出一个地区的建筑文化和艺术发展的水平。

甘肃地区留存的宗教建筑形制较完整，也十分有当地的建筑特色，它反映了各个历史时期、各个地区和各民族的不同建筑风貌。宗教建筑，经过岁月的洗礼，兴衰起伏，得益于人们对宗教信仰的虔诚之心，使得宗教建筑相对保存较好。

流传于甘肃省境内主要的宗教有佛教、道教、伊斯兰教和基督教。由于本书主要叙述的是甘肃古建筑中的宗教寺观，因此这里只细致论述佛教寺院、道教宫观和伊斯兰教清真寺。中国汉代以前盛行神仙方士之说，西汉后期佛教经由西域传入我国内地，由此出现了新的建筑类型——佛教寺院、塔幢和石窟寺。由于甘肃地区的宗教古建筑资源非常丰富，因此将塔幢和石窟寺单独设为章节加以阐述。本章仅就甘肃省境内的主要佛教寺院、道教宫观和伊斯兰教清真寺展开叙述。

甘肃佛教建筑有分布广、地域特点突出的特性。这一地区的宗教建筑形式多样，与其他建筑形式相比较保存得较好，具有如下特征：第一，藏传佛教建筑在甘肃佛教建筑之中占很大的比重，因此藏传佛教建筑在甘肃地区大放异彩。第二，甘肃的道教发展较早，道教建筑群落形制完整、规模宏大。第三，多民族聚居的特征体现在宗教建筑之上，如清真寺建筑体现出来的建筑文化正是回族和汉族民族聚居逐渐形成的；佛教、道教合一的东大寺，将汉文化和藏文化很好地融合起来，通过建筑装饰反映出来。第四，宗教建筑的建筑水平和装饰艺术水平可以代表甘肃地区古建筑的工艺技术水平。

1. 藏传宝刹扬佛光

公元6世纪至13世纪，佛教在中国经过600余年的传播，同时又与传统的儒家思想融合，发展成为中国式的宗教。这时的佛教建筑也完全形成了中国式的宗教建筑。自公元5世纪以来"舍宅为寺"成为社会流行风气，佛教信徒经常将自己的住宅赠送给寺院，以建立功德，这种在住宅基础上改造的佛寺，不但沿用原有布局，而且主殿也是利用原有的厅堂建筑，因此廊院式的平面布局变为四合院式的。由于地域和民族的差别使得甘肃地区的佛教建筑分为藏传佛教建筑和汉式佛教建筑。甘肃南部地区聚居着30多万的藏族同胞，是甘肃省的甘南藏族自治州，为藏传佛教建筑的成长提供了肥沃的土壤。该地区的藏传佛教建筑具有明显的藏式碉房的特征：平顶、墙厚、窗小，单体建筑敦实，墙体上装饰边玛装饰带，窗户上伸出雨棚并绘以梯形窗套，外墙色彩十分艳丽。甘南地区的建筑也受到汉族和回族文化的影响，平屋顶上增加了汉式的坡屋顶再施以金瓦，显得金碧辉煌。建筑群体因地制宜、依山就势，山势地貌将建筑烘托得更加雄伟。佛寺建筑群体的组合形式并不对称，没有中轴线，随着地形成片成组，并且选择在风景优美的地区，所以甘肃的藏传佛寺数量大、留存建筑制式较为完整，建筑艺术成就高。还有靠近兰州、临夏地区的藏传佛教建筑群，这一地区的藏传佛寺其建筑是典型的汉族建筑形式，其结构是传统大木结构。建筑群体组合由四合院组成，空间布局有明显的轴线，以烘托其建筑的恢宏气势。由于很多都是皇帝敕建的或者是当地统治者的家庙（比如：妙因寺）①，因此寺院的布局与汉族寺院没有区别。不过在单体建筑的装饰上是穷其所能，加入了很多的藏式装饰的元素，比如门框的装饰、瓣玛枋②、蜂窝枋③，在墀头上雕刻上藏式的八宝造型④，在室内屋顶的平棊上绘画出佛教的坛城⑤等，营造出藏传佛教寺院的氛围。在这里辉煌的藏传佛教寺院建筑建造成就和建筑装饰艺术成就让该地区的藏传佛教建筑大放异彩。

2. 道教宫观数春秋

甘肃的道教建筑制式非常完整，这和它的历史文化背景密不可分，《玄纲论·道篇》曰："道者何也？虚无之系，造化之根，神明之本，天地之元。"道教起源于先民对自然的崇拜，是我国本土生长的古老教派。伏羲文化发源于今甘肃省的天水市，伏羲画卦开辟人类文明，黄老之道在生活于黄河流域的广大先民中逐渐盛行。甘肃省正处于这样一个区域，因此道教的建筑发展得早，道教建筑形制完整。

道教的宫观建筑是从古代中国传统的宫殿、神庙、祭坛建筑发展而来的，是道教徒祭神礼拜的场所，也是他们隐居、修炼之处所。甘肃省道教建筑经常处于风景区内，由于选址的环境优美，后世就逐渐发展成为风景名胜区，如天水的玉泉观、平凉的崆峒山。

甘肃道教宫观本着法天、法地、法道、法自然的思想，顺乎"自然"之规律来建造。道教宫观一般会根据八卦方位，乾南坤北，即天南地北，以子午线为中轴，坐北朝南的布局，使供奉道教尊神的殿堂都设在中轴线上，这样体现出"居中为尊"的思想。如天水玉泉观坐北向南，依山而建，牌坊、玉皇阁、玉皇殿、三清殿各主体建筑沿中轴线布局。金天观本为明肃王府，布局自由，但仍然有明显的轴线，分级别来布置殿堂。分为中轴线、东轴线和西轴线[6]，本章道观小节有详细叙述。

甘肃道教宫观就总体规模而言，殿、寝、堂、阁、门、亭、馆、楼、观、廊各种建筑形式一应俱全，主殿黄瓦朱甍，回廊环绕，古柏参天，碑碣林立与帝王宫殿无异，因此说其特点是形制完整、规模宏大。

3. 民族聚居铸辉煌

在甘肃的历史上大的民族迁徙活动发展了很多次，多民族共同聚居在这里。文化的交融，体现在古建筑的表现之上，在藏传佛教建筑上体现出的汉族建筑特征，在汉族建筑上也体现出藏传建筑的风格。这种藏、回、汉三种文化所体现出来的建筑艺术是该地区宗教建筑的显著特征。

宗教建筑，是教徒们精神寄托的场所，在修建的过程中，建造者自然想将本民族的特点体现出来精心修建，另外也会将其他地区的好的建设经验和技术融合进来，将他们心目中的"圣地"建造得尽善尽美。这样宗教建筑就不自觉地成为各个不同民族艺术的结晶。例如，鲁土司衙门的妙因寺，其藏传佛教的属性非常强烈，屋脊上的脊饰，有法轮、大象还有各类藏族传统的吉祥之物，门上的彩绘虽为后世所修，仍保持藏族壁画的风格，绘制的人物表情威严。大经堂有一圈转经回廊，与藏传佛教寺庙的经典布局相呼应。是典型的都纲法式的空间设计手法，都纲法式在藏传寺庙空间中使用得非常广泛。但是整个寺庙修建在平整的场地中，有明显的轴线布局，建筑群体通过四合院的形式相结合。建筑单体是典型的汉式大木构架，屋顶有歇山顶和硬山顶，由于是土司的家庙，屋面上铺设绿色的琉璃瓦异常精美，这些方面都汲取了汉民族优秀的建筑技艺。在建筑装饰方面，精美的砖雕令人目不暇接，各种题材的砖雕在这里都有所展示，每件作品都透出临夏回族砖雕的影子。因此说妙因寺是民族融合的典型代表。清真寺建筑从建筑平面的合院形式到建筑构架的搭建都与传统的汉式建筑没有区别，而建筑的装饰则体现了伊斯兰传统用色和题材的特点。甘肃地区宗教建筑是集各民族建筑精髓大成之作，多民族共同聚居的特征集中体现在宗教建筑之上。

4. 装饰艺术夺天工

宗教建筑为了给神明提供规模宏大的殿堂，给信徒提供祭拜和修行的空间，建造了庞大的建筑空间和建筑群体。甘肃的宗教建筑也不例外，由于人们内心强大的精神信念全部寄托到宗教建筑这一空间之内，因此所有的能工巧匠、所有的物力支持、所有的财力支持，都汇聚到这里，堆砌出宏伟殿堂，建筑的水平在当时的年代应该是顶级的。中国古代建筑等级森严，由于在古代甘肃地区一直是国家版图的边境要地，因此这里没有帝王的宫殿苑囿，宗教建筑可以说是现存甘肃古建筑中较高级别的建筑类型。表现在宗教建筑之上的建造水平和装饰水平自然可以代表甘肃地区古建筑的工艺技术水平。

由于笔者的水平所限，通过本章的论述，能展现的只是甘肃宗教建筑的冰山一角，通过以下实例叙述，希望各位读者可以更深入地走近令人炫目的甘肃宗教建筑。

第一节　佛寺

一、拉卜楞寺

（一）寺院沿革

拉卜楞寺位于甘南藏族自治州夏河县县城西侧，始建于1709年（藏历第十二个甲子的乙丑年，清康熙四十八年）。明朝以来，黄教势力日益强大，16世纪后期已经深入西藏、蒙古地区，在甘南有很大的影响。当时，清朝政府为了稳定广大藏族地区的社会秩序和牵制散居在新疆、青海一带的厄鲁特蒙古诸部，积极采取"兴黄教以安众蒙古"、"以教固政"的政策，极力扶持喇嘛教，并对黄教首领大加封赠。

1709年嘉木样一世创建扎西奇寺。1711年7月13日大经堂落成，举行了隆重的开光典礼。清康熙五十三年（1714年），扎西奇寺建"拉让"（即嘉木样寝宫）。自拉卜楞建寺起，在其附近颜克尔沟一带就聚居了依附于寺院的居民和农奴，随着寺院的发展，为寺院服务的一个小镇就在这一带逐渐形成，即拉卜楞镇，是为"拉卜楞"地名之始起。1716年一世嘉木样修建下续部学院。1720年，嘉木样一世被康熙赐封为"扶法禅师班智达额尔德尼诺门罕"，这一封号大大提高了拉卜楞寺寺主、寺院的声名和地位。此后，清政府给拉卜楞寺提供了诸多政治方面的支持，寺院迅速发展了起来（图2-1-1）。

1763年（清乾隆二十八年），嘉木样二世遵照六世班禅的法旨，仿照西藏扎什伦布寺时轮学院的规模和形式修建时轮学院。1784年（清乾隆四十九年），嘉木样二世仿照西藏药王山寺医学院修建医学院。1788年（清乾隆五十三年），嘉木样二世遵照六世班禅的法旨，按照西藏扎什伦布寺大金殿样式建造弥勒佛殿（寿喜寺）。1881年，光绪皇帝为拉卜楞寺喜金刚学院题写匾额。此后，拉卜楞寺逐

图2-1-1　拉卜楞寺全貌

渐发展成为甘、青地区规模宏大，显、密兼备，拥有众多属民和属寺的大寺院。1940年，嘉木样五世创建上续部学院。

现在的拉卜楞寺主要是清至民国时期的建筑，1982年2月被国务院公布为全国重点文物保护单位（图2-1-2）。

（二）寺院布局

拉卜楞寺西北紧靠高山，南面大夏河蜿蜒流过，寺院处于山脚下河北岸的平缓地带，坐北朝南使寺院大部分建筑都可以在严寒的冬日争取到更多的阳光。寺院依山傍水，河南岸林木葱葱，环境非常优美（图2-1-3）。

寺院现在的主干道贯通东西，建于20世纪80年代初，道路沿途除布置有佛学院、藏医院等现代建筑外，并无重要建筑。原直通寺院东西的是一条略偏北的土路，宽5~6米，由于寺院的自由式布局，除较规整的僧舍区以外，这条道路随形就势，显得蜿蜒曲折。

寺院采用藏式传统的布局方式，整个寺院以闻思学院大经堂为中心而展开，将一些重要的建筑，如寿禧寺、弥勒佛殿、白度母殿等自由布置在寺院的较高处。利用山势建体量大、层数多的建筑，再由下面低矮的附属建筑来烘托，更能体现出这些建筑的高大宏伟（图2-1-4）。辩经院、各个扎仓（学院）布置在大经堂附近，而囊欠、僧舍则自由散布在寺院各处，等级较高的活佛住宅主要分布在寺院南面或各大扎仓附近，如德哇仓囊欠、郭莽仓囊欠等。嘉木样大师有多处别邸，大都建在寺院西南山谷之中，距寺院较远。

拉卜楞寺建筑的总体布局、不同类型建筑的功能平面及立面造型，虽然没有明确的法式限定，但由于长期以来的生活经验积累、约定俗成的材料应用和技术做法，形成鲜明的藏族建筑特色。虽然建筑都各自成组，但是主次分明、重点突出，仍然能统一协调，使得寺院建筑群达到雄伟壮观、气势磅礴的效果。自由式布局的寺院其轮廓本不清晰，寺院巧妙地利用外围墙，建造了环绕整个寺院的转经廊，转经廊蜿蜒数里，寺院四周的转经廊对总体布

图2-1-2　拉卜楞寺鸟瞰

图2-1-3 拉卜楞寺依山而建，布局自由而统一

局起到了一定的统一作用。如此规模的转经廊是其他藏传佛教寺院所没有的（图2-1-5）。

（三）大经堂（闻思学院）

拉卜楞寺有六大扎仓，是格鲁派六大寺中扎仓数量最多、学制最全的寺院。扎仓主体建筑中轴对称布局，由前门、廊院、经堂和后殿组成。一般在扎仓附近还附有讲经院和厨房，在扎仓周围另建有佛殿。各扎仓建筑形制基本一致，只是规模大小略有不同。

大经堂，又称闻思学院，是六大扎仓中规模之最。大经堂始建于1710年，嘉木样二世1772年扩建，嘉木样五世1946年增建前殿、1948年扩建后殿，1985年不幸全部烧毁，1990年重建（图2-1-6、图2-1-7）。

大经堂的前殿楼上面供吐蕃赞普松赞干布之像，楼上前廊设有嘉木样大师等活佛们每年正月和七月法会观会时的座席。前庭院是本院学僧辩经及法会辩经考取学位的场所。前庭院由前殿的后廊及其左右各十六间低矮平顶廊屋围绕而成。由前庭院向北登上通宽约2米的台阶即至经堂。经堂前廊面阔九间，28米，与廊院进深相同。由此廊向东西面

图2-1-4 拉卜楞寺总平面

各开一院门。大经堂正殿东西十五间，南北十一间，共140根内柱，可供全寺僧人聚集。正殿内悬有乾隆皇帝御赐"慧觉寺"匾额。在经堂中部进深三间、面阔九间的范围内加高木柱，抬起平顶，利用平顶的高差在高处开侧窗采光，为典型的"都纲法式"做法（图2-1-8）。后殿供奉有历世嘉木样大师及蒙古河南亲王夫妇的舍利灵塔。后殿底层通高两层，下部不对外开窗（图2-1-9）。后殿的平屋顶中部加建了一座小殿，采用歇山式屋顶，覆鎏

图2-1-5 拉卜楞寺转经廊

图2-1-6 大经堂立面

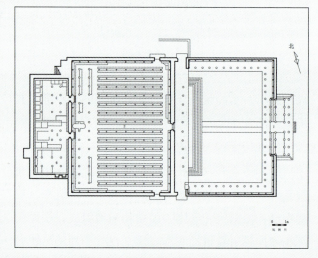

图2-1-8 闻思学院平面 (刘建宁绘)

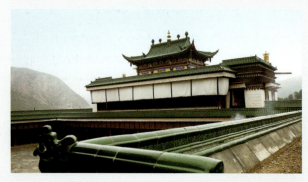

图2-1-7 大经堂近景

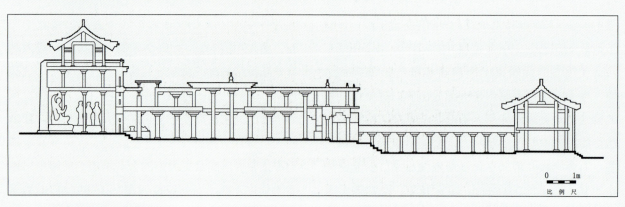

图2-1-9 闻思学院剖面 (刘建宁绘)

图2-1-10 弥勒佛殿

图2-1-11 弥勒佛殿入口

金铜瓦。正殿之西为大厨房。其他几个扎仓建筑形制与大经堂基本一致,但规模要小得多。

(四)弥勒佛殿(寿禧寺、大金瓦寺)

弥勒佛殿,清朝嘉庆皇帝御赐殿名"寿禧寺",金字红匾以汉、藏、满、蒙四种文字书写而成。佛殿坐落于大经堂西北方向的山坡上,为拉卜楞寺最高的建筑,高达24.1米。此殿起初为平顶,1884年(清光绪十年),在平顶之上加建金瓦亭,为本寺最大的鎏金瓦屋顶,故俗称"大金瓦寺"(图2-1-10)。

弥勒佛殿坐北朝南,殿前有三面群房围成的横长不规则小院,南北长33.55米,东西宽53.2米,院落正门略偏左,院内有花坛,地面用不规则青石片铺砌。院门有石砌甬道、台阶通向高1.05米台基之上的佛殿(图2-1-11)。

佛殿前有前廊,面阔三间,与大殿同宽,进深一间,净尺寸为2.35米,高一层,净高为5.24米,平顶。廊前左右两端各加1根立柱,廊内地面铺木地板。正面墙上绘四大天王、护火法轮、须弥山等壁画;东墙绘《生死流转图》(图2-1-12)。

佛殿为藏汉混合式结构的代表,最高层即第四层为单檐歇山顶方亭,以下三层为藏式平屋顶。佛殿坐北朝南,面阔五间。佛殿通面阔为25.14米,通进深16.9米。佛殿中部进深四间,后三间两层通高,净高为11.5米。前一间第二层有平台,一层净高为5.85米,二层净高5.65米。佛殿中部二层前墙正中开门,可通向前廊的屋顶。佛殿中部三层为唐卡储藏室。顶层为单檐歇山顶方亭,四角飞檐上覆

鎏金铜狮、铜龙、铜宝瓶、铜如意、铜法轮等(图2-1-13)。方亭面阔三间,开间尺寸明间为3.2米,次间为3.3米,进深二间,每间2.06米,四周有柱廊,柱廊进深1.9米。

佛殿左右有夹室,西侧楼梯可通屋顶。夹室与佛殿中部在一二层以砖石墙相隔,厚度约为2米,三层为木隔墙。夹室一层均有直接通向室外的小门,二层通向佛殿中部的二层平台,三层有通向佛殿中部唐卡储藏室的小门。夹室的后墙与佛殿中部的后墙平齐,进深9.3米(图2-1-14~图2-1-19)。

佛殿中部平面靠后墙处布置佛座,佛座高1.15米,宽4.7米,长1.9米。殿内供鎏金弥勒佛大铜像,高8米左右,造型端庄,气度娴雅,阔额高鼻,方颐薄唇。左右两侧供八大菩萨鎏金铜像,高5米左右。佛龛宽1.15米,长7.59米,距离后墙1.26米,藏有金、银汁书写的《甘珠尔经》一部,弥足珍贵。

图2-1-12 弥勒佛殿正门

图2-1-13 弥勒佛装饰

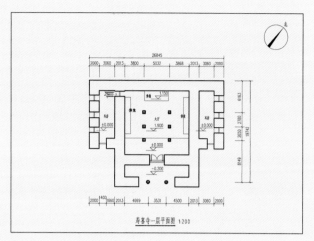

图2-1-14 弥勒佛殿一层平面

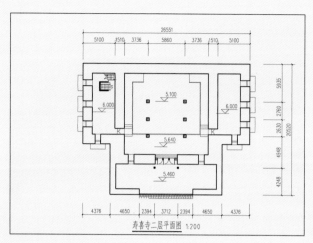

图2-1-15 弥勒佛殿二层平面

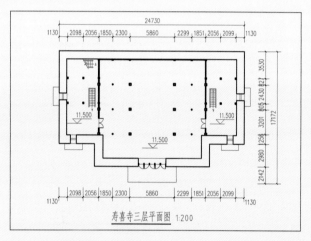

图2-1-16 弥勒佛殿三层平面

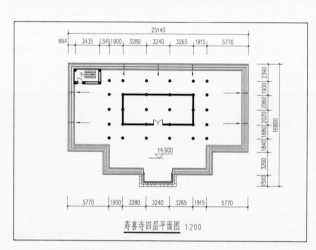

图2-1-17 弥勒佛殿四层平面

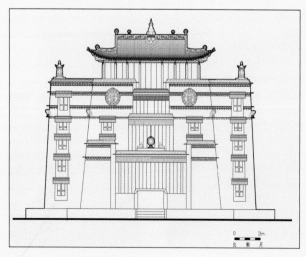

图2-1-18 弥勒佛殿立面图 谭敏洁 绘

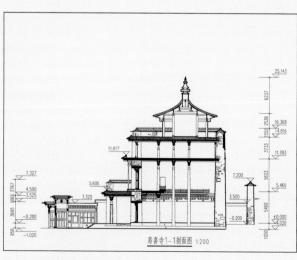

图2-1-19 弥勒佛殿剖面图

（五）下续部学院

下续部学院，藏语"桑钦曲吉绕措华旦吉麦扎仓"，意即"大密法海吉祥续部神下院"。下续部学院位于闻思学院东北，坐西北朝东南，系第一世嘉木样大师于清康熙五十五年（1716年）依拉萨下密院的体制建造，该学院的创建，标志着拉卜楞寺显、密结合修习体制的形成。下续部学院是拉卜楞寺年代最久远的三座建筑之一（图2-1-20）。

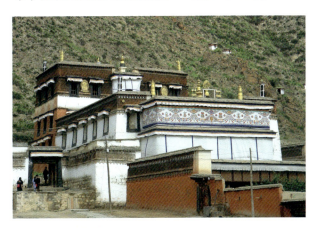

图2-1-20　下续部学院

下续部学院前面庭院位于高台之上，院墙围绕成不规则四边形，南北高差2.35米，空间比较狭小。由院落西南角的大门进入，东面开两门，一处通往讲经台，讲经院内有冬、夏季辩经场，有辩经台两处，另一处院门供僧人日常出入。下续部学院围墙均为片石砌筑，局部墙上部加边玛墙，青石片压顶，墙体刷白灰。院门为传统藏式平顶结构，门内侧墙体为木骨泥墙，正面抹草泥，背面裸露墙体内部木骨及树枝等。

下续部主体建筑依山而建，南北通进深41.75米，东西通面阔20.75米，建筑总高17.24米。建筑为藏式平顶结构，由前廊、前殿和后殿三部分组成。前廊为藏式二层平顶结构，面阔五间，进深二间，由6根八棱"亚"字形柱托起两层重檐，屋顶上饰以法轮、宝幢、卧鹿，檐口饰以法轮、宝瓶等图案（图2-1-21）。廊内地面四周铺石条，中间为木地板。前廊内北壁和东西两壁遍绘壁画，有四大天王、生死六转图等。正门门框饰以描金彩画，用

图2-1-21　下续部学院前廊

藏族传统"贝玛"、"雀赞"纹样进行装饰，上有坐兽7头，威严而华丽（图2-1-22）。

前殿面阔五间，进深六间，典型的都纲法式做法。藏式平屋顶，一楼东南角设有楼梯。一层室内北面为佛台，正中为本院历任法台的法座。中柱、后金柱共20根，均为拼合柱，其中方形通柱4根，断面460毫米×460毫米，方柱16根，断面320毫米×320毫米，一层层高5.4米。殿内供奉释迦牟尼鎏金铜像、大藏经《丹珠尔》、金写本《贤劫经》，以及密集、胜乐、怖畏、三大金刚和护法神等。前殿二层为都纲法式形成的天井院，天井院外侧为唐卡储藏室和法鼓储存室。

后殿为"灵塔殿"。后殿一层主要存放高僧灵塔，内供奉一世德哇仓·洛桑东珠、三世图丹尼玛等活佛的八座灵塔。第二层南面开门与前殿二层回廊相接，殿内三面设观佛礼佛的回廊。第三层为图书室和佛塔存放室，南面正中开门，门额以三踩斗栱挑出檐。第四层为修行室，南面窗台以上的墙体外侧是边玛墙（图2-1-23～图2-1-27）。

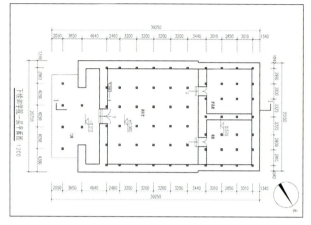

图2-1-23　下续部学院一层平面图

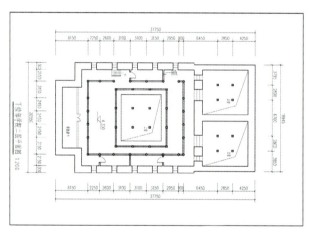

图2-1-24　下续部学院二层平面图

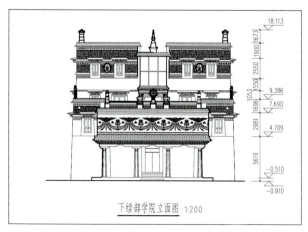

图2-1-25　下续部学院正立面图

图2-1-22　下续部学院正门

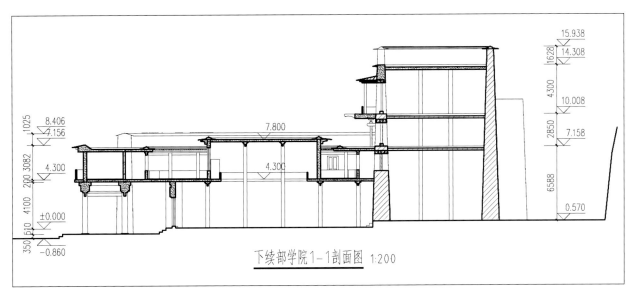

图2-1-26 下续部学院剖面图

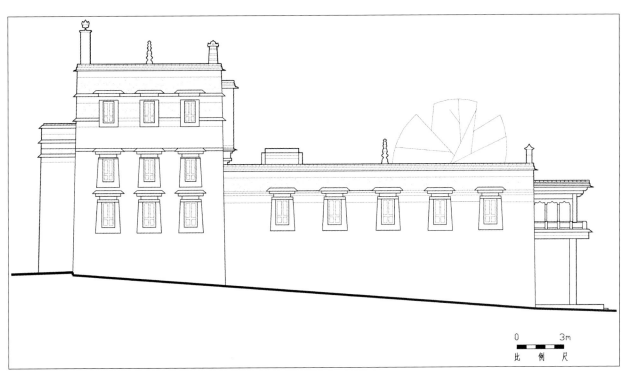

图2-1-27 下续部学院侧立面图　王子林 绘

（六）释迦牟尼佛殿（小金瓦寺）

释迦牟尼佛殿位于嘉木样寝宫东北隅，是嘉木样大师自用佛堂。该佛殿始建于清康熙五十三年（1714年），因殿内主供释迦牟尼佛而得名，由印度僧人西哇措所供，后经嘉木样一世从西藏"本朵"地方请至寺院，是寺内所供稀世至宝珍品之一。释迦牟尼佛殿坐落在弥勒佛殿的西侧，系仿照西藏大昭寺形式修建，清光绪三十一年（1907年），在该殿顶加建了歇山鎏金筒瓦小殿，因该殿筒瓦顶较之弥勒佛殿小一些，故又称"小金瓦寺"（图2-1-28、图2-1-29）。

释迦牟尼佛殿依山而建，坐西北朝东南，占地面积810平方米，总建筑面积为1800平方米，大致分为南侧小金瓦殿及其裙房和后侧护法殿两部分。

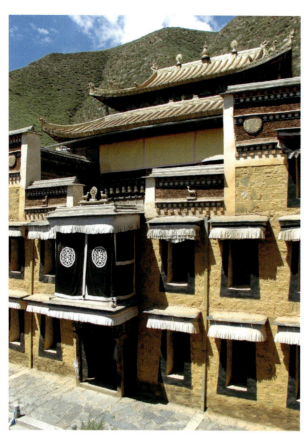

图2-1-28 释迦牟尼佛殿

图2-1-29 释迦牟尼佛殿入口

建筑与院落随地形而灵活多变,院落空间形态多样。释迦牟尼佛殿南侧与图丹颇章毗邻,两者之间由"凹"字形二层藏式僧舍小院连接。

释迦牟尼佛殿通面阔九间,总高四层(图2-1-30)。后期加建的前面小殿位于第三层,是在第二层的密檐平顶上沿左、右、后三面扩建的,呈"凹"字形平面。"凹"字的左右部分为平顶,中部屋顶为重檐歇山顶形式。殿内释迦牟尼佛像两侧有两根铜质龙柱。在此殿的周围廊内设铜质转经筒95个。在金瓦殿之后,接近山崖还建有一殿,为单檐歇山灰瓦屋顶,是拉章的护法殿(藏语"久康")。

释迦牟尼佛殿一层呈"凸"字形,二层基本为方形平面,三层、四层又变为"凸"字形平面。一层北侧和东侧为库房,西侧现为佛堂,东侧室内有楼梯至二层。二层西侧为库房,其余现已废弃,其中东侧部分有废弃火炕。三层现为主要佛殿,中心

图2-1-30 释迦牟尼佛殿面阔九间

供奉释迦牟尼主佛,佛殿为五开间,七架梁带前后廊。第三层佛殿的北侧为护法殿,护法殿的一层已废弃,有木楼梯通至二层前檐廊,二层为护法殿的主殿,五开间、五架梁带前后廊,屋顶为单檐歇山灰筒瓦屋顶(图2-1-31~图2-1-35)。

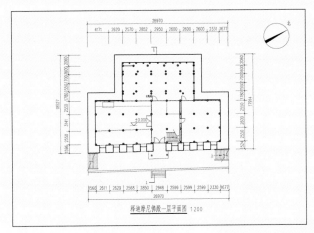

图2-1-31 释迦牟尼佛殿一层平面

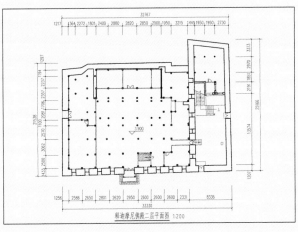

图2-1-32 释迦牟尼佛殿二层平面

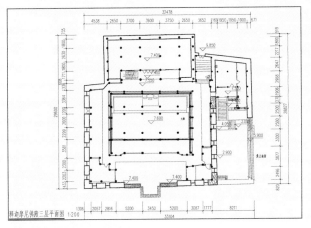

图2-1-33 释迦牟尼佛殿三层平面

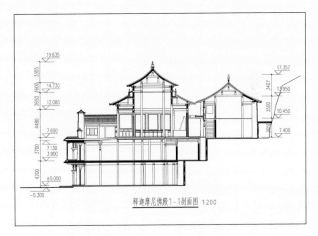

图2-1-34 释迦牟尼佛殿剖面

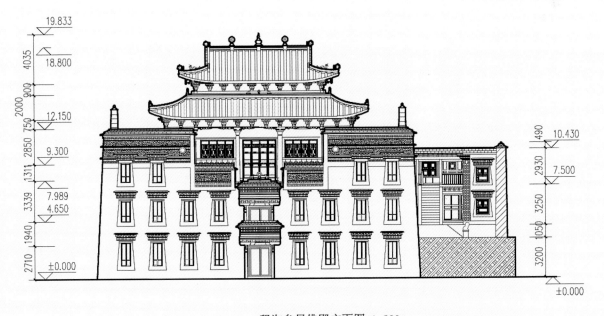

图2-1-35 释迦牟尼佛殿立面

（七）讲经坛

拉卜楞寺有讲经坛两个，冬季讲经堂坛称之为讲经堂。冬季经堂为小屋一幢，金瓦铺顶（图2-1-36、图2-1-37）。夏季讲经坛即为小金瓦寺前的小广场，广场以石质铺装，大致为方形，一直延伸到寿喜寺外墙。

（八）其他

拉卜楞寺的主体建筑包括六大佛学院、十八囊谦及其他附属建筑属寺，其中经堂5座，佛殿16座，讲经坛2座，囊谦18座，总共占地面积约86.6万平方米（图2-1-38、图2-1-39），建筑面积为40万平方米。附属建筑密度大、体量参差不齐，建筑形体、朝向各异，围合成大小形状不同的院落，共同组成了拉卜楞寺的整体形象。拉卜楞寺作为藏传佛教格鲁派六大寺院之一，在甘、青藏区的社会影响力巨大，保留有全国最好的藏传佛教教学体系。其

图2-1-36　冬季讲经堂

图2-1-37　冬季讲经堂侧面

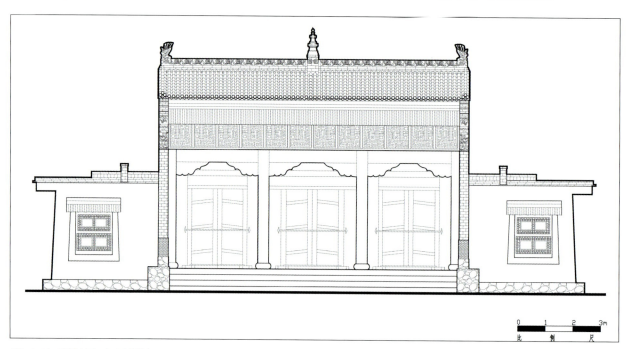

图2-1-38　囊谦立面（王子林绘）

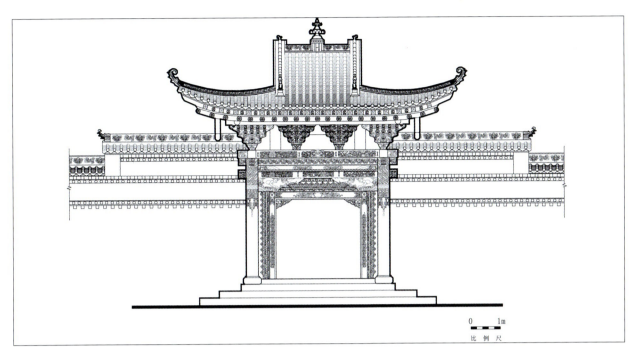

图2-1-39　囊谦门头（刘建宁绘）

图2-1-40　拉卜楞寺宝塔

图2-1-41　时轮学院

建筑也在1982年被评为国家级重点文物保护单位（图2-1-40、图2-1-41）[7]。

二、郎木寺

位于甘川交界处白龙江畔的郎木寺，是兰州到四川九寨沟旅游线路上的一处著名藏传佛寺。这里群山环抱，景色绮丽，殿堂宏伟，经塔高耸，经廊遍布。郎木寺坐落在雪岭摩天、峭峰纵峙、森林茂密、溪泉奔涌的自然风光之中。郎木寺的全称是"德仓郎木寺"，是两座寺院的统称，徐徐流淌的白龙江就像铺陈在绿野中的洁白的哈达，白龙江南岸的寺院称"格尔底寺"，在四川省境内，江北的寺院称"赛赤寺"，属于甘肃境内。院殿庙宇红墙金瓦，庄严肃穆，烟雾缭绕，僧侣成群，法号声声。这里的建筑融合在原生态的天然景象之中，处处滋润着人们的心灵（图2-1-42）。

郎木寺藏语名为"章吉"。寺庙北部的红石崖，人们称之为"德仓"，是"虎穴"的意思，相传"黑虎女神"居住在这里；在离德仓不远的小山中有一块形似仙女的天然岩石，藏语称之为"郎木"，即女神的意思。这里的人们尊崇的正是"虎穴仙女"，"德仓郎木"之名的来源于此。明朝后期，

图2-1-42 朗木寺与自然环境交融

图2-1-43 朗木寺入口

图2-1-44 朗木寺建筑

有一些僧侣开始在这里结伴研修佛理。清雍正九年（1731年），托拉·阿旺拔藏在德仓朗木的白龙江南岸（属四川地界）修建了静修院。清乾隆十三年（1748年），河南蒙旗亲王大力扩建静修院，经过一百多年断断续续的修建，两座规模较大的寺院相继落成。坐落于白龙江南岸的寺院称"格尔底寺"，江北的寺院称"赛赤寺"。因两寺同在一地，人称"德仓郎木寺"（图2-1-43）。两寺依山傍水而建，寺内殿堂与僧舍相连，错落有致，气势恢宏。两寺各有经堂、昂欠18座，僧舍数百间。经堂内多饰以彩绘，悬挂唐卡佛像、经幡，显得庄严肃穆、富丽堂皇。佛殿的梁柱上都有精美细致的雕刻图案，工艺精湛，寺内还存有大量的经籍、佛像、金银器皿、玉器、象牙、珊瑚等（图2-1-44）。

朗木寺地处峡谷盆地之中，青山环绕，紫红色砂岩遍布山体，寺庙建筑错落分布在山体之上，与环境融为一体。这里还有大量的藏族民居，全部用木料建成、木墙、木顶、木板、木板瓦、木地板。屋顶上用大石块压住木板瓦，墙面用生土夯实，称之为"踏板房"。踏板房用当地的材料：木料、泥土、藤条，建造出独特的民居形象。木板像布瓦一样，有层次地平铺在屋顶上，然后用大石块压住，增加其抗风荷载的能力。山墙面下部为生土墙，上置藤条编的墙面，有透光性和通风性，并且还有装饰性。成群的踏板房鳞次栉比地分布在庙宇的周围，与寺院融为一体，形成了独特的节奏，生态的情景展现在世人面前（图2-1-45）。朗木寺被誉为"东方小瑞士"，其山寺景观可见一斑。如今朗木寺不仅为宗教圣地、旅游胜地，也是人们心灵中的一片净土。郎木寺的历史悠久，由于各种因素破坏得较为严重，佛寺现正在翻修，现存的寺内建筑大多为新建。但朗木寺仍为甘肃境内建筑总体布局特色鲜明、选址地点自然环境极其优美、全国闻名的藏传佛寺。

三、张掖大佛寺

闻名于世的大佛寺在张掖城内西南角，现为全国重点文物保护单位，其主殿大佛殿是河西地区现存最大的木构建筑之一，也是甘肃境内现存最大的西夏建筑，建筑形式的地域特色突出。1980年大佛寺被公布为甘肃省文物保护单位，1996年被公布为全国重点文物保护单位图（图2-1-46）。

大佛寺，原名卧佛寺，始建于西夏崇宗永安元年（1098年），因有一尊身长34.5米的木胎泥塑卧佛而得名（图2-1-47）。明代永乐、宣德、正统、成化、万历年间曾重修过。永乐十七年（1419年），明成祖朱棣敕赐"弘仁寺"匾额，卧佛寺遂改称

图2-1-45　寺院与踏板房

图2-1-46　张掖大佛寺山门

图2-1-47　大佛寺卧佛

"弘仁寺"。清康熙十七年（1678年），赐名"宏仁寺"。据明宣宗《敕赐宝觉寺碑记》可知，宣德元年（1426年）曾奉敕对该寺进行过维修，并赐名宝觉寺。又于清康熙二十六年（1687年）、雍正二年（1724年）、雍正九年（1731年）数次维修卧佛塑像。另据记事铜牌所载：雍正年间（1723—1736年）对佛像进行过补塑。宣统二、三年（1910—1911年），清代最后一次对大佛寺做了局部维修和全面彩绘。晚清时大佛寺被大佛寺巷分为两段，西段被称为宏仁寺，今已毁，东段留存下来即是现今呈现在世人面前的大佛寺。⑧

（一）大佛寺平面构成

大佛寺原有格局破坏之前，寺内主要有前山门、牌楼、东阳楼、西阳楼、金刚天王殿、大佛殿、大乘殿、轮藏殿、上塔(千佛阁)、后山门、内外圆殿等建筑，东西全长达450米，而现仅存中轴线上的大佛殿、藏经殿和土塔⑨。张掖自古为河西重镇，大佛寺也是藏传佛教文化和汉族文化结合的产物，既有传统大木构的特点也有藏传佛教建筑的特点，很有代表性。

1. 大佛寺中轴线上的第一座建筑就是山门，是进入大佛寺给人们的第一印象。山门为面阔三开间，进深一间，前后出廊，增加作为出入口的面积，单檐悬山顶，明间开圆形门，门上悬匾额"大佛寺"。斗栱为河西做法，只出一跳，花板替栱。

2. 山门的东面是四柱歇山布瓦顶的牌坊，四柱前后施夹杆石，石上有花卉雕饰，并设斜撑，檐下施如意斗栱。其斗栱的做法非常具有河西建筑特点，是当地人称"燕子切"的做法⑩，额枋的作用减弱，横栱上的精美雕饰，让人应接不暇。正中有一牌匾上书"佛法无边"，下为二龙戏珠主题的木雕栏板，精致华美（图2-1-49）。

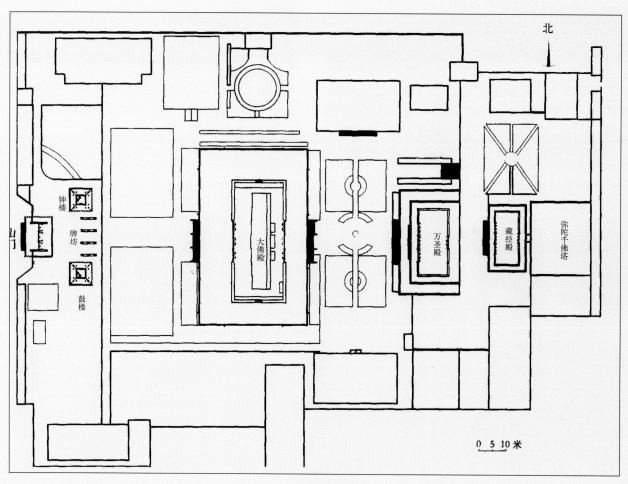

图2-1-48 张掖大佛寺总平面示意图（引用来源：《甘肃张掖大佛寺大佛殿的建筑特征》）

图2-1-49　张掖大佛寺牌坊

3．再向前对称而设的是鼓楼和钟楼，规制相同，平面为方形，面阔一间，重檐攒尖顶，高度为两层。钟楼在一层南面开门，鼓楼在一层北面开门，其余各面均砌有青砖围墙，外设围廊。二层的墙面设隔扇窗（图2-1-50）。

4．牌坊东面是大佛寺的主体建筑大佛殿。万圣殿为大佛寺中轴线上的第四座建筑，面阔五间，进深三间，单檐歇山琉璃瓦顶。前檐明、次间置六扇六抹隔扇门，梢间为四扇四抹槛窗，其余用墙体围护。由于地处西北地区，墙体较厚，保温隔热性能良好。檐下斗栱为三下昂七踩斗栱，明、次间为三攒平身科斗栱，山墙面明间为三攒平身科斗栱，梢间为两攒平身科斗栱（图2-1-51～图2-1-53）。

5．藏经殿是万圣殿之东的一座面阔五间，进深三间，单檐歇山布瓦顶建筑。前檐明、次间置六扇六抹隔扇门，梢间辟高窗，其余三面用墙体围护。檐下斗栱为重翘五踩斗栱，斗栱的布置：前后

图2-1-50　鼓楼

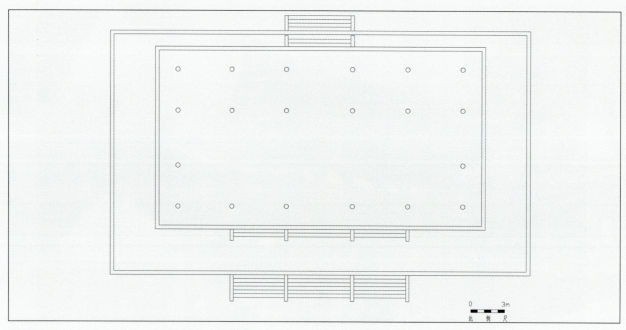

图2-1-51　大佛寺万圣殿平面图（王子林绘）

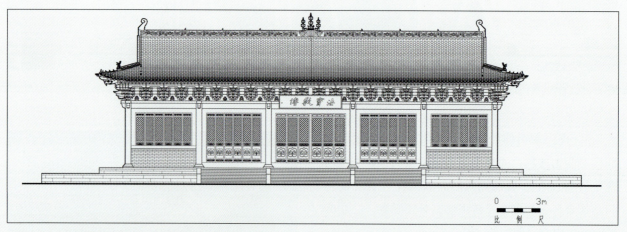

图2-1-52　大佛寺万圣殿正立面（王子林绘）

图2-1-53　万圣殿背立面

图2-1-54 土塔远景

檐明、次间为三攒平身科斗栱，两山明间为五攒平身科斗栱，梢间只用一攒平身科斗栱。

6. 大佛寺中轴线上的最后一处建筑为一塔，原名弥陀千佛塔，上为砖木结构，外表通体抹白灰，由塔座、塔身和塔刹三部分组成，总高33.37米。塔建于边长23米的方形台基上。基座外围搭建起重檐歇山顶建筑，面阔七间，外侧设环形回廊，外层建筑与塔的基座围合的内部空间形成回廊的形制，整个建筑将基座围护起来。台基之上原有三层须弥座，基座中间须弥座周围有天工浮雕，座上立有8个小塔，谓之金刚宝座。其上是覆钵形塔身，塔身上又有须弥座，座四周各开5个小龛，其中间3个为拱形，两边为方形。座上有十三重相轮呈锥形，称十三天，再上是直径4米的木质华盖，四周设铜质流苏、悬36个风铎，盖顶铺绿色琉璃瓦，华盖上置铜质覆钵塔刹（图2-1-54、图2-1-55）。

（二）大佛殿

大佛殿是大佛寺的主体建筑，是寺内中轴线上的第三座建筑。其为二层楼阁式歇山布瓦顶建筑，

图2-1-55 土塔近影

图2-1-56 张掖大佛寺大佛殿

台明宽大，现存台明是为后人扩大规模所砌。[11]四周施望柱、栏板，南北各施垂带踏跺，南北面均设四个龙头出水口，两山面各有两个出水口，檐下施斗栱（图2-1-56）。

1. 大佛殿第一层

大佛殿第一层面阔九间，进深七间，四周设围廊。前后檐明、次间檐柱间置四扇木版门，版门均为棋盘做法，上施彩绘，明间四扇组成二龙戏珠图案，两次间四扇组成丹凤朝阳图案。门框为藏式传统装饰条，装饰条为三层，从内至外分别为：莲瓣纹、连珠纹、蜂窝枋。前檐两梢间墙体上嵌砖雕，系用34厘米见方的砖块拼砌而成，砖雕内容取材于佛教"祇园演法"西方胜境故事。砖雕下面为须弥座，上面为荷花池和佛教的极乐世界，彩绘人物的面部均贴金。砖雕线条流畅，运用动静、虚实结合的艺术手法，构图自然（图2-1-57）。两山除明间辟直棂高窗外，其余用墙体围护。室内用减柱造的方法使空间扩大，把室内后两排金柱减去，砌一面阔七间、宽5.9米、高1.15米的佛台。佛台之上为通体长34.5米、肩宽7.5米的释迦牟尼卧像，卧佛身后站立有高约5.8米的十大弟子塑像。卧佛前后立有优婆夷、优婆塞像。殿内的南北两侧塑有十八罗汉坐像。前檐里围金柱，柱间枋上做雕饰，与藏式做法相同，且金柱两侧施雕花雀替，明间两金柱上绘贴金彩画（图2-1-58、图2-1-59）。一层卧佛后，墙体绘有《西游记》、《山海经》题材的壁画，一层东南角置楼梯通往二层（图2-1-60）。

图2-1-57 大佛殿砖雕

2. 大佛殿第二层

大佛殿采用汉族传统大木结构形式，但室内空间大佛殿的柱网形式为内外圈柱加周围廊，虽非正方形，但亦在室内形成了"回"字形平面，形成了所谓的"都纲法式"⑫。大佛殿为二层楼阁，重檐歇山顶。除周围回廊外，殿身面阔十一间，进深

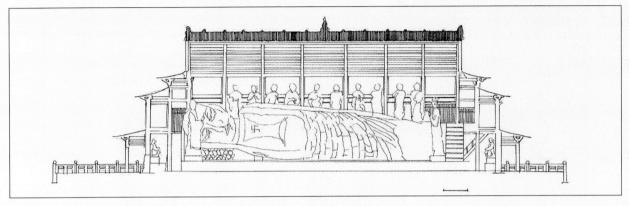

图2-1-58　大佛殿剖面1-1（惠亚尼转绘，引用来源：《甘肃张掖大佛寺大佛殿的建筑特征》）

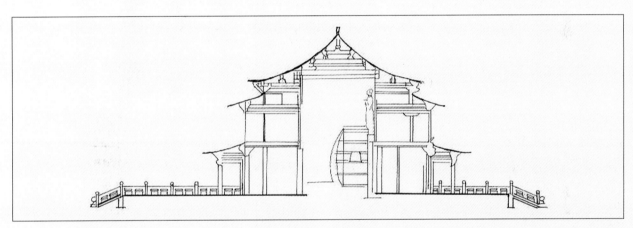

图2-1-59　大佛殿剖面2-2（惠亚尼转绘，引用来源：《甘肃张掖大佛寺大佛殿的建筑特征》）

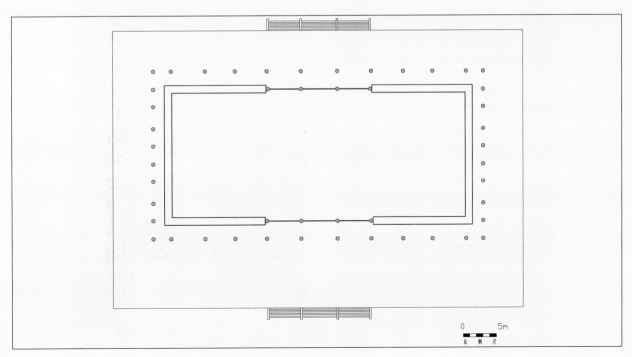

图2-1-60　大佛殿平面（刘建宁转绘，引用来源：《甘肃张掖大佛寺大佛殿的建筑特征》）

十二架椽。平面柱网略有变异，正面梢间面扩大，山面梢间尺寸减小，似是出于立面规整的考虑而调整（图2-1-61）。由于内部通高的空间使前后檐金柱间缺乏有机联系，故室内在内圈柱的左右两端各添加了两根金柱。楼阁做法相对简单，老檐柱、金柱皆为通柱，二层上檐用童柱，无平坐暗层。前后檐柱间均置雕花挂落，下设木栏杆，其余用墙体围护。两山明间置圆形窗，前后檐尽间廊柱和檐柱间设圆形窗。前后檐檐柱间置木隔扇门，明间为八扇六抹隔扇门，心屉为木板透雕，裙板为木板浮雕图（图2-1-62、图2-1-63）。

大佛寺虽偏隅西北，但是三次易名，历次维修，足见明、清两代对它的重视程度，因为张掖处于河西走廊的必经之路，大佛寺地处张掖，受藏传

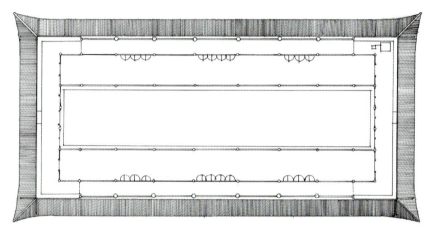

图2-1-61　大佛殿二层平面（惠亚尼转绘，引用来源：《甘肃张掖大佛寺大佛殿的建筑特征》）

图2-1-62　大佛寺斗栱细部之一

图2-1-62　大佛寺斗栱细部之二

图2-1-62　大佛寺斗栱细部之三

图2-1-63　大佛殿屋檐套兽及风铎

佛教和汉传佛教的共同影响，民族文化与宗教文化相互结合，形成了张掖大佛寺独具特色的建筑风格（图2-1-64、图2-1-65）。

四、西来寺

西来寺位于张掖市甘州区西南隅西来寺巷，是一座具有悠久历史的藏传密宗佛教寺院。据《甘州府志》记载，该寺始建于唐，明朝重建，原名为"慈云精舍"。清康熙三十年（1691年），喇嘛郎法·阿扎木苏住寺修行，后抵京谒见康熙皇帝，被赐名"普觉静修国师"，颁赐敕书、银印及红字藏文经108部，并令其统管甘州南番汉僧。康熙五十一年（1712年），普觉静修国师将其精舍改为寺庙，建楼五楹，作藏经之用。康熙五十九年（1702年），署理抚还大将军平郡王纳尔素赐金赐额重修，命名为"西来寺"。1985年3月，西来寺被批准为宗教活动场所，现为甘州区佛教协会驻地，系省级文物保护单位。

西来寺坐东朝西，在中轴线上有山门，大雄宝殿和藏经阁三个主要建筑。另外，还有大雄宝殿的

图2-1-64　大佛殿近景

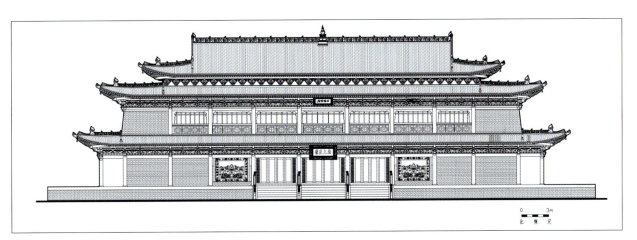

图2-1-65　大佛殿正立面（刘建宁绘）

南、北、配殿，即西方三圣殿、藏经阁两座配殿。1990年至1993年，寺内兴建了仿古山门，西方三圣殿和大雄宝殿。

寺的山门为1988年修建四柱三间，歇山布瓦顶，斗栱出两跳，是河西特有的花踩板形式，南北两侧的墙壁上分别书写有"南无阿弥陀佛"的红色大字，山门两侧有两个图案精美的木质圆形的窗户，山门正上方高悬蓝底金字的"西来寺"大匾。

观音殿为单檐歇山顶建筑，面阔三间。殿内顶部中心为藻井做法，向上收分，其余为平綦做法上饰以彩绘。藏经楼为复合式屋顶单檐硬山、两边加卷棚顶，面阔五间，进深五架椽。配殿面阔三间11.4米，进深6.2米。寺内原有木刻像5尊，塑像32尊，塑像中有32臂佛像一尊，现均已不存。留存壁画21面，其中元代壁画3面、明代壁画10面、清代壁画8面，由于年代久远，保存并不完好。寺内金炉香火，日夜不熄，朝佛礼拜者，络绎不绝。

金刚殿，是寺内一偏西小殿，为张掖市唯一一处明代建筑，具有极高的文物价值。金刚殿为单檐歇山顶，尚存宋元遗风，面宽三间，8.6米。1995年5月，在天花上方发现了明万历十五年放置的唐卡、袈裟、披风等珍贵文物。在金刚殿内最称奇的是殿顶中心的木构圆形藻井，在国内极为罕见，由三层斗栱衬托而成，下层稍大，往上逐渐缩小，结构之精巧，堪称河西地区小木作的精华。藻井中心四周顶部为平綦做法，上绘佛像图案，为明代绘画艺术之珍品。

五、秦安兴国寺

秦安县位于甘肃省东南部，北距天水市100余公里，秦安县历史悠久，旅游资源丰富。古称成纪，素有"羲里娲乡"之谓。县内有大地湾、兴国寺、文庙大成殿等3处国家重点文物保护单位（图2-1-66）。

兴国寺是秦安县内建筑特色鲜明的一处寺庙，坐落在县城内的新华街，1981年9月10日被甘肃省人民政府公布为省级文物保护单位，1996年11月20日成为全国重点文物保护单位。秦安是古代"丝绸之

图2-1-66 般若殿速写

路"上的军事重镇,早在三国时期著名的街亭之战,战场就在县内陇城一带。

兴国寺俗称"官寺",又叫兴谷寺,王建祥所编《秦安县志·文物志》称其相传建于唐代。据明弘治元年的《兴谷寺钟记》记载,兴国寺"在城制之北……盖始于大元至元……"证明其创建于元代。又据伽蓝殿顶棚上所取出的明万历四十三年(1615年)的木板题记:"寺上有般若殿图一座,雄镇人磐。左有伽蓝殿,右有菩萨殿,环铺入楔。中左有钟楼,中右有鼓楼,对峙如柱。门前有金刚殿,门口有天王殿,护卫如对。"《秦安县志》载:"万历中知县赵汴重建,国朝乾隆初邑人复修葺焉,俗称官寺。"

(一)建筑规模与布局

兴国寺入口处为一座单檐歇山顶木构牌坊,面阔三间,当心间悬挂"秦安县博物馆"的牌匾。无论其檐口的"檐上全"做法,抑或是屋脊雕饰,都属典型的秦州工艺做法。

兴国寺坐东朝西,占地面积4888.4平方米。[13] 中轴线上自西向东依次为金刚殿、天王殿、般若殿,两侧分别有钟楼、鼓楼、伽蓝殿、菩萨殿,钟、鼓楼之间是清朝所增建的韦驮殿。1951年伽蓝殿被拆毁,"文化大革命"期间菩萨殿又被拆毁,寺院后面现建有博物馆和办公室,但其总体布局未变,大部遗存仍为明清时所建。此寺是秦安一带现存为数不多的古代佛教建筑群,其平面布局原为"伽蓝七堂"[14]格局,后来陆续加建了一些其他建筑。其北邻有蔡氏祠堂,为清光绪年间所建,现有"荣封六世"绰楔(牌坊)和南北两厢房,正房已毁。牌坊以东曾有后迁入的城隍庙与关帝庙,北侧有城墙,现均已不复存在(图2-1-67)。

(二)建筑结构与特征

1. 金刚殿

为入寺山门,面阔三间,进深一间,单檐悬山顶建筑,檐下施斗栱,为倒座式。明间设正门,次间开窗,四扇六抹隔扇窗,心屉为斜方格。柱间用墙体围护。建筑为木构架结构,五架梁前后施以两柱,斗栱为三踩单昂斗栱,每柱上施平身科一攒。两山面施博风板,屋顶布瓦上有脊兽,正脊为花脊。

2. 天王殿

面阔三间,进深一间,梁架为五架梁,单檐硬山布瓦顶。明间为四扇六抹隔扇门,格心饰以菱形

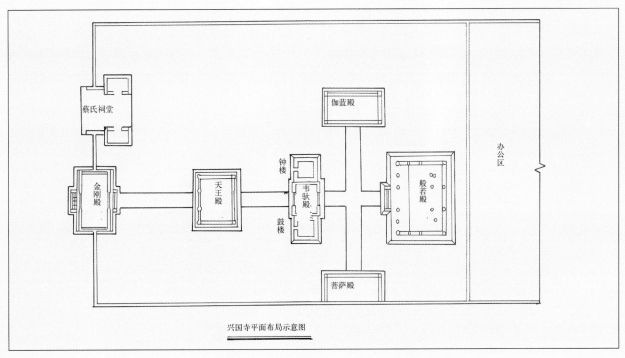

兴国寺平面布局示意图

图2-1-67 兴国寺般若殿总平面示意图(引用来源:《甘肃秦安兴国寺建筑年代分析》)

方格。次间为四扇槛窗，两山墙体青砖立面将木构围护起来，扇面脊部施博风板和垂鱼。檐部只施檐椽，不施飞椽。脊饰双龙戏珠。整座建筑简洁古朴。

3. 韦驮殿

韦驮殿为供奉韦驮尊者、佛教护法天神的殿堂，其殿面阔三间，进深一间，单坡单檐硬山布瓦顶，正脊为花脊。进深三架椽，四架梁前后用二柱。西立面为清水砖墙到顶，中设板门，门上有横向题额"法界西天"。东面四柱三间，明间设门，次间施槛窗。

4. 菩萨殿、伽蓝殿

面阔三间，进深一间，前檐施装修，明间均在20世纪80年代拆修时改变了原状。建筑形式为单檐硬山布瓦顶，明间四扇六抹隔扇门，次间四扇四抹隔扇窗，四菩萨殿仅大木构架为原物，其余均为复原。

5. 钟、鼓楼

位于天王殿东侧，北钟楼，南鼓楼。二楼形制、结构为五架梁五檩用二柱。平面近似方形，规制相同，为两层单檐歇山布瓦顶。

6. 般若殿

般若殿的屋顶形式为单檐歇山顶，较其他佛殿的硬山顶来说，规格较高。般若殿是秦安地区留存下来的最富有代表性的佛殿建筑，在甘肃省内也是少有的明代古建筑遗存。屋面通铺瓦面，各脊为琉璃件，可见其在寺中的重要地位。正脊饰龙、西番莲等花纹，垂脊上装饰有狮子、狻猊等瑞兽，正脊饰以葫芦宝瓶，下有兽面座将宝瓶托起。屋顶两端吻兽造型夸张生动。垂脊饰水纹，仔角梁端用绿琉璃做套兽。般若殿坐东朝西，面阔三间，进深二间带前廊（图2-1-68）。与寺院内其他建筑相比，般若殿建筑形态古拙雄浑，兼具元末明初的建筑结构特点。粗壮的檐柱将正立面分为3间，当心间面宽大于檐柱高且远大于梢间广。当心间两平柱上施硕大的檐额，檐额长至梢间，用材直径与柱相当。当心间平柱内侧后添加两檐柱，檐柱用材明显较小，与主体木构不是同一时期所做，应是加固檐额之做法。两山与后檐未全部加以雕饰，华丽繁复程度远不及前檐。细察发现与前檐角柱相邻的山面檐柱正是造就一繁一简两类斗栱形式的分水岭（图2-1-69）。后檐转角处角梁腹底平直，不似前檐角梁那般雕琢为曲线样式。如此看来，这种重视正立面形象效果的处理方式应是该地区建筑设计的传统手法。甘肃地区至今仍传用一种"具有歇山形象的悬山屋面"的做法，且应用广泛（图2-1-70）。如此处理既满足了正面视觉效果，又不失为一种经济实用的方法。前廊于梢间柱头置大额托平梁，额明显倾斜，约有元代遗风[15]。

般若殿的平面布局为减柱做法。早期建筑柱网

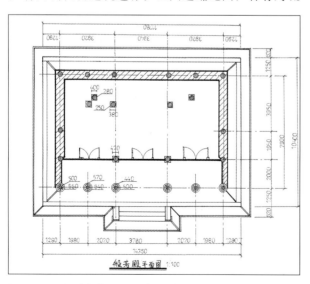

图2-1-68　兴国寺般若殿平面图（引用来源：《甘肃秦安兴国寺建筑年代分析》）

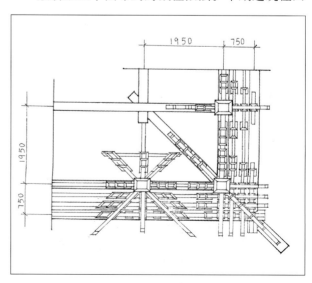

图2-1-69　兴国寺般若殿转角铺作顶视图（引用来源：《甘肃秦安兴国寺建筑年代分析》）

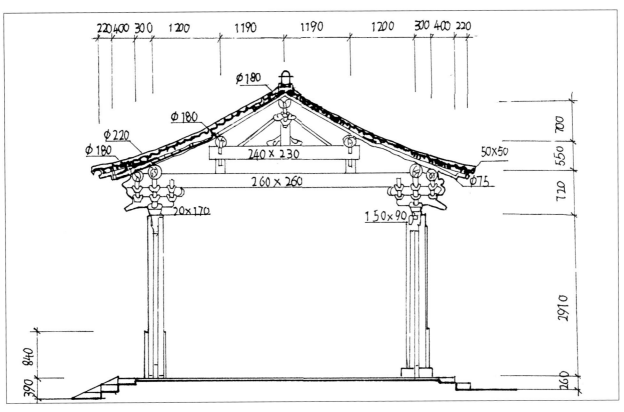

图2-1-70 兴国寺般若殿剖面图 （引用来源：《甘肃秦安兴国寺建筑年代分析》）

纵横成行，辽中叶以后出现减柱的做法，金、元时期减柱法甚至成为主要特征之一。到了明清，大型建筑中一般已不采用减柱法，但在中小型建筑中仍有施用。般若殿减去前金柱，使前排空间扩大，便于人们供佛礼拜。后排抹角梁下加小柱支撑，可能是为佛像所设置。

般若殿前檐斗栱宏大，为七踩三下昂斗栱，每间只施一攒平身科，斗栱高与柱高之比为21%与明朝的20%相近，此外斗栱中的扶壁栱用三层，因此被判断为明代重建的建筑。

六、红城感恩寺

红城感恩寺坐落于永登县城南80里红城镇西南隅，当地俗称大佛寺。该寺为鲁土司五世鲁麟所建，开建于明弘治五年（1492年），竣工于明弘治七年（1494年），次年弘治帝敕名"感恩寺"。它是一座汉式建筑的藏传佛教寺院，现为省级文物保护单位。

感恩寺殿堂布局为传统汉地禅宗寺院"伽蓝七堂"模式，占地面积大约3000平方米，建筑面积400多平方米，主体建筑呈南北走向排列在一条狭长的中轴线，南北总长133米，东西宽近20米。该寺总计有单体建筑9座，其中从南向北依次为牌楼山门、碑亭殿、哼哈二将殿、天王殿、天王殿两厢的药师殿和地藏殿、大雄宝殿、大雄宝殿两厢的护法殿和菩萨殿。

（一）山门牌楼

山门为四柱三门牌楼，清咸丰十八年（1858年）土司鲁如皋所增建（图2-1-71）。正中走马板上书"慈被无疆"四字（图2-1-72）。上款为"咸丰十八年（1858年）岁次戊午九日上洗吉日立"，下款为"钦加二品管束庄浪土官土军世袭掌印指挥使司指挥使副总府加五品鲁如皋撰并书"。两端外刻写长联："空色见如来，色空空色，寂寂然天外浮云身不染；了凡推上乘，凡了了凡，浩浩乎山中明月目常舒"。牌楼为单檐歇山顶，四柱三间，当心间略大，设扶柱四根。顶饰采用藏式传统的八吉祥图案，砖雕及其他的装饰纹样也都采用藏式传统的装饰手法。

图2-1-71 红城感恩寺牌楼

图2-1-72 牌楼匾额

(二)碑亭殿

碑亭殿为单檐歇山殿顶,面阔三间,进深一间,长约6.10米,宽约3.40米,除去台基净高5.23米,前后均开一门,屋檐下施单翘单昂三踩斗栱,歇山顶上覆青瓦,青砖包砌墙面。屋脊雕刻各种纹样,十分美观。殿外梁架、栱眼壁等部位建筑彩画均为后世重绘,已难见旧貌。现栱眼部分彩绘蓝扎体梵文六字真言(图2-1-73)。

(三)哼哈二将殿

碑亭殿后穿过一道垂花门,就是哼哈二将殿。按寺院原来的规划,这座殿宇应该是寺院的正门山门殿。哼哈二将殿为悬山式建筑,进深一间,面宽三间,净高5.60米,宽8.30米。殿正门上挂"大明"匾额,系寺内所存唯一旧匾,据甘肃考古所勘察报告称,原匾题字为"大清",20世纪80年代维修时除去"大清"二字露出原有"大明"二字。殿内左右两间供奉有彩塑哼哈二将,此哼哈二将作金刚力士状坐于石台上,头戴高大金色花笙宝冠,栗色身相。面容生动若生,天庭饱满,下颚圆浑,怒目圆睁,瞪视下方,威武雄强,臂膀青筋暴露,肌肉紧绷感强烈。东侧一尊右手握拳作蓄势击打之状,左手扶铜触地(图2-1-74)。西侧一尊左手挂铜触地,高抬臂膀大手张开当空挥舞,极具慑撼人之相。此二尊在微妙细节上的把握十分到位,一股内在的爆发力蕴含其间,其对瞬间紧张状态的描写可谓惟妙惟肖,入木三分,与山西明代双林寺的天王力士像相比,其艺术水准当在伯仲之间。

(四)天王殿

天王殿为歇山顶,进深一间,宽三间,横宽102米,深4.5米。殿内栱眼绘画保存完好,殿外栱眼绘

图2-1-73 红城感恩寺碑亭殿

图2-1-74 力士像

画残损严重，有些画面已经局部残毁或严重褪色。

（五）菩萨殿

此殿为大雄宝殿东配殿，依碑文记载应是"菩萨"殿。此殿为单檐歇山顶，深广各一间，高约5.60米，面宽5.85米，长5.25米。现在正门挂现代人书写匾额一面，门两侧亦有新制对联各一幅。殿内左右两壁及后壁上部原来均绘有壁画，现左壁壁画已毁，右壁及后壁上部壁画尚存，可惜状况欠佳。画面左下角靠近门框处绘有供养人形象。正中及两侧各砌高台，其上供奉有九尊彩绘神像，保存尚好，色彩鲜丽如新，显系近年维修所致。大殿内外栱眼均有彩绘神祇，外栱眼残破已甚，内栱眼保存状况相对较好（图2-1-75）。

（六）护法殿

护法殿的建筑样式与菩萨殿完全一致。殿内各壁已无壁画。殿内栱眼壁画保存完好，殿外栱眼壁画残损严重，严重褪色，尚能依稀可见（图2-1-76）。

（七）大雄宝殿

大雄宝殿是感恩寺"伽蓝七堂"平面布局上的

图2-1-76 红城感恩寺护法殿

图2-1-75 红城感恩寺菩萨殿

图2-1-77 大雄宝殿

最后一座大殿。大殿平面呈正方形，两边宽度各为11.65米，高7.25米。殿内布局体现出藏传佛教殿堂的特点，殿内四根立柱位于四角，架起四根大梁互相卯接在一起，形成殿内主佛堂，四周围出转经廊，作为信众转经礼佛的通道。殿内现存大量的各种彩塑佛造像，以及彩绘各种尊神和曼荼罗图像的坛城图，这些造像和彩绘是感恩寺内最为重要的藏传佛教艺术遗存之一（图2-1-77）。

七、妙因寺

妙因寺位于今甘肃省永登县连城镇。连城距兰州市一百多公里，自古以来就因其特殊的地理位置而成为青藏高原文化与中原文化的纽带。城内矗立着一座远近闻名的鲁土司衙门，该衙门始建于明初，距今已有五百多年历史。原占地面积10200平方米，1958年建筑遭到严重破坏，现存建筑呈非对称布局，共有8座佛殿。它是甘肃省保存最为完整的土司建筑，是土司管理边疆的政权建筑。妙因寺为鲁土司所建家庙，与鲁土司衙门以一门隔之。从鲁土司衙门的牌坊进入第一进院落，穿过厢房就可以看见妙因寺的山门（图2-1-78）。

（一）山门

入寺首先需经过山门，妙因寺山门为硬山顶，面阔三间，进深四架椽，明间两次间均设两扇门，另设一侧门，门扇上绘喇嘛像。山门内侧墙面有精美砖雕，有临夏砖雕工艺的痕迹，正中刻有"六字真言"。檐下各间均施平身科斗栱两攒，柱头科、平

图2-1-78 妙因寺

身科均为三翘七踩斗栱,各出挑斗栱斫作45°倾斜,柱头雕刻南瓜形象。明间出梁,梁头做象头形象。明间板门门框为藏式,上饰以藏族传统"贝玛""雀赞"纹样。屋面正吻饰龙、凤,造型独特,正脊中央置宝刹,两侧大象身背相轮(图2-1-79~图2-1-83)。

(二)鹰王殿

因供有鹰王画像而得名,为单檐硬山顶,屋面

图2-1-79 妙因寺山门

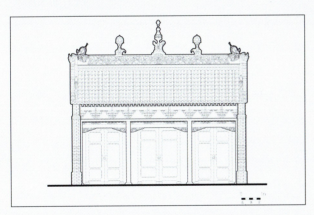

图2-1-80 妙因寺山门正立面(潘园飞转绘,引用来源:《甘肃永登连城鲁土司衙门及妙因寺建筑研究——兼论河湟地区明清建筑特征及河州砖雕》)

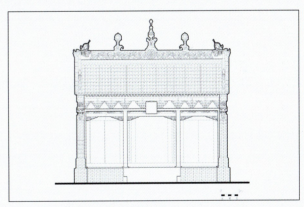

图2-1-81 妙因寺山门背立面(潘园飞转绘,引用来源:《甘肃永登连城鲁土司衙门及妙因寺建筑研究——兼论河湟地区明清建筑特征及河州砖雕》)

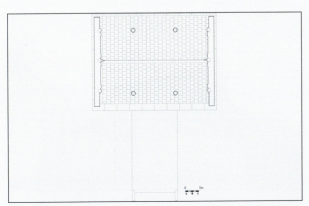

图2-1-82 妙因寺山门平面图(潘园飞转绘,引用来源:《甘肃永登连城鲁土司衙门及妙因寺建筑研究——兼论河湟地区明清建筑特征及河州砖雕》)

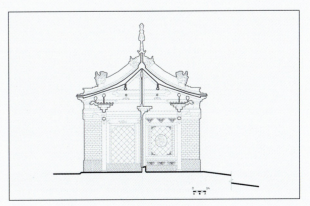

图2-1-83 妙因寺山门剖面(潘园飞转绘,引用来源:《甘肃永登连城鲁土司衙门及妙因寺建筑研究——兼论河湟地区明清建筑特征及河州砖雕》)

覆瓦。面阔三间，明间开六扇六抹隔扇门，两次间砖墙砌筑，辟圆形窗洞，木质窗格做菱形几何花纹。檐下各间均施平身科斗栱一攒，柱头科、平身科均做三踩斗栱。只有脊檩做橑花，前后檐都是一椽跨三檩，屋面坡度平缓（图2-1-84～图2-1-86）。

（三）科拉殿

科拉殿即天王殿，为明代建筑，单檐歇山顶建筑，坐西向东，面阔三间，进深六架椽。明间开四扇隔扇门，四周以砖墙包覆，墙体遍施砖雕，题材为藏式八宝，寓意吉祥如意。正立面两次间各施两块砖雕，一为狮子主题，一为祥云，狮子刻工流畅憨态可掬，祥云雕工遒劲，实为藏汉艺术结合之典范（图2-1-87）。

（四）古隆宫殿

古隆宫殿即护法殿，内供奉古隆官佛即格尔贡护法，清咸丰十年重建（1860年）。单檐歇山顶，坐东向西。建筑三开间，前出廊围以栏杆，出廊尽端各置两个转经筒，北立面两山墙面包以砖墙，山墙面砖墙上饰以精美砖雕，为临夏砖雕工艺，雕刻内容有海螺、宝盖、法轮等藏八宝图案，在砖墙顶端还装饰有蜂窝枋、莲花和类似边玛墙的图案装饰，强调其藏传佛教建筑的特点。北侧山墙正中镶有清代重修式的题记，上书："于咸丰己未经始至庚申夏五月十七日庚戌辛巳时立柱上梁……殿宇之巍峨焕然一新"。题记上还记载，虽为地形所限，建筑造型仍然巍峨，这与采用加厚山花的做法有关，加大正脊长使得立面视觉上感受良好。明间开四扇六抹隔扇门。屋顶满覆绿色琉璃瓦，正脊上饰以阁楼造型，脊饰上托三层镏金莲花宝座，较为罕见，飞檐结角做套兽，仰天长啸威风凛然，下悬一风铎。

（五）万岁殿

万岁殿建于明宣德二年（1427年），正中塑三世佛，左右山墙绘十方佛，暗廊内绘佛传故事，原殿内因供奉皇帝的牌位而得名。为重檐歇山顶，平面为正方形"都纲法式"，面阔五间，进深八架椽，

图2-1-84 鹰王殿

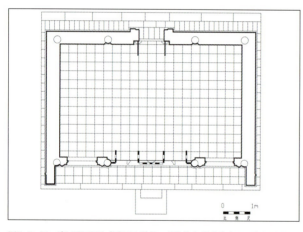

图2-1-85 鹰王殿平面（潘园飞转绘，《甘肃永登连城鲁土司衙门及妙因寺建筑研究——兼论河湟地区明清建筑特征及河州砖雕》）

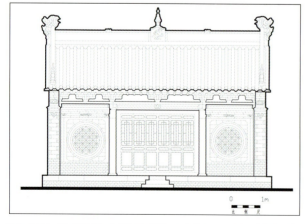

图2-1-86 鹰王殿正立面（潘园飞转绘，《甘肃永登连城鲁土司衙门及妙因寺建筑研究——兼论河湟地区明清建筑特征及河州砖雕》）

图2-1-87 科拉殿

为殿堂式木构建筑，正立面明间开双扇隔扇门，四墙面皆为砖墙包覆，只露木质斗栱。两山墙面各开三个藏式方形窗，墙面分为三块进行雕刻装饰，四角处做三角形砖雕，内容为花卉。斗栱出两跳，平身科及柱头科为单昂五踩斗栱，转角科则为重昂五踩斗栱，屋面结角为秦州地区的套兽做法，老角梁下悬垂宝瓶（图2-1-88）。

（六）德尔金堂

德尔金堂明成化七年（1471年）建，又名多吉羌殿。是本寺的主佛堂。单檐歇山顶，面阔三间，进深八架椽，明间开八扇六抹隔扇门，次间开四扇六抹隔扇门，格心内雕刻有寿字纹样。门扇、额栏、斗栱、栱眼内遍施彩绘，设色以青绿为主。建筑内部佛堂用一开间，次间则形成右旋礼拜道，供信徒参拜。外墙包砖，只露斗栱，墙面满覆精美砖雕。殿内上塑金刚持菩萨，大势至和文殊菩萨协侍，下塑三世佛和十八供养菩萨，外墙雕刻有七十二尊佛像，屋顶满覆琉璃瓦，正脊有八仙，太极纹样，建筑藏汉结合，佛道结合，是该地区民族融合的力证。（图2-1-89）

（七）大经堂

大经堂为重檐歇山顶，坐西向东，东、南、北面外出回廊，平面为"都纲法式"形制，面阔九间，进深十架椽，内部空间开阔，建筑面积达400平方米，为僧人修行诵经场所。基座抬高离地面约45厘米，入口设三个踏步，开三门，正门较两侧门大许多，山面开窗每面四个。建筑开间相当，共有三圈柱网，呈"回"字，南、北两廊檐柱间各有25

图2-1-88 万岁殿

图2-1-89 德尔金堂

图2-1-90 大经堂

图2-1-91 庄严寺山门

个转经筒。柱上置普拍枋再上为斗栱,斗栱出三跳,用材较小,装饰性极强,每间设平身科两攒,托起重檐屋顶,其跨度之大在西北地区堪称之最(图2-1-90)。内装为典型的藏传佛教建筑的装饰风格,顶饰井口天花,上面满绘佛教坛城。

八、庄严寺

五泉山公园是兰州人惬意的生活场所,兰州市地形狭长,市区内有山脉和黄河经过,五泉山就是其中一山。登兰州五泉山公园,可俯视兰州的全景,庄严寺迁址之后就坐落在五泉山之上。按清乾隆四十三年吴鼎新《皋兰县志》中描述,庄严寺原本是位于兰州市城关区旧城中心鼓楼西侧。始建于唐代,相传为隋末金城校尉薛举故宅。隋大业十三年(公元617年),薛举在兰州称帝后,即为其皇宫。唐平定薛举后改为佛寺。

庄严寺原建筑群规模宏大,布局严谨,有山门、朝房、过殿、大殿、后殿,并建有东西配殿、

图2-1-92 山门速写

厢房、钟鼓楼及跨院,构成完整的三院落及宫园等四组建筑,占地50多亩。现存的三座大殿,成为兰州珍贵的古建筑文化遗产(图2-1-91、图2-1-92)。据文献记载,庄严寺在元、明、清各代多次进行修缮,遂成为一所"寺界辽阔",庙貌巍峨,殿宇辉

煌的佛刹。庄严寺以塑、书、画"三绝"著称于世，"塑绝"指寺内的佛教造像，正殿大佛塑像体态匀称生动，衣纹细腻逼真，确为上乘之作，有极高的美学价值。"书绝"指山门所悬"敕大庄严禅院"寺额，系元世祖至元间，李溥光所书，笔力雄浑遒劲，笔画厚重沉着，直逼颜鲁公。"画绝"指中殿后壁观音画像，仪态端庄优美，身披白衣，宛然如纱，净瓶柳枝，翠色如新。中殿左右墙前部绘十八罗汉壁画，神态各异，表情生动；后半部为佛教故事壁画，所绘佛、菩萨栩栩如生，所布山水、殿宇都很精美。新中国成立后辟作游览场所。

为了更好地对庄严寺进行保护，1995年11月，兰州市政府对庄严寺进行异地搬迁工作，从原址城关区旧城中心鼓楼西侧搬迁到现在的五泉山公园内。新的选址位于五泉山公园西南隅二郎岗。元代以前二郎岗建有霍去病庙，元末塌毁。庄严寺原是位于平地上的，经过搬迁，使庄严寺的三座大殿逐级而上有了现在较高的地形。直到1996年12月底，庄严寺三座大殿才拆迁完毕。现存的三大殿由前殿、中殿和后殿组成。进入庄严寺首先映入眼帘的是一新建仿古牌坊，四柱三间，由牌坊通向前殿依地形做70级10米宽大台阶。

（一）前殿

前殿为卷棚歇山顶，前后出廊，面阔三间、进深四檩卷棚式，山面两间三柱，前后各出一廊。整个建筑经过异地复建，置于砖石垒砌的台基上。台基为新做，两级垂带踏跺。正面三开间，每间面阔相当，间距与柱高相似，立面形象稳定、大气。当心间、次间门板与窗扇均为新做，檐口的生起和侧角均不明显。

出廊的檐下斗栱为特别的单只替昂的做法[16]，栌斗用材较大，上施以两檩"老檩"[17]和"苗檩"。檐下部分看上去宛如木雕工艺的展台。穿插枋将檐柱之间分为两个空间，都施以木雕。檐下装饰十分华丽，体现了宝刹的本色。花牙子雀替[18]连为一体，成为全圈口花牙子（图2-1-93）。[19]

建筑上的彩绘为宋代彩画。主题隐约可以看到是云纹和虎纹。兰州市文物局已经对彩绘进行拍摄，有了整修方案，但至笔者调研为止还没有对彩绘进行有效的修复和保护。

前殿的平面为方形。内部梁架为厅堂式彻上明造。现佛寺正在进行恢复工作，殿内的佛像仍在重塑中（图2-1-94～图2-1-98）。

（二）中殿

庄严寺中殿建于明代，原悬"大雄殿"匾额。民国15年薛笃弼任甘肃省长时，修葺整饬，改寺院为民众教育馆。新中国成立后被兰州市文化馆使用，市秦剧团亦驻此。在"文化大革命"前寺院建

图2-1-93 庄严寺前殿转角铺作

图2-1-94 庄严寺前殿

图2-1-95 庄严寺前殿背立面

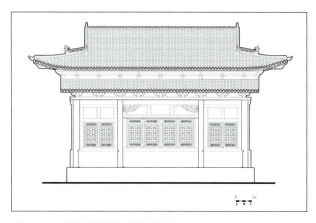

图2-1-96 庄严寺侧面图1（王子林绘）

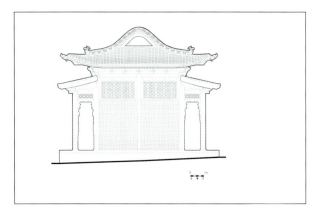

图2-1-97 庄严寺侧面图2（王子林绘）

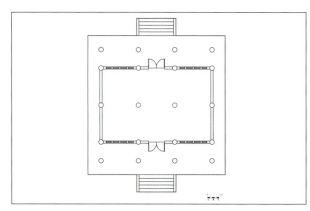

图2-1-98 庄严寺前殿平面图（王子林绘）

筑已被挪作他用，号称"三绝"的大殿同样被挤占，终于在1967年，"三绝"彻底消失于世。

中殿为歇山前接卷棚的复合式屋顶，面阔五间，进深五架椽。山面五个开间、前出廊。屋顶效果似重檐卷棚顶，使建筑显得威严而华丽。斗栱出两跳，为单昂双跳斗栱。正面五开间，明间和次间面阔相当，梢间较小一些，明间设平身科斗栱三朵，次间设斗栱一朵，门板窗扇均为新做。檐柱的生起和侧角均不明显。从山面来看檐柱皆包于墙身之内，为青砖立皮之做法，上设木格花窗，使中殿内部变得明亮（图2-1-99）。

中殿平面为方形。前出廊是甘肃地区特有的"前转后不转的形式"。内部梁架主体为厅堂式彻上明造，佛像主位的上部屋顶做平棊，上施以彩绘，梵文莲花主题（图2-1-100、图2-1-101）。

（三）后殿

沿阶梯而上至后殿。后殿原为五佛殿。清道光三年（1823年）重修，面阔五间，为歇山顶。进深方向为四架椽。明间、次间、梢间门板均为新做。地栿为分心槽形式。檐柱用材十分巨大，明间设斗栱三朵、斗栱出两跳，梢间设平身科斗栱一朵。和中殿的做法一样，内部梁架主体为厅堂式木构，佛像主位上部的屋顶做平棊并施以彩绘（图2-1-102~图2-1-104）。其余为彻上明造，雀替为龙草纹样，线条简洁精炼，为建筑增色不少。

清代"戊戌六君子"之一的谭嗣同曾作诗《兰州庄严寺》一首："访僧入孤寺，一径苍苔深。寒磬秋花落，承尘破纸吟。潭光澄夕照，松翠下庭荫。不尽古时意，萧萧雅满林。"庄严寺作为兰州仅存的明代建筑，见证了金城600多年的变迁，如今正以新的姿态坐落在五泉山之上。

九、蔡家寺

蔡家寺位于渭河北岸的甘谷县新兴镇蔡家寺村

图2-1-99 庄严寺中殿立面

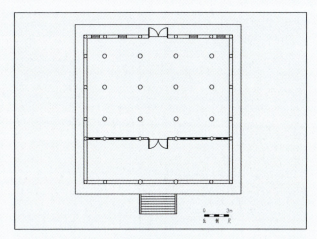

图2-1-100 庄严寺中殿平面图（王子林绘）

图2-1-101 庄严寺中殿背立面

图2-1-102 庄严寺后殿

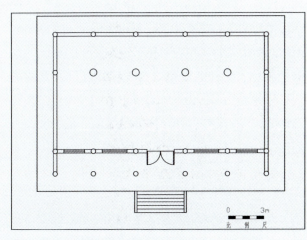

图2-1-103 庄严寺后殿平面图（王子林绘）

图2-1-104 庄严寺后殿近影

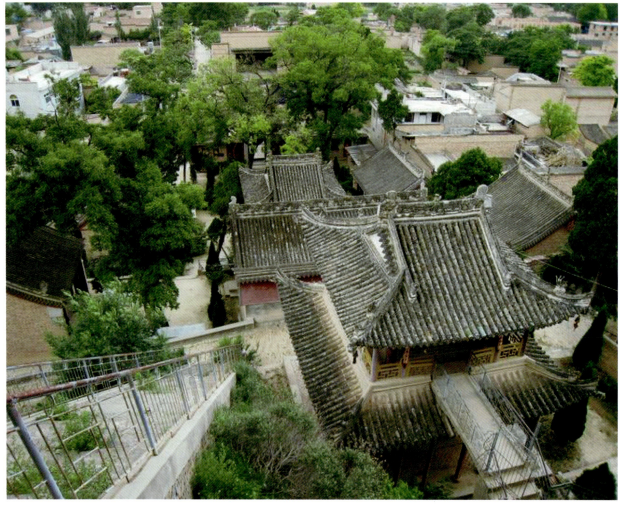

图2-1-105 蔡家寺

东，距县城10公里（图2-1-105）。寺、村同名，寺在村北一山丘上，依山而建，直达山顶。蔡家寺始建于元至正年间，明万历十五年（1587年）修建了大雄宝殿，清康熙三十七年（1689年）再次修缮。《甘谷县志》："至正元年至二十八年（1341~1368年）先后兴建报恩寺、蔡家寺、黑潭寺、城隍庙等寺庙。"《伏羌县志》："蔡家寺，东北二十里，元至正年建。庙貌巍峨，古柏苍松，渭水环流，颇称胜地。"

蔡家寺依山而建，随山而高，坐北朝南。自山脚至半山腰，营造有序，疏朗自然。山门为木构牌坊，建筑形式为四柱三间，单檐九脊顶，上覆筒板瓦和脊兽，斗栱甚繁。财神殿为阁楼式建筑。建筑物有三国殿、菩萨楼、文昌阁、大雄宝殿、祖师殿、伽蓝殿、讲经堂等。现在的建筑是依山就势，自下而上，合院围拢井然有序，远远望去，规制整齐，寺内建有戏楼，坐南朝北，北面台阶上耸立牌坊，四柱三间为山门，当心间额题"蔡家寺"三个字，进山门即可见财神殿，重檐歇山顶上层施平坐勾栏。明伏羌教谕叶应甲有《游蔡家寺》诗云："东隅藏胜迹，村舍几重烟。突阜吞禅刹，长龙逆渭川。风寒卷草木，柏老护苔藓。借门开山者，丹邱不计年。"蔡家寺古朴、巍峨的形象呈现在世人的面前。

十、武威海藏寺

海藏寺是武威四大寺院之一，位于城西北2.5公里处。明成化二十三年（1487年）立的《重修古刹海藏寺劝缘信官檀越记》碑云："相传，录钧台原为水中小岛，寺建于台上，故名海藏寺。"寺院占地面积1346平方米，创建于南宋淳祐九年（1249年），距今已有700多年的历史。明成化年间，一个叫张睿的太监，召集工匠百姓，在原旧址上重建了这座规模宏大的寺院，宪宗皇帝曾赐名为"清化禅寺"。

寺院自创建以来，由于战争及自然灾害等原因，几经毁坏，又为历代所修葺，恢复旧观。1963年，甘肃省人民政府公布为省级重点文物保护单位。现寺院内各殿形成较完整的古代建筑群，具有典型的古刹风貌（图2-1-106）。

寺前是一座四柱三间三楼的木构牌楼，是清康熙年间海藏寺修复后由振武将军孙思克所立，其建筑造型古朴玲珑，具有民族建筑艺术特色（图2-1-107）。甘肃地区木雕工艺精湛，注重檐下装饰，牌楼斗栱为"花踩板"的做法，即是在横栱的位置都由雕刻的花板代替，层层出跳，达七跳之多，极具地方特色，巧夺天工。四柱前后施夹杆石，上有雕饰并设有斜撑。走马板上题有"海藏禅林"四个大字，书法遒劲圆润，出自名家之手，被选入《中华名匾》之中。旧时牌楼两侧有成荫的杨柳，清晨时分在牌楼的东南侧会有一缕青烟袅袅直上，盘绕在杨柳之间，给海藏古刹增添了一种神奇绝妙的景象，俗称"海藏烟柳"、"日出寒烟"，是古凉州八景之一（图2-1-108）。

进入山门，迎面是雄伟庄严的大雄宝殿，始建于清乾隆年间，同治年间遭毁，光绪时重建。大雄宝殿为重檐歇山顶，四周设回廊，面阔五间，明间与次间面阔相当，斗栱形式为当地花踩板的做法，彩绘、用色以藏青色为主，主题为旋子彩画。殿内供三宝佛和十八罗汉（图2-1-109）。绕过大殿是三圣殿，殿内原供有"华严三圣"，新中国成立前，因屡遭兵燹而毁。1983年对此殿进行了整修和彩绘，1992年恢复了原状（图2-1-110）。此殿之后是地藏殿，殿内供奉的是大愿地藏菩萨。内院后面高达8米左右的灵钧台，为前凉张茂于公元321年所筑，是古凉州保存下来的最早的文化遗址之一。台下曾发现一块清光绪三十四年刻的《晋筑灵钧台》碑记，上书"东晋明帝太守中凉王张茂立古台"，现立于古台西前侧。台上有天王殿和无量殿，天王殿建于清代，内供四大天王。

再后，映入眼帘的是重檐歇山顶、面阔五间的藏经阁。明间面宽略大于次间，藏经阁雕梁画栋，正面新做台基上落木柱6根，柱头上置双抄斗栱出双昂，明间。设补间铺作四攒，次间设补间铺作三攒。明间设有棋门六扇，次间设窗四扇。枋间彩绘为1983年新作（图2-1-111、图2-1-112）。殿内设有描金大柱16根。

现在的海藏寺已成为武威市佛教协会的所在地和活动场所，也成为河西佛教徒心目中的圣地。

图2-1-106　海藏寺总平面示意图（刘建宁绘）

图2-1-107　海藏寺牌楼

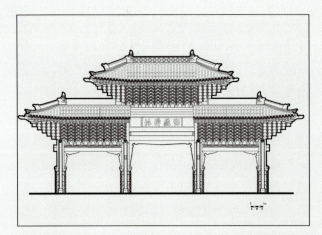

图2-1-108 海藏寺牌楼（刘建宁绘）

图2-1-109 大雄宝殿

图2-1-110 三圣殿

图2-1-111 藏经阁

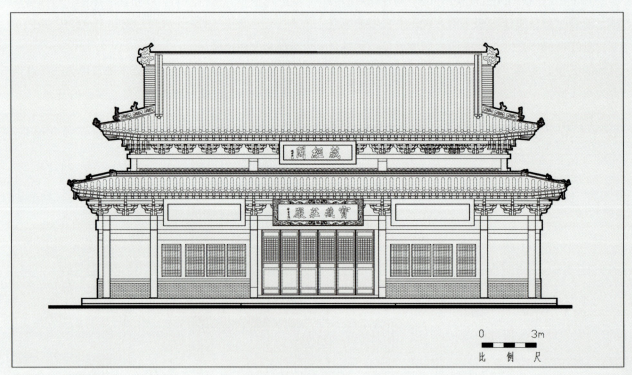

图2-1-112 海藏寺藏经阁（刘建宁绘）

十一、圣容寺

圣容寺俗称大寺庙，位于民勤县城西南隅，据《复兴圣容寺碑记》载，始建于明洪武九年（1376年），崇祯二年（1629年）重修，共三进院落。又据《镇番遗事历鉴》载："洪武九年（1376年）指挥陈胜于城内东北隅创建圣容寺，共三楹，曰山门、曰大殿、曰藏经楼，成化五年（1469年）移建今址。"世宗嘉靖五年，邑人重修。清道光十三年（1833年）扩建山门，民国8年（1919年）重修前中西廊房，1959年对整个寺内建筑进行维修、彩绘，1983年和1986年又进行修缮。1987年5月又在殿内塑三座大佛和观音金身，周边塑十八罗汉像等。

圣容寺是民勤县仅存的一座明代建筑。圣容寺坐北向南，占地面积7062.5平方米，建筑面积2480平方米，由山门、大雄宝殿、三圣殿、藏经阁和观音堂组成一条中轴线，前院和中院两侧有陪殿和斋房。

走进大寺庙巷便可看到圣容寺的山门，门楼高大宽阔，图饰精美艳丽。门下悬挂"圣容寺"匾额，正门两侧各书"福"、"地"二字，笔力浑厚雄健。

大寺前院幽雅宁静，院内草木丛生，松柏吐翠，柳丝婀娜，清水环绕假山，全然一处雅境。前院的南面为天王殿，内塑四大天王彩像；北面为大雄宝殿；东西两面由经堂、斋舍和陪殿组成。

大雄宝殿位于一高台之上，殿宇十分壮观。大殿为重檐歇山顶，面宽五间，进深三间，当心间施斗栱六朵，末间各施三朵，殿内屋顶做法为平棊，其斜面与平面满绘佛像和云彩，构成大面积彩画。大殿平面布局上采用移柱法，使室内空间显得宽敞，正面出披檐，背出抱厦一间。步入殿堂，即有置身于"西竺仙境"之感。殿内彩绘佛像很多，保存比较完整，在武威的古建筑中可称得上是独树一帜。大殿内正中为三大佛祖塑像，两边为十八罗汉及护法神；佛祖背面出抱厦一间，塑有观音菩萨像（图2-1-113～图2-1-115）。歇山式顶，正脊脊饰天宫楼阁，两侧各有九节行龙，龙头相向。大殿的东侧是观音堂，西侧为韦驮殿。绕进大雄宝殿，就到了中院。

图2-1-113　圣容寺大雄宝殿北立面

图2-1-114　圣容寺大雄宝殿

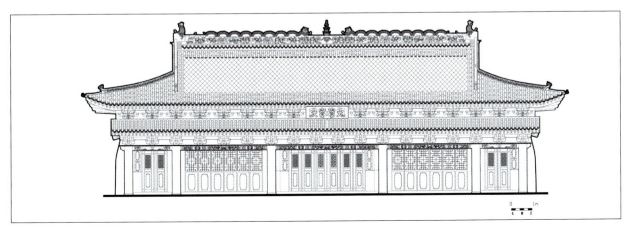

图2-1-115　圣容寺大雄宝殿正立面（王子林绘）

图2-1-116 圣容寺内景

图2-1-117 圣容寺藏经阁斗栱

中院由三圣殿及两边陪殿组成，三圣殿是寺内现存最早的建筑。三圣殿为单檐前卷棚硬山顶，面宽三间，进深三间。藏经阁系单檐悬山顶，二层楼阁，面宽五间，进深三间。圣容寺的保护范围及建设控制地带均为东西长55米，南北宽130米。三圣殿后是藏经阁（图2-1-116、图2-1-117）。

圣容寺为永昌县现存最早、面积最广、殿舍最多、规模最大的佛教寺院。1981年9月10日，圣容寺被甘肃省人民政府公布为省级文物保护单位。

十二、宋代福津广严院

广严院位于今甘肃省陇南武都区城东30公里的福津河谷之北的柏林村，现名柏林寺。它是甘肃唯一保存最完整的宋代木构建筑。1981年，广严院被列为武都县重点文物保护单位，恢复其寺院属性。1993年，广严院被列为甘肃省重点文物保护单位（图2-1-118）。

寺院的初创年代有唐代的传说，但是目前是无从考证的。寺中碑文记述了当时的寺院规模："大佛殿三间，文殊殿三间，□音殿（缺字疑为"观"）三间，斋厅三间，僧堂两间"。

20世纪六七十年代，广严院曾改作粮库使用，并于梁架上涂抹白灰，之后曾作学校使用。由于历史的

图2-1-118 广严院

变迁，广严院目前仅存院落一进。单体建筑有山门、前殿及两厢，其中前殿为主体建筑。前殿、僧房、山门，共计23间，占地2000平方米。广严院在柏林中，古柏苍劲挺拔，葱郁参天。前院内三柏直径1.5米，高30米，寺后有一柏树直径3.5米，高70米。

广严院大殿坐北向南，高大雄伟。其木构结构基本完好，单檐挑角歇山顶，面阔五间，宽18.65米，进深三间，长11.50米，通高9.53米，平面近方形。

前殿为单檐歇山屋顶，面阔五间，进深六架椽，山面三间四柱，整个建筑置于砖石垒砌的台基上。正面每间面阔相当，间广远小于柱高。明间、次间门板为后换。明心间门楣上施两枚八瓣门簪，形似南瓜。北、西、东三侧檐墙为当地黄土砌筑，有明显收分。

檐柱柱身为梭柱，生起与侧脚不明显。梭柱自五代起主要在南方应用，北方唐辽建筑中不多见。柱础掩没于台基内，依稀可辨为覆莲状。除正面明间与次间四根全部露明外，其余檐柱皆包于墙身之内，仅柱首可见。柱首间施阑额，上置普柏枋。普柏枋至角柱出头，阑额不出头。外檐铺作形制为斗口跳，各间设补间铺作一朵。斗口跳算得铺作中最简单的组合形式，唐代即出现。《营造法式》中也有记载，但实例较少。屋面脊饰采用河州工艺常用题材。山面华废之下出三列厦头下架椽，其外无搏风板，下置搏脊。

前殿的内部梁架为厅堂式彻上明造。屋内梁栿表面有部分位置遗存彩画痕迹。横向梁架可从上而下分为三层，明间与次间的构成方式不同。明间梁栿最下层为四椽栿对乳栿，中间层为三椽栿对割牵，最上层为平梁，其上立蜀柱，无叉手。次间梁栿上、下层与当心间相同，中间层为两端割牵连以长两椽的顺栿串。细节也略有不同：当心间三层梁栿间施木块托垫而次间无，次间蜀柱脚施合楷而当心间无。

屋内柱共四根，柱首抵北中平槫下裸间护科之下。西端屋内柱柱础为覆莲状，磨损较重。东端屋内柱柱础不存。另有四根较细的柱子支于四椽栿腹底中部，柱础方形。这四根细柱，应是后世添加

以避免四椽栿跨中弯矩过大而致坍塌。[20]

十三、天堂寺

在天祝县西部的天堂乡有一座藏传佛教寺院天堂寺，在新中国成立前是天祝境内最大的藏传佛教寺院，天堂寺周围群山拥绕，总平面呈八宝形状，南隔大通河与青海省互助土族自治县嘉定藏族乡相邻。

（一）寺院概况

天堂寺在甘南地区是十分重要的一座寺庙，是号称"黄河北部地区五大古寺"的寺院之一，常住人数达到800多名，也称"天堂八百僧"。在寺庙发展的极盛时期，天堂寺有佛殿10座，经堂40座，活佛府邸17座，庄院600多处，僧舍4000余间，寺院面积1000余亩，僧众最多时有1000多人，一直是西北地区佛教活动的重要场所，也是修学并举的格鲁派寺院。内设显宗学院，就是参尼扎仓和时轮学院，分别开设般若、中观、释量、戒律、俱舍显宗五部和密宗学科，具有修业、升级、考核、学位职称等一整套完整的修学制度（图2-1-119）。

据该寺所存历史资料记载，远在唐宪宗（公元806~820年）时期，就在大通河附近建造了名曰"阳庄寺"的原始本教寺，这便是天堂寺的前身。

元代初年，藏传佛教噶举派噶玛噶举黑帽系第四世活佛噶玛若贝多杰，进京途经此地，在当地群众的要求下，于寺前平地——扎西滩建造镇龙塔108座，建塔之地遂得名"乔典堂"（即"塔儿滩"之意），由原来的萨迦派寺院改宗为噶举派寺院，后来该寺又再度毁于兵燹。格鲁派（黄教）兴起以后，天堂寺又改宗为格鲁派寺院。至明崇祯年间（约1639年），青海名僧丹玛·崔臣嘉措重建该寺，称为"朝天堂"（即"乔典堂"之音转），自此以后人们便将该寺叫作"天堂寺"，沿用至今。

清顺治四年（1647年），青海东科尔寺四世活佛多居嘉措应天堂寺僧众的邀请，多次大规模地扩建寺院，并成为天堂寺寺主，天堂寺亦成为东科尔寺的属寺。

在20世纪50年代末到70年代的历史劫难中，该

图2-1-119 天堂寺小布达拉

寺遭到彻底破坏，变成了一片废墟。改革开放后，于1981年获准重新开放恢复，天堂寺渐渐恢复了旧时的热闹。

寺内分为文学院和时轮金刚学院，开设显宗五部经典（即般若、中观、释量、戒律、俱舍）与密宗学科，显密兼备、尤重密宗，并以无上瑜伽密为最高修行次第。寺院有一整套修业、升级、考核及学位评定制度和严密的学经制度，培养出了多批高僧，逐渐成为我国西北地区的名寺之一。

寺内有大量的塑像、雕刻、壁画、经典、法器及木版印刷、手抄的藏文经典和历史资料。寺院存在的后期，常有不少云游僧人驻足学经，清末有两位德国人在此地研读佛学，可见该寺当时在国外也有影响。

天堂寺周围群山拥绕，形成八宝形状，与《噶当宝典》中预言的观音圣地完全相符，在这殊圣的吉祥宝地，建造了许多的殿堂，也留下了许多殊圣的奇迹。

（二）寺院主要建筑

宗喀巴大殿——在天堂寺内最为醒目的建筑当属宗喀巴大殿，又称为"见解脱大殿"、"千佛殿"，（图2-1-120）意为让宗喀巴大师的智慧之光永照人间。宗喀巴大殿，为高层建筑，藏汉结合式镏金顶，厚墙小窗，墙面饰以黄色，显示其高贵的地位。殿内有木雕镀金宗喀巴大佛像，堪称世界之最，高23米，宽9.52米，殿中还有4000尊铜佛及21尊木像，蔚为壮观。

时轮学院——是由九世东科呼图克图于1840年创建，为3层建筑，顶层上座重檐歇山顶，屋顶镏金。建筑装饰繁多，雕饰精美，柱子粗壮为八棱

图2-1-120 宗喀巴大殿

柱，上座斗栱托起屋顶，门窗屋顶都装饰以藏式的传统图案：藏八宝、六字真言、六道轮回、瓣玛、雀攒、跪鹿、相轮等，是众僧在修业学习的场所，每年农历三月中旬会举行建坛修供时轮大法会。

释迦牟尼殿——始建于18世纪初，由五世东科活佛主持建造，1983年恢复重建，释迦牟尼佛殿门前的右侧，原先有一颗很大的栴檀树，班禅大师走后不久，很对称的位置也长出了一株树，人们称其为"班禅神树"。殿中主佛释迦牟尼身高5米多，是用香泥所塑镀金像，工艺精湛，栩栩如生，胸间藏有鸡蛋大一颗迦叶佛舍利。

十四、东大寺

提起佛教东大寺，也许大家首先会想起的是位于日本奈良的东大寺，殊不知在我国的甘肃省中部、兰州市西北的天祝县赛什斯镇西南方、土鲁坪与普贯山之间的水磨沟内，也有这样一座中国的"东大寺"。东大寺：明万历四十七年（1619年）建大通寺，《平番县志》载名为"东耳阁隆寺"，因该寺在连城妙因寺以东，故此得名。藏语称之为"大通贡钦贴桑达吉琅"，意为大通大寺闻思振兴州，属喇嘛教寺院，距今有近400年的历史（图2-1-121、图2-1-122）。

图2-1-121　东大寺

图2-1-122　东大寺山门内景

东大寺坐落在天祝县赛什斯乡，早期归永登县连城镇所辖。这里是古丝绸之路唐蕃古道的重要交通要冲和军事防御之地，东大寺与鲁土司衙门有着千丝万缕的联系。

据《清史稿·甘肃土司传》和《重续鲁氏家谱》记载：鲁土司的墓葬区分布在上、下、西享堂。上享堂在连城北二里水磨沟口的享堂东山上，葬有始祖脱欢以下十世和十五世以后诸土司，此地正是现东大寺所在地。

天祝东大寺属喇嘛教寺院，该寺集汉、藏建筑于一身，融儒、释、道文化为一体，充分体现了汉藏民族融合、多元文化共存特征，是其他地方很难见到的。它身处僻壤，位于天祝县赛什斯乡。1993年被列为甘肃省级文物保护单位。

俯瞰东大寺，由三层木楼叠起，墙垣多用青灰色石英砂炭砌成的方块叠置而成，这种墙垣经久耐用，极为坚固。经堂顶均由青色琉璃瓦铺成，顶脊镶嵌石雕吉祥图案，顶脊正中置有法幢，法轮两侧，祥鹿对卧，飞檐翘角，金碧辉煌。殿宇外部墙垣表面刷有褐黄色涂料。寺院坐落在山腰，通过一条蜿蜒的道路才能到达，寺外有一前院，由弧形围墙围合而成，墙高1.5米，表面刷红色涂料。

东大寺现存两进院落，正门为硬山布瓦顶，脊饰为莲花纹样，正中法轮疑为新做。正门面阔三间，正中为东大寺大门，门框上施藏式"贝玛"和"雀赞"等传统装饰纹样，金碧辉煌。次间为两扇抹槛窗，下为斜拼砖质墙裙，墀头砖雕精美，由于寺原与鲁土司有联系，整体建筑的风格及砖雕的应用手法与正门两侧抱厦为围墙，其做法与临夏地区砖雕形制相同。

进入正门，门扇高4米，用桦木做成，红漆染成，两侧有个小廊檐，檐下镶有木格花窗，檐内有著名画师更登嘉木措绘制的藏式图案，正门一般紧锁不开，每逢大型的佛事活动或过节时才打开

图2-1-123 东大寺正门彩绘

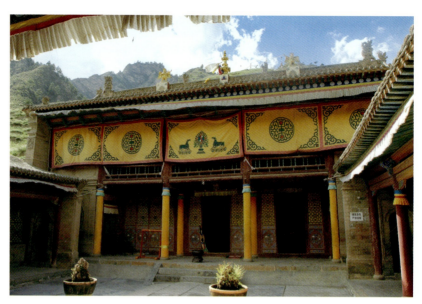
图2-1-124 东大寺经堂

（图2-1-123）。正门前方竖有甘肃省文物保护单位标志的石碑；正门左侧有一个两扇小门，小门用于僧人、信徒平时出入；正门右侧有一栋两层小木楼，是僧侣休息的地方，被称为"观望台"。

经堂前院建有两层楼，正前方有5间房，4根廊柱（均由红漆染成），镶有木格花窗（均由蓝、绿色涂成）；正中央挂一块"佛光普照"蓝底金字巨匾，中间有两扇门，进入扇门，登上较陡的木质楼梯，便来到了经堂中院（图2-1-124）。

经堂中院正前方，是原鲁迦堪布囊欠的佛堂。面阔五间，由4根高达数10米的廊柱撑起二层楼。房檐前方置有飞椽，二层通道廊柱之间设有形制较古的木栏杆（图2-1-125）。进入经堂，一层为全寺僧众诵经之地，殿内正中设有鲁迦堪布活佛的法座，法座上方供有释迦牟尼佛像，两侧供奉着各尊佛像和藏文经卷，殿内挂满彩色幡帷，两侧墙壁上有稀世罕见的《西游记》壁画（图2-1-126）。二层楼顶悬挂着鲜为人知的稀世瑰宝，四壁挂有许多

图2-1-125 东大寺木质楼梯

图2-1-126 《西游记》壁画

用金线、银线和丝织的唐卡，有较高的艺术观赏和考古研究价值。

经堂左右各有三间厢房，经堂的右侧有两个小院，前院为僧人的住宅，后院为活佛寝室。左侧有一个小院，为僧人的住宅和灶房（图2-1-127）。

该寺现有佛殿、僧舍及其他房屋共109间，集汉、藏建筑于一身，融儒、释、道文化为一体，充分体现了汉藏民族融合、多元文化共存特征，是天祝最典型的藏传佛寺古建筑（图2-1-128～图2-1-130）。

十五、合作米拉日巴佛阁

安多合作米拉日巴九层佛阁坐落在合作市北侧的合作寺院内，这里环境优美，寺院建造于青山之上，主要建筑有：护法殿、马头明王殿、护法殿、辩经场、大经堂、宗喀巴大殿和活佛囊欠。其中九层佛阁拔地而起，蔚然屹立在寺院的东侧（图2-1-131、图2-1-132）。

早在清乾隆四十二年(1777年)，被称为米拉日巴化身的洛桑达吉上师，在此地原有一座佛塔的基础上，仿照米拉日巴在洛扎亲自建造的九层楼阁的造型，新建了安多合作米拉日巴佛阁。但这座古老的佛阁毁于"文化大革命"。如今我们看到的佛阁为赛仓罗桑华尔丹活佛在1988年农历四月重新修建的九层藏式建筑，建筑面积为4028平方米，高40余米。

图2-1-127　经堂与厢房

图2-1-129　细部做法

图2-1-128　墀头细部

图2-1-130　檐口做法

图2-1-131 米拉日巴佛阁山门

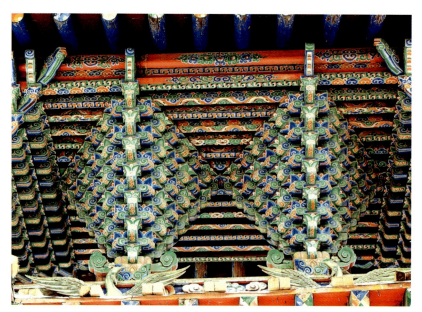
图2-1-132 米拉日巴佛阁山门细部

图2-1-133 米拉日巴佛阁

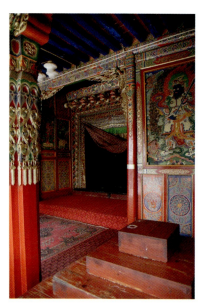
图2-1-134 米拉日巴佛阁入口

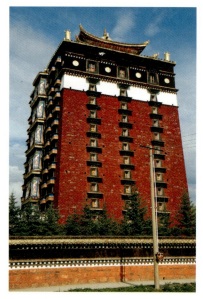
图2-1-135 米拉日巴佛阁立面

佛阁平面为正方形、顶端为重檐歇山顶，上饰以祥麟、法轮、十相自在等，佛阁通体饰以红色涂料，上部有一层装饰白色带状纹样。藏式小窗，黑色窗框，外搭藏式布幔形式雨棚（图2-1-133～图2-1-135）。

佛阁的第一层佛殿中央塑有弥勒佛一至九层，共有佛像为1270尊（包括千尊米拉日巴像），佛阁大院四周的外围装有铜制的嘛呢经教130个，佛阁大院围墙顶部建有小佛塔1500个。九层佛阁前，又修建宝塔一座，与佛阁遥相呼应。米拉日巴佛阁在全藏区仅有两座，作为历史上的高层古建筑，"九层佛阁"在信徒心中的地位是极其崇高的（图2-1-136～图2-1-138）。

第二节 伊斯兰清真寺

一、天水后街清真寺

《水经注》云："上川北城中有湖，水有白龙出，风雨随之，故汉武帝改为天水郡。"《秦州志》记

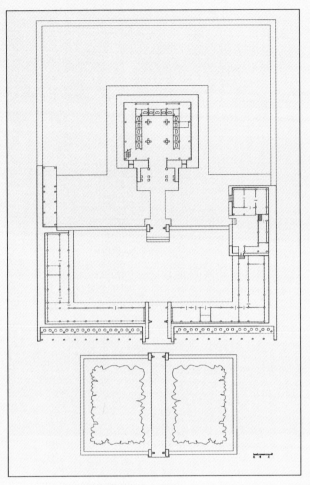

图2-1-136 九层佛阁平面图（王子林绘）

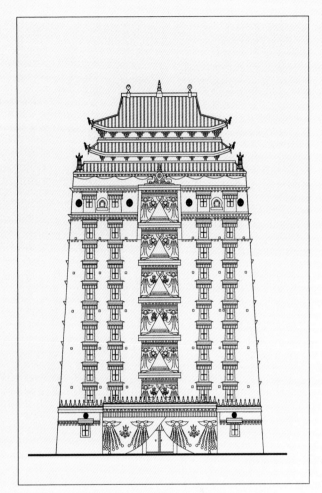

图2-1-137 九层佛阁立面图（王子林绘）

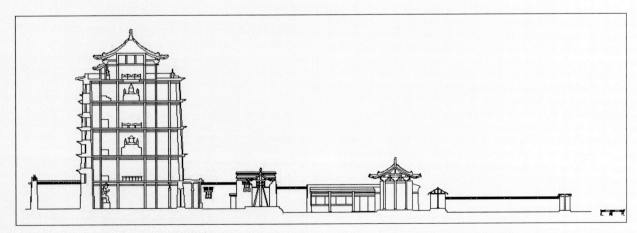

图2-1-138 九层佛阁剖面图（王子林绘）

图2-2-1 天水后街清真寺

载:"郡前有湖,冬夏无增减,故有天水之名。"作为丝绸之路上的历史文化名城,天水气候温润,有陇上江南之称,人文荟萃,古迹众多,其中包括一座古老的清真寺——后街清真寺。这是一座交融华夏文明和伊斯兰建筑风格的古建筑群,同时也是研究天水乃至甘肃回民渊源不可多得的实物史料,具有很高的文物价值和深远的文化意义(图2-2-1)。

天水古称成纪,位于甘肃省东南部,相传是华夏始祖伏羲氏诞生地,有"羲皇故里"之称。秦先祖非子曾在此牧马,赐姓为嬴,封地为秦,遂成秦人衍发之地,后有"秦州"之称。天水的后街清真寺又称西关清真寺,位于天水市秦州区成纪大道西段人民西路,始建于元至正二年(1343年)。据《天水县志》记载,"创自元至正年间(1341—1368年),其殿五楹,琉璃碧瓦,丹楹刻桷"。明嘉靖十二年(1534年)《秦州重建清真寺楼碑记》赞曰:"其势巍峨,高压岳阳斯楼也。"明洪武七年(1374年)重建,明成化九年(1468年)扩建,明嘉靖十二年(1534年)建宣礼塔,明万历十二年(1585年)建头门和山门牌坊。1986年维修,基本恢复原貌。

后街清真寺占地面积1731平方米,有各类房屋70余间。建筑采用院落式布局,以木构建筑形式为主,细部带有浓厚的伊斯兰建筑风格,由礼拜殿、宣礼楼、讲堂、碑亭、影壁、沐浴室等组成。院中原有一木塔,20世纪70年代被毁,仅存一木塔柱础。现整个清真寺仅存木构礼拜殿一座(图2-2-2)。

礼拜大殿建于明洪武七年(1374年),明成化四年(1468年)扩建,已有600多年历史,单檐歇山顶,巍峨壮观,是典型的明代建筑。大殿由前殿、后殿、前廊组成,前殿面阔五间,后殿面阔三间,面阔达19.3米,进深22.3米,总面积400平方米。屋顶为复合屋顶,由歇山顶和卷棚顶复合而成,是为了增加殿前的空间并可以增加礼拜殿的雄

图2-2-2　天水后街清真寺正立面

伟的气势。整体造型极具当地的特色。殿内有两根粗大的明柱，承袭元代"减柱造"遗风，有效增加了使用面积，较为罕见。前廊卷棚屋脊，檐口透花木雕精美绝伦。外檐斗栱为斗口跳，内檐斗栱为双跳旋风斗栱，枋间有雕刻的花卉装饰。前檐廊的明间与次间额枋施用通额，是元末明初建筑遗风。大殿上覆琉璃碧瓦，正脊拱桥上设置火珠宝瓶（图2-2-3），两端却严格遵循伊斯兰不崇拜偶像、忌讳用动物形象装饰品的教义，将汉式建筑的龙吻进行似兽非兽的几何抽象。补间铺作均为五铺单杪单下昂，柱头为四铺作出平昂，结构严谨。由于使用功能为礼拜堂，因此建筑的明间和次间都作为建筑的入口，中国传统的砖雕、木刻，也在清真寺中大量应用，有些雕刻品堪称珍贵的艺术品（图2-2-4）。明间五抹隔扇门，隔心纹饰为透花木雕"金钱艾叶"。柱子有明显的卷刹，上面花牙子的做法特别，是由柱身生出一跳的小斗栱来承托的（图2-2-5）。

天水后街清真寺的建筑、装饰艺术还强烈地体现出伊斯兰教传入中国初期简朴而庄严的学风，庄严肃穆、简洁纯朴，反对大兴土木、雕梁画栋、过分文饰，礼拜殿的柱梁构架完全明露，只用汉、阿文字牌匾、楹联进行点缀，所以整个建筑群都体现出清新淡雅、简朴明快的风格（图2-2-6）。后街清真寺是天水地区乃至甘肃省境内最古老的清真寺之一，其主体建筑和附属文物石碑、匾额、陨石、

图2-2-3　屋顶脊饰

图2-2-4 清真寺门扇上的木雕

图2-2-5 清真寺外檐斗栱

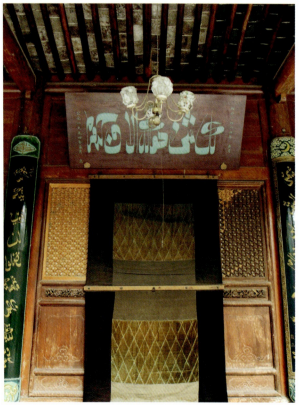

图2-2-6 清真寺入口

经卷等都为研究回族文化和中阿交流史提供了重要实证材料,是研究西北回族源流和清真寺建设史不可多得的实物史料。

寺内现存珍贵石碑5通。其中最有名的是镌立于明嘉靖年二十二间(1543年)的秦州重建清真寺楼碑。石碑由汉白玉琢刻,通高1.82米,碑额高0.58米,碑身高1.24米,宽0.65米,厚0.15米。正面欧体楷书《秦州重建清真寺楼碑记》,共19行;背面为阿拉伯文碑记,共34行。清嘉庆十四年(1819年)《督宪永不在寺装粮碑》记载了清政府对待回民的政策,真实反映了当时伊斯兰教传播的环境,对研究伊斯兰教传播史、清代民族政策和西北民族关系具有重要价值。

殿外抱厦内悬有民国时期阿拉伯文匾额两幅。寺内还珍藏有一块重逾千斤的朱砂色大陨石,俗称"牛心石",现置于大殿对面东楼照壁前。此外,寺内还保存有清代手写《古兰经》及其他经卷和文献残本,十分珍贵。

2006年6月,后街清真寺被国务院公布为第六批全国重点文物保护单位。这座古老的清真寺在经历了600多年风雨后再放异彩,成为我国民族团结进步、社会繁荣稳定的见证和象征。[21]

二、静宁清真寺

在甘肃省静宁县县城院巷内,有一座古色古香的清真寺。该寺始建于明嘉靖十四年(1535年),迄今已有470多年的历史,这就是静宁清真寺。初建时规模约700平方米,后来随着穆斯林人数的不断增多,自清康熙五十一年(1712年)以来,曾三次翻修扩建。建筑布局依西向东,以礼拜大殿、邦克楼、牌坊为轴线,南北两侧配有厢房。建筑全貌颇为考究,传说是聘请四川名匠仿效当年刘备金殿建造的(图2-2-7)。

现存的礼拜大殿面积390平方米,平面呈"凸"字形,由歇山、悬山顶和两坡卷棚连接,建筑形式独特,古建筑中少见(图2-2-8)。礼拜殿面阔五

图2-2-7 静宁清真寺

图2-2-8 礼拜大殿

图2-2-9 清真寺外檐斗栱

图2-2-10 礼拜殿入口

间，明间与次间面阔相当，但梢间相对较小，整个进深是由三个建筑共同组成，形成了前区的礼拜空间和后区的讲经空间。大殿按照清真寺礼拜殿的传统布局坐东朝西，朝向圣城麦加方向（图2-2-9）。中门上顶悬挂民国17年（1928年）甘肃省政府主席刘郁芬赠送的"见义勇为"牌匾。斗栱为三跳三昂斗栱，明间次间分设平身科两攒，伸出三昂的设计，斗栱华丽，上饰以彩绘，以山水花卉为主题，遵从伊斯兰教义不用动物装饰，额枋隐约可见旋子彩画形制，栱眼则为花纹为主，彩画疑为新做，斗栱与彩画丰富了大殿立面的形象（图2-2-10、图2-2-11）。山墙面有似月亮门形式的出入口，甚是少见（图2-2-12）。大殿对研究明代建筑具有很高的参考价值（图2-2-13、图2-2-14），静宁清真寺现为静宁县重点文物保护建筑物之一，又是全县城穆斯林宗教活动的主要场所。

图2-2-11　转角科斗栱　　图2-2-12　山墙面月亮门　　图2-2-13　邦克楼　　图2-2-14　礼拜殿屋顶

第三节　道教宫观

一、玉泉观

玉泉观位于甘肃省天水市秦州区，临涧跨桥，依山建造，占地面积9万余平方米。史称城北寺、崇宁寺、郛山寺，后因山上有一碧水盈盈、清甜甘美的玉泉而得今名。历来为天水游览胜地，并以"玉泉仙洞"的美誉列入秦州八景之中（图2-3-1）。

（一）总体布局

玉泉观创建于唐代，始称"北山观"，宋代改称"天庆观"、"玉泉观"，宋末时遭毁。今玉泉观始建于元大德三年（1299年）。历元、明、清三代的扩建重修，鼎盛时拥有建筑90余座，为一处庞大的道教宫观古建筑群落。现存建筑为明清时重建，建筑布局以道教规制分布，在纵贯南北的中轴线上坐落着宏伟的玉皇殿、三清殿、牌楼等七大建

图2-3-1　玉泉观

筑（图2-3-2～图2-3-4）。在东、西、南的岗峦、土阜、山坳里坐落着规模较大的祭祠、庙堂、泉亭和碑廊等。自清末以后近80年间，玉泉观常成为兵营和校舍，古建筑有毁无建，经兵燹、地震、自然倒塌、人为破坏而损毁过半。在现存的60余座建筑中，有明代建筑5座，其余均为清代各时期的建筑。

玉泉观建筑群沿山脚而上，迤逦半山，红墙碧瓦，挑角飞檐，古树掩映，巍峨壮观。整个建筑群围绕玉皇殿、三清殿展开，游人拾级而上，如入画图中。观内的"玉泉仙洞"，相传为芦、梁、马三真人羽化之地。洞南有碑亭一座，碑廊一处。碑亭为原"选胜亭"，现置"元代四面道流碑"一座，内容记述有关道教全真道之事，史料价值极为珍贵。碑廊中的名碑有传为元代大书法家赵孟頫草书碑4幢，每幢各书五绝一首，笔法苍劲圆浑、流朗明丽、质朴豪放，为赵书中另一面目，观者无不为此珍品而赞叹。玉泉观现存古树名木50株，其中千年以上古柏10余株，500年以上古柏10余株，皆为珍贵的香柏。每年古历正月初九，是玉泉观的庙会，人称为"朝观"。时值春早人闲，游人三五成群，络绎不绝，热闹非凡，组成一幅喜气洋洋的民乐风情图。

（二）玉皇阁

玉皇阁坐落在1.45米高的台基上，坐北朝南，

图2-3-2　玉泉观总平面图（刘建宁绘）

图2-3-3 三清殿

图2-3-4 玉泉观古建群

修建于元代，清代嘉庆十四年（1809年）、道光二十五年（1845年）、光绪二十九年（1903年）三次重修。阁面阔三间计12.2米，进深6.05米。重檐歇山顶，碧瓦龙吻。阁内五架梁，采用歇山梁架抹角梁结构形式。檐下四柱三间，明间面阔6米。柱上架大额枋，外枋下雀替雕饰腾龙、花卉，内枋下雕饰二龙戏珠，雕刻精细。额枋上平板枋直通角柱，枋上平身科斗栱三攒，为五铺作出三杪双下昂计心造，柱头科上左右又双出斜昂（图2-3-5）。檐下四周回廊，前后勾栏，廊基下嵌有元代砖雕34方。玉皇阁虽数次修缮和重修，但仍保持着明代建造风格（图2-3-6）。

（三）玉皇殿

玉皇殿紧依阁后，坐北朝南。修建于元代至元二十六年（1289年），明崇祯十年（1637年）重修。殿身面阔三间计11.7米，通高约10.5米。单檐歇山九脊顶，覆琉璃碧瓦，正脊中置楼阁亭，两侧饰以狮象，两端龙吻吞脊。殿内木构造梁架，为彻上露明造，抬梁式七架梁，采用歇山抹角梁与踩步金结构形式。副阶檐柱，大额枋两端未至角柱，由平板枋联搭。上置平身斗栱八攒，排列上未分柱头科和平身科，依等距离布置。两山面及后檐每间两攒，为五铺作三杪双下昂重栱计心造。大殿梁架构造奇特，风格古朴，为保存完整的明代建筑。

（四）玉泉亭

位于仓圣殿轩庭下。元代至元二十八年（1291年），大德六年（1302年）两次重修，有碑记云："其山腹出泉，冥然澄寂，祈饮者可愈邦人之。"

元代道士梁志通曾以泉水洗目疗疾，其效甚佳，故称泉为"明眼泉"。因其泉上建有八角攒尖顶亭，又称"八卦井"。数百年来，泉水不涸，清澈甘冽，游人至此，畅饮为快。随着地域环境的变

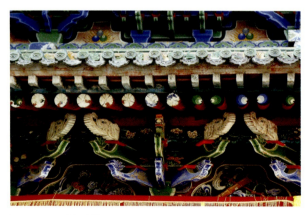

图2-3-5 玉皇阁斗栱

图2-3-6 玉皇阁

图2-3-7 玉泉观八卦亭

图2-3-8 原金天观入口

化，原"山腹出泉"的"泉"变为今天的"井"，现深达10余米，此泉水味多变为一奇特现象，有咸、甜、苦三种味，咸味时居多（图2-3-7）。

二、金天观

金天观位于古兰州西关城外，始建于明建文二年（1400年）。金天观原是一座古老的庙宇。据张建1940年《重修金天观碑铭》载：金天观唐为云峰寺，宋为九阳观。明肃王朱瑛将王府从甘州迁往今兰州后，仰观伏察，此地有仙人舞袖之形，遂得其地，于当年春季行宫，秋后竣工。以五行论观建西方，又竣工于秋，取西方"庚辛金"之意遂取名金天观。如今的金天观内古建筑多为明代建筑，清代修葺（图2-3-8）。

（一）总体布局

金天观亦称雷坛，位于兰州市七里河区西津东路1号，是兰州地区最大的道教宫观，现为兰州市工人文化宫，省级文物保护单位。明建文二年（1400年）肃庄王朱瑛主建金天观，之后，不断增修扩建，有单体建筑40余座，到清末占地面积约54亩，基本形成了南北向三组分列的建筑格局。现占地20余亩，坐南朝北（原坐北朝南）。

明清时期，金天观坐北朝南，周长三里有余。东南隅架木桥，跨越雷坛河，名曰望仙桥。桥西为山门，山门为三间牌厦，上书"金天观"三个大字，为悟元子刘一明（兴隆山道人）手笔。山门左右列戟，各树无刃木戟八根。进山门，有一片芳草如茵的开阔场地，场地正南有一碧沼，曰"五龙之潭"。场地北面正中是九天门，即雷坛正门，门为三楹过殿，外塑青龙、白虎星君，殿里壁上画四值功曹。

过九天门，两旁各有一碑亭。碑亭北，东为黑虎殿（元坛祠），西为土地殿（真武祠）。此两殿北东为钟楼，西为鼓楼，正中为灵官殿，殿前有古槐4棵。灵官殿后为太乙救苦殿，塑有风伯、雨师、雷公、电母像。太乙救苦殿后有东西环廊20间，环廊正中筑三级砖台，高3米，台上置一铁鼎，此即为"橄雷之坛"。坛西侧为法祖堂，清代改为天师殿。坛东侧为天师堂，清代改为无量殿。坛北为正殿，题额"雷祖宝殿"。殿中供雷祖，跌坐于莲台之上，高余丈，左右列班雷师、皓翁、卿使、师相等十大雷神。殿北为元极殿，殿中奉三清像，清代改为三清殿。

金天观现存的建筑格局由三条轴线构成。中轴线上有：元坛祠（黑虎殿）、真武祠土地殿、太乙救苦殿、天师殿（法祖堂）、无量殿（天师堂）、雷祖殿、三清殿（元极殿）、玉皇殿、三官殿、三光殿、老子殿（混元阁）；东轴线上有：云水堂、望河楼（洗心厅）、文昌宫（阿公祠大殿）、过厅（文昌宫大殿）；西轴线上有：三公祠、慈母宫、华祖殿等主要建筑。

（二）三清殿

三清殿现为金天观的主要建筑和唯一大殿。由于历史原因，原金天观被分为两部分，一处归兰州

图2-3-9 现金天观入口

图2-3-10 金天观三清殿

市工人文化宫使用；而另一处，即原三清殿，真正为道教场所使用，形成了规模较小的"金天观"，已和历史上的道观规模相去甚远（图2-3-9）。

三清殿位于金天观建筑群的中轴线上，是该建筑群中最重要的建筑之一。该建筑为重檐歇山顶，屋脊饰为罕见的建筑和宝瓶结合的形式，更加强调其道教建筑的特征。脊饰的主题为双龙戏珠，意为建筑的等级较高（图2-3-10）。

檐口为典型的秦州工艺做法，在飞角梁的尽端雕刻成龙形飞头。面阔五间，设前廊。斗栱做法为"花牵替栱"，当地称为"檐上全"做法。明间和次间的檐下分为三小间，设透雕牙子作为装饰。檩下走通口牙子，上为牡丹主题透雕。

殿内天花做平棊，上面施以仙鹤纹，檐内斗栱为出四跳旋风斗栱。内檐的装饰同样精彩，旋风斗栱下雕刻出短柱装饰金瓜垂头。选取动物的造型加以装饰是甘肃地区古建筑特有的做法（图2-3-11）。

（三）雷祖殿

雷祖殿位于金天观古建筑群中轴线中部，单檐歇山顶，檐下施隔架麻叶。通面阔21.17米，进深三间，通进深15.4米。明间安四扇三抹隔扇，次间、梢间安四扇两抹槛窗。大木构架为九檩前后廊，脊瓜柱下施驼峰，三架梁下置瓜柱、施随梁、单步梁，双步梁和三步梁施柁墩无随梁，抱头梁和四步梁下施随梁。山面梁架前檐施抹角梁，其上悬挑垂柱以承托金檩。梁架无彩画，施黄色油漆。室内地面铺木地板。屋面瓦为灰布瓦，捉节夹垄。

图2-3-11 三清殿内景

（四）三公祠

所在三公祠位于西轴线中部，单檐歇山顶，檐下施五彩斗栱。面阔三间，通面阔14.62米，进深三间，通进深15.79米。明间安四扇三抹隔扇，次间安四扇两抹槛窗，东西两侧山面各安六扇两抹槛窗。大构架为十一檩、室内前檐为卷棚，脊瓜柱下施花饰和驼峰，三架梁下置瓜柱、无随梁，中柱柱头直接承接五架梁。五架梁下无随梁，由于屋面荷载过大，导致五架梁梁头悬挑部位下垂变形，檩和随檩枋出现拔榫现象。中柱间施五彩品字斗栱，并在枋间施精美花饰。前檐月梁、四架梁下置柁墩、无随梁，后檐四架梁下无随梁，前檐东南角、西南角、后檐四角施抹角梁，其上承托山面梁架。五彩斗栱里拽施麻叶挑杆，用以承托下金檩。室内梁架原有精美彩画，"文化大革命"时期被黄色油漆覆盖，沥粉痕迹尚可辨认。室内地面现为水泥砂浆抹面。屋面瓦为灰布瓦，捉节夹垄。

图2-3-12 雷台观

三、雷台观

雷台观是武威著名的道教宫观，位于武威市城北2公里处。雷台观是河西走廊著名的道教圣地，为明、清古建筑群，因正殿供奉雷祖而得名。据碑文记载："雷台观之设历年久远无可考证，惟查大明天顺年间，冰雹伤禾，敕建重修，培助风脉。"雷台观建于明朝天顺年间，清顺治五年毁于战火，于1933年重修（图2-3-12）。

现存建筑修建在晋代筑起的雷台之上，台高8.5米，南北长106米，东西宽60余米。建筑群由山门、风伯雨师殿、雷祖殿、三星斗姆殿等十余座建筑组成，气势恢宏，飞檐翘壁，极具我国北方民族建筑风格和道教特点。雷台是一处黄土高台，是明清时期祭祀雷神的地方。1969年9月，雷台下发现了汉墓，出土了大批珍贵文物。从墓葬的情况看，雷台是为保护汉墓而修建，同时作为台上建筑物的基础。该汉墓历史上曾遭遇两次盗掘，但遗存尚丰，出土金、银、铜、铁、玉、陶、木、石等器物231件，是一座埋藏丰富的地下博物馆，尤其是由99件器物组成的铜车马仪仗队及其铜奔马，吸引了全世界的注目，雷台从此蜚声四海。1983年，铜奔马被定为中国旅游标志。

雷台本为道教坛墠，为天下道教第一玄坛所在，即后来所说的万法宗坛。汉天师庙故址的发现，使武威雷台观在道教中的地位超过了青城山天师洞和龙虎山天师府。武威雷台观因此跻身于中国道教最重要的宫观之列。雷台汉墓中有一座汉代的古井，结构上窄下宽，外形呈一篆书的"玄"字，称为玄井、陵井、天师井、伏鬼井。玄井的原形为盐井，目的是从井中取盐。沈括《梦溪笔谈》说："陵州盐井，深五百余尺，皆石也。上下甚宽广，独中间稍狭，谓之杖鼓腰。"在此明确记载了陵井的结构。《仙鉴》卷十八引《成都记》云："广都县（今属成都华阳县）天师观坛下有井，名曰伏鬼井，妖怪藏其中。汉中微，人鬼交混，邛蜀之间，人被其害。方天师被汉家之诏，而居蜀之渠亭石室，因命神人运青城玄石以镇其井，鬼妖遂乃绝。"此处指出了天师观的坛下有伏鬼井，情形与雷台观下的玄井相同，应是仿造雷台规制，可知雷台古井名伏鬼井，台上道观为天师观。杨羲："玄井三仞际，我马无津梁。"雷台玄井底部据说有一根横梁，应为津梁，同时也表明了雷台古井的玄井之名。

（一）雷祖殿

雷祖殿面阔三间，进深三间，单檐歇山顶，有前后卷棚，还有东西配殿各三间。在雷祖殿的正面有一尊雷神塑像，两侧为童男女，两边为张节、陶荣、邓忠、辛环四员大将。在雷祖的背光上塑有十二元爵、四置功曹及雷公电母风伯雨师像。在雷神的背面，有两尊慈祥的男女坐像，皆为真人般大小，据说这是雷神的父母双亲。

（二）三星斗母殿

三星斗母殿面阔三间，重檐歇山顶，有环廊增加建筑的雄伟气势，为两层砖木楼阁建筑，楼上为"斗母宫"，楼下是"三星殿"，内供福、禄、寿三神像（图2-3-13）。一层檐下斗栱出两跳是"花板代栱"的变形，落在平板枋上每间设平身科斗栱三攒，二层外檐下斗栱仅出一跳，设外廊施以栏杆，明间上悬"三星高照"牌匾，屋顶设重檐规格较高。屋脊上饰脊兽、鱼尾星、灵芝等图案，戗脊上依次排列着龙凤、天马、海马等小兽。大殿两侧各有厢房。

四、白云观

白云观是黄河沿线上的又一处著名的道教宫观，位于兰州市城关区南滨河东路987号，此地古观建筑与仙道文化融为一体，是兰州市道教信众开展宗教活动的中心场所。白云观位于黄河岸边，与著名的"金城关"遗址遥相呼应，这一段的黄河水流湍急，翻起白浪，人称"白马浪"，由于景色奇特，相传道教八仙之一的吕洞宾在这里显形应化。陈墉《白云观碑记》载，清嘉庆年间（1796~1820

图2-3-13　三星斗母殿

年),纯阳祖师屡次"凌波徐行于黄河白马浪上,万目共睹","翁兴行妙道,绵历千年,宏慈溥获,浃于人心……"为了奉祀八仙之一的吕洞宾,信众们建造了一座祀奉纯阳吕祖的庙院,称为"吕祖庙"也就是今天的白云观(图2-3-14)。

据史料记述,白云观原建筑呈中轴对称之势,有牌坊、戏楼、过殿、大殿、启圣殿、东西云水堂、东西道院;启胜殿后还有结构精巧的八仙阁、潇洒轩、鹤鹿亭、聚仙亭、四照亭;再后有聚仙楼、飞仙桥、来仙轩等建筑,总占地面积约为30亩,由于历史的原因白云观原建筑多遭毁坏。1945年国民政府占驻白云观,设征兵机关,新中国成立后道教活动正常进行,但到了"文化大革命"期间殿堂损坏失修、破烂不堪。1986年后,逐渐将庙殿归还道教,对建筑也进行了修缮和重建,但是规模远不及当年。

如今,白云观的建筑从山门起始,沿轴线有古戏楼、前殿、中殿、后殿、东西配殿、钟鼓楼东西厢房(图2-3-15～图2-3-17)。

(一)戏楼

戏楼为清代木结构建筑物,距今168年,是兰州市仅存的一座古戏楼。单檐歇山顶,飞檐翘角,雕梁画栋,戏台口朝南,面朝吕祖殿,戏台地面为松木铺置,戏台与山门连为一体,明柱悬梁,山门在下,戏台在上,建筑面积260平方米(图2-3-18)。

(二)吕祖殿

吕祖殿单檐歇山顶,面阔五开间,进深四架椽,始建于清代,后世多次修缮。山面为青砖包砌做法,墙面施以精美砖雕。脊饰,为牡丹立体砖雕,正中为楼阁托莲花造型,较为少见。正中三开间,每间面阔相当,尽间面阔稍短一些。斗栱为当地做法,转角科为正斗踩㉒出三跳,柱头科和平身科则为旋风斗踩,出跳上施以云头纹装饰,斗栱层层叠叠极有韵律感,装饰性极强(图2-3-19)。

(三)玉皇殿

玉皇殿单檐硬山顶,斗栱出一跳为当地"苗檩花牵"做法。面阔三间,每间面阔相当,山面为青砖包砌,青砖立柱做法(图2-3-20)。

五、崆峒山建筑群

平凉崆峒山,在平凉市西15公里处,北靠关

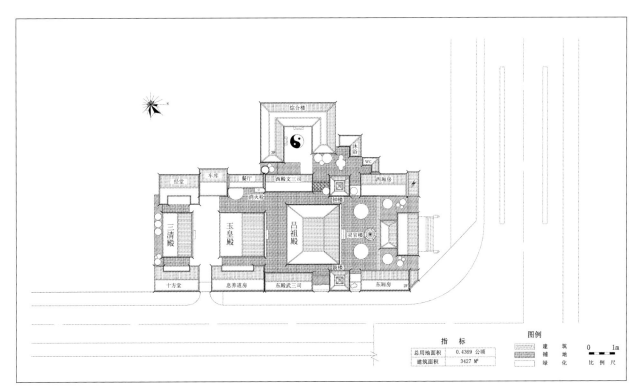

图2-3-14 白云观总平面图(刘建宁绘)

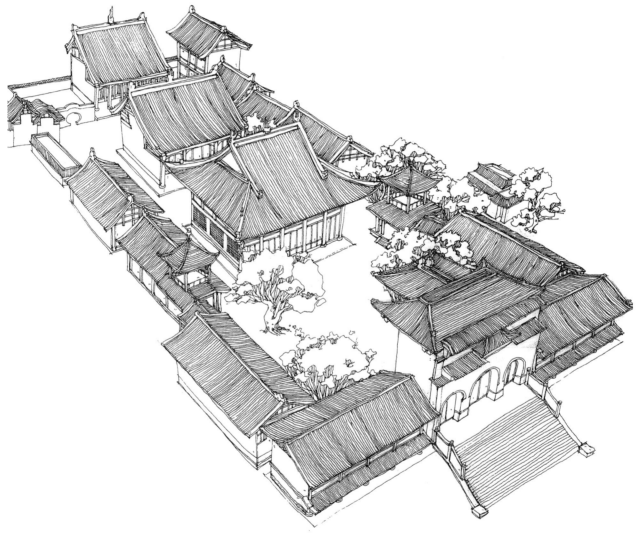

图2-3-15 白云观鸟瞰（常彤彤绘）

图2-3-16 白云观入口

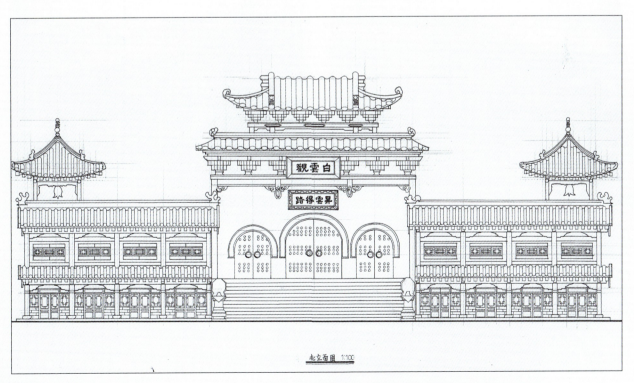

图2-3-17 山门

图2-3-18 白云观戏楼

图2-3-19 吕祖殿

图2-3-20 玉皇殿

山，面临泾河，面积3.5平方公里。据《史记》载：商代有崆峒氏居此而得名。相传是黄帝问道于广成子的地方，为天下道教名山，是国家级重点风景名胜区、国家首批5A级旅游景区、国家地质公园和国家级自然保护区。崆峒山峰峦叠嶂，林木苍郁，由轩辕谷、马鬃山、望驾山、月石峡、龟灵台、凤凰岭、蜡烛峰、棋盘岭、雷声峰等数十座山峰和峡谷组成。主峰翠屏山，又名马鬃山，俗称香山顶，海拔2123米。在马鬃山有一道教宫观名曰太和宫也称皇城，主峰南侧雷声峰亦有一组建筑群屹立峰上，古建筑群因形就势，造型俊朗，文物价值、观赏价值和历史价值突出。2013年5月，崆峒山古建筑群

图2-3-21 崆峒山建筑群

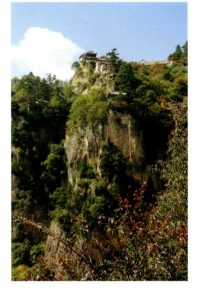
图2-3-22 应山而建 天人合一

被国务院公布为"第七批全国重点文物保护单位"。崆峒山古建筑群有独一无二的文物价值和观赏价值（图2-3-21）。

据《史记·始皇本纪》、《孝武本纪》记载，自秦汉始，崆峒已为西北名胜。魏晋时期，已有多处宫观洞室；到北魏隋唐时，山上道教宫观已是重重叠叠。另据民国21年（1932年）重修《崆峒山志》记述，唐初仁智和尚就创建中台明慧禅院，又名潭沱寺。以后各代佛、道寺观都有增建。道教在崆峒山代代相传，多达21代，坤道传至30代，"历代在山上都有建筑，亭台楼阁、庙宇焚刹遍布诸峰，有九宫八台十二院，四十二座建筑群，名胜古迹百余处（图2-3-22）"。[23]宫观选址和建筑思想上，主张"自然无为，返璞归真"，建筑形式则追求平稳、自恃、安静的审美心理，多以四合院落为单元布局。崆峒山的道教古建筑群最集中和最具有代表性的是皇城和雷声峰两处。

（一）皇城古建筑群

清同治（1862～1874年）初年，崆峒山建筑多毁于兵燹，民国初年，又有修葺。惟绝顶之北的皇城保存最完整。皇城为崆峒山诸寺观之首，真武殿、老君殿等建筑规模宏大、富丽堂皇，独具特色。现存有元代修建的石牌坊及明清时代的塑像30余身，壁画60余平方米，为研究古代文化艺术提供了珍贵的资料。皇城古建筑群也称"太和宫"，据传唐代已有建筑。北宋乾德年间修建真武殿。元代改为崇佛阁。明朝嘉靖年间，平凉韩王组织人力，在绝顶东部砌垒砖墙，开辟三洞门，称灵官洞，内塑灵官像。现存建筑有明朝修建的太白楼；明代修建的三清殿系五楹重檐斗栱式建筑，上覆铁瓦，金碧辉煌，内为元始天尊、灵宝天尊、道德天尊、太乙元君、广成天尊和黄帝神位。此外，还有玉皇殿、黄箓殿、药王殿、太上老君殿等。北侧有天仙宫，也称子孙宫，内有三霄娘娘像和十二生肖化身像。皇城四围建有高5米、底宽1.5米、顶宽0.7米的墙体，把整个太和宫建筑群环绕起来，只有通过石箍门洞台阶方能进入，城关紧固，气象森严，古建筑群依山巅地势而建，规模宏大，殿宇楼阁，错落有致，体现出自然与人工的巧妙结合。登高望远，各处景色尽收眼底。

1. 木坊

拾级而上首先映入眼帘是四柱三间的牌坊，横额正中书写"峻极於天"，为明代永乐十三年（1415年）遗存。[24]木坊四柱三顶，木柱前后施木质扶杆，明间为歇山顶，斗栱出三跳，设平身科4朵，做法十分特别，最外一跳前设横向阑板，形似垂花门。两侧小间，为悬山顶斗栱出三跳，为"花板代栱"做法。

2. 钟、鼓楼

木坊向前，南北两侧分为钟、鼓楼，形制相当，下为青砖包砌台基，高约3米，中辟券门，可入楼。上为4柱木构小楼，歇山顶，脊饰华丽，鸱吻、草龙、瑞兽造型精美，脊兽设4个，柱子及雀替重新施彩。

3. 太白楼

太白楼下为过庭式皇城正门，创建于明代，门上嵌有明熹宗朱由校"敕赐崆峒"题额，落款为天启元年（1621年），下为砖质券拱山门，上座木构。

4. 太和宫

入正门，迎面可见太和宫。太和宫分为前殿和真武殿前后两个部分。须弥座台基高出地面3米多；由两侧台阶可至前殿。前殿为重檐悬山顶，回廊式砖木结构，面阔三间、高15米、宽6米；殿顶覆以铁瓦，正脊饰以牡丹花纹，山花施以青色花纹，阳光下金碧辉煌（图2-3-23、图2-3-24）。

两组陡峭光洁的垂手踏跺分列两边，中间御路石镶嵌一块三米见方的砂岩"五龙奉寿海水朝阳"大型浮雕，五龙腾跃的神态各异，须睛身尾夸张传神，有栩栩如生之感（图2-3-25）。丹墀、浮雕及台基间树有石雕护栏，石栏、柱头和石基上的石雕造型丰富多彩，琳琅满目，特别是明代和之前的浮雕图案及石狮雕像，各取神态，极为精美（图2-3-26）。献殿内供奉玉皇、玉清元始天尊、上清

图2-3-25 五龙奉寿海水朝阳浮雕

图2-3-23 太和宫前殿

图2-3-24 太和宫前殿入口

图2-3-26 柱头狮子

灵宝天尊、太清道德天尊等"三清"诸神牌位，两旁和高处树悬着明清以来十数通碑碣和牌匾。由于山巅的地盘狭小，两座大殿的距离很近，联襟而立，前后殿檐几乎相连在一起。真武殿与前殿和二为一共同组成太和宫，面阔同前殿，宽66米，坐落在高3米的须弥座台基之上，最突出的为山墙面的龙形雕饰，龙腾云山，华美异常（图2-3-27）。殿内正中的神龛上塑有真武大帝高大的坐像，高2.41米，披发跣足，面容端庄。

（二）雷声峰建筑群

皇城的右侧下方有一道蟒龙般点缀在悬壁峭崖上的建筑群落，就是著名的雷声峰古建筑群。山势险峻的雷声峰建筑群位于马鬃山东南余尾山脊，长约300余米。雷声峰建筑群，顺应山势，取法自然，山高庙险，延绵崔嵬，古松柱天，组景壮观。特别是那些悬崖峭壁之上的建筑，堪称道教建筑史上的经典之作（图2-3-28）。雷声峰上现有道教宫殿6处，即雷祖殿、三官殿、玉皇楼、三星殿、圣父圣母殿和眼光殿。

1．雷祖殿

雷祖殿于1982年被列为县级文物保护单位。此殿位于雷声峰峰脊中段，借助山势筑成，虽一楹，却具小巧玲珑之美。建于明万历四十一年（1613年），原名九光殿。殿前石坊门，浮雕为二龙戏珠、双凤朝阳图案。中门楣有明代万历四十一年（1613年）平凉韩王题书的"九光殿"、"神霄玉府"阴文，侧楣浮雕八仙巡游图，内壁上有雷部诸神行云降雨、除雹伏妖悬雕。内祀彩塑跨独角兽之雷神。殿外墙镶嵌记录明代万历年间来自陕西龙门洞道士霍真祥主持重修时募资等情况的"石碑"，计11块。

2．三官殿

三官殿亦称三元殿、南云堂。位于峰脊上段，系从马鬃山去雷声峰遇到的第一座庙宇。初建于明嘉靖年间，由位于泾水之滨问道宫的道士王全真主持修筑，为面东一大楹殿宇。明万历四十三年（1615），道士霍真祥曾主持修葺，后历经维修，乏于记载。1982年，崆峒山道教管理委员会主持补修。内祀彩塑天官、地官、水官坐像，左右彩塑十殿阎君坐像和牛头、马面、小鬼、夜叉等地府神祇，另有彩塑梁颢、甘罗像。壁间彩绘地狱报应图。殿前南侧建有简易厢房两间，室内有"地下室"一处。

3．玉皇楼

亦称玉皇殿，位于三官殿下方，于明正德七年（1512年）由道士王全真创建，系两层依山筑起的殿宇。清代咸丰十一年（1861年），由道士赵志诚重修。1981年，由信教会众再次重修。内祀玉皇大帝主神，左右为金童玉女像。

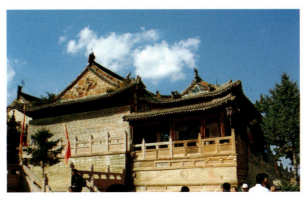

图2-3-27　殿后藏殿布局

图2-3-28　雷声峰建筑

4. 三星殿

位于玉皇楼下方，亦创建于明代，殿内凿有石洞通道，乃游人上下必经之险路，游人中不乏望之生畏者，故有人喻为磨炼意志之生死门。殿正中祀福、禄、寿神像各一尊。圣父圣母殿亦称火龙圣母殿，位于雷祖殿上方。初创于明万历四十一年（1613年），系依山开凿的两层土木结构建筑。殿前有护栏，殿内祀圣父圣母像。㉕

崆峒山古建筑中的宫阙庙宇集中体现了宗教建筑的风格和成就。崆峒山古建筑群虽然历经沧桑变化，但其道教宫观庙宇，特别是古建筑的台基、墙体、石碑、石雕、砖雕、古木几部分的彩塑彩绘，大量地被保存了下来，为后来的恢复重建提供了坚实基础，也成为古建筑群中历史文物价值最闪光的部分。时至今日，人们来到崆峒山游览观光，只要稍加留心，就可以随时随地见到唐代至清代以来珍贵的文物遗存。崆峒山皇城古建筑群是明代组群建筑的重要部分，体现了明代工匠们高超的建筑理念和水平。在地段规定的独特环境下，把已经成熟和定型的做法，巧妙地作出重新调整安排，创造出了皇城建筑群独有崭新格局。献殿、太和宫和玉皇殿的结构最具匠心。太和宫的位置由于地形所限，必须提高台基的相对高度，石条箍筑的宏伟基座明显提高了真武大帝的位置。但献殿中的主神牌位还是突出了玉皇大帝的存在；玉皇殿虽然规模基座比不上太和宫，但坐落在太和宫的后面，从传统上也完全是合情合理的，因为任何建筑群体中最大的神祇必须处在最后边的殿宇。明代工匠在特殊的地段上进行的空间组织和巧妙安排的无比智慧，表现出他们恰当平衡各种理念的智慧，也表现出准确掌控建筑艺术的高超能力。皇城建筑群是明代道教院落建筑的卓越创造，为后来的重建恢复工作奠定了牢固基础，也成为崆峒山古建筑群这个全国文物保护单位的确立的重要因素。

崆峒山除了道教古建筑群外，佛教建筑群落也很壮观。在中台塔院修建法轮寺大雄宝殿、藏经楼、方丈楼，重修灵龟台，建文殊菩萨殿、茶庵寺、莲花寺，天台山建观音阁，西台建菩萨殿，以塔院、莲花寺为中心的佛教建筑规模宏大、档次高超。塔院保存的宋代石经幢、唐代砖雕、宋代凌空塔、缅甸玉佛，都是十分珍贵的历史文物。

皇城、雷声峰古建筑群不仅在崆峒山占有突出位置，而且在我国道教建筑丛林里也有一席之地，成为我国传统文化的重要组成部分，对深入研究我国古代的宗教哲学思想，解剖民族建筑文化的深层次结构，具有重要的资料及实物借鉴价值。㉖

注释

① 妙音寺为鲁土司建造的，由于其位置临近鲁土司衙门，从平面布局上是衙门不可分割的部分。历史沿革和地理位置都在一处，因此笔者将该寺与鲁土司衙门结合在一起进行叙述。详见第七章。

② 瓣玛枋：在大门的门脸位置使用，一般由木料制成，是一种藏式的装饰构件，在剖切面上做四分之一的圆弧，上面绘有或雕刻莲花的纹样。

③ 蜂窝枋：在大门的门脸位置使用，一般由木料制成，是一种藏式的装饰构件，堆砌雕刻的小方格，组成凹凸的立体图案。

④ 藏八宝是藏传佛教中八瑞相的俗称，是藏传佛教符号中最著名的一组，其传统排列如下：宝伞、金鱼、宝瓶、妙莲、右旋白螺、盘长（吉祥结）、胜利幢、金轮。

⑤ 坛城是梵文音译为"曼荼罗"或"曼达"、"满达"。据佛经记载，印度密教修法时，为防止外道"魔众"侵入，在修法处划定界线或修建土坛，并在上面设置诸佛像，表示诸佛聚集或轮圆具足。后来，修法时设置的坛和划定的界线被称为坛城或曼荼罗。坛城以立体或平面的方、圆几何形并塑或绘以神像法器，表现诸神的坛场和宫殿，比喻佛教世界的结构。

⑥ 见第三章第三节金天观。

⑦ 该节文字及部分测绘图由兰州交通大学黄跃昊老师撰写提供。

⑧ 《甘肃张掖大佛寺大佛殿的建筑特征》杨静，《文物春秋》2005年第4期，第41~47页。

⑨ 吴正科．大佛寺史探．【M】兰州：甘肃人民出版社，2004．

⑩ 唐栩在《甘青地区传统建筑工艺特色初探》中，将甘青地区的建筑工艺体系分为：秦州工艺和河州工艺。吴晓东在唐栩的研究基础上，又提出了"河西体系"进而变为三大体系。而陇东地区在经济、文化上与陕西关中地区联系更加紧密，因此未列入工艺体系的影响范围。"燕子切"是河西体系中十分具有地方特色的檐下做法。

⑪《甘肃张掖大佛寺大佛殿的建筑特征》，《文物春秋》2005年第4期。

⑫ "都纲"藏文原义为经堂、大殿。都纲法式是以佛教密宗的曼荼罗图式作为原型，是曼荼罗"聚集"和"道场"意义的具体化，也是藏传佛教寺院殿堂建筑设计所遵奉的一种基本规制。其特点主要有：柱网纵横排列，外围一圈楼房，形成"回"字正方形平面；室内空间中部通高用以放置主尊，并用小天井或从屋面凸起的高侧窗采光通风；装修内向，四壁绘画，四周置塑像。参见《张掖大佛寺大佛殿的空间图式和法式特征》，吴葱、吴晓冬、阴帅可，天津大学学报（社会科学版）2007年5月第9卷第3期。

⑬《甘肃秦安兴国寺建筑年代分析》林秀珍、张立方，《文物春秋》2004年第5期，古建筑研究。

⑭ 伽蓝又称僧园、僧院，原意指僧众所居之园林，然一般用以称僧侣所居之寺院、堂舍。直至后世，一所伽蓝之完成，须具备七种建筑物，特称七堂伽蓝。七堂之名称或配置，因时代或宗派之异而有所不同。通常皆为南面建筑，就以研究学问为主之寺院而言，须具有塔（安置佛舍利）、金堂（又称佛殿，安置本尊佛。与塔共为伽蓝之中心建筑）、讲堂（讲经之厅堂）、钟楼（俗称钟撞堂，为悬挂洪钟之所在）、藏经楼（一作经堂，为藏经图书馆）、僧房（又作僧坊，即僧众宿舍。分布于讲堂东西北三面，即三面僧房）和食堂（又称斋堂）等。"伽蓝七堂"制形成于宋代，"伽蓝七堂"的布局同我国传统四合院布局几乎完全一致，从此成为我国佛寺建筑的固有标准。

⑮ 参见《甘肃武都广严院及陇东南古建筑考察记略》，李靖、丁垚，《建筑创作》2009年1期。

⑯ 这种做法在秦州体系中叫作"檐上全"，是施一跳的斗栱做法，斗栱出一跳，挑头上做云头形。参考《明甘清建筑研究》。

⑰ 当地叫法，老檩和苗檩实际对应的是主檩和次檩的概念。

⑱ 位于两柱柱间的花牙子下，称为花牙子雀替。

⑲ 花牙子指檐下装饰构件，相当于官式做法中雀替在薄木板上进行透雕后附于额枕下及柱身内侧。全圈口花牙子指由柱身内侧及额枋下侧贯通三边的装饰构件。参见李江《明清甘青建筑研究》，硕士学位论文天津天津大学，2007。

⑳ 参见《甘肃武都广严院及陇东南古建筑考察记略》，李靖、丁垚。

㉑ 参见《陇上明珠—天水后街清真寺》，七文建、杨光荣。

㉒ 河西体系中的正斗踩与一般的清代官式斗栱相似，其不同之处在于正斗踩的正心枋与里、外拽枋下皮标高全部取齐，当出踩数增加时，各踩上层叠的栱的数目也要相应增加，而不只限于官式做法的两重栱，于是这种斗栱从里外拽到正心、从下到上各栱层层相叠，栱长逐渐增加，形成了区别于明清官式建筑的斗栱做法。

㉓ 彭金山著．陇东风俗．敦煌文艺出版社，2001.05，第194页。

㉔ 国家重点风景名胜区崆峒山管理局编．崆峒山新志．兰州：甘肃文化出版社，2008.08．

㉕ 国家重点风景名胜区崆峒山管理局编．崆峒山新志．兰州：甘肃文化出版社，2008.08．

㉖ 参考赵娅利：崆峒山古建筑群浅释，刊载于《平凉日报》，2013年7月19日，第003版．

甘肃古建筑

第三章 坛庙宗祠

甘肃坛庙宗祠建筑分布图

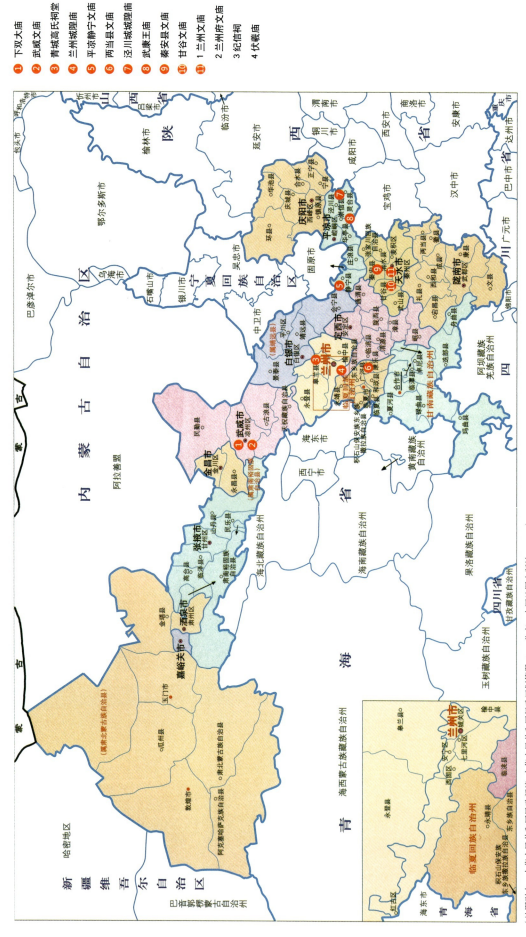

1. 下双大庙
2. 武威文庙
3. 青城高氏祠堂
4. 兰州城隍庙
5. 平凉静宁文庙
6. 两当县文庙
7. 泾川城隍庙
8. 武康王庙
9. 秦安县文庙
10. 甘谷文庙
11. 兰州文庙

1. 兰州府文庙
2. 纪信祠
3. 伏羲庙

（地图引自：中华人民共和国民政部编.中华人民共和国行政区划简册2014.北京：中国地图出版社，2014.）

传统的祭祀活动是华夏礼典的重要组成部分，具有悠久的历史传统，不断发展并形成完整的礼节体系。祭祀的对象有天神、地祇、人鬼等。祭祀之事分为"吉、凶、嘉、宾、军"五礼，吉礼为五礼之首，每年的"吉礼"祭祀活动分有大祀、中祀、小祀三个等级。大祀指对天地、宗庙的祭祀礼仪，往往皇帝亲自率臣参加；中祀指祭祀日、月、星辰、社稷；小祀指对山、川、岳、渎及风伯雨师等祭祀。祭祀有严格等级，祭祀建筑内容广泛，上至皇帝下及庶民祭祀祖先的太庙、家庙、宗祠，国家和地方祭祀地祇山川之神、社稷的祠庙，崇儒祭孔的孔庙文庙等。大量的坛庙、宗祠等祭祀性、礼制性建筑在民间建筑中占了很大的比例，建筑遗存也较为丰富。礼制类建筑周秦以来一直与宫殿同制。自汉代的辟雍制度演变至唐宋时代逐渐确定形制的明堂，到明清的大量遗物，都能大致了解其规制和特点。在礼制建筑中，主要以祭坛和祠庙两类为主，祠庙多以建筑群的形式出现。该类建筑群以主要祭殿为中心，沿一条或两条纵向轴线延伸，等级最高的主祭殿所在的建筑空间多采用回廊院落式布局，其前有几重门殿，每一重门殿各居一进院落，其后串联若干院落。有些在中轴以外还布置有一些附属建筑。常见的遗存有孔庙、祠堂等。

祠庙类建筑格局及其空间通常如下布局：

1. 具有前导空间的建筑

在祠庙大门之前会有一个较大的空间作为前导，会布置有准令下马亭、池、棂星门等。

2. 四周设置庙垣及上盖建筑

祠庙庙垣多为方整的围垣，少数自由随地形布置，方整庙垣四角皆设角楼，方形或曲尺形。

3. 祠庙庙门正南开设

正门做门殿或者城楼，门殿开间多为五间，启三门，下置矮基出单阶，在三樘版门两侧立叉子，屋顶作等级较高，单檐。门殿两侧通常与廊屋相连。

4. 庙内有正殿与寝殿

祭庙中的主要殿宇皆设正殿与寝殿，正殿规模宏伟，可达七至九间。常坐落在较高的台基之上，置双阶。寝殿规制稍减，两者多设连廊。

5. 正殿前有殿庭

正殿前有较为宽敞的庭院，院内设置献殿或者露台。

6. 门殿数重

在庙南门隅正殿之间往往有多重门殿，每一重门殿通过体量大小以及屋顶形制变化区别。[①]

《礼记·礼运》："故天子适诸侯，必舍其祖庙。"《释名·释宫室》中解释："庙，貌也。先祖形貌所在也。"祠庙处于礼制规制，虽有多重院落，但主体部分的主殿院却仅有一进，前为殿门，庭中后半部为正殿，并由廊庑围合成矩形院落。宋元时祠庙主殿前有较宽深的月台，以满足祭祀时的露天活动。

文庙是祭祀孔子的纪念性建筑。孔子作为我国古代伟大的教育家、哲学家，曾被尊称为文宣王、大成至圣文宣先师，其祠庙在汉至隋称孔子庙、仲尼庙，唐为孔圣庙、文宣王庙，宋称宣圣庙、夫子庙，元称先圣庙。文庙也称为孔庙，除了祭祀孔子的功能以外，依附文庙也开始出现堂学功能，作为本地教书育人的重要场所。"庙学合一"是文庙的一个显著特点。《礼记》："凡史立学者，必设奠于先圣先师。"建筑群中轴处的孔子像是一个标志性载体。（图3-0-1）

本文在叙述中以国家公布的各级重点文物保护单位为例，在现甘肃省行政区范围内，自秦汉至清末各府、州、厅、县、乡所辖，共建有孔庙约62处，现有18处孔庙还保存有建筑遗存。保存完整的有武威的原凉州府学文庙和2002年迁至兰州市九州台南麓异地重建的皋兰县文庙，保存基本完整的有兰州、静宁、镇原3处文庙，其他13处文庙大多仅存大成殿。巩昌府学、秦州府学和秦安县学3处文庙分别保存着棂星门、大成门和崇圣祠。

唐开元二十七年（公元739年），唐玄宗追封孔子为文宣王，文庙的主殿随皇家封号改称为先师殿或文宣王殿，即现在的大成殿，大成殿的建筑形制也由面宽三间随府州重要程度有所扩展至两宋时期，尊儒之风使得各地文庙得到大规模发

图3-0-1 孔夫子像

图3-0-2 城隍庙

展,建筑格局在此时已经有了基本的模式。据史料记载,宋代至后世的孔庙基本建筑格局参照曲阜孔庙。以文宣王庙(文庙)祭祀孔子;叔梁纥堂(启圣堂)祭祀孔子的父亲;厢房(东西两庑)祭祀先贤先儒。宋代以后,出现戟门、泮池及泮桥等学宫建筑。

儒学主张中正有序,在文庙建筑形制上表现为中轴对称的布局方式,沿轴线南北纵深发展,对轴线之外的附属部分采取严格对称的手法,遵循伦理秩序,突出居中为尊,同时在建筑的布局上,运用围合院落作为基本单元,若干院落组成群体,以渐进单元的空间变化产生不同的效果,文庙整个建筑错落有致,严谨有序,突出体现了儒家思想中序的观念。万仞宫墙、棂星门、泮池、大成门、大成殿的布置会遵循固定的礼制,沿文庙的中轴线由南向北依次排列,两庑则须置于大成殿前东西两侧,崇圣祠及明伦堂的位置在文庙礼制上相对不甚严格,依各个文庙具体建筑布局而有所不同。

祠庙是我国古代礼制规范与祠祀制度密切相关的建筑类型,其将文化传统与民间信仰综合在一起的方式,是地方城市建设空间格局中的重要组成部分。

城隍是我国原始信仰祭祀的自然神之一。据记载:城隍神最早见于周代《礼记》天子八蜡中的水墉神。《礼记·郊特牲第十一》有:"天子大蜡八。伊耆氏始为蜡。蜡也者,索也,岁十二月,合聚万物而索飨之也。""城隍"二字,始见于《易经》泰卦的上六爻辞:"城复于隍,勿用师,自邑告命,贞吝。"《说文》载:"隍,城池水也,有水曰池,无水曰隍。"其中"城"指城墙,"隍"指城壕(护城河)。城隍一词连用泛指城池,首见于班固《两都赋·序》:"京师修宫室,浚城隍。"原始崇拜认为,凡与人们日常生活有关的事物皆有神在,而且"功施于民则祀之,能御灾捍患则祀之(《五礼通考》)"。城墙、城壕在防卫敌人、猛兽攻击,保护城中百姓安全。许慎《说文》云蜡"从虫昔声曰年终祭名者矣"。郑玄注云:所祭有八神也。各为:司啬、百种神、农神、邮表、禽兽神、坊、水墉、昆虫。水墉为农田中的沟渠,水墉神即为沟渠神。随着城壕的发展,水墉神升为城隍神,被视为城市的守护神(图3-0-2)。城隍庙也有其特有的具体建制,明洪武三年(1370年)《明太祖实录》记载:"洪武三年李月戊寅,诏天下府州县立城隍庙其制高广,各视官府署厅堂,其几案皆同,置神主于座。旧庙可用者,修改为之。"

第一节 坛庙

一、天水市伏羲庙

天水市伏羲庙本名太昊宫,俗称人宗庙,在甘肃省天水市城区西关伏羲路。1963年被人民政府公布为甘肃省重点文物保护单位。2001年被国务院批准公布为第五批全国文物保护单位。

因有伏羲庙，民国以前天水城小西关城又叫伏羲城。伏羲庙始建于元至正七年（1347年），经明弘治、明嘉靖年间的大规模扩建，形成现有格局，在清嘉庆、清光绪年间也曾有过大规模修缮活动。现存伏羲庙址占地面积约1.3万平方米，坐北向南，主体建筑沿中轴线排列，廊庑式布局，四进四院（图3-1-1）。因伏羲氏作为中国传说中的第一代帝王，天水是秦州府治，又是成纪县地、伏羲故里，故建筑群呈宫殿式空间布局，为全国规模最大的伏羲祭祀建筑群。主要建筑有一楼、一坊、两门、两殿等14座建筑共66间。在中轴线上由南至北有戏楼（清末建筑三间二层，隔伏羲路），前院为：牌坊（图3-1-2）、宫门、东西厢房，中院为：仪门、东西厢房、先天殿、太极殿、钟楼、鼓楼、来鹤轩，后院为：见易亭、后花园等建筑，其中先天殿和太极殿为主体建筑。新建筑有朝房、碑廊、展厅等共6座。

伏羲庙原为天水三皇庙，"三皇"常指伏羲、神农、轩辕。三皇庙前身为三皇五帝庙，始建于唐代，元大德三年（1229年），元成宗铁穆耳诏令地方郡县设立专门祠祀的三皇庙。明代初期，天水"三皇"庙已倾倒坍塌，至明弘治三年（1490年），另有考证为明成化十九年至二十年间（1483～1484年），在秦州指挥史"明威将军"尹凤的倡导组织下，在原"三皇"庙的基础上，重新起造庙宇，由此开始称为"伏羲庙"。

伏羲庙前大门有牌坊（图3-1-3）立于高2米、宽6.5米、长17.6米的台基之上。台基围以砖砌勾栏，东、西、南三面均有垂带式踏跺。牌楼门为四柱三间，歇山顶上覆绿琉璃瓦，二层歇山重檐下，施如意斗栱，正脊两端饰有鸱尾螭兽；檐下斗栱为四攒七铺作，六杪单栱，两柱头有转角斗栱，牌坊正中悬有巨幅匾额，上书"开天明道"四个大字，为清西宁道湟中观察史杨应琚所书。

牌楼向北为宫门，相距约5米，宫门单檐悬山顶覆绿琉璃瓦，面阔五间、进深两间，檐下施三踩单昂斗栱，并出斜栱，柱头科昂身平出，挑檐檩及随檩枋雕花卉、走兽、博古等。院内东西两侧各有硬山厢房9间。

宫门面阔五间、进深二间，单檐悬山顶，清代重建。正中门楣，原挂有祖籍天水的明代正德进士，都察院右御史家胡缵宗所书"与天地准"巨匾一方，现悬挂"太昊宫"匾，悬山顶，绿瓦龙吻，清代曾局部修缮，其主体部分，仍然保留了明代建筑风格。至今，屋顶完整无损，正脊两端施龙吻，尾向内，背兽齐全，中央置宝瓶；脊身饰缠枝牡丹。（图3-1-4）。

在中院后部正中的1.7米高的砖筑二层月台上，矗立的先天殿又称正殿、大殿（图3-1-5、图3-1-6）。是伏羲庙建筑群的主体建筑。建于明成化十九年至二十年（1483～1484年）先天殿面阔七间26.4米，

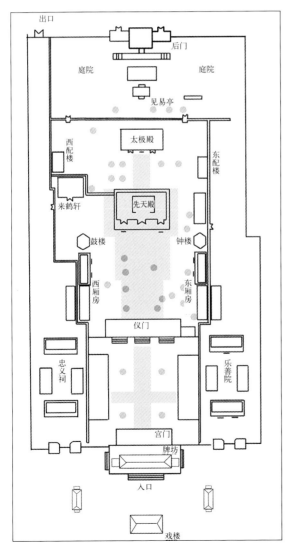

图3-1-1　天水伏羲庙平面图

进深五间15.7米，七檩重檐歇山顶，平面布局、梁架结构为明代之制。平面减柱造，殿内减去中部两排金柱。梁架结构中，使用素面叉手，无托脚（图3-1-7~图3-1-9）。屋脊衬以龙吻脊，脊正中雕花天宫宝刹，屋面绿琉璃，五踩单翘单昂斗栱。上檐殿身七架，梁架上绘旋子彩画，下檐周匝回廊，彩画以清代重绘的龙和玺为主。当心间悬"一画开天"巨匾，次间各悬"道启鸿蒙"、"开天立极"二匾正面明间、次间、尽间隔扇门窗，裙板为素板，上雕以龙、凤、仙鹤、麋鹿等吉祥动物图案，饰以牡丹、艾叶、松枝等植物，殿内神龛内伏羲圣像坐高3米，坐像殿西有龙马雕像，东侧置河图洛书石磨，殿顶棚以井口天花和藻井（在正中）装饰；神龛下悬匾"文明肇启"，神龛北外墙有清晚期彩绘九龙壁。前檐额枋的井口天花镶嵌伏羲六十四卦卦象图，藻井施绘河图和伏羲先天八卦图。

先天殿北侧的后院有厢房及太极殿，又称退殿、伏羲寝殿、寝宫，依"前宫后寝"惯例而建，原供奉伏羲，后祀神农，建筑规模略小于先天殿，面阔五间19.4米，进深四间12.3米，单檐歇山顶覆绿琉璃瓦，檐下施五踩双昂（假昂）斗栱，昂身平出。各梁架上施一斗二升交麻叶隔架科斗栱。梁架彩画为清代重绘龙凤和玺彩画。内塑伏羲坐像，在尽间槛墙，有明代透雕，木质，左为团龙，右为彩凤，伏羲庙各院内按照伏羲六十四卦列置64株柏树，传为明代所植。现存32株，挺拔苍翠，浓荫蔽日。据载，伏羲庙大门内侧东西墙角原有古槐两株，相对而立，现仅存东边1株，树干已经中空，经相关机构鉴定，为唐代所植。院内东西各有六角小亭，为钟、鼓楼覆小式黑活攒尖垂脊宝顶。

二、平凉市崇信县武康王庙

武康王庙位于中国甘肃省平凉市崇信县锦屏镇东街6号，为奉祀唐武康郡王、陇右节度使李元谅而建，俗作城隍庙。1985年8月9日，崇信县人民政府公布其为县级文物保护单位。1993年3月29日，甘肃省人民政府公布其为第五批省级重点文物保护

图3-1-2　伏羲庙牌楼门

图3-1-3　伏羲庙牌楼细节

图3-1-4　伏羲庙牌仪门

图3-1-5　伏羲庙先天殿

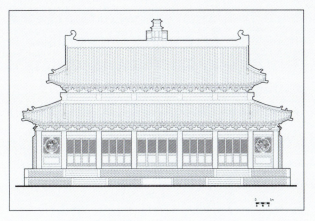
图3-1-6 伏羲庙牌先天殿绘图

图3-1-7 先天殿斗栱

图3-1-8 院内古树

图3-1-9 先天殿尽间槛墙团龙

单位。2001年6月25日，中华人民共和国国务院公布其为第五批全国重点文物保护单位。

武康王李元谅为唐代安息（今伊朗）人，本名骆元光，出生于伊斯兰教世家。自幼由宦官骆奉先收养，为唐德宗时著名将领，曾数次参加平叛，屡建功绩，升华州刺史，加检校尚书左仆射，封武康郡王、陇右节度使。

武康王庙的营建据县志记载，"开拓疆土，修筑镇城，德被民生，感恩王功"，始建于唐贞元十三年（公元797年），原址在县城东门外一百二十步建祠塑像，春秋祭祀。宋哲宗绍圣四年（1097年），崇信知县王需修缮庙貌。明洪武三年（1370年）县民李斗等人迁建城内现址。明英宗天顺七年（1463年）崇信知县吉泰将原庙址内4根宋、元时期镌刻石柱移入，建亭于殿前。明神宗万历三十三年（1605年）改大殿为寝宫，另建正殿于前（崇信知县边国柱以塑像主次不当，又未能变更，将大殿改为寝宫，另建正殿于前）。明崇祯六年（1633年）正殿和亭子被毁，仅剩寝宫。清顺治八年（1651年）重修拜殿（图3-1-9）。明思宗崇祯六年（1633年），兵燹殿亭俱毁，仅剩寝宫。清德宗光绪二十五年（1899年），崇信知县陈兆康修缮大殿，并重修献殿。1941年，中华民国政府对武康庙进行修缮，利用殿宇储粮。1949年，中华人民共和国成立，武康王庙划拨县粮食部门使用。1996年，重修寝宫。

现存的武康王庙总体布局呈南北纵长形，总占地3337平方米。建筑分别位于南北中轴线上。拜殿面阔五间，进深一间，卷棚顶，两者相距50米（图3-1-10）。殿前立亭式宝顶香炉，三层六角六脊。

寝宫位于中轴线北端，坐北朝南，寝宫建筑面积280平方米（图3-1-11、图3-1-12），土木结构，厅堂式建筑。建筑坐落在0.6米高台基上，面阔五间21.4米，进深三间13米，六椽单檐歇山顶。平面呈长方形，内柱升高，四周有檐柱16根，后檐柱置墙身内。东西各出副阶一椽架。前后檐及山面均有侧角，柱头卷刹，前檐柱及山面柱头施普柏枋和阑额，后檐仅有阑额（图3-1-13、图3-1-14）。外檐五踩单昂斗栱（图3-1-15），每间一攒，平身科耍头后起斜杆，大木构架为元代遗物（图3-1-16）。

明间乳栿对四椽，栿用三柱；次间前后乳栿用四柱。柱头卷刹呈覆盆状。正面、两侧面施普柏枋和阑额，斗栱用材较大，柱头、补间铺作各一朵，后檐仅施阑额和柱头铺作（图3-1-17）。柱头铺作

图3-1-10　武康王庙拜殿

图3-1-11　由拜殿看寝宫

图3-1-12　李元谅寝宫

图3-1-13 后檐墙

图3-1-14 寝宫后檐柱

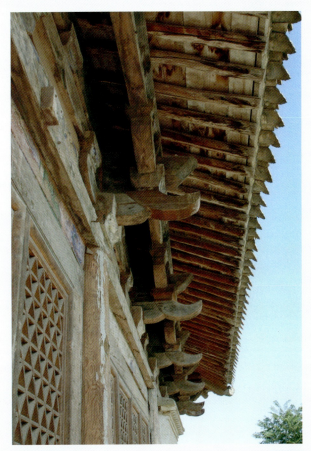

图3-1-15 斗栱

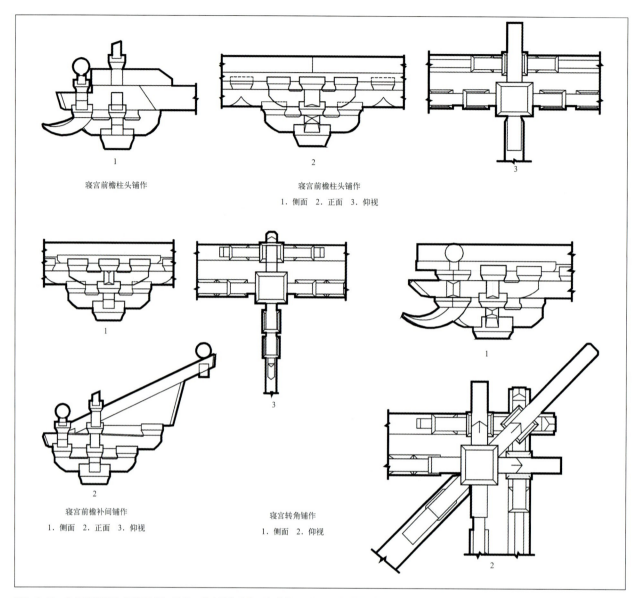

图3-1-16 寝宫斗栱绘图（引用来源：陶荣，甘肃崇信武康王庙[J].文物.2006年第3期）

寝宫前檐柱头铺作
寝宫前檐柱头铺作
1. 侧面 2. 正面 3. 仰视

寝宫前檐补间铺作
1. 侧面 2. 正面 3. 仰视

寝宫转角铺作
1. 侧面 2. 仰视

图3-1-17 寝宫斗栱

为外四铺作单杪计心造，里转四铺作单杪偷心造；补间铺作为外四铺作单杪计心造，内转五铺作卷头造并偷心，一跳华栱头刻假昂，人字形昂面。梁、檩交接处用蜀柱带斗栱（图3-1-18～图3-1-20）。

拜殿距离寝宫以南约50米处，始建于清顺治八年（1651年）。面阔五间，进深一间，砖木结构，单檐四檩卷棚顶，两山呈攒尖式样。柱头施三踩单昂头栱，昂头雕成象鼻、虎头、凤头，外拽瓜栱透雕行龙或卷草纹（图3-1-21、图3-1-22）。

李元谅墓亦在锦屏镇，占地约2000平方米，封土椭圆形，东西宽8.8米，高约7米，目前原有牌坊已毁。

三、陇南宕昌县梓潼文昌帝君庙

文昌帝君庙位于宕昌县沙湾镇上塻子村。始建于元代，明洪武十六年（1383年）重建，现存为清代建筑。2001年被甘肃省人民政府公布为第五批省级文物保护单位。

在汉《史记》的星象中"文昌宫"就有详细描述，"斗魁戴匡六星曰文昌宫：一曰上将，二曰次将，三曰贵相，四曰司命，五曰司禄。在斗魁中，贵人之牢。"对文昌星祭祀与文昌帝君略有不同，梓潼文昌帝君"神姓张，名亚子，居蜀七曲山，仕晋战没，人为立庙。唐宋屡封至英显王。道家谓帝命梓潼掌文昌府事及禄籍，故元加号帝君"。

宕昌文昌帝君庙占地面积600平方米，坐北向南，主体建筑有前、后殿，前殿由山门和东、西厢房、过庭组成，皆土木结构。前殿面阔三间7.5米，进深二间5.2米，"人"字梁架，硬山顶，檐下施斗栱，内壁两侧绘人物故事画，前、后开门；后殿面阔四间12.5米，进深10米，歇山顶，三架梁，殿门正中檐下斗栱施彩绘，内壁彩绘人物故事画。东、西厢房面阔各四间12米，单坡顶，檐下饰彩绘和花纹木雕。过庭面阔三间7.5米，进深6米，硬山顶，东屋内立"梓童文昌帝君庙记"碑1通，山门由三台阶沟通，门两侧各一尊石狮，门板上各有一幅人物画。门外有一株古树。

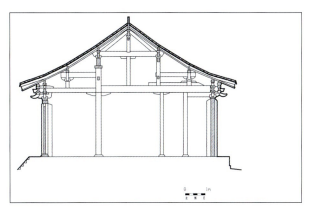

图3-1-18 武康王庙寝宫剖面（引用来源：陶荣，甘肃崇信武康王庙［J］．文物．2006年第3期）

图3-1-19 武康王庙寝宫角梁

图3-1-20 武康王庙寝宫内檐

四、武威市下双大庙及魁星阁

下双大庙位于武威市凉州区东北18公里处下双乡下双寨村东侧。2001年甘肃省人民政府公布为第五批省级文物保护单位。

现存院落南北长约90米，东西宽约35米，建筑面积约715平方米，初建年代不详，仅据魁星阁牌匾题记，在清嘉庆年间进行过维修，保存较为完整，是规模宏大的一组道教古建筑群，建在从1.5米至约8米的三层夯筑阶梯状土台上。魁星楼主体建筑坐东朝西（图3-1-23、图3-1-24），阁的平面呈方形，首层、二层屋顶为正方形，三层为攒尖顶圆形屋顶。四周绕廊，两面辟门，内有台梯可以攀登，阁上层藻顶悬嵌圆匾一块，书"笔点青云"（图3-1-25～图3-1-27）。1983年大规模维修。

图3-1-21 拜殿斗栱

图3-1-22 寝宫山墙

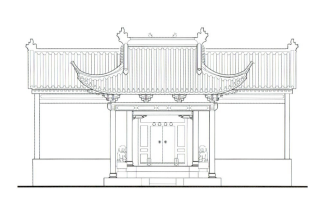

图3-1-23 宕昌县梓潼文昌帝君庙山门测图

图3-1-24 下双大庙魁星楼

山门位于大庙中轴线上，坐北朝南，面阔三间，进深一间，歇山顶，素瓦。在山门外，东西各有两棵杨树，山门内，两侧各有4棵杨树。山门正北，轴线第一个台基上，筑有大殿，坐北朝南，原有建筑面阔三间，进深三间，前后出廊，为一殿一卷式建筑前卷棚为歇山顶，后殿为悬山顶（图3-1-28），屋顶前后檐青筒板瓦，明间前后各开隔扇门，次间前后施槛窗，檐下施麻叶踩斗栱，木构架绘有彩画。大殿明间前廊悬挂有蓝底金字匾额一块，上书"万古英灵"；明间前廊里侧悬挂有当地人赵士致书写的"墨甫锦运"匾额；明间正中悬挂"古今圣神"匾额。

大殿两侧，各有偏门。西侧为土地祠，硬山顶素瓦，面阔三间，进深一间，坐西向东，有土地塑像。东侧为十王殿，硬山素瓦，面阔三间，进深一间，坐东向西，与土地祠相对。十王殿南侧为道房，是庙内人员的起居生活场所。

大殿北侧沿中轴线北的第二台基上两侧为娘娘殿和三皇殿（又称三观殿）。娘娘殿在西，塑有女娲人面蛇身像。三皇殿在东，内塑三皇像。两座建筑结构一致，主体建筑坐北朝南，面阔三间，进深两间，前为硬山卷棚，后为硬山正脊；檐下施麻叶踩斗栱，前檐施八排青筒砖瓦。药王殿位于三皇殿北侧三级台基上，坐东向西，面阔三间，进深一间，硬山正脊，前后檐施三排青筒板瓦。财神殿位于娘娘殿北侧三级台基上，与药王殿对称修建，结构形式均与药王殿相同。人娃娃殿建于药王殿北侧，为上下两层的阁楼，平面呈方形，坐北朝

图3-1-25 魁星楼侧面

图3-1-26 下双大庙魁星楼绘图

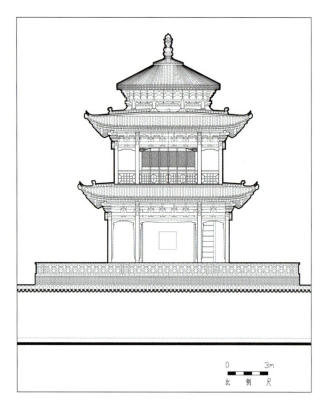

图3-1-27 魁星楼测图

图3-1-28 下双大庙大殿（关帝庙）

图3-1-29 下双大庙建筑群

南。两层均设门，硬山顶建筑。第三台基是三面有建筑的院落。沿中轴线向北就是无量殿。该殿坐北朝南，原有建筑面阔三间，进深两间，前为硬山正脊，后卷棚，正殿前檐六排青筒板瓦屋面，檐下施麻叶踩斗栱，木构架均绘有地方旋子彩画。无量殿东侧是灵光殿。与灵光殿正对，是文昌殿。文昌殿南侧是太岁殿。此三殿均为硬山式建筑，面阔进深亦相同，皆有塑像及彩绘壁画。无量殿向北为三教殿，又称三清殿，沿中轴线修建，坐北朝南，平面呈方形，原建筑面阔三间，进深一间，四周出廊，重檐歇山顶，青筒板瓦屋面。正脊砖雕有二龙戏珠，殿内绘有大量壁画，内容均为道教传说故事。下双大庙原为关帝庙，以后逐渐融入了道教的内容（图3-1-29～图3-1-32）[②]。

图3-1-30 魁星楼翼角

图3-1-31 魁星楼外檐

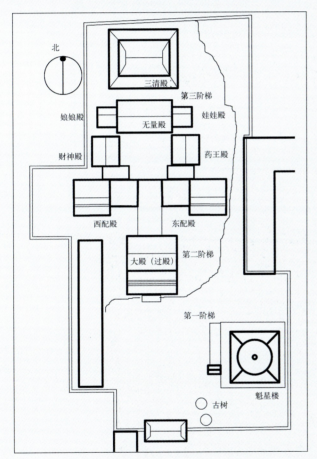

图3-1-32 下双大庙平面测图

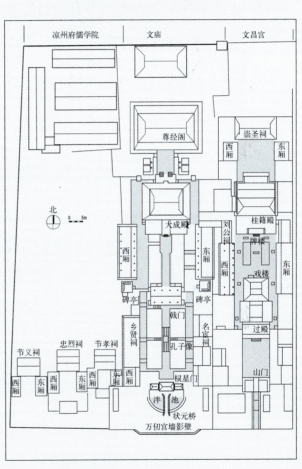

图3-2-1 武威文庙平面测图

第二节 文庙

一、甘肃武威文庙

武威，古称凉州，古凉州府府治所在地。武威文庙又称为凉州府文庙。2001年公布为全国第五批重点文物保护单位。位于武威市城区东南隅，坐北向南，平面由东、中、西三院建筑群组成，对称布局于三组平行的中轴线上，规模宏大。

东为文昌宫，中为文庙，西属凉州府儒学院。

建筑群平面呈长方形，南北长约200米，东西宽约150米，占地面积3万平方米（图3-2-1）。整个建筑布局对称，结构严谨，造型雄伟的宫阙式建筑群，

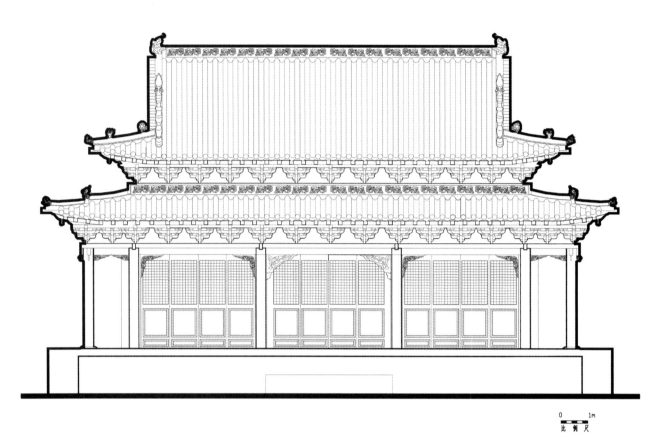

图3-2-2 武威文庙大成殿测图

规模宏大,气势雄壮,明清之际被誉为为"陇右学宫冠",是凉州文人墨客的祭祀孔子的圣地,是目前西北地区建筑规模最大、保存最完整的孔庙。据《凉州卫修文庙暨儒学记》碑载:武威文庙始建于明正统二至四年(1437~1439年),兵部右侍郎徐日希主持凉州事务期间组建,后经明成化和清顺治、清康熙、清乾隆、清道光及民国年间的重修扩建,遂成一组布局完善的建筑群,迄今已有500余年,现为武威市博物馆(图3-2-2~图3-2-4)。

西面一路院落为凉州府学、儒学院。建筑群兴建于明正统年间(1436~1449年),用地为长方形,南北约170米,东西约70米。门开在西面,整体格局以明伦堂为中心,左右有存诚、敬德二斋。科举制度废除以后,凉州府学逐渐衰落荒废,仅存忠烈祠和节孝祠,明伦堂与存诚斋、敬德斋及前后附属建筑已经毁没。

东面一路院落的建筑群总称文昌宫,以桂籍殿为中心,前有山门、戏楼,牌楼(图3-2-5、图3-2-6),后有崇圣祠,中为天衢、云路二门和戏楼(图3-2-7),左右有三贤祠、牛公祠、刘公祠、㤚亭以及东西两庑。其中,据《重修文庙创建庙产碑》载:"迨民国十六年地震,殿宇墙垣强半倾,东庑全毁。"随后新修建东西碑亭等建筑。文昌宫坐落在大成殿东侧(图3-2-8),是孔庙东侧奉祀"万世文宗"的文昌帝君的一座副殿。过殿两侧各有耳房一间,文昌殿又名"桂籍殿"(图3-2-9)。面阔5间,进深4间,单檐歇山顶。前廊的匾额遍布,其中"书城不夜""万世师表"、"生民未有""与天

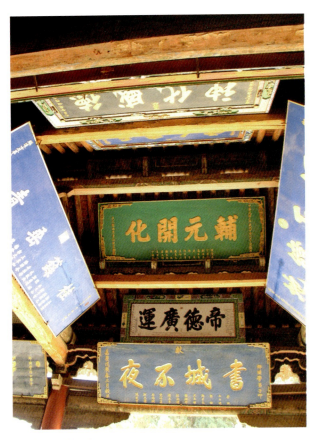

图3-2-3 桂籍殿匾

图3-2-4 仪门

图3-2-5 文昌宫牌楼南

图3-2-6 文昌宫牌楼北

图3-2-7 戏楼外檐

图3-2-8 文昌宫看大成殿

图3-2-9 桂籍殿全景

图3-2-10 桂籍殿匾1

图3-2-11 桂籍殿匾2

图3-2-12 桂籍殿匾3

图3-2-13 桂籍殿匾4

图3-2-14 桂籍殿屋架

地参""圣集大成"等均为历代名家所书（图3-2-10～图3-2-13）。桂籍殿内结构具有明显的多民族风格，采用勾连搭的屋顶，在殿中明间后，多增加一个开间（图3-2-14～图3-2-17）。

中间一路院落以大成殿（图3-2-18～图3-2-20）为中心，自南向北依次为泮池、状元桥、棂星门、戟门、大成殿、尊经阁。该部分建筑群总称孔庙或文庙。

文庙原设有正门，面南而开。最南端设"万仞宫墙"影壁，《论语·子张》"譬之宫墙，赐之墙也及肩，窥见室家之好，夫子之墙数仞，不得其门而入，不见宗庙之美，百官之富，得其门者或寡矣。"

图3-2-15 桂籍殿内角

图3-2-16 桂籍殿勾连搭内架

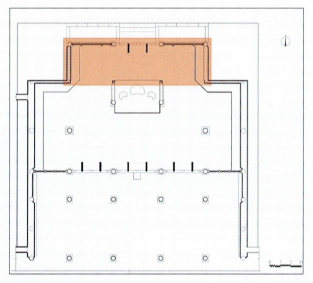
图3-2-17 桂籍殿平面

图3-2-18 大成殿

图3-2-19 大成殿外檐

图3-2-20 桂籍殿与牌坊

传说因数百年来凉州一直未出状元，至今无法开启正门。影壁两侧各开小门，东为"义路"西为"礼门"。由"义路"进入庙院，影壁北面是半月形泮池。池上横跨状元桥，原为木构，改造后为石质，桥北为棂星门。棂星门为木构四柱三间三楼（图3-2-21、图3-2-22），通高10.97米，面阔22.4米，当心间面阔6米，门高4.5米，当心间为歇山顶，翘檐飞角，两次间为庑殿顶，冲天柱式并出头，雕刻狮形。柱头间施额枋，檐下三翘七踩斗栱，当心间四朵，两次间各三朵。当心正面书"棂星门"，背面书"太和元气"。穿过棂星门是戟门，戟门两侧是乡贤、名宦祠，为供养地方贤达和清官牌位的地方。

大成殿为明正统三年（1438年）修建，清顺治十三年（1644年）修缮，保留明显的明清建筑风格，是文庙的主殿，石筑台基，面阔三间，当心间宽6.2米，次间宽6米，进深三间13.5米，通高10米，歇山顶三滴水，顶部三重翘角上均悬有风铃。顶置九脊，脊以缠枝莲纹砖砌筑，正脊中设桥形小珠。鸱吻螭兽，屋面覆琉璃筒板瓦。檐下为五踩双杪双平昂。斗踩最外一跳为花板，厢栱部分为雕刻成曲线样的花板代栱样式，周围绕以回廊、高台基，大有庄重、肃穆、文雅之风韵。殿内金桁下皮墨书"大明正统三年肇建"，脊桁下皮墨书"大清顺治重修"。殿内迎门原供奉着大成至圣先师孔子的画像，旁立孔子七十二弟子的牌位。

大成殿北侧尊经阁，是两层土木结构楼，重檐歇山顶，坐落在高达2米的砖包台基上，总高15米，楼阁砖木结构，面阔五间，进深两间6.4米，当心间宽3.6米、次间宽4米，二层重檐歇山顶，内柱为矩形排列，下层不减柱，上层阁内不施中柱。周围有回廊，进深3米。是武威现存最高大的古代重楼建筑。

"崇圣祠"位于文昌殿后，是一个独立的院落。崇圣祠为单开间硬山屋顶。

二、天水市秦安县文庙

秦安文庙位于天水市秦安县兴国镇新华街东、青年路南（文化宫后院），占地面积约3200平方米，创建于元大德元年（1297年）前，清道光十八年（1838年）始具规模，从元至正元年至民国8年（1919年）进行过多次修葺。2003年甘肃省人民政府公布为省级文物保护单位，2006年国务院公布为第六批全国重点文物保护单位。

清宣统年间《甘肃新通志》载："元大德元年（1297年）县尹杨宗建，明洪武初知县康昭重修。后成化至万历时，知县宋珍、徐森、赵威、亢世英、王绩、戴鹏相继重修。"清乾隆《直隶秦州新志》载："康熙五十七年地震，殿宇倾圮，雍正初知县于鲸重修，三载始毕工，制复备。乾隆三十四年知县诸为霖重修，嘉庆八年知县德庆谕邑人重修。"大成殿、崇圣祠、乡贤祠、名宦祠等已逐步恢复原貌。

图3-2-21 棂星门

图3-2-22 棂星门檐

图3-2-23 秦安县文庙

大殿主体坐北朝南，单檐歇山顶，上覆琉璃筒瓦，面阔五间14米，进深四间10.30米，高9米。土木结构七檩抬梁造，梁枋构件均施彩画，前檐斗栱为七踩三下昂计心造，补间有斜昂，是甘肃省保存较完好的明代木构建筑之一。殿前现存元至正、明嘉靖和清道光石碑各1通。殿前悬一方"中和位育"巨匾，殿内悬康熙题"万世师表"匾。

院内还存古柏9棵，其中一棵千年老柏参天蔽日，树身合围近5米，明代称"学宫柏盖"2004年，国家文物局投资对大成殿进行了整体维修。2005年恢复了孔子塑像。

三、甘肃陇南市两当县文庙

2003年甘肃省人民政府公布为甘肃省文物保护单位。两当县文庙大殿，清乾隆三十二年《两当县志》载：明崇祯末年至清乾隆三十二年约一个半世纪该殿历经多次搬迁过程。该县志记载："文庙在县西街，明崇祯七年遭寇尽圮"，"仅存庙学一区耳。危立空城，沦人草昧……不得已遂迁，夫子位于堡楼，上无以称神栖，下无以储生徒。"该文庙大殿现位于两当县西街中心小学院内，原存大殿一座、泮池一个、清晚期房舍6间。现仅存文庙大殿一座，余无存。

大殿坐西朝东，单檐歇山顶，屋顶铺琉璃瓦。平面三开间，阔13.82米，单槽式。进深为四架椽两间7.62米，面阔以明间向左右侧递减，明间面阔5.07米。（图3-2-24）间呈长方形。用移柱法处理大殿的内部空间布局，即两中心柱后移作后金柱，扩大了殿内前部供奉"先圣"孔夫子的礼拜空间。原有的槛墙、隔扇门窗现在已经无存。现在的殿门为新中国成立初期移置的县衙大门，非原大殿之物。该殿屋架属于四架椽屋剳牵三椽栿（图3-2-25），用三柱厅堂式建筑形式（图3-2-26）。檩、梁栿、柱均为圆木构架。结构为五铺作重栱单抄单下昂（假昂），里转五铺作重栱双抄并偷心（图3-2-27）。经初步发掘，两后金柱柱础为四层基础，上层为方座鼓形石础，中层垫三层砂岩石条，下层为方座覆莲式石础，具宋元石础之特征③。

四、平凉静宁文庙

甘肃平凉市静宁文庙初建于明洪武四年（1371年），旧址在静宁州治西北隅紫极观，初为洪武庙学。明嘉靖二十一年（1543年）迁至城东南（今址），称嘉靖文庙。清康熙三十一年（1692年）知事董守义组织人员加以重修。康熙五十一年（1712年）扩建。民国19年，西庑因地震倒塌，民国30年，以学宫为校址，设立静宁县初级中学（静宁一中）。1954年，安装新式门窗，东西两庑移展前墙，

1986年，重修大成殿的月台。文庙建筑群于1983年公布为省级文物保护单位。2001年甘肃省人民政府公布为第五批省级文物保护单位。

静宁文庙建筑群占地1.8万平方米，建筑面积约为1300平方米。明嘉靖年初建时整体布局坐北向南，仿曲阜孔庙三路格局，一庙两宫。现存建筑群为沿中轴线依次为先师庙门、牌坊、戟门、大成殿、厢房。戟门两侧厢房共有10间。戟门内为四合院，有东厢房14间，西厢房5间（图3-2-28）。

牌坊四柱三门三楼，除雁翅坊被毁外，戟门歇山顶（图3-2-29），五檩。牌坊式棂星门，仿书法家赵孟頫笔迹，书写"先师庙门"四字。

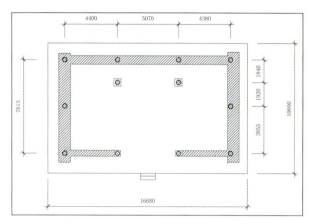

图3-2-24 两当文庙地槽平面（引用来源：孙崇玉《两当县文庙大殿木结构分析》）

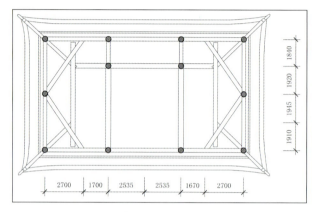

图3-2-25 两当文庙屋架（引用来源：孙崇玉）

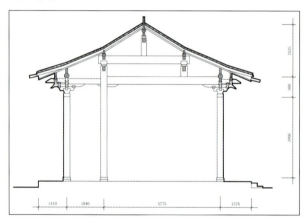

图3-2-26 两当文庙剖面（引用来源：孙崇玉《两当县文庙大殿木结构分析》）

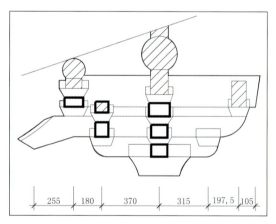

图3-2-27 两当文庙斗栱（引用来源：孙崇玉）

图3-2-28 平凉静宁文庙两庑

图3-2-29 平凉静宁文庙戟门

图3-2-30 静宁文庙大成殿

图3-2-31 大成殿翼角

图3-2-32 大成殿角科

图3-2-33 套兽

图3-2-34 斗栱

图3-2-35 吻兽

建于胎上的大成殿为歇山顶（图3-2-30），面阔五间（七檩的明五暗七样式），进深三间，脊檩上题"大明嘉靖二十一年（1541年）岁次壬寅夏六月二十一日庚子静宁州奉明文鼎建"。五踩斗栱，象鼻昂（图3-2-31～图3-2-35）。在大成殿西侧学宫明伦堂以及东路崇圣祠为悬山五檩殿堂样式。静宁文庙是除武威文庙外，甘肃省内保存相对较为完整的文庙建筑群。

五、天水市甘谷县文庙

甘谷县文庙，位于甘谷县大像山镇南街县城广场，占地约1400平方米，现仅存大成殿。根据清乾隆三十五年《伏羌县志》记载，伏羌县（甘谷县）文庙，始建于元世祖至元二十四年（1287年），明崇祯庚辰年（1640年）重建。2003年甘肃省人民政府公布为省级保护单位。

1913年，文庙内成立伏羌县图书馆，随之改为模范小学，后为省立甘谷中学。大成殿坐西向东，重檐歇山顶，琉璃屋顶，台阶通长22米，宽18米，大殿面阔五间18米，进深四间，每间设四抹隔扇门，周边设廊，琉璃瓦顶。五踩重昂斗栱。明间施斗栱两朵，次间平身科一朵，转角科每翘承重昂，昂角有飞起。四边出檐，殿顶陡高，檐角镶有飞龙挑头，斗栱环连。从现存的建筑构件来看，其斗栱、耍头、昂均沿袭、采用元代做法，1958年将棂星门、泮池等建筑拆除，只保留大成殿。目前，殿前4株古柏与大成殿为省级文物保护单位（图3-2-36）。

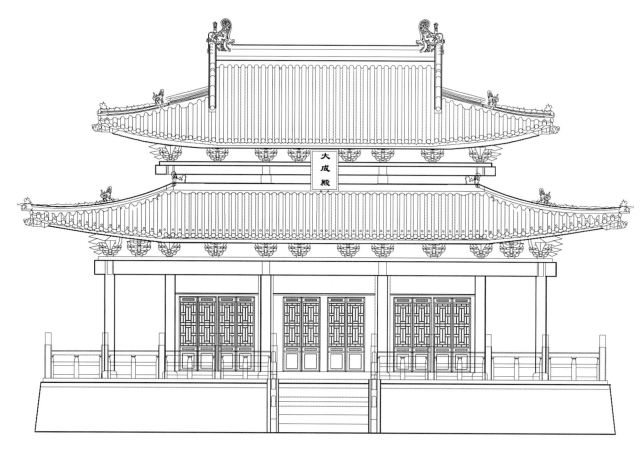

图3-2-36　甘谷文庙大成殿绘图

六、甘肃天水文庙

天水文庙坐落于秦州区中华西路，坐北朝南，1985年天水市人民政府公布为市级文物保护单位。

天水文庙相传为元代大德六年（1302年）教谕梁公弼始创。据乾隆《直隶秦州新志》载："天水文庙在城内（即秦州城内）西南隅，上为大成殿，左为崇圣官，台下东西庑各九间，前为戟门，门外左右宦祠，左乡贤祠，中有泮池，前有棂星门，石坊再前东西二门相对，门外为'德配天地'、'道贯古今'坊。"明洪武初年（1368年）重建。宣德时知州李享、嘉靖七年（1531年）知州王卿等又先后营工重修。今仅存明朝建造的大成殿一座，戟门一座（图3-2-37～图3-2-39），学宫与乡贤祠于清末改为学巷小学。

大成殿为建于月台之上，重檐歇山顶建筑（图3-2-40），面阔五间21.5米，进深五间17.1米。戟门三间，两坡悬山顶，面阔9.95米，进深7.9米，檐下有竖式大匾，书"戟门"楷书大字，其后落款为"乾隆三十六年八月士子胡端敬书"。原庙址上现建有中华西路小学和中华西路幼儿园。2002年天水市重新进行维修。

七、兰州市皋兰县文庙

兰州，旧属皋兰县，清代时为兰州府治所。皋兰县文庙又名兴文社，1984年，兰州市人民政府将皋兰县文庙公布为市级文物保护单位。甘肃省人民政府公布为省级重点文物保护单位。

文庙旧址位于今张掖路中段南侧延寿巷3-6号，清康熙时为靖逆候张勇旧宅，清乾隆五年（1740年）甘肃巡抚元展成改建为皋兰县文庙。清乾隆四十一年（1776年）"兴文社"驻此，占地1100平

图3-2-37　天水文庙棂星门

图3-2-38　天水文庙孔圣像

图3-2-39　天水文庙戟门

图3-2-40　兰州皋兰文庙新址大成殿

方米，坐北朝南。民国初年，皋兰县文庙作为"兴文社"社址，20世纪50年代改为延寿巷幼儿园。按地形和已有建筑布局，以大成殿、教谕署、训导署、尊经阁为两翼，而奎星阁无地可建，便以旧城之通远门为奎星阁，是较为少见的文庙形制。1998年张掖路改造，2002年易地保护，重建于安宁区九州台南麓前山树木园（图3-2-41），牌坊外向南可见黄河。

易地保护后的皋兰县文庙占地十余亩，建筑面积1500余平方米，按文庙建筑通制，建筑群坐北朝南，沿中轴线由南向北依次排列棂星门（图3-2-42、图3-2-43）、泮池、戟门（图3-2-44）、明伦堂、大成殿（图3-2-45）、尊经阁（图3-2-46）、崇圣祠（图3-2-47），四周环以宫墙，以示崇高（图3-2-48）。明伦堂和大成殿之间东西两侧为东西配殿，大成殿和尊经阁之间两侧建有礼、乐亭及

图3-2-41　兰州国学馆门

图3-2-42　兰州皋兰文庙新址棂星门

图3-2-43　棂星门细节

图3-2-44　戟门

图3-2-45　兰州皋兰文庙新址大成殿

曲廊。东围墙向院内悬挑出檐，院墙上嵌有"孔子圣迹图"线雕石刻。

主要建筑山门面宽2.6米，进深3.6米，高4.5米，歇山顶，五架梁。

明伦堂面阔五间，进深二间，琉璃悬山顶，前出三间卷棚顶抱厦，前檐柱间及后金柱明间装置隔扇。大成殿面阔五间18米，进深三间10.5米，前檐柱间装置隔扇，歇山琉璃顶，九架梁。檐下明、次间各施平身科五彩斗栱两攒，梢间一攒。尊经阁木构两层楼阁式，单檐歇山顶，九架顶，下层通面阔五间15米，通进深四间，周围廊，前金柱装置隔扇；二层通面阔五间，通进深四间，四周金柱间装置隔扇，檐柱间装置栏杆。崇圣祠面阔三间11.9米，进深三间8.8米，高9米，歇山顶，七架梁。前

图3-2-46　兰州皋兰文庙新址尊经阁

图3-2-47　崇圣祠

图3-2-48　后门围墙砖雕

檐柱间装置隔扇，歇山琉璃顶，檐下明次间各施平身科异形单栱两攒。

八、甘肃礼县文庙

礼县文庙大成殿位于礼县县城东大街县政府招待所内。《秦州新志》记载：文庙始建于明万历三十八年（1610年），初址建于东锦屏山麓，后迁县城南关。清顺治十三年（1656年）署县事欧阳缄改建兹地，后经清康熙年间、清乾隆四年（1739年）、清道光十九年（1839年）先后重建。

原以大殿为中心，有棂星门、魁星阁、乡贤祠、名宦祠等群体建筑，规模宏大，有三进院落，房屋计40余间。1958年由县政府招待所管理，逐年拆除改为新型建筑，现存大殿一座，面阔五间22米，进深四间17米，重檐歇山顶。该殿除门窗更新外，其余保存完好，现为县级文物保护单位。

九、陇南徽县文庙

徽县文庙位于甘肃省陇南市徽县县城东街的政府大院内，1990年公布为县级文物保护单位。

据《徽县志》记述：徽县城东北隅钟楼山（今吴山）麓，文庙学宫，始建于明成化二十三年（1487年），知州刘济创建大成殿、东西庑、戟门、泮池、棂星门、名宦祠、崇圣祠等。明弘治元年（1488年）完成，四周古柏苍翠挺拔，较大的庙堂建筑群，现仅保存大成殿及明代碑刻五通，重建于明嘉靖二年（1523年），清道光九年（1829年）和光绪六年（1523年）作过补修和增建，1983年徽县人民政府拨款大修。

徽县文庙大成殿，占地310平方米，大殿坐北向南，面阔五间22米，进深三间15米，高12米。单檐歇山顶，施琉璃瓦覆顶。大殿柱头和补间铺作均为五铺作双下昂重栱并计心造，里转五铺作重栱出双杪并计心，转角斗栱五铺作重栱出角两跳，为彻上露明造，且施彩绘，梁架为八架椽，四椽栿前后乳栿，其上分别叠架平梁搭牵，平梁上再用瓜柱，用柱四列，每列六根。

院内有碑廊，卷棚歇山顶。

十、白银会宁文庙

会宁县文庙位于白银市会宁县西面，祖厉河东岸，会宁文庙也是会宁红军会师旧址。1996年被国务院公布为全国重点文物保护单位。

现仅存大成殿。1936年10月，中国工农红军第一、二、四方面军在甘肃会宁地区胜利会师。会宁文庙大成殿作为会师总会场，在我国现代史上有特殊意义。根据《甘肃新通志》"明洪武初，知县郁彬、刘缙建"，大成殿是建于明代弘治三年（1500年），明嘉靖三十六年（1557年）重建，清乾隆三十八年（1773年）维修，坐北向南。占地640平方米，重檐歇山顶殿堂式砖木结构，面阔七间19米，当心间3.83米，廊深1.9米，进深9.6米，高10米，四面出廊，周界24根八棱明柱。

十一、兰州府文庙

兰州府文庙，原址坐落于兰州市二中校园内，占地约30亩，今仅存大成殿，其余部分拆除，改建为兰州市第二中学，现武都路南49号。1981年被甘肃省人民政府公布为甘肃省文物保护单位。

文庙东邻曹家巷，西接绸铺街（酒泉路北段），南邻兰州内城南城墙根文庙巷，北至学院街（武都路）。元顺帝至正五年（1345年）知州姚谅兴建。据《甘肃新通志》记载："元顺帝至正五年知州姚谅建为州学"。

原布局完整，根据《甘肃新通志》，《兰州府志》及相关文献记载，在清宣统元年（1909年）重修府文庙后，其规模如下：大成殿坐北朝南，面阔七间32米，进深四间7.5米，通高32.6米，七檩重檐歇山顶，上覆盖黄色琉璃瓦，双盘龙吻兽。三踩单昂斗栱，明间四攒，次间、梢间、尽间各三攒。无雕刻彩绘。殿正中供奉至圣先师孔子坐像，其他儒家圣贤配享。大成殿前楹柱上有皋兰翰林刘尔炘所撰楹联一副："譬如天地之无不持者；凡有血气者莫不尊亲。"大成殿正中供奉至圣先师孔子手持笏板的坐像（2001年重塑）。两翼为东西两庑，大成殿前为戟门，前有棂星门，门前有泮池，池上有泮桥。桥南是万仞宫墙，在桥与宫墙之间竖有木质牌坊，上书"青霄直上"，大成殿后稍东为尊经阁，后为明伦堂，明伦堂左右有东西两斋名曰"兴诗"、"立礼"，正南竖有康熙帝"御制平定朔漠碑"、"平定青海碑"、"平定准噶尔碑"、"平定回部碑"。

第三节 隍庙

城隍之名见于《周易》，城隍之祀的具体时间仍无定论，但对于城隍庙中神祀的设立可见清人笔记："洪武初年始封天下城隍庙神，在帝都者封为帝，在藩邸者封为王，府州县者封为公伯侯"。

一、兰州府城隍庙

兰州府城隍庙位于兰州市城关区张掖路。该庙始建于北宋徽宗崇宁三年（1104年），各代屡有维修，现存古建筑群为明、清建筑。2013年被国务院公布为第七批全国重点文物保护单位。

建筑群于清乾隆年间毁于大火，清乾隆三十二年（1767年），"通省官绅捐资重葺，后二年始成，原为忠烈侯坊"。有殿三楹，祀奉汉将军纪信，又名纪信庙。1956年辟作兰州市第一工人俱乐部。

兰州府城隍庙坐北朝南，四进院落。占地9066平方米，建筑面积12870平方米。主体建筑以中轴线分左右前后排列，南北轴线上依次为大门牌坊（图3-3-1）、二门戏台、享殿、正殿、寝宫及其配殿、垂花门、东西厢房、六角亭、客堂，两侧设配殿及钟鼓二楼。院内石狮一对，大门三间，二门为硬山顶式环廊戏楼，北有卷棚歇山顶式享殿，后为重檐歇山顶式正殿，左右有厢房、钟鼓楼等。史料载，兰州府城隍庙左右回廊空壁上原来绘有"荥阳捐躯事"。

牌坊由明肃王王妃、节园颜妃墓前牌坊改建而成（属明代建筑），位于轴线南部，四柱三楼单檐歇山顶，明间檐下施重翘十一踩品字斗栱，次间檐下施重翘九踩品字斗栱。

正殿为重檐歇山顶（图3-3-2、图3-3-3），面阔五间，进深四间，正殿为一座重檐歇山顶单层砖木结构殿堂式建筑，面阔五间，进深五间，八角重檐，飞檐高翘，上覆绿琉璃瓦，正脊饰荷花，脊端设龙吻，中立宝瓶。檐下斗栱交错，下层檐施重翘七踩斗栱60朵，上层檐施重翘五踩斗栱44朵。承托起庞大的殿堂屋顶。四周梁枋雕工精细，彩绘精美。

享殿面阔五间，进深五间，单檐卷棚歇山顶，檐下施重昂七踩斗栱。寝宫面阔五间，进深11.15米，单檐歇山顶，前檐出单坡抱厦（图3-3-4），檐下施重翘七踩斗栱，前抱厦施重翘五踩斗栱。

寝宫面阔五间，进深11.15米，单檐歇山顶，前檐出单坡抱厦，檐下施重翘七踩斗栱，前抱厦施

图3-3-1 兰州府城隍庙大门牌坊

图3-3-2 正殿背面

图3-3-3 正殿正面

图3-3-4 抱厦

重翘五踩斗栱。

二、泾川城隍庙

泾川城隍庙位于泾川县城安定街北侧，今县博物馆院内。1993年甘肃省人民政府公布为第五批省级重点文物保护单位。

城隍庙始建于明洪武三年（1370年），清道光十年（1830年）、清光绪七年（1881年）经过三次较大修葺。现存正殿、寝殿。据考古资料显示，大殿前两侧原有钟楼、鼓楼，轴线上有献殿等建筑物。现均已无存。

现存大殿坐北向南，砖木结构，为九檩前后廊式重檐歇山顶建筑。面阔五间，通面阔约17.5米，进深四间，通进深约15米，高约9米，山墙内山柱4根，后檐现有近代增设的廊柱6根。梁架分为内外槽两部分，彻上露明造。

寝殿面阔五间，宽15米，进深8米，悬山顶（图3-3-5～图3-3-10）。

图3-3-5 泾川城隍庙寝宫

图3-3-6 配殿

图3-3-7 碑

图3-3-8 翼角内构

图3-3-9 泾川城隍庙檐柱

图3-3-10 泾川城隍庙檐廊结构

三、兰州榆中青城镇青城隍庙

兰州榆中县青城镇，历史浓厚，文风悠远，商贾云集。2013年青城古民居群被公布为第七批全国重点文物保护单位。

青城镇自唐代就开始建造城防，名为龙沟堡或一条城，民间俗称旧城，为苑谷（今榆中）要塞，时任秦州刺史狄青为防西夏兵入侵，凭黄河之险借地形之利，在原旧城的基础上增筑了新城，人们为了纪念狄青，称一条城为青城。

青城隍庙位于青城镇新城村内，原址初为狄青的议事厅，又称"狄青府"，始建于宋仁宗宝元年间（1038～1039年）。明神宗万历二十五年（1597年）改为守备府，是一条城守备军指挥部的所在地。清世宗雍正二年（1724年）改建为城隍庙，嘉庆十七年（1812年）重修，建筑群坐南向北，皆砖木结构，整个建筑为四进式院落，东西对称，南北方向呈"王"字形。原建筑群中轴线自北向南，依次为山门、戏楼、廊坊、配殿、钟（左）鼓（右）楼、厢房、献殿、大殿、寝宫、城隍配殿（皋兰、金城二县）、土地祠、子孙宫等建筑。各殿间东西两侧均设围廊。现仅献殿木构结构保存基本完好。

山门为歇山式结构（经修复后，现为廊柱挑檐入口的二层楼阁建筑）两侧墙壁有"狄青抗胡卫宋"和"纪信舍身救汉"两幅砖雕图案。山门口左右立清乾隆年刻石狮二尊，沿山门进入巷道，出口处回看，一卷棚顶戏楼。戏楼对面为献殿，位于中轴线北端，建筑面积137平方米，面阔三间9.7米，进深三间11.4米，通高7米，卷棚歇山结构并抱厦，七架梁。当心间悬一方巨匾，上书"汉代孤忠"。大殿歇山顶，寝宫硬山顶（图3-3-15～图3-3-18）。

图3-3-11 青城隍庙大殿

图3-3-12 山门

图3-3-13 大殿外檐

图3-3-14 大殿翼角

图3-3-15 大殿翼角内构

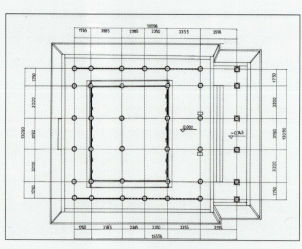

图3-3-16 大殿平面

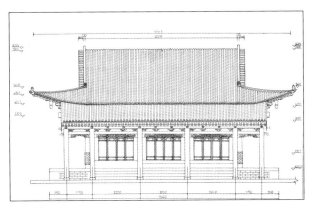
图3-3-17 青城隍庙大殿绘图

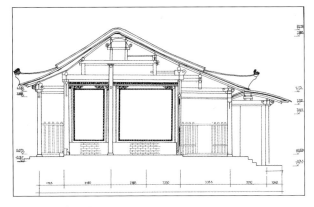
图3-3-18 大殿剖面

四、平凉府城隍庙

平凉府在明代属于陕西布政使司，现隍庙位于平凉市崆峒区东南隅隍庙巷，始建于明代，清光绪二十九年（1903年）进行过修葺。现存隍庙建筑群仅为两个坐落于巨大高台上的悬山顶建筑，其余皆毁。原寝宫坐北向南，歇山顶，面阔五间，进深三间，建筑面积约为167平方米，目前作为大殿使用，其北侧新建有一座前后廊式歇山顶建筑，体量与寝宫相似。甘肃省人民政府公布为省级文物保护单位。

第四节 祠堂

祠堂与祠庙是传统城市与宗族社会发展和演变中出现的重要建筑。祠堂的作用渗透生活的各个层面，常常营建于城市与居住群落的重要位置，作为最具有开放公共属性的空间，对地方神祇、祖先的拜祭以及日常民众与族群的各种祭祀聚集活动都在这里展开。

一、天水市纪信祠

天水纪信祠初建于元末，初为成纪县衙，明初改建为城隍庙。位于天水市大城北街十字路口，民主东路。《史记·项羽本纪》载，汉将纪信说汉王曰："事已急矣，请为王诳楚为王，王可以间出"。于是纪信先放出"城中食尽，汉王降"的风声，然后假充汉王夜出荥阳东门，诈降。此时汉王刘邦与数十骑从城西门出，逃往成皋，纪信被项羽烧杀。建筑群在清代先后六次大修。

纪信祠整体平面为长方形结构，坐北朝南。占地约3500平方米，自南而北中轴线上主体建筑依次为牌坊、拜厅、大殿、寝宫，两侧对称修建廊、楼，三门四进。大门前台上立有三间四柱三楼木质牌坊一座，面阔三间9米，高十余米，单檐歇山顶覆剪边琉璃筒板瓦，4根通天柱和4副大叉手支撑着层叠密集、精雕细刻的斗栱和雀替，巍然矗立在台阶上。通体施朱挂彩，造型雄伟，结构坚固，上悬于右任书"汉忠烈纪将军祠"大匾。（1987年拓宽街道时，曾将牌坊向东侧迁移了15米，并后退与正门平齐，现又迁回原址）。牌坊后高大的砖墙门楼中开朱红大门，圆拱形门楣，横披木刻二龙戏珠，两侧镌刻邑人邓宝珊将军摹写清人董平章对联："楚逼荥阳时凭烈志激昂四百年基开赤帝、神生成纪地作故乡保障千万载祜笃黎民"，横批为"精神尚在"。

进正门后长约20米甬道，上有数段廊顶。甬道两边各建单坡长廊11间，红柱排列，檐栏勾勒。中部建有一木构架小牌坊，与大门相对。穿过木牌坊后为三合院，院北正中建有重门（图3-4-1），为二层楼阁式建筑，面阔五间，副阶周匝单檐庑殿顶。当心间悬"福佑梓桑"匾，重门东西两侧以勾连搭结构方式配有钟鼓楼，其下为甬道门。重门院两侧有东西看楼，为二层硬山顶廊楼。祠内存7棵古树，对称排列，进重门，是建筑群的主体部分，由直廊、前后拜厅、大殿、寝宫组成。

前后拜厅为单檐歇山顶建筑，两拜厅之间有卷棚式直廊相接。长廊与抱厦顶部每间悬匾额（图3-4-2）。拜厅北侧为正殿，面阔三间16米，单檐歇山顶，殿覆琉璃瓦，龙吻吞脊，五踩重昂斗栱（图3-4-3、图3-4-4）。殿后有盖顶长廊和四面开合上覆盖顶的抱厦。紧挨抱厦，为中大殿和寝殿三间，悬山顶，殿后有短廊，廊后连着一排楼阁式建筑。抱厦东为厢房和礼堂。大殿为三廊三殿一抱厦。匾有"德洋恩溥"、"除忒降祥"、"庇荫边陲"、"惠保全秦"、"鉴察维严"、"理幽鉴明"、"无感不应"等，字体俊朗典雅。廊柱间红柱，悬以彩檐，围以勾栏。

二、榆中青城高氏祠堂

高氏祠堂位于甘肃省兰州市榆中县青城镇城河村主街道旁，又称青城高氏祠堂、条城高氏祠堂，2003年被甘肃省人民政府公布为省级文物保护单位。

高氏祠堂始建于清乾隆五十年（1785年）。占地约2000平方米，祠堂临街，坐南朝北，平面长方形，砖木结构。一进三楹，沿中轴线自北向南依次为山门、前殿、过厅、雨廊、厢房、正殿。建筑风格为秦州明清勾连搭建筑形式。四合院落，左右对称，东西各设厢房和耳房。

山门为三檩悬山顶砖木垂花门结构（图3-4-5），面阔三间9米，进深两间5米。正中悬挂"高氏祠堂"四字匾额。侧门也为三檩悬山顶垂花门，面阔一间3米，进深两间5米，外有八字墙。

图3-4-1 纪信祠重门

前殿及耳房已毁。正殿为卷棚前出廊悬山顶，面阔三间9米，进深8米，前廊进深3米，高7.5米。前出卷棚大木构为四檩卷棚悬山。前檐下施斗栱，廊步做廊心墙，檐柱两侧置夔龙雀替，明间、次间各四扇六抹隔扇门。殿内为高氏祖先牌位。

东西厢房皆为前出廊单坡屋顶，各面阔三间9米，进深两间5米，高5米。五架梁。过庭面阔三间9米，进深11米，分前后过厅（图3-4-6），前过厅悬山顶，进深一间3米，五架梁。正心檩下镂空雕刻棋盘星倒挂楣子。后过厅前出檐卷棚悬山顶，进深两间9米，廊步做廊心墙。卷棚五架梁（图3-4-7~图3-4-12）。

山门外有镇宅石狮子二座，旗杆二枝，坐南向北，耸立街心。进山门后有两米高石碑一座，过小院直入过厅。高氏祠堂的墙墀头和木装修皆精美，地方做法明显，雀替多为夔龙、卷草等，墙体底部下碱毛石砌筑，上部青砖砌筑。有自身独特的风格。

图3-4-2　纪信祠廊架内的匾额

图3-4-3　纪信祠大殿外檐

图3-4-4　纪信祠大殿后檐

图3-4-5 高氏祠堂门

图3-4-6 高氏祠过厅

图3-4-7 过厅外檐

图3-4-8 檐

图3-4-9 雨廊

图3-4-10 雨廊内架

图3-4-11 墙及木构联系

图3-4-12 过厅

注释

① 本段引自郭黛姮.中国古代建筑史第三卷宋、辽、金、西夏建筑（第二版），中国建筑工业出版社.2009，144，150，北方地区传统建筑群，多以紧凑的合院为布局框架。礼制建筑更强调其中心院落的轴线对称关系，并会根据功能需求，设置若干路平行的建筑轴线序列。

② 本部分内容参考凉州区文化体育局印《下双大庙.魁星阁》以及胡鼎生浅谈武威下双大庙古建筑风格.丝绸之路.2014年第6期。

③ 本部分内容引自孙崇玉《两当县文庙大殿木结构分析》，《丝绸之路》，2003年第2期。文庙是中国工农红军第二方面军左路军（红六军团）进驻两当县城后的营政治部所在地，北山墙上有1936年红二方面军六军团书写的"为建立苏维埃政权而奋斗"的大幅标语，作为陇南爱国主义教育基地，2002年省文物局主持修复，2005年竣工。

甘肃古建筑

第四章 塔 幢

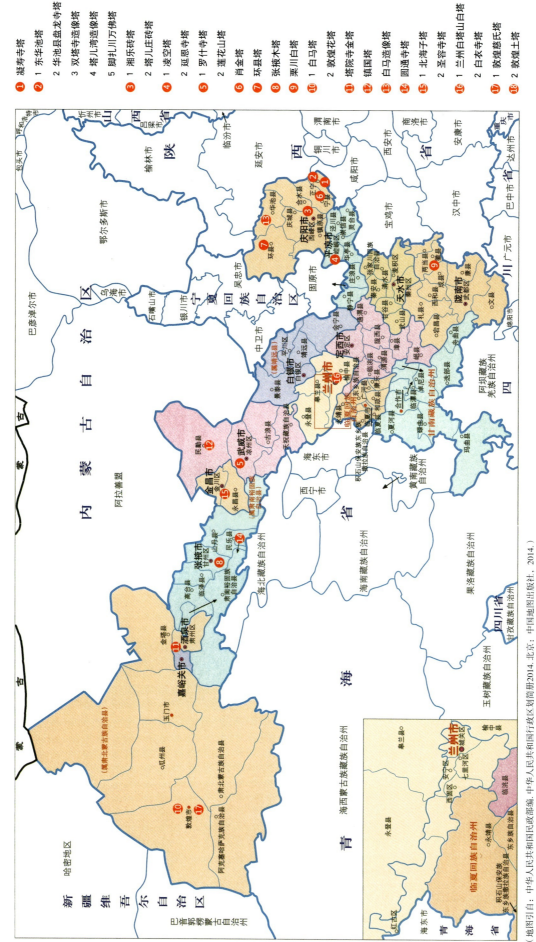

我国古建筑的类型十分丰富，在古文献记载中，亭、台、楼、阁这些建筑起源很早，但是塔这种建筑类型则起源较晚。塔传入我国已近两千年，并不是我国古代建筑的原生建筑形式，而是随着佛教的传入逐渐在我国发展起来的。塔与佛教有着密切的联系，从佛教经典中可知塔就是保存或是埋葬佛教创始人释迦牟尼"舍利"的建筑物。"塔"字本身也不是汉字中原本存在的，而是在这种建筑形式传入中国之后，在东晋至南北朝时期，翻译佛经的人造出来的。最早见于东晋葛洪（284-364年）的《字苑》。塔是采用了梵文"佛"字"布达"的音韵，再加上土作偏旁，以表示土冢的意思，意为佛的土冢。[①]这就能充分说明古塔与佛教之间的关系。后世也有其他功能的塔幢形式出现，比如文峰塔、料敌塔等，都是最初的传入我国的塔与我国的文化习俗相融合而后发展起来的。

一般来说，凡有佛寺的地方大多有塔，佛寺和塔的联系非常紧密。史传东汉明帝永平十年（67年）使臣赴西域求佛法，在大月氏遇到天竺僧人迦叶摩腾、竺法兰，把他们迎到京城洛阳。第二年，汉朝廷在洛阳为两位僧人修建了中国的第一座佛寺白马寺，中心的主要建筑就是一座木结构的大方塔。[②]从平面布局上说，塔寺的平面关系有：以塔为中心的布局、前塔后寺的布局和前寺后塔的布局。有很多地方随着历史的变迁，岁月沧桑、物转星移，佛寺已经完全毁坏，但是塔依然矗立在那里，细数着寺院的云云，保留着佛寺曾经存在着的痕迹。

由于塔的故乡在印度，因此它是佛教的产物，最早是用来供葬佛身舍利的。佛家弟子在各地修建一个台子，台子上建一个覆钵形的坟，坟顶立一根尖刹。这种建筑我们汉译为窣堵坡、浮屠、浮图等，这种形式就是我国塔的基本形的源头。到晋宋时期的译经人造了一个"塔"字来译称，人们才慢慢开始使用"塔"字作为一种建筑形式的名称，直至其壮大发展。

甘肃地区的塔类型完整、特点突出，现存北凉至明清时期各种类型、质地的古塔近百座。从类型上讲，以阁楼式塔和覆钵式塔居多。甘肃境内有唐、宋时期的楼阁式塔21座。[③]现存元明清时期喇嘛塔18座，多分布在河西地区。在调研的实例中，以宋至明时期塔的工艺最为精湛，最能体现甘肃地区古塔的特色，如东华池塔塔身精美，它的砖质仿木结构使仿木结构的工艺达到顶峰。下文中的实例为甘肃塔幢的精粹代表。

据统计甘肃现有唐至清代的佛塔70余座，甘肃地区是多民居共同聚居的地区，宗教信仰在这一地区也是非常普及，正是因为塔与佛寺的密切联系，再加上各民族的融合，甘肃地区的塔有着显著的特点。在甘肃地区塔的各种形式是很完整的，楼阁式塔、密檐式塔、覆钵式塔、金刚宝座塔都有建筑实例，这些塔也极大地体现了当地的建筑特色（表4-1）。

通过对实例的调研总结我们可以发现：第一，在21个古塔实例中平面形制以八角形为最多，超过半数达13座，因此，甘肃地区的古塔平面八角形塔的技术最为成熟。古塔的建造年代也多为宋代、明代。另外六角形、方形、圆形平面在甘肃古塔中也能找到实例。第二，在21个古塔实例中高度最高的是始建于明代的延恩寺塔，高达33.3米。从整体的数据中可以看出，在甘肃地区明代古塔的高度较高，如：延恩寺塔33.3米、北海子塔30米、白衣寺塔30米。而宋代的古塔最高也未达到30米，最高为东华池塔26米，笔者猜测这与所处朝代的建造水平相关，明代甘肃地区的砖塔工艺较宋代有了很大的进步，体现在塔的建造高度之上。第三，甘肃地区的阁楼式塔一般无基座，而覆钵式塔则多采用须弥座以增加其气势。

纵观甘肃古塔建筑，其形制受地域、经济、文化的影响，可总结出以下的特点：

1. 覆钵式盛行

在甘肃地区通过丝绸之路的影响，印度的佛教在我国传播得很快，"塔"的"原生态"也就是窣堵坡形式塔，发展到后来就是我们熟知的覆钵式塔也称喇嘛塔。但中国的覆钵式塔与窣堵坡从形式上

甘肃古塔形制一览　　　　　　　　　　　　　　　　　　表 4-1

	名称	建造年代	高度	平面形制	基座直径	底层周长	有无塔基
1.	凝寿寺塔	晚唐至北宋	21.2 米	四方形	6 米	24 米	无
2.	东华池塔	宋元符元年	26 米	八角形		26.32 米	无
3.	湘乐砖塔	宋	22 米	六角形		30.32 米	无
4.	延恩寺塔	明 1535-1546 年	33.3 米	八角形			无
5.	罗什寺塔	始建于后凉	32 米	八角形			无
6.	肖金塔	始建于宋徽宗郑和八年（1118年）	原高 30.18 米现仅为 21.75 米	八角形	4.57 米	17.92 米	无
7.	环县塔	宋	22 米	八角形	2.6 米	7.44 米	无
8.	凌空塔	明	30 米	八角形		32 米	无
9.	白马塔	清（道光二十四年重建）	12 米	覆钵式 塔底为八角形		24 米	有
10.	塔院寺金塔	元末清初	16.7 米	覆钵式 基座为圆形	7.4 米	23.1 米	有
11.	镇国塔	始建于明	12 米	覆钵式 须弥座为八角形	16 米		有
12.	敦煌慈氏塔	宋代	5.5 米	八角形	2.6 米		有
13.	白马造像塔	北宋初期	5 米	六角形		5.4 米	无
14.	双塔寺	宋代 1 号塔	12 米	八角形	3.2 米		无
		宋代 2 号塔	残高 11 米	八角形	3.6 米		无
15.	合水塔尔湾造像塔	宋代	12 米	八角形	1.4 米	8.8 米	无
16.	圆通寺塔	始建于宋代 明清重修	26.4 米			36.3 米	有，高 40 米
17.	圣容寺塔	唐代	16.2 米	方形	10.8 米	43.2 米	无
18.	北海子塔	明代	30 米	六角形	6.1 米	36.6 米	有，高 12.6 米
19.	敦煌花塔	宋代	9 米	八角形	3.98 米		有须弥座
20.	白塔山白塔	始建于元代 1228 年	17 米	八角形			有须弥座
21.	白衣寺塔	始建于明 1631 年	30 米	八角形	7 米		有须弥座

讲是有区别的，它是在结合中国原有的各种建筑形式之后形成的。它的结构主要可以分为四个部分：塔刹、塔身、基座和地宫。由于地域的关系，沿河西走廊分布的这一类型的塔较多，如酒泉市金塔县的塔院寺金塔就为典型的喇嘛塔，基座为八角形，圆形塔肚直径为 23.1 米，并有铜铸宝顶。

值得一提的是在甘肃地区有一种特殊的覆钵式塔，就是在基座上先起一个圆形覆钵的形象，在覆钵塔身上再落一个楼阁式塔身，这样形成一个覆钵式和楼阁式塔身相结合的塔身形象。这样的古塔形式在甘肃境内有好几处实例，如兰州市白塔山上的白塔、市区内的白衣寺塔。

2. 造像塔之最

造像塔④是"塔"中一种特殊形式，它结合了佛教中的造像艺术，既有塔的基本造型，也有佛教雕刻的石刻内容。甘肃地区很多塔的形制与塔柱式造型的佛教雕刻石刻形制相吻合：有著名的双塔寺造像塔，这种通体雕满佛像的石质造像塔，在全国罕见。一号塔塔身的各层各面满布浮雕的大小佛像，排列密集，十分壮观。据统计，仅第一层就有佛像 400 多身，全塔共雕佛像达 3500 多身，多为佛说法图和供养人。还有华池县盘龙寺石造像塔，建于宋代。明代重修寺院，立碑 3 通。塔高 6 米，分 9 层，为用红砂石料凿砌而成六角形半浮雕造像塔。

各层共雕有坐佛30余身，身披袈裟，神态各异，坐于莲花之上。造像塔在甘肃地区流传广泛，其艺术成就达到了很高的程度，堪称全国之最。

3. 花塔奇观

花塔的形式比较少见，早期的花塔是从装饰单层亭阁式塔的顶部和阁楼式、密檐式塔的塔身发展而成的。这种塔的来源可能是有两方面的因素：一方面，塔从朴素向华丽发展，从可供登临眺览向纯粹崇拜方向发展；另一方面，从宗教角度说，受印度、东南亚一些佛教国家寺塔越来越多的雕刻装饰的影响，变成了艺术品。现今全国保存的花塔实物并不多，据调查，全国现存花塔也不过十多处。⑤甘肃敦煌的花塔就是早期花塔形式的重要实例。

4. 石塔初现

甘肃地区留存着我国最早的石塔。在敦煌、酒泉发现的几座北凉石塔，其中纪年石塔5座，自下而上分为八角形基座、圆柱形塔身、覆钵、相轮和宝盖五部分，基座每面阴刻天人形象，塔身刻塔名、经文、发愿文和纪念，覆钵凿龛刻七佛和一交脚菩萨，是我国现存最早的石塔。这些石塔虽是小型发愿塔，但是所镌纪年发愿文和其独特造型，为了解佛教在河西地区民间流行发展过程以及塔这种特殊建筑形式进入中国的最初造型、结构以及以后与中国建筑模式结合和发展历程提供了宝贵资料。⑥

5. 宋塔留存

阁楼式塔在中国古塔中历史最为悠久，形体最为高大，保存数量也最多。这种形式来源于中国传统建筑中的阁楼，由于唐宋时期是古代建筑大发展的时期，甘肃地区的塔也是在这一时期兴盛繁荣，该时期的实例留存较多，尤其以宋代较为突出，体现出宋代的建筑风格和当地特点。宋代以砖塔居多，平面以八角形居多，塔身上有砖质仿木斗栱装饰。通过调查发现甘肃的砖塔一般无基座，第一层层高较高，如肖金塔、环县塔都呈现出这样的特点。

第一节 阁楼式塔

一、凝寿寺塔

在甘肃省东部庆阳市宁县政平乡政平村泾河北岸，有一座人们推断为晚唐至北宋时期建造的古塔，这就是凝寿寺塔（图4-1-1）。凝寿寺塔因寺得名，清代山洪冲毁寺院，仅存此塔。由于始建年代无考，人们据塔身外观推测，约建于晚唐至北宋时期。推论其外观有两处可以证明：其一，塔身的分层处，出现了砖质的仿木斗栱装饰；其二，塔的平面为正方形，这种平面造型唐塔较多，整体的立面造型端庄大气，故此推断建于晚唐至北宋时期（图4-1-2）。2001年，凝寿寺塔被评为全国重点文物保护单位（图4-1-3）。

塔的平面为方形，塔身通体用砖和黄土胶泥砌筑，无基座，为五层阁楼式塔，单壁中空，古时可登塔眺望。塔通高21.2米，首层边长6米，南面辟一券门，门高2.2米，宽1.8米，塔内有室，南北进深2米，东西宽2.11米，依梯直通塔顶，各层均设木楼板、现塔内木楼梯已毁，仅存木架（图4-1-4）。各层塔身上部隐出普拍枋，枋上每面施补间铺作二朵。一斗三升，隐刻出泥道栱一跳，用普柏枋承担，在栱眼上绘有牡丹、莲花、菊花，上承叠涩，斗栱之上叠涩达14层之多，显得塔身庄重并富有装饰性（图4-1-5）。叠涩挑出塔檐，檐下有砖质仿木方椽、望板和勾头板瓦，做法几乎与木构无异，其上为反叠涩塔檐。二至五层塔身逐渐收分，檐口连线基本为直线。第二、四层的东西两面，第三、五层南北两面交错辟二券门。二、三、五层塔身出平坐，下施五铺作斗栱，上隐出勾栏（图4-1-6）。斗栱与勾栏形式保留五代特征，第五层栏板作勾片式样。塔顶收分成覆斗状，其上竖立石雕相轮七重，造型敦厚（图4-1-7）。塔砖尺寸分别为33毫米×18毫米×5毫米、33毫米×18毫米×6毫米、38毫米×20毫米×4毫米，塔身用黄土胶泥砌筑。作为晚唐建筑，其风格十分突出，酷似西安大雁塔，整体庄重大气，把头绞项作，叠涩逐级而上，

图4-1-1　凝寿寺塔与所处环境

图4-1-2　造型庄重

图4-1-3　碑记

图4-1-4　塔内景

图4-1-5 凝寿寺塔叠涩

图4-1-6 仿木斗栱及勾栏

图4-1-7 塔刹

图4-1-8 凝寿寺塔檐口细部

简约并富有装饰性（图4-1-8）。凝寿寺塔形式保存非常完整，是晚唐至北宋时期不可多得的古塔经典实例（图4-1-9、图4-1-10）。

二、东华池塔

东华池塔位于甘肃省庆阳市华池县林镇乡东华池村的宝塔山上（图4-1-11），为甘肃陇东地区保存较好的一座宋代砖塔（图4-1-12）。据塔身第三层明万历四十年（1612年）《重修施地碑记》载，该塔始建于北宋元符二年（1099年）（图4-1-13）。东华池塔塔身粗壮，雕饰秀美，十分契合当地的人文环境和地域环境。东华池塔是一座八角七层楼阁式砖塔，塔身为平面八角形，底边边长3.29米，无基座，通高26米。第一层塔身较高，东北面开一券门，门高1.87米，宽1.04米，深2.88米，各面都有建塔时留下的方孔，无其他装饰。向上各层塔身逐渐收分缩减，二至七层每面以砖砌八角柱分隔成三间，各层每面上下交错开真、假券门及假窗（图4-1-14）。各层塔檐以砖砌五铺作双杪斗栱承挑叠涩出檐，出檐施假飞子、方椽及瓦垄，栌斗坐于普柏枋上，普柏枋在转角处出头十字相交，横栱均隐刻而成（图4-1-15）；真、假门两侧均砌破子棂窗或毬纹格子窗，假版门上雕门簪二枚，非常精美。一、二、三层塔檐上以砖砌五铺作双杪斗栱承托平坐栏杆，栏杆为斗子蜀柱华版式样，蜀柱头雕坐斗，华版雕勾片纹、云纹及鹿、凤、虎等动物，以勾片

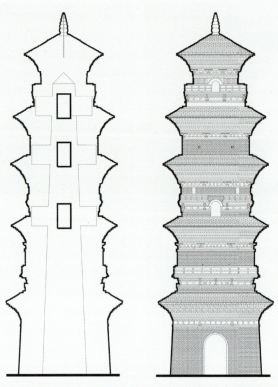

图4-1-9 凝寿寺塔剖面 刘茜 绘　图4-1-10 凝寿寺塔立面 刘茜 绘

图4-1-12 东华池塔近景

图4-1-11 东华池塔远景

图4-1-13 《重修施地碑记》

图4-1-14 真券门及假窗

图4-1-15 东华池塔平坐及斗栱

图4-1-16 东华池塔塔刹

纹最多。塔顶置石质砖刹，塔刹上雕圆光、露盘和宝珠。除第一、七层塔檐砖风化脱落外，塔体保存较完好（图4-1-16）。塔内原有木质登塔楼梯已毁（图4-1-17、图4-1-18）。2001年6月25日，东华池塔作为北宋时期古建筑，被国务院批准列入全国重点文物保护单位名单（图4-1-19～图4-1-22）。

三、湘乐砖塔

陇东地区的湘乐是陇东历史上设县最早、延续时间最长、农耕文明最为发达的县份之一。湘乐镇居于湘乐河北岸台地上，北靠宇村塬，西南距宁县城35公里，依山傍水，自然环境优美。这里有一座砖塔，名为湘乐砖塔。

湘乐在历史上颇有名望。据史书记载：远在汉时在此置襄洛县。后魏徙治于此改为湘乐。西魏置燕州。后周俱废。唐属宁州。金仍之。元至元七年并入宁州。明设巡检司。清为镇。湘乐砖塔建于湘

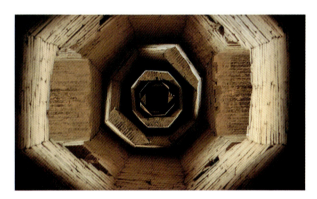

图4-1-17 塔内景1

图4-1-18 塔内景2

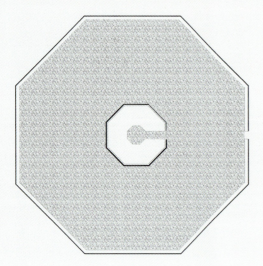

图4-1-19 东华池平面（夏轩绘）

图4-1-21 东华池塔碑记

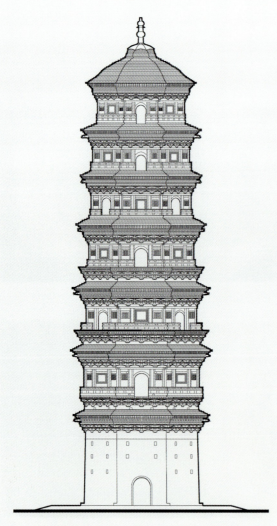

图4-1-20 东华池塔正立面（夏轩绘）

图4-1-22 东华池塔与周围环境

乐古城之内。据2008年公布的甘肃省省级文物保护单位名单中的断代，湘乐砖塔为宋代建筑，湘乐砖塔是目前可见的在湘乐古城中最为完整的古城建筑遗存，应当是宋代大规模修缮城池之后建成的，现为省级文物保护单位（图4-1-23）。

湘乐砖塔的平面呈六角形，建在黄土平原上，为楼阁式塔，高七层，顶部残，通体高约22米。第一层塔身很高，开券门，无台基和基座，越向上越收小（图4-1-24）。第一层每面宽3.76米，门向南，单砖券顶，门高2.22米，宽1.18米，进深2.06米。内辟六角形塔室，每面宽1.42米。第一层门北面开券门，施龛室，门宽0.70米，宽1.65米，进深0.80米，龛高2米，宽1.04米。各层檐下全部都有插杆洞眼，塔檐用斗栱承托。每层塔檐每面出双杪华栱，每面施斗栱五朵，上承替木（图4-1-25）。在第二层和第三层施平坐，平坐下斗栱与檐下相同，平坐上施栏杆，栏板为直棂式，上施斗子蜀柱，做八角形柱，柱头施明显的卷刹。第二层以上塔身每面四柱三间（图4-1-26）。塔身各层每间隔一面设真门或刻版门，窗子分别为直棂窗、卧棂窗和格子窗，二层真门为圭角形门洞，二层以上为券门、假门施方形门框，双门半掩，门向各方都有（图4-1-27、图4-1-28）。第六层塔檐每面三朵斗栱，与其他层不同。第七层以上全部坍塌，故无法辨认。据建造形式和风格看，造型华丽、结构严谨，应为宋塔。湘乐砖塔为研究宋金时期佛教寺院的建筑布局，以及佛教在甘肃陇东地区的流传，提供了非常重要的实物资料。

图4-1-23　湘乐砖塔远景

图4-1-24 湘乐砖塔近景

图4-1-25 双抄华栱

图4-1-26 塔身

图4-1-27 真门及直棂窗

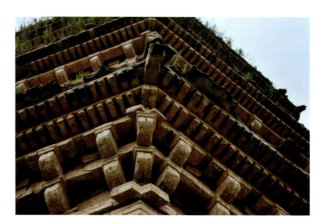

图4-1-28 湘乐砖塔细部

四、延恩寺塔

延恩寺塔高耸于平凉市东郊，也被当地人称作大明宝塔。塔建于龙脊形梁埂上，曰宝塔梁，是明代韩王延恩寺旧址。登临远眺平凉城尽收眼底。除塔外，还有明代东岳泰山行祠石牌坊等文物古迹。原有苍松翠柏，古槐婆娑，"古槐塔影"为旧时平凉八景之一（图4-1-29）。

延恩寺塔因塔体有砖雕"大明"匾额，故亦称大明宝塔（图4-1-30）。据明代赵时春《平凉府志》记载，明韩王好佛，嘉靖十四年（1535年）至嘉靖二十五年（1546年），耗工十载建延恩寺宝塔。

图4-1-29 延恩寺塔

图4-1-30 "大明"匾额

清代静宁进士王源翰有诗曰："东关浮屠起七层，禅房罗列夜传灯。韩藩好佛人多化，处处经声处处僧。"其时香火之盛可见一斑。

延恩寺塔乃七级八角阁楼式砖塔，通高33.3米，外观挺拔俊秀，雄伟壮观，蕴含较多的元明营造遗风和鲜明的西北地域特色，是研究明代高层建筑的重要实例（图4-1-31）。全塔由塔基、塔身、塔刹三部分组成。塔基为红砂岩石条砌筑，无须弥座，塔身直接出自地面，这种简练明快的组合风格在甘肃古塔中成为一大特色，在全国古塔建筑中也较为鲜见。七层砖砌塔身做空筒形仿木结构。第一层由50余层砖叠砌而成，面南开一券门，高2.3米，宽1.2米，木质门扇，门顶嵌砖雕楷体"大明"匾额，书法清秀遒劲。二至七层每层均隐出倚柱以及阑额，做法几乎与木构无异，是较为全面的仿木结构。每层各面塔壁划为三间，中间辟券门，左右侧间辟小龛或窗，龛内置佛像，有木质窗棂（图4-1-32）。空筒形塔体由下至上逐层收分至顶部，塔内各层间用木楼板间隔。登塔木梯精致玲珑，贯通上下，且通过楼板与券门通道台阶衔接。二至七层各由两层叠涩砖挑出平坐回廊，券门前中断，进深极浅，人无法步出塔外，实为假平坐（图4-1-33）。延恩寺塔这种假平坐构造乃不彻底的木构平坐的简单模仿，具有砖塔平坐的原始性。斗栱按位置可分为平坐斗栱、一层檐斗栱、二至七层檐斗栱三种。除二至七层檐的补间与转角铺作为斗口挑式样出45度斜栱外，其余各层均为五铺作。檐斗栱皆为砖雕单材，三层叠涩出挑，用材较小，平缓短浅的出檐风格颇具元风（图4-1-34）。有木质角梁，生头木使转角略微起翘。檐上铺泥灰，覆绿色琉璃角神，下挂铁铸风铎（图4-1-35）。顶层结构讲究，以斗栱承托瓦檐，上用二十余层砖叠涩的混合结构，这

图4-1-31 延恩寺塔近景

图4-1-32 延恩寺塔券门

图4-1-33 假平坐

图4-1-34 斗栱

是阁楼式塔自宋以来出现的特殊形式。顶部铁铸塔刹由刹柱支托，柱脚落在第七层。塔刹由圆形覆钵、宝珠、露盘、宝盖、相轮、刹杆等组成，使增高的顶部有直插云霄之感。塔体每层收分、檐出为一常数，故外轮廓线较为平直。外形简练明快，雄宏壮观。

延恩寺塔从选址到造型均体现了宗教文化的内涵。堪舆师依据自然地形，通过"觅龙、察砂、观水、建穴、定向"等步骤，以"藏风得水"说，择背山（太统、崆峒）面水（泾水）之吉地造塔。西南两面大山环抱，构成"藏风"的形局；东、北两面川地平旷，泾水清流为龙脉所在，达到聚气的目的。在这浓重的气脉之处建造七级浮屠，是韩昭王妃为昭王祈福的真实写照。延恩寺塔现为全国重点文物保护单位（图4-1-36）。

五、罗什寺塔

罗什寺塔位于武威市北大街。武威为丝绸之路的必经之路，佛教文化的传播也借由此路由西东渐。武威古称凉州，地处丝绸之路要津的河西，在佛教东传的历程中，占有非常重要的地位。古印度与西域高僧陆续来中国的达100多人，其中很多人与凉州有关，但是关系最密切、又最负盛名的要算鸠摩罗什。罗什寺塔相传是为了纪念西域高僧鸠摩罗什在武威弘扬佛法、翻译经典的功绩而建造的。现存罗什寺塔平面为八角形十二层，高32米，空心砖塔，全以条形方砖砌成（图4-1-37）。塔门向东开，从下起第三、五、八层均设门，塔身外檐很密，与内部楼层不相吻合，塔檐短，用叠涩挑出，每层砌两层砖叠涩，逐层收分，檐角微翘，塔角点缀以兽头，下是风铎。最上层东西各有小佛龛，龛内有佛像。塔刹下为覆钵，上置圆光宝盖，顶冠以铜质宝瓶（图4-1-38）。罗什寺塔现为省级重点文物保护单位。

罗什寺塔最早建于后凉，塔及寺院在唐代有大规模扩建，而在明、清时皆有修葺。武威市博物馆中存有明英宗正统十年二月十五日为罗什寺院颁发

图4-1-35 风铎

图4-1-36 延恩寺塔

的大藏经，并在圣谕中道："刊印大藏经，颁赐天下，用广流传，兹以一藏，安置陕西凉州大寺院，永充供养。"从此可见明代罗什寺易名为凉州大寺。

1927年武威大地震，震级达到8级，破坏极为严重，罗什寺被完全震毁，而塔尚存有一半。1934年毁坏的罗什寺塔被重修。

六、肖金塔

肖金塔位于庆阳市西峰区南约20公里处肖金镇镇中心，该塔为七层楼阁式仿木砖塔（现存有六层）（图4-1-39）。肖金镇原有古城寺，其始建年代不详。肖金塔建于寺中，故此塔亦称"金城寺砖塔"。今寺已毁，砖塔犹存。据塔体碑刻记载：该塔始建于宋徽宗政和八年（1118年），清嘉庆十六年（1811年）进行过维修。塔刹、塔顶和第七层塔身在"文化大革命"期间被拆除（图4-1-40）。

图4-1-37 罗什寺塔 （引用来源：hoho的博文）

图4-1-38 罗什寺塔宝顶

图4-1-39 肖金塔全貌

图4-1-40 维修后的肖金塔

图4-1-41 肖金塔的收分

肖金塔坐西向东，为阁楼式仿木式砖塔，平面呈八角形，原高七层（现仅存六层），总高30.18米（现仅存21.75米）。塔体外观逐层收分，一层面阔2.24米，六层面阔1.46米，各层收分较小。塔体结构为筒式，可登临，由一层券门入内，每层均设木楼梯、楼板，现已被拆除，但是每层均留有卯口的痕迹（图4-1-41）。

肖金塔分为塔基、塔身、塔刹三部分。塔基为正八边体，边长4.57米，高1.22米。据调查，塔台基原为夯土，后因夯土受风雨侵蚀严重，外用水泥抹制。

塔体为七层塔身（现仅存六层），六层平坐（现仅存五层）塔身由墙体、檐下斗栱及出檐、束腰、平坐斗栱、栏板等几部分组成（图4-1-42）。

一层墙身正东面辟券门，门上镶嵌清嘉庆十六年九月维修古塔记石碑一块，并做浮雕边框，其余墙面为素面墙身，墙身较高。二、三、四层每面四柱三间。二、四层东南、东北、西南、西北四面明间辟券门，次间为直棂盲窗；其余四面明间为假版门，次间为菱形盲窗。五至七层每面为两柱一间。六层与四层门窗布置相同，东南、东北、西南、西北四面中部辟券门，门两侧为直棂盲窗；其余四面明间为假版

图4-1-42 平坐层

图4-1-43　券门与假窗

图4-1-44　肖金塔斗栱

图4-1-45　叠涩

门，次间为菱形盲窗。五层、七层与三层门窗布置相同，四正面中部辟券门，门两侧为直棂窗，其余四面中部均为假版门，两侧为菱形盲窗（图4-1-43）。二至七层券门内高外低，相差一个平坐勾栏高度，即0.63~0.4米不等。各层用柱均为两立砖拼合而成，形状为小八角式样。柱头之上用一砖厚作为普柏枋，普柏枋承栌斗及各种栱件（图4-1-44）。仿木斗栱形象古朴，出一跳，栱的样式简化为直线形，斗栱上方为波纹形和壶门形装饰层，上置双层叠涩，叠涩转角处为一兽头收口（图4-1-45）。

肖金塔比例优美，装饰繁复，是甘肃地区仿木砖塔的代表，现在为甘肃省省级重点文物保护单位（图4-1-46~图4-1-49）。

七、环县塔

环县塔在甘肃环县城北1公里，环江东岸第二级台地上（图4-1-50）。塔平面呈八角形，楼阁式，高五层，顶有塔刹，通高约22米，通体砖砌，无台基。第一层较高，门南向，单砖券顶，高2.45米，进深2.43米，宽0.93米（图4-1-51）。1993年出版的《环县志　大事记》中记载，宋理宗景定五年（1264年）八月环县塔落成。景福寺就是古塔寺，而环县塔坐落在古塔寺中。在环县塔塔刹铭文中有这样的记载："环县景福寺重建相轮，中统五年仲秋上旬有五日。"但环县塔究竟建于何时，还有待考证，由铭文推算搭建的时间至少是在1264年以前。

各层檐口出双杪华栱，每面施补间铺作两朵，上承替木，出叠涩9层（图4-1-52），承托塔檐，塔檐有砖质仿木方椽两层，而上则仍用叠涩收进做顶。环县塔斗栱每层间隔一面设真门或刻版门和直棂窗，变换方向（图4-1-53）。环县塔每层开真门，单砖券顶，门两侧浮雕莲花饰。版门方形门

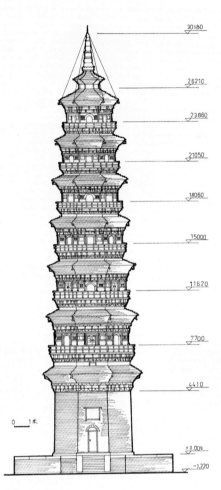

图4-1-46 肖金塔正立面（李乃琪转绘，引用来源：《文物保护工程设计方案集——甘肃省肖金塔勘察报告及修缮方案》）

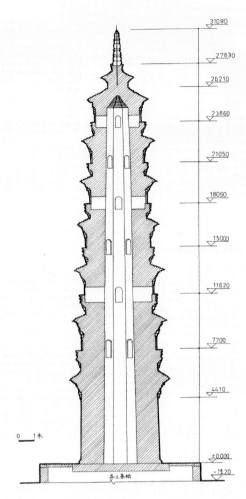

图4-1-47 肖金塔剖面（李乃琪转绘，引用来源：《文物保护工程设计方案集——甘肃省肖金塔勘察报告及修缮方案》）

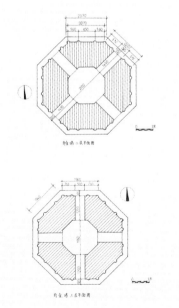

图4-1-48 肖金塔平面（张静转绘，引用来源：《文物保护工程设计方案集——甘肃省肖金塔勘察报告及修缮方案》）

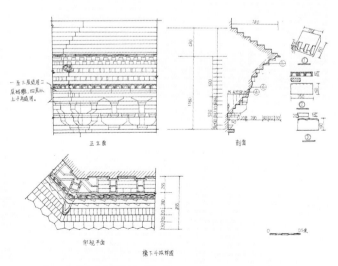

图4-1-49 肖金塔檐下斗栱大样（张静转绘，引用来源：《文物保护工程设计方案集——甘肃省肖金塔勘察报告及修缮方案》）

图4-1-50 环县塔第二级阶地上

图4-1-52 环县塔斗栱

图4-1-53 环县塔券门

图4-1-51 环县塔

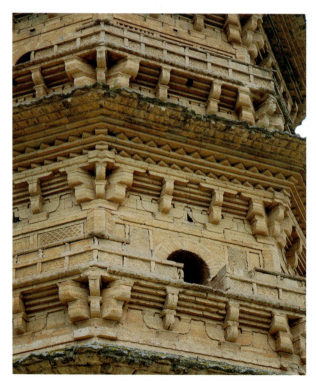

图4-1-54 平坐

框，双门紧闭，门面有钉饰，窗饰为套钱纹。各级塔檐上部施平坐，上有栏杆（图4-1-54），人可通行，栏板面上交替阴刻有三种纹样，分别为："卍"字饰样、套钱纹和祥云图样，精美异常，栏杆以坐斗形式收头，上置扶手，交头仿木质结构穿套，截面为六角形。塔内每层原有木质隔板和木质楼梯，可以登塔，现已损坏（图4-1-55）。塔刹为铜制塔刹，精致华美，自下而上由覆钵、露盘、仰月、相轮、宝盖、宝珠组成。宝盖角部生出铁链与塔顶相连，宝盖顶置一宝珠，浑然一体，传达着厚重的宗教内涵。该塔造型优美，气势雄浑是环县的标志性建筑。

八、凌空塔

凌空塔是崆峒山的标志性建筑。关于凌空塔始建时间，清嘉庆年间撰写的《崆峒山志》记载为："（明）万历十三年"（图4-1-56）。

凌空塔为阁楼式砖塔，七级八面，无基座，两层以上塔身和塔檐均以砖垒砌而成，各面辟券门，高30米，底层周长32米，底层面南开券门，内轮廓为八角形，入内，原有木梯供盘旋登临。两层以上每面正中辟一券门，两侧辟小龛或窗，小窗下有砖质仿木栏杆，每层塔檐皆有仿木斗拱，结构精巧，严丝合缝，檐口出挑1米左右，第二层每一角柱上部雕有狮形兽头。第三层角部雕有托塔力士造像。塔顶为圆形券顶，上置铁刹。凌空塔原为舒花寺建筑群的组成部分，后寺毁塔存。

经历了数百年的风雨侵蚀，如今的凌空塔塔身已多处裂缝，且塔身也已经倾斜。凌空塔上生长有两棵百年松树，构成了"古塔托松"的绝妙景观，是崆峒山重要的景点之一。虽呈罕见景观，却对塔体的坚固性构成了威胁（图4-1-57）。因长期的风雨侵蚀，凌空塔塔体整体向北倾斜1度16分，有人

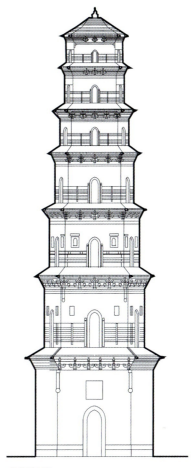

图4-1-56　凌空塔测绘

图4-1-55　塔内景

图4-1-57　凌空塔　常博瑶绘

喻之为中国的"比萨斜塔"。为此,省文物局将凌空塔维修列入了全省文物维修计划。凌空塔作为崆峒山的标志性建筑,维修保护非常必要。

九、张掖木塔

张掖木塔位于张掖市县府街西侧,木塔寺广场内。寺与塔初建于北周或更早一些,经隋、唐、明、清历代重修。它实际是在甘州城内万寿寺之中,塔在大雄宝殿之后,木塔本是寺院中的佛塔。寺院建筑早已改观,仅存张掖木塔和其后藏经楼两栋建筑。据现存《重修万寿寺碑记》记录的,寺院与塔均在隋开皇二年(公元582年)建,后来因为战乱,此寺与此塔屡屡重修,隋代样式早已不复存在(图4-1-58)。

图4-1-58 张掖木塔

清末木塔毁于大风，现塔为1926年重建，共9层高32.8米，内径大约3米，楼阁式，砖木混合结构。塔的平面是罕见的八边与四边形相结合的做法。塔之下部做平面方形台基，20米见方，高1米，四面有台阶，可以进入塔中心（图4-1-59）。首层的墙上书写着工整的文字，东门额书"登极乐天"，西门上书"入三摩地"，并雕刻着各种飞禽走兽的图案。塔的第一层以及第二层都做正方形，上面则是八角形，是一座用砖垒砌塔身、外部伸出木柱檐的建筑（图4-1-60）。塔的外轮廓，逐步收缩，形成下大上小的式样。塔由20根粗大而又结实的木柱支撑着，每层的八角上都有一个用木料刻成的龙头，口含宝珠（图4-1-61）。塔身内部由砖砌成，外部从上到下是一个完整的木架，可以清晰看出分为两层。从第三层开始，每周有8根木柱均匀地支撑着，东西开有假门。塔顶为八角攒尖顶（图4-1-62）。由下而上，一层小于一层。斗栱简洁，仅出一踩是河西特有做法。从形象上仅看见华栱，泥道栱则为"花板"所代替。八九层则采用花板踩的方法，"花板代栱"。另外，每层还有8根横梁，指向8个不同的方向，塔内中空，不能登临。新中国成立后，木塔多次维修，显得更加美观（图4-1-63）。张掖木塔是甘肃地区仅有的一座砖木混合塔，我国的木塔出现的历史很早，后来由于木塔不坚固，又不耐久，逐渐为砖塔所代替，到了隋唐时期，绝大多数都建成砖塔了。因此张掖木塔的结构形式对我国的木塔研究实为有价值的补充。

十、塔儿庄砖塔

塔儿庄砖塔位于庆阳市宁县盘克乡罗山府林场，2013年被国务院核定为第七批全国重点文物保护单位。

图4-1-59　台基栏杆雕饰

图4-1-60　三层以上为八角形

图4-1-61 龙头木雕

砖塔始建于五代时期（公元907~960年），清咸丰五年（1855年）维修，系全砖结构，平面正方形，楼阁式，共3层，顶部残损。通体高约11米，底边长3.73米。塔表层磨砖对缝，十分规整。塔身直接出自地面，无台基和基座，向上收分。第一层南面设单砖券门，门高2.2米，宽0.96米，塔室为正方形，正面神灶尚存，室顶直空，内壁三面有彩绘壁画，还有两幅清代咸丰五年曾维修过的重修记事文字。各层设有木楼板，一层内壁画为修补时所绘，第二、第三层檐部施斗栱二朵，砖质仿木结构，檐上方椽铺以瓦垄，每层均施平坐、栏杆，四周栏杆所砌砖面刻有各种花卉牡丹、菊花、忍冬图案和马、羊、象、鹿、鱼、鸳鸯、人面人身鸟尾等动物图案。第二层四面均刻版门和窗，版门施方形门框，窗施直棂和八棂拼成的九格窗。第三层南北面设真门，单砖券顶，门傍各设九格窗，东西面均刻版门与直棂窗。

该塔为宁县境内三座塔中唯一有彩绘壁画的砖塔，造型独特，筑造精美，设计优美，庄严而又富丽，建筑工艺极为精湛，檐、斗工整，棱角如锋，砖缝弥合如线，不见缝泥，为研究古建筑的珍贵实物资料，具有极高的史料和文物考古价值。

十一、栗川砖塔

徽县伏家镇魏时建置过栗亭县，唐于此置栗亭

图4-1-62 木质结构

图4-1-63 木塔近景

军,元置栗亭管民司,可见这里在历史上曾一度居于重要地位。宋代白塔寺砖塔就雄伟地坐落在伏镇南7公里处郇家庄村东台地上(现此地属栗川乡地界)。据清嘉庆十四年刊本的《徽县志》载,此地原有一座寺院,名为普福寺,该寺在唐代被战火焚毁,清道光年间重修的白塔寺,"八方十二级,高约六丈,广一丈五尺"。自光绪五年(1879年)地震后只存九级,寺毁塔存。

栗川砖塔始建于宋,第一层镶清道光十二年(1879年)《修补塔序》,可知道光年间曾修缮过。栗川砖塔为九级密檐式空心砖,高约30米。塔平面为八角形,塔基为石条砌筑,自下而上逐层收分,塔身华美,每面均刻有石刻假门、假窗,窗格饰以钱纹,勾栏设计别致,栏板均以横向直线线条加以装饰,斗栱出一跳,转角斗栱作45度斜出,每面施补间铺作三朵,每角缀一风铎,风起铃动。第一层最高,约7米,八面各长3米多,无平坐勾栏,有仿木斗栱残存。南、北壁各镶一石碑,上书"修补塔序"和石工、募捐者名录及竣工年月(纪年为清道光十二年八月初八),其南壁碑下设半圆拱门,门高1.46米,门道深2.33米,单砖券顶,内辟八角形塔室。第二层以上各层均施平坐、勾栏、塔檐,出檐深度由下至上逐渐递减,使整个檐口轮廓线丰满有力。塔顶现置铜质宝瓶顶,为2008年"5.12"震后甘肃文物局进行的修复。

通过考察白塔的建筑形式,檐部仿木椽飞及平坐、栏板的斗子蜀柱、卧棂勾栏做法,假门、棂花窗装修式样,双杪五铺作及单杪四铺作的斗栱形制等,均具有宋代仿木结构楼阁式砖塔的风格。因此国家文物局断代栗川白塔为宋代古塔。

白塔整体筑砌精细、雕工玲珑、结构严谨,为该区唯一保存较完整的一座砖塔。从建筑风格上看,它与庆阳地区东华池宋代砖塔形制相仿,塔身华丽,充分体现出陇南与陇东地区一脉相承的造塔特点。

1975年县文化馆在文物普查中发现此砖塔,徽县革命委员会于同年11月6日公布为县级文物保护单位,建立了保护档案,设立了保护标志。1976年地区文物普查小组建议把砖塔申报为省级文物保护单位,1978年、1980年地区文化教育局两次报省待提,1993年,砖塔被公布为省级文物保护单位。重修之塔,主体形象保持原貌,塔基提高1.2米,原混凝土塔座拓展为石条台阶,改混凝土外围栏为钢管护栏。在2008年"5·12"大地震中,严重损毁。2013年5月,被公布为国家级文物保护单位。

十二、莲花山塔

莲花山塔位于武威市凉州区松树乡松树村莲花山顶,民国16年武威大地震中坍塌,民国21年(1932年)重修,亦称为"镇妖塔",占地面积33.2平方米,是仿印度楼阁式砖塔。2013年成为甘肃省第七批省级文物保护单位。唐代诗人高适在《窦侍御登凉州七级浮图之作》中写道:"化塔屹中起,孤高宜上跻。铁冠雄赏眺,金界宠招携。"所指的就是莲花山塔。

现塔为八角七级,无基座,周长22米,直径6.5米,高21米,从下起第一、二、三、四层均设有券门,交错开门。塔身由下至上,逐层收分,形象敦厚,虽为阁楼式但塔身有浑圆之感,神似印度"窣堵坡"式塔。一二层塔身留有插杆洞眼,清晰可见。塔内塑有文殊师利菩萨像。每层置单檐,塔檐为砖叠涩挑出,每角装有风铎,至塔顶为陶制圆状刹。原塔刹是生铁而铸,三面为佛像,内装佛经,人们称经顶。

第二节　覆钵式塔

一、白马塔

白马塔坐落在甘肃省敦煌市沙州古城东隅。始建于后秦,现塔为清道光二十四年(1843~1844年)重建(图4-2-1)。据传,这座古塔是著名龟兹高僧鸠摩罗什为他的心爱坐骑白马而建。公元383年,前秦苻坚建元十九年(公元383年),鸠摩罗什随西征获胜而归的大将吕光去长安传播佛教,行至敦煌郡的沙州城普光寺,歇息、讲经。鸠摩罗什所

图4-2-1 白马塔

图4-2-2 白马塔塔身

乘的白马突然一病不起、水草不进。当晚,白马托梦鸠摩罗什道:"我本上界龙驹,奉佛祖之命,驮你东去传经,一路险阻与你相随,如今入关,再无坎坷之路,敦煌便是我超脱之地,望大师前途珍重。"言毕,便化作一道白光而去。突然,一声马嘶,大师梦醒。旋即传来"白马已逝",鸠摩罗什悲感于心,在普光寺筹重金建塔。白马塔的历史可谓是源远流长,十分悠久,迄今为止历经了多年的风雨沧桑,现如今保留下来的白马塔仍然不减当年的风姿,宏伟壮丽、气势轩昂。

白马塔的塔身共有九层,高12米,是用土坯堆砌而成,塔底为八角形,每边面宽3米,二至四层为折角重叠式,五层下围有突乳钉,上为仰莲装饰,六层为覆钵式塔身(图4-2-2),上为十三重相轮。宝盖为木质六角形,颇有传统木构攒尖顶风格,每角立有一瑞兽并挂有一风铎,塔刹为葫芦形宝瓶(图4-2-3)。白马塔在清道光年间、民国年间和1992年进行了三次修复。洁白的塔身与远处的鸣沙山相互辉映,显得秀美庄重。

在塔第二层有镌石两块,镌木一块。石刻"道光乙巳桐月白文采等重修"字迹(图4-2-4);木上写有"民国二十三年八月拨贡银朱文镇、吕钟等再修"字样。近年,国家又拨专款,加以整修,使塔更加坚固。如今,白马塔四周绿野碧树、青瓦幽舍,微风吹来,铎铃声声,实为敦煌又一佳景(图4-2-5)。

二、塔院寺金塔

塔院寺金塔位于金塔县城东南2.5公里处,明清时期列为肃州八景之一,被称为金塔凌虚(图4-2-6)。甘肃金塔县塔院寺金塔,由来已久,明朝诗人戴弁曾为此塔题诗,诗云"不省何年缔构功,一峰突兀白云中。高临北极天光迥,低压南山

图4-2-3 白马塔宝顶

图4-2-4 碑记

图4-2-5 白马塔及环境

图4-2-6 塔院寺金塔

城势雄。风送铃声来碧落，雨收虹影入晴空。何当平地丹梯上，尽日徘徊兴莫穷。"诗中对塔院寺金塔的高大、雄伟、秀丽、神秘作了准确生动的描述。根据此诗推算塔的始建年代应在元明之间，但由于考证不实，至今尚无定论。

塔院寺的修建，还要从清朝康熙三十九年（1700年）说起。相传当时驻扎金塔的游击将军孙一贵，多次梦到一座寺庙，气势恢宏，经声不绝于耳，于是他召集僧人募化十方，依照梦中所见绘图成册，于康熙四十二年（1703年）修建完成了塔院寺。从清雍正至光绪年间，寺庙弟子和地方善士又多次进行了扩建维修，规模不断扩大，有大殿、中殿、前殿各三楹、廊房、山门、乐台等建筑物齐全，寺内殿宇层叠，松柏参天，暮鼓晨钟，香火日盛，吸引着各方信徒，成为当时河西地区著名的佛事活动盛地。

现存的这座塔，是在原有基础上于1986年加固修缮的，上锐下圆，金墨铜顶，就像古铜胆瓶状（图4-2-7）。金塔由台基、塔身和塔顶三大部分组成，台基底层为圆形基座，上部分为三层，为折角叠涩基座，再上为圆形突乳钉，覆钵式塔身犹如古铜胆瓶状，并不十分圆润，上起折角台座，接仰莲造型承托相轮十三重（图4-2-8、图4-2-9）。塔身以土制成，高5丈，围7丈，外表用纸筋、白灰等物粉饰，塔顶用铜铸成，高5尺，围1丈2尺，塔内供奉有金面铜佛一尊。相传塔围7丈，意示每年7个大月份；高5丈意示每年5个小月份。另外还有12生肖中蟠龙意示5个，卧虎意示7个，塔顶高5尺，围1丈2尺，意示"我"占"十二生肖"。宝盖为木质八角形攒尖顶，每角悬风铎，角部装饰花卉纹样的"套兽"极为罕见，宝盖上覆绿色琉璃瓦，可能是1986年修缮所为，塔顶为葫芦造型鎏金铜顶（图4-2-10）。2011年甘肃省文物保物单位完成了塔院寺金塔宝顶校正、塔身修补、基座加固维修和修筑青石防护的工程。塔院寺金塔现为省级文物保护单位（图4-2-11）。

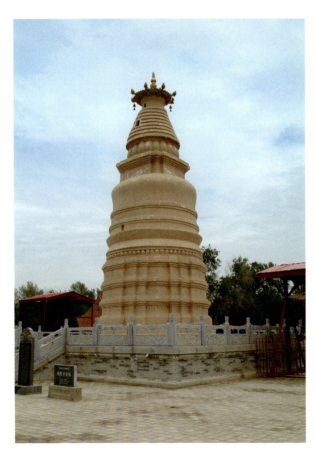

图4-2-7 瓶状塔身

图4-2-8 折角叠涩

图4-2-9 圆形突乳钉

图4-2-10 塔顶宝盖

图4-2-11 碑记

图4-2-12 镇国塔

三、镇国塔

镇国塔位于民勤县城西大街西关民勤县人民医院西北角，建于明正统五年（1440年），清康熙四十四年（1705年）重修，光绪十年倾圮，是年邑人胡志绪又倡捐修复。1986年6月武威地区行政公署又拨款5000元维修，现保存完好（图4-2-12）。

该塔为砖质塔身，外覆白灰抹面，通高12米，基高1米，周长16米，塔座呈八角形，束腰须弥座未见装饰规格较高，建两层，为后世修缮，已不见当年的风貌。座上为覆钵形塔身，塔身略扁有肩，四面各有一小佛龛（即眼光门），塔身光洁未设装饰，浑然一体。塔身上部细长，围有十三重相轮（即十三天）。相轮上有木质八角华盖上覆绿色玻璃瓦，每角悬挂风铎，华盖上置葫芦形圆铁塔顶，上镌"康熙×年制造"字样，塔顶上又覆铜质顶尖，整个塔身用条砖砌成，白灰抹面，为造型奇特、独具风格的藏传教佛塔（图4-2-13）。

图4-2-13 镇国塔宝顶

图4-2-14 塔在城

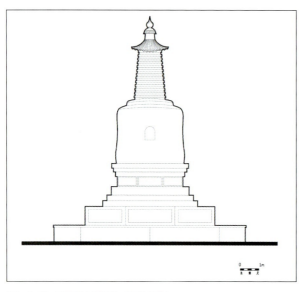

图4-2-15 镇国塔立面测绘（郭治辉绘）

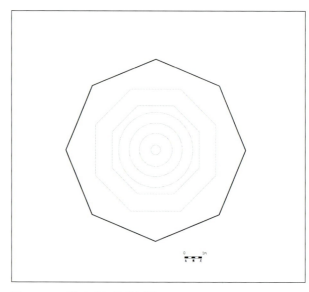

图4-2-16 国塔平面图（郭治辉绘）

该塔分布面积为东西长40米，南北宽44米（图4-2-14）。镇国塔对于研究武威地区的覆钵式古塔有极高价值（图4-2-15、图4-2-16）。

四、敦煌土塔

敦煌地区缺石、少砖、乏木，古代的工匠们利用大泉河滩上的泥土作为材料，修建了很多的小塔。早期建造的塔，现在已经不存在了，能保存下来的，大多是宋代以后的塔。

敦煌地区土塔的功能有三个方面：一为佛塔，二为墓塔，三还兼有路标的作用，在茫茫戈壁之中指明道路，较其他地区塔幢的路标的作用更有特色（图4-2-17）。

敦煌莫高窟前的土塔，主要为喇嘛塔的形式，也有类似蒙古毡房的形式，其作用是以墓塔为主。1960年在维修一座小喇嘛塔时，曾出土过一卷西夏文《金刚经》，据此认为这列墓塔最晚建于元代（图4-2-18）。莫高窟的建造者不但在这里留下了辉煌的艺术品，也在这里留下了他们的遗骨，因此，在莫高窟的附近留下了座座墓塔（图4-2-19~图4-2-24）。

图4-2-17　戈壁滩土塔成群

图4-2-18　敦煌莫高窟前的土塔

图4-2-19　三危山土塔1

图4-2-20　王道士墓塔

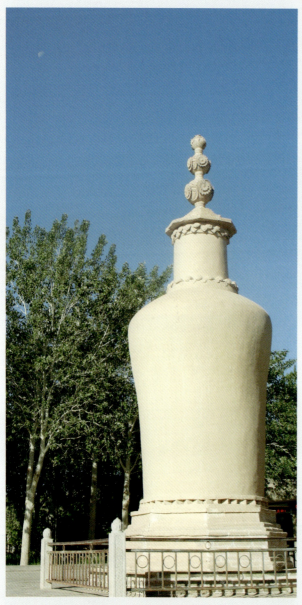

图4-2-21 王道士墓塔侧立面

图4-2-22 三危山土塔2

图4-2-23 塔身彩绘

图4-2-24 蒙古包造型土塔

第三节 造像塔

一、白马造像塔

造像塔坐落在白马河东岸第一级台地上（图4-3-1）。塔作六角形，现存7层，高5.7米（图4-3-2），全部构件以红砂岩石料凿磨修砌。底部平铺石条，上砌塔身（图4-3-3）。塔身各层有檐，檐下有石雕的仿木斗栱，每面两朵，出一跳承托塔檐，一至四层斗栱为补间铺作，三至七层由于塔身变小，塔每面面阔也随之变窄，斗栱变为转角铺作。檐上有仿木方檐，铺以瓦垄（图4-3-4）。第一层塔身每面宽84厘米，西面浮雕一身手扶拐杖的老者，两侧雕出面向老者拱手作拜的四个小侍，其余各面分别雕作奔马、麒麟、鸡、鹿、狮子等纹样（图4-3-5）。第二层以上各层的各面，各开一小龛，龛内各雕一坐佛。佛面相丰满，螺髻偏高，袒胸，身披通肩袈裟，结跏趺坐（图4-3-6～图4-3-8）。全塔造像36尊。造像塔顶为六角攒尖式，塔刹分为

图4-3-2 新做塔刹

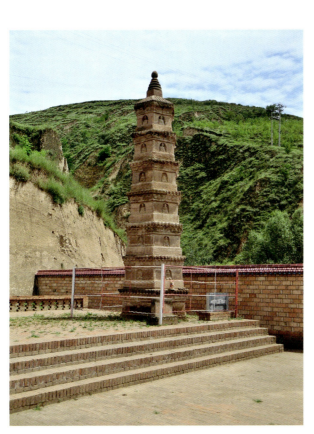

图4-3-1 白马造像塔

图4-3-3 白马造像塔是以红砂岩石料修砌

图4-3-4 白马造像塔檐口

图4-3-7 白马塔坐佛

图4-3-5 动物雕饰

图4-3-6 白马造像塔石刻佛像

图4-3-8 坐佛

基座、相轮和宝珠三部分，应为新做。白马塔距怀安不远。怀安，唐开元十年置县。此塔形制古朴，可能早于合水太白塔儿湾和豹子川双塔寺的造像塔，约为北宋初期所建，现为全国重点文物保护单位（图4-3-9）。

二、双塔寺造像塔

双塔寺，因有两座石质造像塔而得名。位于子午岭林区深处的豹子川上部王台村，属华池县林镇乡。西距县城60公里，南距东华池15公里。2003年迁至华池县杏山双塔森林公园（图4-3-10）。

图4-3-9 白马造像塔立面 （夏轩绘）

图4-3-11 双塔寺造像塔2

图4-3-10 双塔寺造像塔1

双塔原并列在王台村东侧山腰小台地南端的东西两方，相距8米。这里原有寺院，早毁，现留三身石雕残佛像和寺院遗迹。2000年考古工作者对双塔寺遗址进行发掘，清理出掩埋在黄土下的两层塔身。造像塔通体以红砂岩石料打制凿磨砌成，体形瘦长，犹如圆锥，结构极为严谨，雕作十分华丽（图4-3-11）。

由东向西编为一号塔和二号塔，分别简述如下。

（一）一号塔

一号塔平面呈八角形，高13层，通体高约13米。第一至三层为八面体，每面宽40厘米，第四层以上为十面体，越向上越收小。顶有石制刹柱，刹座上置覆钵、相轮、宝珠。各层有塔檐，塔檐凸出于塔身及塔座，檐上有反叠涩两层，形成坡度，檐角雕刻蔓花饰。各层塔身置于圆形仰莲盆中（图4-3-12）。塔身的各层各面满布浮雕的大小佛像，排列密集，十分壮观。据统计，仅第三层就有佛像400多身，全塔共雕佛像约达3500多身，多为佛说法图和供养人（图4-3-13）。第一层，每面雕有两位托塔力士，眼面圆润，头饰有西域特色，憨态可掬。第二层雕菩萨着武士装像。第三层塔身间隔一面雕出金刚菩萨为主尊的说法图。菩萨武士装，穿护胸甲肘，腰系带，坐在仰莲座上，莲座下还有工字形金刚束腰座

图4-3-12 造像塔仰莲造型

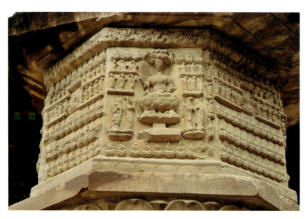

图4-3-13 佛像造型

图4-3-14 菩萨武士装

（图4-3-14）。其周围分层雕出小佛及供养人。其余各面整齐地排列出六层小佛像。第四层的一面雕作涅槃像，涅槃的四周满布供养人，有的掩面痛哭、有的双膝下跪、有的仰面向佛，各具神态，形象逼真。第五层以上均以佛为主尊，佛之四周满布高仅5厘米左右的小佛像。此塔，三至五层各面佛像的头部被毁，五层以上所雕佛像保存十分完整，眉目清晰，衣褶无损，自然剥蚀伤损不大。

（二）二号塔

二号塔，形制建造方法与一号塔相同。塔底座为四方形，2002年修复该塔，现塔一二层为四方形，沿袭了五代石塔的建造风格，第一层两面雕有伎乐天，演奏乐器。第二层为菩萨雕像，有的半跏倚坐，有的乘骑破浪而去。三层以上平面呈八角形，塔顶早年毁坏，现存13层，残高约12.58米。第三层塔身每面宽0.45米，越向上越收小。各层有八角形塔檐，八角形塔身分别置于各级圆形仰置莲盆中。底座四面各浮雕一佛二菩萨（或一佛二弟子），现已剥蚀，仅留残痕。第三、四、五层塔身各面各雕作高只6厘米的四层小佛像，内容多为释迦牟尼说法，余为比丘。第六层只在一面开舟形浅龛，龛内雕作佛陀的两位弟子（阿难和迦叶），其余各面空白。第七层以上无雕像。据统计，此塔共雕大小佛像600余身，惜头部多数被毁。

此两座塔结构严谨，雕作细腻，建造秀丽，充分显示了我国古代无名匠师精湛的工艺技巧和才能（图4-3-15～图4-3-17）具有这样通体雕作、满布佛像的石质造像塔，在甘肃省只此一例，在全国也是不多见的，是十分珍贵的历史遗产和艺术佳作。这两座塔的建筑风格类似合水县太白塔儿湾的造像塔，塔身所雕群佛像近似太白莲花寺石窟（相距30公里）的五百罗汉摩崖造像（莲花寺石窟有铭文，

图4-3-15 塔角雕兽

图4-3-16 力士雕像1

图4-3-17 力士雕像2

五百罗汉像为宋代绍圣二年所为），据此认为，这两座石造像塔当为宋代所建（图4-3-18、图4-3-19）。

三、华池盘龙寺造像塔

华池县盘龙寺石造像塔位于林镇乡张岔村。明代重修寺院，立碑三通。分别为明成化十八年（1482年）修建寺院碑记、明万历十一年（1591年）重修寺院碑记和清代乾隆年间重修碑记，由此推断此为宋塔。塔平面作六角形，塔高6米，分9层，用红砂石料凿砌而成，塔身遍布半浮雕造像。各层共雕坐佛30余身，身披袈裟，神态各异，坐于莲花之上（图4-3-20）。寺院已毁，周围遗存残造像雕花石等。现为省级文物保护单位。

四、合水塔儿湾造像塔

合水县城东北部约70公里的太白乡苗村川塔儿湾村，有一座堪称中国造像塔之最的石造像塔。该造像塔，始建于宋代，现为省级文物保护单位。塔身以凿磨的黄砂岩石条块叠砌而成，平面呈八角形，共13层，系省级文物保护单位（图4-3-21）。2002年因地宫被盗，现塔已迁至合水县陇东石刻博物馆，原址仅存基座。《中国名塔》一书认为它是中国最为纤细的古塔，将其列为稀有的古建筑和珍奇的名胜之一。塔高约12米，宽1.4米，原无台基及基座，形体清瘦纤细，塔身第一层特高，达2米（图4-3-22）。第二层以上逐渐缩短，第二、四层南面各刻一券门，各层有塔檐，檐下出叠涩两层。檐角有仿木转角斗栱，檐下雕出檐椽，檐上雕出筒状瓦垄，为新作。塔顶为石雕刹柱，刹基以上为相轮三重，上置宝珠。

在塔身第一层，有浮雕石刻造像，雕刻技法纤巧细腻，疏密相间，每面雕像分为5幅，共40幅，每幅雕像13~15身，共有造像五六百之多。底部每面刻有一力士，有的呈托塔造型，有的持披帛而立，上身赤裸，衣衫飘逸。上部内容丰富多为佛说法图，即一佛居中，坐在莲花座或方形束腰座上，结跏趺坐，身披袈裟。有的袒露右胸及右肩，手印各异。

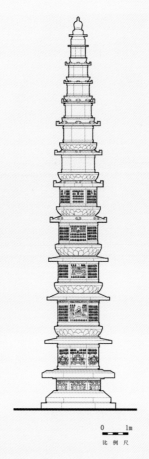

图4-3-18 双塔寺一号塔(段少雄绘)

图4-3-19 双塔寺二号塔(段少雄绘)

图4-3-20 华池盘龙寺造像塔(康思威绘)

图4-3-21　塔儿湾造像塔

图4-3-22　塔儿湾造像塔一层两米塔身

图4-3-23　塔儿湾造像塔第一层浮雕石刻

图4-3-24　力士造像具有西域风格

佛左右两侧分立阿难和迦叶两弟子，周围或站或坐十数身罗汉，有的拱手、有的踞坐、有的比手指划、有的苦心思索、有的倾心交谈、有的匍匐跪拜，表现出对佛无比的虔诚（图4-3-23～图4-3-25）。塔儿湾造像塔形制奇特，石刻精美，是技术与艺术的美妙结合，是陇东地区造像塔的重要实例，对研究宋代石刻艺术和造像艺术也有重要的意义。

图4-3-25 武士像

第四节 其他塔幢

一、圆通寺塔

从丝绸之路重镇张掖出发,一路南行,行进至39公里的民乐县六坝乡,有一座形象优美的金刚宝座塔巍然而立,这便是民乐县圆通寺塔。

圆通寺塔,或称元统寺塔,1981年圆通寺塔被公布为省级文物保护单位。塔前立有一碑,身上书"元统寺塔",通过圆通寺山门进入寺内就可见到雄伟的宝塔,由于历经变故,原圆通寺庙殿堂已毁,圆通寺山门与大殿都为近代修葺。1994年在塔前4.27米处建大殿一座,2000年在大殿前14.4米处建山门一座(图4-4-1)。而宝塔成为圆通寺内唯一一处古建遗存。

圆通寺塔始建于为宋徽宗时期,在2008年10月对该塔进行维修时立有一碑,上面简要介绍了圆通寺塔的历史。上书:"据《甘州府志》卷五,记载:'圆通寺在六坝堡,宋徽宗敕建。明天启二年整修。清朝顺治十七年,康熙三十六年两次补修。雍正七年修塔。乾隆四十三年又补石包修塔一座,原高七丈余,今增高到八丈余,周围一十一丈,配殿廊房

五、脚扎川万佛塔

位于华池县紫坊畔乡高庄村川畔组小河西岸台,建于宋代,因通体遍雕佛像,故称"万佛塔"。全塔以红砂岩石凿磨镶砌而成,锥形,底部残,现共存9层,残高8米,平面八角形,底层每面宽40厘米,各层均有塔檐。塔身通体布满浮雕佛像,塔身各面雕刻佛像三层,每层排列6身,疏密相间,排列井然,共有造像约1200身,均为一佛坐于莲花盆中,样式一致,姿态单一,衣纹不显。现为第七批国家重点文物保护单位。

图4-4-1 民乐县圆通寺山门

俱照旧加增'。"由此可以推断圆通寺是在宋徽宗时期所建，明天启年和清顺治、康熙年间分别进行过重修。在乾隆年间对圆通寺塔进行了增修，有原来的"七丈余"通过补石包修，增高到"八丈余"，塔身也变粗为"一十一丈"，在原塔的基础上规模整体扩大了。2001年，圆通寺塔被公布为第五批全国重点文物保护单位（图4-4-2）。2003年、2008年甘肃省政府再次对宝塔进行维修。

圆通寺塔为土心包砖、覆钵金刚宝座塔，外部用土浆抹平，用材看上去简单朴拙，但宝塔的形制却气势恢宏，是难得一见的金刚宝座塔。塔基正方形，边长为8.71米×8.71米，为双层须弥座，规格很高。第一层，由4层叠涩托起，束腰也为方形，形式古朴，南北两面长各为100厘米，东西两面长各为98.7厘米。束腰上饰以壶门，每面开5个方形壶门，中间壶门最长，内无装饰，壶门高均为45厘米，深7厘米，上再起3层叠涩过渡到第二层须弥座。二层须弥座也是由4层叠涩托起方形束腰，上开4个壶门，较一层大很多，壶门也作方形，内凹两层，无装饰。塔座第一层西面中间壶门内砌入1981年省级文物保护单位标志石碑，长115厘米，宽78厘米。

圆通寺塔通过双层须弥座承托起须弥山，须弥山上方四角又各设小塔一座，与塔基上小塔共计8座。须弥山正中设覆钵形塔身，塔身上部辟佛龛每面5个，共计有20个，佛龛内设佛像计23尊，其中铜质佛像6尊、铁质佛像2尊、泥质佛像2尊、木质佛像13尊（图4-4-3）。上面设13重相轮（俗称"十三天"），相轮细长，收分较小。再上为木质圆形华盖，周边围以铁质华幔，35个风铎点缀其上，装饰感极强，华盖上为葫芦形瓷质墨绿釉宝顶。

塔座四角分坐一座小塔，小塔形制与大塔形制

图4-4-2 圆通寺塔

图4-4-3 覆钵上的佛龛

图4-4-4 小塔

图4-4-5 圆通寺塔

相仿,由须弥座、塔身、塔顶三部分组成,小塔须弥座束腰部分同样辟有壸门、覆钵形塔身、相轮和尺度放大的宝顶,与建筑整体十分和谐。小塔共有上下两层,各有4座,分布在塔四角,上下对应,精巧玲珑。中央最大的塔为大日如来佛,四面的小塔东为阿弥陀佛,南为宝生佛,西为阿弥陀佛,北为不空成就佛。上方四小塔,每个小塔上的塔刹均无,西南角小塔仅存刹盘,下方西南角小塔刹缺损(图4-4-4)。

坛城承托着硕大的宝瓶形覆钵,覆钵底部金刚圈一周,中间束腰,整个覆钵用砖筑,内竖木柱。覆钵的束腰处共有6件十字形铁器均匀分布在四周,用于固定覆钵,整个覆钵施以泥皮白灰层。

民乐县圆通寺塔是甘肃省境内为数不多、保存完整的金刚宝座古塔,遒劲的塔身、和谐的比例、严谨的结构、沉稳的艺术造诣,是藏传佛教塔建筑的杰作,具极高的研究价值(图4-4-5)[7]。

二、永昌圣容寺塔

圣容寺位于金昌市永昌县城关镇金川西村。是甘肃省境内唯一保存完整的唐代佛塔建筑(图4-4-6)。圣容寺塔属于原圣容寺的附属建筑。圣容寺始建于北周保定元年(公元561年),初名"瑞相寺";隋代大业五年(公元609年)隋炀帝西巡,御笔改名"通感寺";中唐后吐蕃占据河西,改名"圣容寺",俗称"后大寺"。如今寺院早已毁坏,仅保存大小二塔,分立山谷两侧。大塔平面呈方形,塔基边长10.8米,为方形七级密檐式空心砖塔(图4-4-7)。唐塔平面多为正方形,印证了圣容寺塔为唐塔之特点。内有木梯,通塔顶,塔内有壁画遗存及题记,造型稳重简洁。塔通高16.2米,第一层南面辟券门,密檐用砖砌叠涩,挑出十三层,第四、第八层挑出菱角牙子(图4-4-8)。隔河山顶立一小塔,造型同大塔,通高4.9米,实心。全塔

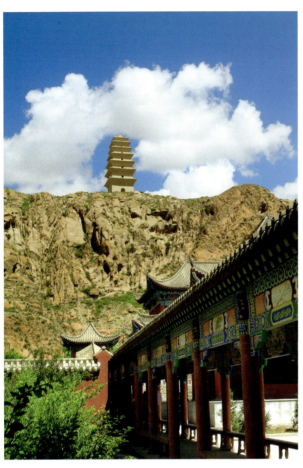

图4-4-6 新寺与古塔

图4-4-7 永昌圣容寺塔

图4-4-8 砖砌叠涩

塔幢

图4-4-9 圣容寺塔近影

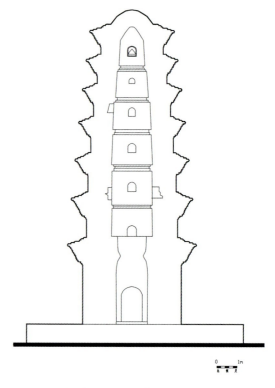

图4-4-11 圣容寺塔剖面（王子林绘）

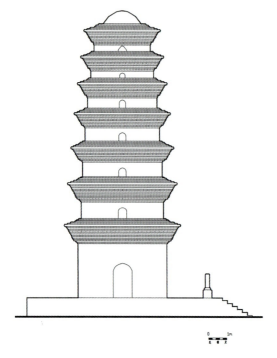

图4-4-10 圣容寺塔立面（王子林绘）

仅第三层墙面上留有彩绘，施红、黑、白横向条纹，第一层叠泥上施三角几何纹，充满异域特色，似是吐蕃统治后的产物。塔刹为八角叠涩转为圆形叠涩顶，甚是罕见。2001年6月25日，圣容寺塔作为唐代古建筑，被国务院批准列入第五批全国重点文物保护单位名单（图4-4-9～图4-4-11）。

三、北海子塔

北海子，亦称北湖，是河西游览胜地。此地风景秀丽，气候宜人，北涉河谷，溪水环绕；南临沼泽，绿草如茵。盖因青泉汇集，潭水弥漫而得海名，塔就与海同名，符其实也。北海子塔在此环境中，更可想其美姿和风采（图4-4-12）。

北海子塔又名观河楼塔，亦名金川寺塔，为原金川寺附属建筑，位于金昌市永昌县北1公里处的金川河南岸的石台上，七级六角砖塔，为实心塔。塔基宽6.1米，塔基较高长12.6米，塔身全高33米（图4-4-13）。塔身每层开单砖假券门，塔檐用砖砌五层叠涩，其中二、四层挑出菱角牙子。塔身逐层收分，塔角装有琉璃兽头及风铎，东西壁分别题有"定西戎"、"光东阙"等字（图4-4-14）。塔顶为镏金铜顶，塔刹损毁不可辨。塔为唐时敕建金川寺之筑，塔、寺均毁于战乱，明代永乐年间修复。1936年大寺毁于地震，唯塔独存至今，系甘肃省级文物保护单位（图4-4-15）。

图4-4-12 北海子塔

图4-4-13 北海子塔近景

图4-4-14 砖叠涩

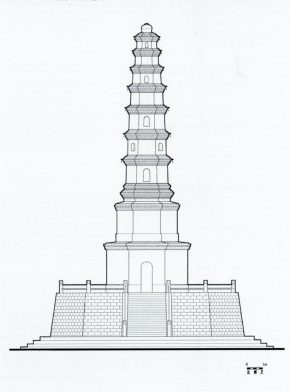

图4-4-15 北海子塔立面图

四、敦煌花塔

敦煌花塔位于敦煌市莫高窟南成城湾，有两座花塔形式的古塔，一大一小，土坯垒砌，外表抹泥，大塔平面八角形，每面1.65米，直径3.98米，通高9米（图4-4-16、图4-4-17），小塔过于残损，仅可见大概形制。基台为两层须弥座，座下有覆莲。上层须弥座上有覆莲、连珠及仰莲。塔身收分明显，八角形柱子，柱下为覆莲柱础，柱上有阑额，柱头铺作和补间铺作的散斗上都以替木承檐檩，有人字补间一朵，全部斗栱都雕成卷草纹。西面开券门，其余三面砌同大的圆券假门，门上塑束莲门柱、火焰形门楣、升龙捧宝珠等图案。

塔身上有两层混线承仰莲挑出塔檐，屋顶凹曲收进，塑有斜脊，再上于仰覆莲须弥座上立圆形塔顶。塔顶塑莲瓣七层，下三层每层16瓣，各瓣上下相错，在每个高瓣上各立小方塔一座，上四层每层减为8瓣，亦上下相错，各瓣间均立有小方塔，总共80瓣，56个小塔。顶部又立方塔一座。现仅存塔身，露出木刹（图4-4-18）。

塔室为方形，穹隆顶，内存部分壁画。不开门的三面各绘经变图一幅，穹隆顶绘华盖，中心是蟠龙，以下依次是卷幔、团花、回纹和卷草。在华盖和经变图之间是流云千佛及垂幢垂铃。所有泥塑细

图4-4-16　坐落在成城湾的敦煌花塔

图4-4-17　1914年俄国奥登堡所摄成城湾花塔旧影

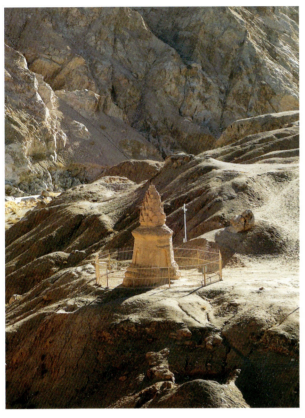

图4-4-18 敦煌花塔

部非常细致，蟠龙形象生动活泼。卷草和塔顶的莲瓣安排均匀得当，是精心设计的艺术作品。

塔室东面开门，其余三面做成假门的形式。拱券式的门顶上有焰光装饰，为隋唐石窟龛门的风格，并受到外来文化的影响，门顶两旁用泥塑出双龙戏宝的纹样，极为生动。塔室每个转角处塑八角柱子。柱间隐塑人字形斗栱承托塔檐。

对于花塔的断代，此塔没有普柏枋，斗栱变形为花和卷草，这种做法起源较早。汉代的斗栱还未定型，目前在汉代石阙、画像砖等遗物上发现了数种变形的斗栱样式。北魏云冈石窟中就出现过波斯柱头样式，麦积山石窟西魏第43窟石雕窟檐上也有浮塑成花和卷草的一斗三升，因此，敦煌成城湾花塔的卷草状斗栱是北朝时期的遗风。另外，莫高窟初唐第220窟也画有卷草状的人字形栱，与此塔的人字栱完全相同。因此它的建造年代是比较早的。⑧罗哲文先生在《中国古塔》中对于花塔的年代推算时间是"宋代早5期"。

五、兰州白塔山白塔

兰州白塔山上的白塔为兰州市标志性景点之一，1963年就将其确立为省级文物保护单位。相传，元太祖在完成大元帝国疆域的统一过程中，西藏拥有实权的萨迦派法王派一位著名的喇嘛为其代表去谒见成吉思汗，到兰州后因病去世，公元1228年元太祖即下令建塔纪念。清康熙五十四年（1715年）甘肃巡抚绰奇扩建寺址改名"慈恩寺"（图4-4-19）。

如今的兰州白塔山白塔带有明显的元代以后建塔特点，受到藏传佛教覆钵式塔传入影响，表现为汉藏结合的造塔模式（图4-4-20）。塔的外层通抹白灰，刷白浆，故俗称白塔。塔建于三重砖砌正八边形台基之上，塔座为双层束腰须弥座，束腰内雕垂幔及各式花纹装饰。塔基之上则为覆钵式塔身，其上则为一个完整的砖砌七级八面楼阁式塔。上部七级塔，下部砖砌塔基，装饰各式砖雕花纹，塔身逐级收分，砖砌檐口，八角外挑龙头飞檐，悬挂风铎。一至六层四面设龛门，顶层则完全砖砌。顶部为八角攒尖顶，上置塔刹，木质刹杆，受花上承托上下两层琉璃花球，做工考究。顶置宝瓶，造型独特美观（图4-4-21）。整塔通高17米，汉藏结构有机结合，具有鲜明的地方特色（图4-4-22、图4-4-23）。

六、白衣寺塔

白衣寺塔又称白衣庵塔，在兰州市庆阳路，因塔建在白衣寺中而得名。白衣寺内原绘有白衣大士像，尊奉白衣菩萨，寺初建于明崇祯四年（1631年），后经多次战乱，只有寺塔保存到今天（图4-4-24）。

白衣寺塔为实心砖塔，高约30米。塔基呈错牙式方形，长、宽各7米，高2.8米，四面镌刻花卉图案（图4-4-25）。塔身下部呈覆钵状，高约8米，最大处直径为6米。正南与塔基连接处开一佛龛，原龛内供有三佛像。龛外两侧有砖雕对联一副：玉

图4-4-19 白塔山白塔

图4-4-20 造型奇特

图4-4-21 白塔塔刹

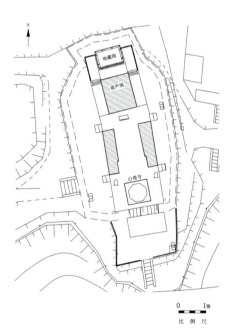

图4-4-22 白塔总平面(刘建宁绘)

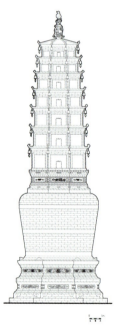

图4-4-23 白塔立面(汤九宽绘)

图4-4-24 白衣寺塔

图4-4-25 白衣寺塔基

图4-4-26 塔身为覆钵与密檐相结合

柱玲珑通帝座；金城保障永皇图。横批是：耸瞻震旦，这是末代肃王朱识的手笔。塔身上半部为八角形锥体，高18.5米，共做密檐12层，层数为偶数，在国内罕见（图4-4-26）。每层每面各开佛龛1个，内各塑佛像1尊，共计96尊。每层每角悬挂风铎1个，共计96个，塔刹高约1米，形若宝瓶，以外镀铜的金属做成。白衣寺现为省级文物保护单位。塔前有清代改建的大殿，名为白衣菩萨殿，白衣寺则成为兰州市博物馆。

七、敦煌慈氏塔

在敦煌莫高窟的园林中，有一座八边土心木廊式塔：此塔原建于离莫高窟对面15公里的三危山中，由于那里人迹罕至，为了便于保护，1981年迁建于莫高窟的园林中。由于塔身正面的门额上书写着"慈氏之塔"四字，故称为"慈氏塔"（图4-4-27）。一般慈

图4-4-27 慈氏塔

图4-4-28 慈氏塔木柱

氏塔，也就是佛塔。过去人们常把佛或是菩萨称为慈氏。塔的形制为单层亭阁式塔，平面呈八角形，直径2.6米，单檐攒尖顶。总高约5.5米。塔下是一个八角形的基座，上建木构塔身。塔身完全是一个木构八角亭式的形式，外绕以围廊。廊内的塔室，正南面辟门，内为方形穹隆顶小室，中塑慈氏像，壁画彩绘文殊、普贤像（图4-4-28）。室顶藻井为圆形，绘团龙，塔门口隐塑双龙（图4-4-29）。

塔的木结构比例硕大，而且还有很多特殊之处。例如用材的高宽比例为18∶10，较宋代《营造法式》规定还略高。栱端卷刹呈反曲线形，角昂上隐刻华栱等，均为其他木构建筑所少见。此塔的塔顶不用瓦，而是全部用泥。塔室的墙壁也用泥抹。因沙漠中雨水稀少，所以保存了1000多年尚很完整，甚为难得。

图4-4-29 慈氏塔龙凤花砖

关于该塔的建筑年代，无文字记载。按它的建筑形制和绘画、塑壁艺术风格推断，应是北宋早期的作品。塔的结构虽为木和泥混合构成，但主要的还是木结构，仍应归入木塔之内。它是一座不可多得的早期木塔实物。[9]

注释

① 参考《中国古塔概览》，罗哲文著，外文社出版。
② 参考《古塔撷谈》，罗哲文，文物丛谈。
③ 参考《甘肃建筑文化的传承与发展》，李慧、慕剑，甘肃人民美术出版社，2012年11月：94页。
④ "造像塔"这一称谓虽已在一定范围内广泛使用，但并没有得到学术界的确认，历代著述中也均找不到"造像塔"的定义。随着考古发现，山西、甘肃、河南各地先后出土了既有造像碑的性质与功用，又有塔柱式造型的佛教雕刻的新的石刻形制，一些研究者根据其造型样式与基本功用，称之为"造像塔"（引自《山西南涅水"造像塔"的样式与形制》）。在研究的过程中，笔者也认为"造像塔"比较准确地总结出这种"塔柱石刻"的基本特点。所以"造像塔"应是"塔"的范畴中的一种特殊形式。
⑤ 参考《中国古塔概览》，罗哲文著，外文社出版。
⑥ 引自中国文物地图集14页，国家文物局主编，测绘出版社。
⑦ 壶（音同"捆"）门为建筑中须弥座的图案及家具中的装饰。一说为门。
⑧ 参考《丝绸之路.文论》总第七期，考古与考察《民乐圆通寺塔》，杨益民、李献士。
⑨ 参考罗文《中国古塔概览》。

甘肃古建筑

第五章 石窟建筑

甘肃石窟建筑分布图

1 莫高窟
2 西千佛洞
3 榆林窟
4 文殊山石窟
5 马蹄寺石窟
6 天梯山石窟
7 炳灵寺石窟
8 麦积山石窟
9 王母宫石窟
10 南石窟寺
11 北石窟寺

（地图引自：中华人民共和国民政部编.中华人民共和国行政区划简册2014.北京：中国地图出版社，2014.）

图5-0-1 远眺敦煌莫高窟

石窟建筑是我国古代建筑的一种特殊形制，前寺后窟的建筑格局是我国石窟寺的基本面貌。然而多数寺庙年代久远早已毁坏殆尽，留下的只有漫山的洞窟，不见寺的踪影了。

石窟建筑的雏形是洞穴。人类从最原始的居住形式——穴居，演化为窑洞民居建筑和独特的宗教艺术载体石窟寺建筑。人们在天然的山体上开凿出建筑洞穴，将洞穴的外立面装饰得与一般建筑无异，使其既具有了建筑的立面形象又兼顾了内部空间的使用功能。无数佛窟如繁星点点落入山体之中，洞窟与山势浑然一体。气势磅礴、壮丽异常，这正是宗教建筑所诉求的至高境界（图5-0-1）。

"佛教东博之路，经中亚，越葱岭，传入古西域的广阔地区，后经丝绸之路到达中原。石窟寺开凿大致也从西向东逐渐渗入。中国境内现有知名的石窟寺遗址共56处，其中数量较多的省份是新疆、甘肃、河南、陕西、山西和四川。"[①]甘肃西启西域东接中原，独特的地理位置使其成为我国石窟艺术的重要节点，不同时代的石窟建筑在甘肃都有留存，甘肃的石窟建筑也反映出我国石窟建筑艺术的多种形态。

甘肃省境内，大小石窟遗存近百处，是中国北方地区佛教石窟遗迹保存最多的省区之一。其中已经被列入国家级文物保护单位的石窟及石刻，多达20余处。西起敦煌、河西，东至天水、陇东地区，佛教石窟随处可见。著名的有敦煌莫高窟、榆林窟、西千佛洞，天水的麦积山石窟，张掖的马蹄寺石窟、文殊山石窟，永靖的炳灵寺石窟，平凉的王母宫石窟、庆阳平凉地区的姊妹窟——南、北石窟寺、武威的天梯山石窟等。这些宝贵的佛教文化遗产，成为研究中国佛教发展历史的珍贵物化资料。研究中国佛教历史、佛教考古、佛教艺术、佛教建筑，以及丝绸之路文化交流的各个学术领域，都特别关注甘肃地区的石窟建筑。历经千年，甘肃石窟逐步形成了河西石窟、陇中石窟、陇东石窟、陇南石窟等特征体系（表5-0-1）。众多类型的石窟建筑也成为我国古代建筑发展遗存的宝贵印迹，为我国传统建筑的研究提供了丰富的范例。下面我们将就建筑特点较为突出的几个石窟寺进行简要介绍。

甘肃石窟一览表 表 5-0-1

区域体系	名称	位置	窟数	时期
河西石窟群	敦煌莫高窟	敦煌市	现存 492	前秦至元代
	西千佛洞	敦煌市	22	北魏至宋代
	榆林窟	瓜州县	现存 41	北魏至元代
	东千佛洞	瓜州县	22	北朝至清代
	五个庙石窟	肃北县	19	北魏，五代。宋夏
	昌马石窟	玉门市	现存 4	开创于五代宋
	文殊山石窟	酒泉市南	100 余个	北魏至元代
	马蹄寺石窟群	肃南县	70 余个	北凉至元明时期
	天梯山石窟	武威市东南	17	北凉至明代
	云藏石窟	永昌县东南	21	始建于东晋
	石佛崖石窟	永昌县东南	9	始建于北凉
陇中石窟群	法泉寺石窟	靖远县东	36	创于北魏，宋明清扩建
	寺儿湾石窟	靖远县	原有 6 个，现存 1 个	始唐
	接引寺石窟	靖远县	1 个	北魏
	沿寺石窟	景泰县	1 个	北魏、唐、宋
	炳灵寺石窟	永靖县	216	北魏至明代
陇南石窟群	麦积山石窟	天水市	194	北魏至明清
	鲁班山石窟	武山县	8	北魏
	铁笼山石窟	武山县	4	
	木梯寺石窟	武山县南	18	创于十六国
	千佛寺石窟	武山县	29	
	水帘洞石窟	武山县		北魏
	拉梢寺石窟	武山县		北周、隋、唐
	华盖寺石窟	甘谷县	25	待考
	金莲寺石窟	成县	4	元代
	朝阳洞石窟	武都区	16	唐代
	佛爷崖石窟	徽县		南北朝、唐
	法镜寺石窟	西和县	31	创于北魏
	佛孔石窟	西和县	17	
陇东石窟群	北石窟寺	西峰区	195	北魏至唐宋
	万山石窟	庆阳市	3	唐初
	石空寺石窟	镇原县	4	唐代
	玉山寺石窟	镇原县	5	宋金
	莲花寺石窟	合水县	25	唐宋

续表

区域体系	名称	位置	窟数	时期
陇东石窟群	张家沟门石窟	合水县	8	北魏
	保全寺石窟	合水县	25	北魏至西魏
	朱林寺石窟	庄浪县	5	宋、元、明
	大寺石窟	庄浪县	12	唐、宋、明
	陈家洞石窟	庄浪县	9	北魏晚期
	主林寺石窟	庄浪县	4	宋、元
	云崖寺石窟	庄浪县	16	北魏、西魏、北周
	石拱寺石窟	华亭县	14	北魏
	南石窟寺	泾川县	5	北魏、唐
	罗汉洞石窟	泾川县	23	北朝至明清
	王母宫石窟	泾川县	1	北魏
	千佛寺石窟	泾川县	10	北魏或西魏
	太山寺石窟	泾川县	3	宋
	禅佛寺石窟	泾川县	石刻40余件	北魏、西魏、唐
	嵩显寺石窟	泾川县	仅存寺碑	北魏

注：此表出自，闫婷婷《甘肃石窟寺时空分布特征述论》[J]《和田师范专科学校学报》（汉文综合版）Jul.2007第27卷第二期总第46期；依据敦煌研究院编，卢秀文编著，《中国石窟图文志·石窟志编》，敦煌文艺出版社，2002年9月版统计。

第一节　莫高窟

敦煌是东西方文明的交汇点，几千年来，佛教不断传入中原，敦煌莫高窟便成为世界佛教文化的重要节点，无数人不远万里来这里朝圣，对佛的礼拜活动从来就没有停止过。今天，作为世界文化遗产的莫高窟依然有这样的节庆活动，每年都定期免费向市民开放礼佛。

莫高窟不但是甘肃古建筑的精华，也是我国东西文明交流的结晶。作为敦煌石窟群落最重要的组成部分，规模宏大，保存完好，是我们值得骄傲的世界文化遗产。它与榆林窟、西千佛洞、东千佛洞等就像颗颗珍珠散布在丝路古道上，共同构成了敦煌石窟艺术的主体。

沿着甘肃省敦煌市向东南行约25公里，至鸣沙山东麓断崖便会有一座佛教艺术的博物馆呈现在人们面前，那就是敦煌莫高窟（图5-1-1）。莫高窟前临宕泉河，远眺三危山，坐西面东，南北长1680米，高30～50米。现存洞窟735处，其中存有壁画、彩塑的洞窟492处，另有禅窟、僧房窟、瘗窟等共700余处，壁画4.5万平方米、泥质彩塑2415尊、唐

图5-1-1　冰河莫高窟

图5-1-2 铺地花砖

宋木构窟檐建筑5个，以及数千莲花柱础、铺地花砖（图5-1-2）等，莫高窟是世界上现存规模最大、内容最丰富的佛教艺术宝库。1961年，莫高窟被中华人民共和国国务院公布为第一批全国重点文物保护单位之一。1987年，莫高窟被联合国教科文组织列为世界文化遗产。

敦煌莫高窟的彩塑、壁画闻名世界，作为容纳壁画艺术的空间——石窟建筑也散发着无穷的艺术魅力。然而对莫高窟石窟建筑的理解，除了可以看到完成的石窟窟型流变外，我们还能通过敦煌数万平方米的壁画艺术，发现各类中国古建筑的端倪。敦煌的魅力难以用语言来形容，只有亲身经历才能深深地感受。莫高窟的石窟建筑和莫高窟的壁画、彩塑三者一起，定格成为人们心中永恒的佛教艺术博物馆。

一、千年佛光现敦煌——莫高窟历史沿革

西起我国最西端的喀什地区，沿天山南麓的丝绸之路向东过拜城、库车到吐鲁番，集中着新疆地区最重要的十余处石窟建筑群，其中不乏像克孜尔这样著名的石窟群。敦煌地接新疆，较早受到西部开凿石窟的影响。从4世纪中叶开始修建，历代统治者在这里建碑立寺、凿窟立像，一千年凿造不断。关于莫高窟的开凿起始年代说法不一，但学术界比较认同的一种说法是：莫高窟始建于十六国时期，据唐《李怀让重修莫高窟佛龛碑》记载，前秦建元二年（公元366年），僧人乐僔云游四方，到了敦煌，在三危山受到佛光的感召，"行至此山，忽见佛光，状有千佛"，于是便在岩壁上开凿了第一个洞窟。此后法良禅师等又继续在此建洞修禅，因山体地势较沙漠更高，故意为"沙漠高处的石窟—漠高窟"。后世因"漠"与"莫"通用，便改称为"莫高窟"。北魏、西魏、北周时期，统治者崇佛理佛教，石窟建造得到快速发展。隋唐时期，随着丝绸之路的兴盛繁荣，莫高窟迎来了发展高潮。武则天时期洞窟开凿已达千余个，故后世遂又称之为"千佛洞"。北宋、西夏和元代，莫高窟渐趋衰落，仅以重修前朝窟室为主，新建极少。元朝以后，随着丝绸之路的没落，莫高窟停止了扩建并逐渐淡出人们的视线。从1900年6月22日，道士王圆箓发现了第17窟藏经洞后，莫高窟就开始了它的噩梦，英国斯坦因、法国伯希和、俄国鄂登堡、日本桔瑞超、美国华尔纳等人盗取了大量珍贵的文物史料，并对莫高窟原有文物产生了无法挽回的破坏。陈寅恪曾说："敦煌者，吾国学术之伤心史也。"新中国成立后，在常书鸿等老一辈艺术家的倡导与保护下，莫高窟又渐渐重现往日辉煌。

二、窟龛形制展全貌——石窟建筑形制分类

石窟起源于印度，开辟于荒山僻野之中，以便僧侣修行。两种形制分别是支提窟（塔，观礼）与毗诃罗窟（僧侣修行）。中国人一开始便会造窟，莫高窟的建筑是综合了印度、西方洞窟建筑的特点，逐渐中国化的过程。这里每一座石窟都是一个时代历史、文化的定格。莫高窟保存了我国石窟形式的大部分类型，从莫高窟我们可以一窥我国石窟建筑发展的演变。

石窟是一种特殊的建筑形式，它是依山而建向内开凿形成的佛教建筑，一般入口只留供人出入的窟门，强调内部礼佛空间的营建，也称石窟寺建筑。与我国内地的崖墓（图5-1-3）以及后来的窑

洞民居的空间形态相似，是在崖体及土层中向内凿除一部分空间而形成。在莫高窟现存石窟中，小的仅可容身，大的面积可达270平方米。

莫高窟的石窟形式，虽然受到一定的印度佛教文化影响，但它有别于新疆各地石窟，从一开始就呈现出中国化的特征，成为中国建筑面貌的一个缩影。在其历代的建造过程中，我们不难发现适合本土佛教文化特征的石窟建筑样式的更迭。归纳起来，大致可以分为以下几类（图5-1-4）：

图5-1-3 四川省眉山市彭山县江口崖墓局部（引用来源：网络）

A 毗诃罗禅窟——敦煌莫高窟西魏第285窟

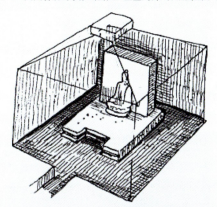

B 覆斗及背屏窟——敦煌莫高窟第五代第98窟

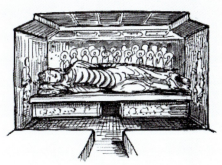

C 涅槃窟——敦煌莫高窟中唐第158窟

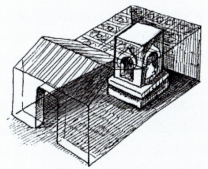

D 前待人字坡顶的中心柱式窟——敦煌莫高窟北周第428窟

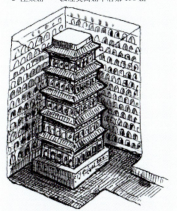

E 塔心柱窟——敦煌莫高窟北魏第39窟

F 窟前带廊，使用一斗三升及人字补间，门楣及龛楣用印度风格火焰形装饰——太原天龙山第16窟

图5-1-4 石窟分类示意图

第一种类型：禅窟。 禅窟，也叫龛形窟，僧人们坐禅修行的洞窟。这种石窟形式的概念来源于印度一种称为毗诃罗式（vihara）石窟，是莫高窟早期开凿的石窟样式。特点是窟内开一龛或三龛，左右两侧壁下部开若干小室以供僧人坐禅之用。较早开凿的268窟、285窟最为典型。其中285窟为方形窟室，长6米，"两侧壁下部各开4个小室，仅能容一人坐禅。主室顶部凿成四坡覆斗形，顶绘华盖藻井，四角垂璎珞，覆斗的四坡满绘天空诸神灵、鬼怪及飞禽走兽之属，奔腾飞扬，满壁风动，壁画色彩绚丽，十分引人注目，具有鲜明的民族艺术风格"[②]（图5-1-5）。

第二种类型：中心塔柱式窟。 中心塔柱形窟是北朝石窟的典型形制，也是中原文化与西域文化交融的结晶，作为莫高窟早期石窟的主要形式，平面为纵长方形，特点是石窟前部为人字坡顶，后部为平顶，中心有四面开龛的方形塔柱直达窟顶，顶的前后坡面上塑出圆形椽子，以及和椽子相交的檩枋以模拟中国传统的木构寺庙建筑形式，有的洞窟还在屋顶与山墙相交处装饰真实的木质斗栱，如莫高窟第254、251窟。中心塔柱式石窟虽然渊源于印度石窟中的支提式（chaitya）石窟，但是其内部选用了当时我国盛行的以方塔为中心的佛寺布局方式，且装饰元素都已中国化，如模仿的椽、枋。示意的立柱，龛沿以阙形建筑收口等都有了鲜明的中国建筑特色（图5-1-6）。

第三种类型：覆斗式石窟。 覆斗式石窟，又称"殿堂式"（图5-1-7）。因其窟室为方形平面，顶

图5-1-6 莫高窟第428窟（引用来源：孙毅华、孙儒僩主编《敦煌石窟全集——石窟建筑卷》）

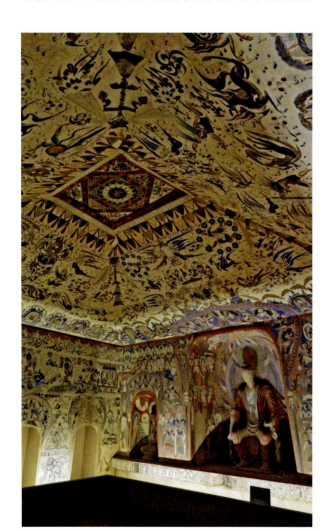

图5-1-5 莫高窟第285窟

图5-1-7 莫高窟第276窟

部形如倒置米斗，故称覆斗式石窟，窟室内没有侧洞及中心柱，后壁开龛，但龛形因朝代的不同而有显著变化，北朝多为圆券浅龛；隋代多双层龛，如第272、249窟；初唐多敞口深龛，中唐、晚唐则变为帐形龛。主室顶部为四坡覆斗形，顶部有方形宝盖，装饰尤为精细，色彩鲜明艳丽，四坡壁面绘制经变画，而以画千佛为多。②如果说中心塔柱式石窟是中心塔寺院的缩影，那么隋唐时代出现的覆斗式石窟则是当时寺院排除中心塔地位的反映。覆斗式的窟顶本身也是对"斗帐"的模仿，他们在窟内各面交界线处描绘带状图案，明显就是帐柱杆的平面化表现。

第四种类型：中心佛坛窟③。中心佛坛窟，也称佛殿式石窟，一般为大型窟室，营造大型石窟兴盛于晚唐，止于元代。这类石窟在莫高窟约有20余座，其中窟室面积100平方米以上的石窟就有14座之多。中心佛坛窟是覆斗式石窟派生出的类型，窟室呈矩形平面，覆斗形顶，四壁不开龛，只在中后部设马蹄形、圆形或方形佛坛，佛坛上塑有佛像，供信众可在四周绕行礼拜，石壁四周绘制大型的壁画。

晚唐、五代和宋代在佛坛后部出现了大型的背屏与窟顶相连，有效地防止了因空间过大造成窟室崩塌，也有学者称这类石窟为"背屏式"石窟（图5-1-8）。背屏上绘有佛光、菩提双树等题材绘画，装饰富丽，似古建筑寺院中的扇面墙，窟内平面布局与当时寺院佛殿相似。至此，佛从龛中走到坛上，不单在空间中形成了更丰富的序列变化，而且反映出在中原文化的影响下多了更多与人的交流，变得更加世俗化。此类窟型，起于莫高窟初、盛唐时期的第205窟，而盛于晚唐及五代，如第16、196、98、61诸窟，洞窟规模宏大，蔚为壮观。其中第61窟可谓是其中的代表，其主室宽12.95米，深14.1米，顶高9.5米。中心佛坛前有宽敞的前堂，视野开阔。著名的《五台山图》就绘于背屏相对的西壁上部。

莫高窟的石窟形式除以上形式之外，还有少数以塑造佛涅槃像和大型佛像的涅槃窟和大佛窟（图5-1-9）。它们是根据不同的功能要求而演变出来的石窟形式，佛像前无任何遮挡，直接呈现于信众，空间形态似佛坛窟。另外，随着近年来对莫高窟北区的发掘工作展开，还发现了一类纯粹用于僧人居住的僧房窟等。

洞窟形制的变化是与人类礼佛方式的变化密不可分的，最早出现的禅窟，僧人坐在窟内打坐修行。后来出现了中心柱式，人们围绕着石窟中心观摩佛像，壁画在此时处于次要地位。到了后来的殿堂式，中心塔柱去掉以后，洞窟内部豁然开朗，墙面的大部分面积暴露出来，佛教人物形象以龛的形式出现，人们开始通过观看佛教故事的壁画经变，达到对佛教的了解与认知。然后佛从龛中走出，出现了中心佛坛式的石窟，人们对佛的膜拜观看角度更加全面，佛像以立体化的圆雕手法出现在大众面

图5-1-8 莫高窟第55窟（引用来源：孙毅华、孙儒僩主编《敦煌石窟全集——石窟建筑卷》）

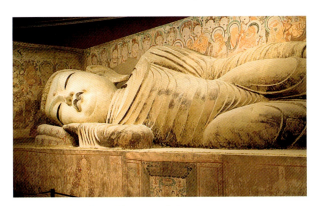

图5-1-9 莫高窟第158涅槃窟（引用来源：网络）

前，人们终于可以形象生动地瞻仰佛的全貌了。

"纵观一千年间莫高窟的造窟活动中，创造了多式多样空间形式的石窟，其中虽不乏外来影响的因素，如早期石窟中的圆券龛、葱花形龛楣，以及一些装饰花纹"；②又如第275窟，南北两壁出现的阙形龛，都反映出中原文化强大的包容力，及其对佛教文化兼容并蓄不断发展的进程。莫高窟的窟形从开凿到兴衰历经千年，记录了我国石窟发展演变的历史，也从侧面反映了我国佛教文化不断被中原文化融会吸收的进程。

三、窟檐建筑留珍宝

"唐代莫高窟已有500余窟龛，在崖面上已基本形成目前石窟分布的格局，南北1000多米，上下三四层。据记载，莫高窟当时是'前流长河，波映重阁'，洞窟之间'悉有虚栏通连'，可见当时莫高窟石窟之间栈道曲折蜿蜒、楼阁高低错落"。②然而随着时间的推移，窟檐和栈道等木构建筑大都不复存在，大佛殿的建筑也多次重修不知当年的模样。

窟檐指修建在洞窟前面的"遮蔽性"建筑，它与窟室相连形成有机整体。早期包括北朝的石窟在石质稍好的地方，窟外大都凿有石质窟檐，一般面阔三间，凿入岩内，后壁正中开甬道与主室相连，也称崖阁式建筑。如云冈、麦积山、天龙山石窟等。莫高窟的窟檐多为木结构，上绘彩画。据记载，莫高窟当初开凿时，所有的洞窟都有窟檐，层层叠叠，巍峨壮观。到了明清之际，由于自然和人为的破坏，大多塌毁了。现幸存有5座唐末宋初的木结构窟檐实物，其中4座北宋窟檐仍相当完好。斗栱雄大，出檐深远，通过定量比较研究，可以证明它们都保留有很强的唐代风格（图5-1-10、图5-1-11）。它们都没有角翘，和当时敦煌壁画里的建筑形象一致。在中国唐代木构建筑实例非常罕见的情况下，它是建筑史的重要资料。

其中第196窟窟檐建于晚唐末期，现仅存4根檐柱及部分梁枋构件。第427窟窟檐建于宋初开宝三年（公元970年）；第444窟窟檐建宋初开宝九年（公元976年）；第431窟窟檐建宋初太平兴国五年（公元980年）；第437窟窟檐残破较甚，已无纪年可考，但与上述三座窟檐形制相同。宋初4座窟檐其规模尺度稍有差别，但结构、形式基本相似，都是三开间，4根檐柱当心间开门，左右两间开直棱窗。所有的柱平面都作八边形，柱上端无普柏枋，栌斗直接置于柱上，平栱比例硕大，作风硬朗，由于窟檐开间较小，柱间没有补间斗栱，柱下不设柱础，直接立于地栿之上，栿下有悬挑出崖壁的栈道梁，梁间铺设木板，即成为洞窟之间的交通栈道，栈道外侧有卧棱栏杆，窟檐外观形制古朴、壮实。其斗栱与八边形檐柱的规制与同期中原古建筑的风格有一定差异，可能因为敦煌地处边陲，保存着较古老的建筑风格和技术。窟檐原来内外都有彩画，现在外侧已风蚀殆尽，而内檐彩画尚相当完好，色彩以土

图5-1-10 莫高窟431窟窟檐斗栱

图5-1-11 莫高窟431窟窟檐壁画

红、青绿为主，呈明显的暖色调（图5-1-12）。莫高窟的窟檐对石窟本身有一定的防雨雪风沙侵袭功能，另一方面它与栈道结构连为一体，共同构成莫高窟不可或缺的建筑文化遗产。

高窟第96窟是莫高窟最高的一座洞窟。唐初延载二年（公元695年）建的弥勒佛坐像，高35.6米，由石胎泥塑彩绘而成，是中国国内仅次于乐山大佛和荣县大佛的第三大坐佛。窟檐在唐文德元年（公元888年）以前就已存在，当时为5层，北宋乾德四年（公元966年）和清代都进行了重建，并改为4层。大像窟外现存有木构9层高楼（图5-1-13），建于1935年。楼高43米，窟檐下7层依山靠崖而建，每层五开间逐层收进，上两层成为保护大佛的顶盖，第九层为八角攒尖顶，八九两层，覆盖约200平方米的空间，虽是近代建筑，但能充分利用地形地势。在莫高窟比较平淡的石窟外观之间，一座秀美的高楼拔地而起，不失为一种合理保护之举，也形成了现有莫高窟标志性的景观之一。

另外，莫高窟周边有大量的寺院与牌坊等窟前建筑。近年维修的为清代上寺、中寺、下寺三座寺观，以及进入景区的一座"大牌坊"（迁建于敦煌市区的汪氏节孝牌坊）、窟前两座牌坊（图5-1-14），它们共同见证着莫高窟的历史与延续。

四、壁画艺术世无双

敦煌的石窟建筑不是独立存在的，它与敦煌壁画装饰紧密关联，这也是石窟中国化的一个典型表现。石窟中壁画是传播佛教思想的一种手段，莫高窟的石窟壁画也是如此。莫高窟壁画题材丰富，佛、菩萨、建筑、经变、神话故事、供养人等均有体现，它反映了佛国世界、天上人间的种种生活场景。虽然壁画中不乏画工们对极乐世界的臆想，但更多的是对现实世俗世界的真实反映。对于以木结构体系为主体的中国传统建筑，敦煌壁画中的建筑形象也构成了我国古代建筑史不可或缺的部分。

敦煌壁画中的建筑形象是我国古建筑的发展演变史，由于木构建筑易于损毁，造成中国古建历史资料的匮乏，敦煌壁画却提供了我国中古时期一千多年历史中完整的建筑形象，尤其是隋唐时期的壁画写实了建筑形态，诗歌与绘画对建筑的描述成为有益的互补，相互佐证。它佐证了我们对中国建筑这段空白的建筑形象认识，弥补了汉以后至唐宋前几百年间我国几乎没有建筑具体形象可考的缺憾③。梁思成先生说："中国建筑属于中唐以前的实物现存的大部分是砖石佛塔……敦煌壁画中却有从北魏至元数以千计，或大或小，各型各类格式是各样的建造图，无疑为中国建筑史填补了空白的一章。"他也是从敦煌壁画中发现山西五台山唐代木构建筑——佛光寺大殿的存在信息。

从莫高窟壁画中我们可以看到我国古代画师对透视技法的运用灵活。画师们巧妙地运用人视觉的生理特点，根据观赏角度的不同，将仰视、平视、俯视与画面中的建筑结合起来，人正常平视视线以上的建筑内容（佛殿、寺院）描绘用仰视手法表现，体现了对天国的瞻仰之感；视线以下的内容（民居、台基）用俯视手法表现，更体现了与民间生活的亲切贴近。

敦煌石窟不同于新疆地区石窟，在窟顶的设计中以平面化的手法，通过壁画的形式将建筑顶部的构架强调出来，以达到顶部的升华（图5-1-15）。而新疆地区的石窟是通过层叠立体的建筑语言来表达洞窟顶部，这也是传承印度佛教的洞窟顶部形式。

石窟是壁画的载体，壁画中大量是以经变为主要题材，如阿弥陀经变、观无量寿经变、东方药师净土变等，画师用人间最壮丽辉煌的宫殿、寺观描述佛国万象，使信徒产生膜拜之感。莫高窟壁画中有绘制建筑的216座，有研究价值的146座，其中精品十六国时期的275窟，北魏的257窟、254窟，西魏的249、285窟，北周的290、296、428窟，隋代的302、303、419、420、423、433窟，初唐的71、205、220、321、323、329、341、431窟，盛唐的45、66、103、123、148、172、208、217、320、445、446窟，中唐的112、126、158、159、201、231、237、361窟。榆林窟25窟，晚唐的9、12、

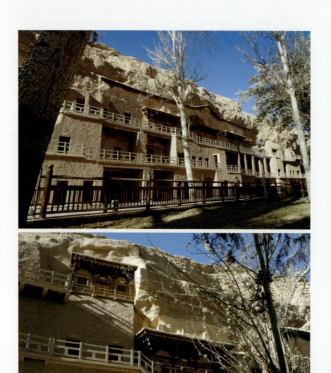

图5-1-12 莫高窟宋代窟檐建筑

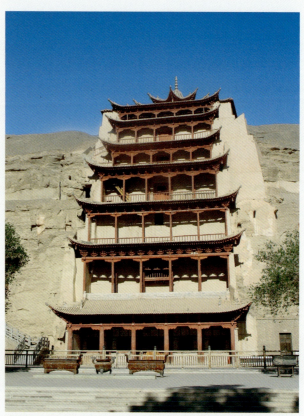

图5-1-13 莫高窟96窟外9层楼

图5-1-14 莫高窟前建筑——牌坊

14、85、138、156、199窟，五代的61、98、100、146，西夏榆林窟3窟，宋代55、76、454等。

经变画中大量出现了建筑的题材与内容，这是我国传统建筑形象的主要留存。其中概括地描绘了建筑物形象特征，城市的布局结构，寺院、官署、民居的组合方式，建筑群体的空间关系等。对于组成建筑群的各种单体建筑，如城门、城楼、角楼、殿、阁、台榭、廊、厩舍、庵、店、桥、塔等众多的建筑形象，以及建筑的组成部分，如台基、阶梯、须弥座、栏杆、门窗、斗栱、屋檐、瓦件、塔刹、辇道、水池、泊岸等，甚至小到家具、帐、榻、椅等莫不有概括简练的描绘，为我们今天研究古代建筑提供了大量的形象资料②（图5-1-16）。

因本书篇幅有限，在此仅以莫高窟盛唐第217窟壁画为对象作以简述，望通过它让大家一窥莫高窟壁画中建筑形象一角（图5-1-17）。

（一）净土寺院建筑群

217窟北壁壁画是莫高窟最具代表性的观无量寿经变，表现阿弥陀净土。中间为佛及菩萨、天人所在的莲池与露台，中轴线上有前后佛殿，前殿两侧有楼、阁、台、碑阁各一座。后佛殿下有平坐，佛殿两侧有回廊周绕，呈环抱之势，使寺院后部突出，成为"凸"字形布局，壁画中所见较多，使回廊产生曲折变化，增加寺院的深度（图5-1-18、图5-1-19）。

（二）钟楼与碑阁

净土寺院中钟楼与经台相互对置，楼内悬挂一口洪钟，旁边有撞钟的比丘。钟楼檐下画作绿色网状，遮挡檐下的斗栱与椽子，仅露出角梁。这是为了防止鸟儿栖息的"护殿檐雀眼网"④。钟楼四角攒尖，屋顶置塔刹相轮，有链系于屋顶四角，链上

图5-1-15 莫高窟第217窟藻井

图5-1-16 莫高窟壁画中的建筑形象

图5-1-17 第217窟北壁观无量寿经变

图5-1-18 净土寺院建筑群

图5-1-19 寺院大殿

图5-1-20 钟楼与碑阁

图5-1-21 碑阁全景

垂金铃（图5-1-20、图5-1-21）。

（三）台基、地面与栏杆

台座建在水池边，台座表面与侧面以方形分格装饰，台座上做栏板、栏杆。板上彩绘花纹，每个横竖相交的节点处，画出一矩形，用金属包裹以加强节点。台基与栏板结合产生的虚实对比，丰富了建筑的立面与外观造型，增加了整体画面的进深感（图5-1-22）。

（四）西域城

西域城一词源于梁思成先生《敦煌壁画中所见的中国古代建筑》："壁画中最奇特的一座城是第217窟所见。这座城显然是西域景色……"法华经变"化成喻品"中的一座小城，城垣三面开门，各转角有角台，城中有方形二层建筑，所有建筑顶部均为拱券结构（图5-1-23）。

图5-1-22 台基、地面与栏杆

（五）民居建筑

民居建筑，表现的是妙法莲华经中"如子得母，如病得医"的场景，其中汉式民居前有假山，内有厅堂三间，台基上有床榻、屏风。汉式民居右侧为西域民居，院内拱券顶房屋，房前室外庭院置床纳凉，一派市井民风的真实写照（图5-1-24）。

莫高窟彩绘装饰纹样丰富，有形象生动的动植物图案、几何形花纹，巧妙穿插于建筑空间与壁画之中、壁画与壁画题材之间。尤其是窟顶藻井的大量装饰图案、窟龛的沿口装饰更是富丽堂皇、色彩鲜艳、层次丰富（图5-1-25）。

莫高窟的建筑艺术完整地保存了千百年来的石窟建筑形制的演变。现存洞窟735个，保存了我国石窟建筑的大部分形制特征，禅窟、中心柱式窟、覆斗式石窟、中心佛坛式窟、大佛窟、涅槃窟等都有遗存。现存的形式多样，它是宗教雕塑和壁画的神殿，是僧侣从事宗教活动的场所，是佛教艺术的博物馆。敦煌莫高窟从十六国晚期至唐的许多阙形龛（图5-1-26）和宫阙，明确地反映了从汉代到隋唐以后又延至明清的中国古建筑发展过程。

图5-1-23 西域城

图5-1-24 民居

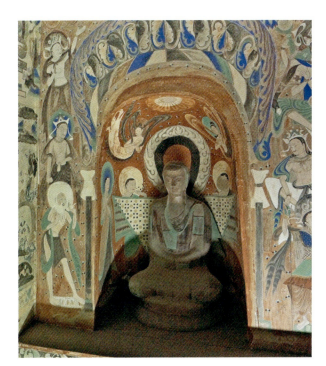

图5-1-25 第285窟龛沿口装饰

图5-1-26 莫高窟275窟阙形龛

敦煌壁画中有几百座塔，表明了在实例中十分罕见的楼阁式木塔实际是古代佛塔的主流，它反映了印度和中国佛塔融合过程中的中间状态，还提供了在北朝时中国已建造过金刚宝座式塔的例证。建筑形式的演变，反映了古代艺术家在接受外来艺术的同时，在不断艺术实践中加以融化吸收，使它发展成为中华民族的形式。

石窟壁画题材广泛，内容丰富多样。从各类说法图到经变画，涉猎题材包括建筑、人物、自然风景、花卉图案等，反映出我国1500多年民俗、历史、宗教、文化的变迁，是中国历史的生动图示化再现。同时我们从敦煌壁画中看到对西域各族文化的借鉴与包容，从而形成自成体系的中国佛教艺术特征。各朝代壁画表现出不同的绘画风格，反映出我国封建社会的政治、经济和文化状况，是中国古代美术史的光辉篇章，为中国古代史研究提供了珍贵的形象史料。

第二节 麦积山石窟

"麦积山者，北跨清渭，南渐两当，五百里岗峦，麦积处其半，崛起一块石，高百万寻，望之团团，如农家积麦之状，故有此名。"⑤沿着天水市向东南车行约45公里便到达了麦积山石窟。石窟坐落于秦岭西脉与黄土高原的交汇处，因形如麦垛，故称麦积山，麦积山周围山清水秀，重峦叠嶂，胜似江南。有"秦地林泉之冠"之美誉（图5-2-1）。

麦积山石窟是南北朝初期西北地区佛教中心。石窟开凿始于公元384年，历经后秦、北魏、西魏、隋、唐、五代、宋元、明、清等朝代1500余年不断地开凿和修缮，形成"千龛万室"之景象，成为我国著名的大型石窟建筑群之一。

麦积山石质皆为紫褐色之水成岩（即沉积岩），其山势险要、独峰耸立。麦积山石窟现存洞窟194个，其中有从4世纪到19世纪以来的历代泥塑、石雕7200余件，壁画1300多平方米。由于麦积山山体为第三纪沙砾岩，石质疏松，不易精雕细刻，故造像以石胎泥塑著称，且绝大部分泥塑作彩妆。被雕塑家刘开渠誉为"东方雕塑陈列馆"（图5-2-2、图5-2-3）。

麦积山因历经地震中部山崖崩塌，现存东崖和西崖两个部分。东崖主要以北朝时期开凿的上、中、下三层窟室和七佛阁组成，西崖主要由密集排列的十几层窟室组成，栈道凌空蜿蜒曲折，连通各窟室内外。麦积山石窟开凿于20～70米高的悬崖峭壁上，其建筑雄伟而险峻，形成一个宏伟壮观的立体建筑群。也成为麦积山有别于我国其他石窟的显

图5-2-1 远眺麦积山石窟

图5-2-2 麦积山精美的泥塑作品1

图5-2-3 麦积山精美的泥塑作品2

著特点，麦积山石窟的窟龛，洞窟多为佛殿式而无中心柱窟，明显带有地方特色。其中，最为突出的是崖阁，其仿木殿堂式石雕崖阁独具特色，雄浑壮丽。

一、崖阁建筑存精粹

崖阁建筑是麦积山石窟建筑的主要特色，属于前廊列柱形石窟。所谓崖阁就是指在山体上开凿的佛阁，即在崖面上依照中国古建筑楼阁形式凿建的石质建筑，完全依照木构建筑样式在窟前凿出一排前廊，再在里面凿龛建室（图5-2-4）。崖阁建筑从一开始便摆脱了莫高窟等对印度佛窟的模仿，完全呈现出我国传统建筑的特点——方形、平顶、前壁开门，两侧开龛。起初崖阁建筑只是凿出仿木结构的窟檐，后来木结构建筑内外的细部构件，如柱子、额枋、斗栱、天花等都凿了出来。崖阁建筑丰富了石窟建筑的整体形象，呈现出中国传统的建筑形式面貌，是中外文化结合的产物。

麦积山第004窟崖阁"七佛阁"，又称"散花楼"，位于东崖大佛上方，距地面约80米，建于6世纪前期，是崖阁建筑中最突出的代表，也是麦积山石窟建筑艺术的代表（图5-2-5、图5-2-6）。该窟虽然损毁严重，前廊已不现其雄壮原貌，但从遗迹中我们不难推测出全貌。七佛阁是一座庑殿式屋顶的大型建筑，面阔31米，进深13米，高15米。七间八柱，分前廊后室两部分，前廊下列8根八角形的檐柱，覆莲瓣形柱础，檐柱上有栌斗，栌斗承托阑额和梁头，斗之上有替木和檐檩，其上是檐椽。建筑构件均仿自木构建筑，结构关系明晰，石雕工艺精湛，反映了我国北周时期古建筑技术与艺术的较高水平。后室并列开凿7个四角攒尖式帐形龛，石胎泥塑帐幔层层重叠，龛内柱、梁等建筑构件均以浮雕表现（图5-2-7）。整体建筑规模宏伟、匠心独具、技艺高超。其形体巨大、造型壮观、气势阳刚，虽已残破但依然摄人心魄。七佛阁是全国石窟中最大的一座石刻仿中国传统木构宫殿建筑形式的典范，是研究北朝木构建筑的重要资料，也是中国古建筑历史中重要的实物资料节点，它是南北朝后期我国佛殿的外、内部面貌和中国化特征的佐证，在石窟发展史上具有重要的意义（图5-2-8）。

第030窟也可谓崖阁建筑中的精品（图5-2-9），该窟位于东崖下部，外有面阔三间的窟廊，长11.2米，外廊残蚀严重，上为单檐庑殿顶。外凿4根八边形前檐柱，上宽约0.76米，下宽约0.91米，自地

图5-2-4　远眺第004、005窟

图5-2-5　第004窟室外环境

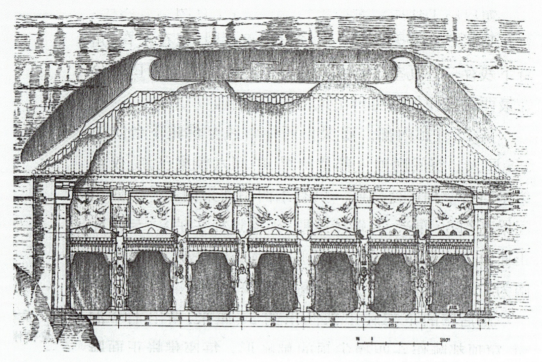

图5-2-6　第004窟复原立面图（引用来源：傅熹年《中国古代建筑十论》）

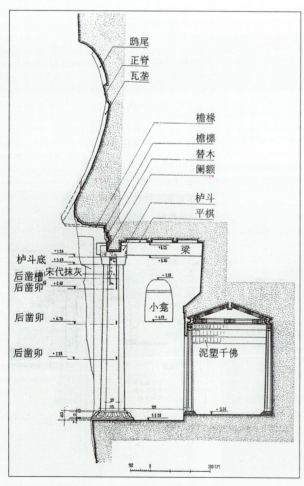

图5-2-7　第004窟剖面图（引用来源：傅熹年《中国古代建筑十论》）

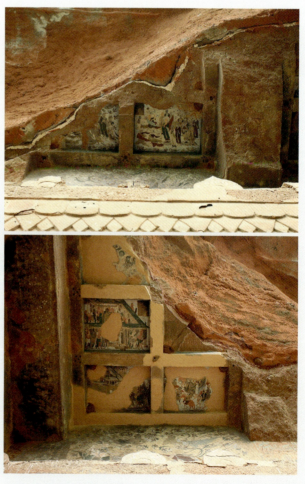

图5-2-8　第004窟内廊顶部装饰

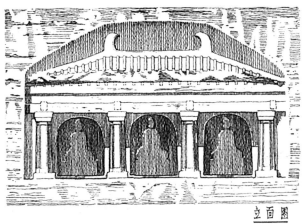
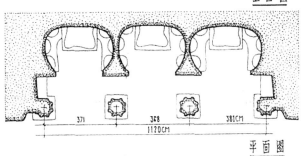
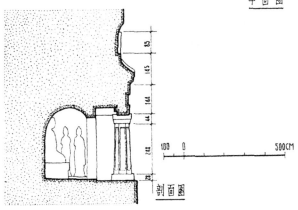

图5-2-9 第030窟测绘图（引用来源：傅熹年《中国古代建筑十论》）

面至栌斗下高2.48米，柱下端加大为础状。柱身各面凿低，边上留棱。柱顶栌斗上宽0.89米，下宽0.76米，总高0.44米，耳、平高0.25米，欹高0.19米。斗上左右雕阑额，阑额上凹入一段，再上为檐檩及椽。椽仅存东间一根，自阑额下至椽上通高1.44米。廊后壁凿有三窟室，入口雕圆顶，上雕火焰券装饰。廊内为平顶，三窟室为穹顶，平面为椭圆形。基本形制与028窟相同，表现出北魏三间小殿的形象。其明间高与面阔比均接近5∶6，阑额下至檐椽上的高度与柱高比约为1∶3。这表明北魏时期建筑物的各部分已经存在一定的比例关系[7]。

第043窟，西魏窟，在东崖中下部，外有面阔三间柱廊，檐柱4根，上雕单檐庑殿顶。廊后壁凿门，内椭圆形前室，宽与柱廊明间同。窟内有后室为麦积山石窟唯一。柱廊总面阔6.65米，明间面阔2.9米，高阔比相等。柱身断面为八角形，各面有3厘米外凸收边。柱下为素覆盆圆形柱础，柱上为方形栌斗。各柱头栌斗之上雕精美花饰（图5-2-10）。

二、泥塑艺术现精华

麦积山石窟艺术，除了独特的崖阁式建筑外，其精美的泥塑艺术也是闻名中外。历史学家范文澜曾誉麦积山为"陈列塑像的大展览馆"。如果说敦煌是巨型的壁画艺术博物馆，那么，麦积山则是露天雕塑艺术博物馆。这里的雕塑，大的高达16米，小的仅有10多厘米，留存了千余年来各朝各代塑像的精品，系统地反映了中国雕塑艺术发展和演变过程。

麦积山石窟的泥塑，大致分为四类。第一类是突出墙面的高浮雕（图5-2-11），这是麦积山泥塑的主要代表。其泥塑不受墙面高低限制，从内向外塑造，可大可小，立体感也强于一般高浮雕；第二类是完全离开墙面的圆雕，充分反映人物的全部面貌，这类造像始于北魏中期，北魏晚期已相当普及（图5-2-12）；第三类是粘贴在墙面上的模制影塑，这类多为千佛和供养人之类，造像10~20厘米，造型精致；第四类是壁塑，主要是塑在窟楣或两旁的龙头凤首，以及花式山树等。四类泥塑类型技巧不同，但却都形象生动，极富生活情趣，尤其是圆雕与高浮雕是主要的泥塑珍品。

深厚的民族传统和强烈的民族意识，是麦积山石窟泥塑艺术最突出的特点。尽管早期的造像还有一定的西域服饰特征，但雕塑已完全采用我国传统的技法，圆雕与平刀相结合、压线条与阴刻纹并用，从北魏塑像开始，佛、菩萨等造像均呈俯首下视的体态，从体形到服饰都逐渐在摆脱外来艺术的影响，已完全呈现明显的汉族形象样式，更具世俗化趋向（图5-2-13）。以形写神、形神兼备，更充分体现我国古代雕塑艺术的独特风格。

图5-2-10 第043窟室外环境

图5-2-11 第004窟四角攒尖式帐形龛及人物浮雕细部　　图5-2-12 麦积山天王造像　　图5-2-13 麦积山菩萨造像

第三节 其他石窟

甘肃地区石窟分布广泛，除了以窟型完备、壁画精美著称的莫高窟和以崖阁建筑、泥塑生动闻名的麦积山石窟，还有张掖马蹄寺石窟，永靖炳灵寺石窟，安西（现名瓜州县）的榆林窟、东千佛洞，陇东地区的南北石窟寺，武威的天梯山石窟等。甘肃石窟也逐步形成河西石窟群、陇中石窟群、陇东石窟群、陇南石窟群等。一些石窟建筑受到自然、人为因素的影响，虽然已被列入国家重点文物保护单位，但从建筑角度考量缺乏代表性，故部分石窟建筑未列入本书。

如武威的天梯山石窟，古称"凉州石窟"，是我国早期石窟艺术的代表作，在我国石窟史上有重要地位，现存洞窟18个，其中北凉、北魏10窟，唐代4窟，其他残破洞窟4处。凉州石窟是云冈、龙门石窟的源头。1959年黄羊河水库修建，窟内壁画、塑像、文字资料、绘画等迁于甘肃博物馆、敦煌文物研究所等地，然而大佛窟塑像因未保护，彩绘泥塑脱落仅存石胎（图5-3-1）。

陇东是石窟寺比较集中的地区，大大小小罗列着20多处石窟，其中最主要的，是北魏泾州刺史奚康生创建于北魏永平二年（公元509年）的北石窟寺和创建于北魏永平三年（公元510年）的南石窟寺。此外，还有王母宫石窟、罗汉洞石窟、丈八寺石窟、石空寺石窟、嵩显寺石窟和禅佛寺石窟造像、石拱寺石窟、云崖寺石窟、主林寺石窟、陈家洞石窟、保全寺石窟、张家沟门石窟、莲花寺石窟，以及因残缺过甚的千佛寺、太山寺、红童寺、西寺、大寺、乐山石窟、玉山寺、万佛洞等处石窟。它们大多数创建于北魏到唐代（以北魏创建的数量最多），主要分布在泾河两岸及陇山和子午岭中。甘肃的诸多著名石窟建筑中，敦煌莫高窟以壁画见长，麦积山石窟以泥塑见长，炳灵寺以石雕而著名。

一、张掖马蹄寺石窟群

马蹄寺石窟群位于河西走廊中段的张掖市正南约62公里的祁连山北麓，今属肃南裕固族自治县马蹄区。周边地势东南高、西北低，平均海拔3000米左右，洞窟大多开凿在红砂岩壁之上（图5-3-2），东晋十六国前凉隐士郭瑀及弟子始创，属凉州石窟模式。马蹄寺石窟群分为3处，共有7个组成部分，即：千佛洞、南北马蹄寺、上中下观音洞、金塔寺等。其中南北马蹄寺开凿于南北走向的马蹄河西侧的悬崖峭壁间；上中下观音洞分布在马蹄寺东南约24公里三个不同的山谷崖壁之上；金塔寺位于肃南县大都麻乡李家沟村西岸的岩壁上。《东乐县志》卷一名胜条记载："佛洞闲云，千佛洞在洪水河，悬崖峭壁，矗立千仞，岩半凿洞，整饬明敞。通连数十，俨若五步一楼，十步一阁。中塑佛像，旁开窗牖。"可见当时的窟龛规模和宏伟壮观之情景（图5-3-3、图5-3-4）。

图5-3-1 武威天梯山石窟（引用来源：网络）

图5-3-2 马蹄寺石窟群周边环境

图5-3-3 遥望马蹄寺石窟

图5-3-4 马蹄寺石窟群

有关马蹄寺，当地有不少民间传说，《甘镇志》讲"神骥足迹"，一说在现编号第8窟内的地面上有马蹄印，此印为二郎神（也有说为格萨尔王或乾隆皇帝）的马路过该地时踏下的，故这里就名之为"马蹄寺"。

在马蹄寺石窟群中，以早期石窟最为著名，就现存造像和壁画而言也最具价值。早期石窟主要分布在千佛洞、金塔寺。千佛洞位于马蹄河西岸，根据石窟的分布情况可分为南、中、北三段。南段包括第1、2、3、4窟，中段有第6、7、8窟，北段基本上是浮雕舍利塔（瘗窟烧身塔）共87座（图5-3-5）。藏传佛教对马蹄寺石窟群影响极大，这些塔的形制上可以明显看到相关样式。在南、中二段里，第1、2、3、4、8窟属于十六国北朝时期的早期石窟。金塔寺石窟分东、西二窟，保存较为完整，亦为十六国早期洞窟⑧。

马蹄寺石窟是石窟群的中心，又名普观寺。分为南、北二寺，南名胜光寺，北名普光寺，大小窟龛30余个。马蹄寺北寺洞窟规模为该石窟群之首，其中比较重要的窟龛是第3、7、8等窟。第3窟又名"三十三天"，据《东乐县志》记："有石门二十，石洞七，俱凿大小佛像，即寺僧所谓之三十三天也。"三十三天的洞窟结构，自下而上凿筑在石壁上，其外观看分为五层：第一、二、三层各平列开5窟，第四层一列3窟，最上一层1窟，共19个窟，宛如一座宝塔（图5-3-6、图5-3-7）。原三十三天窟外有

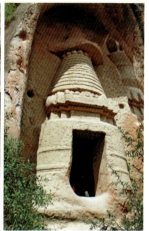

图5-3-5 瘗窟烧身塔

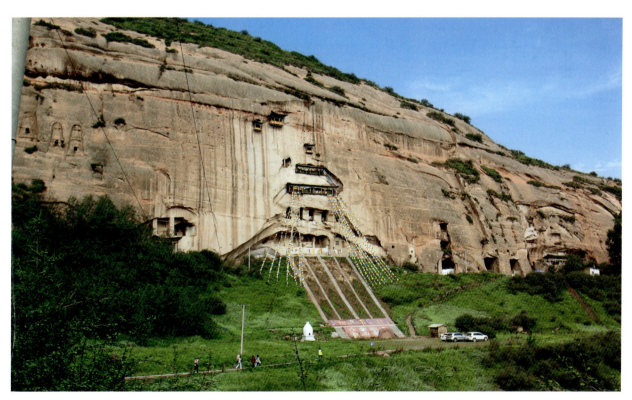

图5-3-6 第3窟三十三天

图5-3-7　第3窟三十三天局部及内廊

梵刹式的木质廊檐结构，各窟之间有开凿在崖壁内的隧道相通。犹如结构完整统一的古典楼阁，极为壮观。这种洞窟结构在我国石窟建筑中独树一帜，绝无仅有。视其窟形，可分为两类：一类为平面方形的人字坡顶；另一类为平面方形的覆斗式四面坡顶。每窟内正壁均开一个大龛，龛内塑一结跏趺坐佛像。龛外四壁为元代影塑千佛下绘壁画，有的壁画为明代重绘。

第7窟位于第3窟东侧，俗称藏佛殿，又名站佛殿。关于它的修建、当地群众也有传说：一位印度法师杀死了一个恶魔，将它的首、尾埋在此洞内青石板下，并在上面修造了一尊站佛镇压，以免魔鬼再出来害人，故名"站佛殿"。该窟为一个平面纵长方形，前部为人字坡顶，后部为平顶的大型石窟（图5-3-8～图5-3-10），深33.5米，宽27.43米，高约15米，为马蹄寺北寺中规模仅次于"三十三天"窟的一个佛殿。其平面极具特点，窟前凿有三个窟门，窟门后为一宽敞的前堂。前堂后面分为内阵和外阵两部分，内阵为一个方形有中心柱的拜殿，拜殿正面凿上下两层圆拱龛每层3个，正壁有坛基。外阵为三面连通的甬道，甬道两面及后壁凿有46个佛龛，每龛内塑一结跏趺坐佛像，为元代所作。前堂南、北两侧绘大型的礼佛图壁画，中心柱及甬道入口的崖壁上绘四大金刚，均为明代重绘。

第8窟又称马蹄殿，也是马蹄北寺比较重要的洞窟之一，因窟内有一马蹄印迹而得名。窟平面近方形，窟内有中心方柱，窟门有3个，均做券顶，窟高3.9米，宽10.06米，深8.6米。窟内南、北、西三壁凿圆拱形龛，龛内无造像，仅留门内及中心柱两侧明代重绘的力士和供养人残迹。洞窟中央方形塔柱，正面上下各开3龛，为北朝系制底窟（塔院）形制。窟前似有前室，与第7窟相似。

金塔寺和千佛洞的北朝窟中所见高肉雕大型飞天（图5-3-11），素有"东方飞天之精华"的美

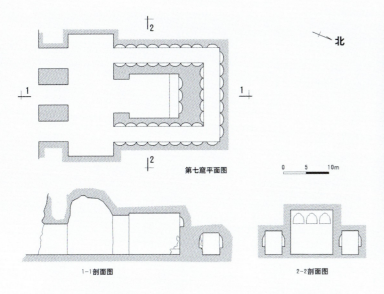

图5-3-8 第7窟平面、剖面示意图

图5-3-9 第7窟甬道（引用来源：网络）

图5-3-10 第7窟中心柱开深窟的拜殿（引用来源：网络）

图5-3-11 高肉雕大型飞天（引用来源：网络）

誉，极具创造性。其中金塔寺东窟一层龛楣两侧悬塑的飞天最具代表性，它是传统影塑形式更进一步立体化的发展。悬塑以高浮雕的技法生动地将飞天形象立体化，使得石窟建筑的表达形式得到了进一步的丰富，也形成北凉时期石窟造像的一大特色，充分显示了我国早期石窟雕塑艺术的成就，史岩先生曾高度评价道："艺术家非有更健全的想象力、更高度的表现技术、更丰富的造型经验和大胆的构图设计能力，是不能做到的。"[9]

二、永靖炳灵寺石窟

炳灵寺位于甘肃省永靖县城西南35公里的小积石山大寺沟中（图5-3-12）。其所在地理位置，地处古代"丝绸之路"陇西段的一条支线。从兰州车行至刘家峡水库，乘船至水库上游寺沟峡黄河水岸，炳灵寺便出现在陡峭的岩石悬崖上。佛教徒在炳灵寺建寺开窟造像，西晋时便已开始。十六国时期，鲜卑族乞伏部贵族建立西秦，因崇信佛教，一时内地及西域高僧云集于此，译经传法活动十分活跃，西秦境内的小积石山大寺沟（炳灵寺石窟），便成了当时佛教一大圣地（图5-3-13）。炳灵寺石窟也成为陇中石窟最重要的组成部分，是我国石雕艺术延续时间最长的石窟之一，它与莫高窟、麦积山石窟并称为甘肃三大石窟，1961年被国务院列为第一批全国重点文物保护单位。

炳灵寺魏晋时称唐述窟，唐代称灵岩寺，宋代始称炳灵寺。"炳灵"，是藏语"十万佛"的音译，意译相当于汉语的"千佛山"、"万佛洞"。炳灵寺

图5-3-12 炳灵寺所处小积石山环境

图5-3-13 炳灵寺入口大寺沟及山崖上的老君洞

图5-3-14 以171龛169窟为主体的炳灵寺石窟下寺区

石窟始建于西秦建弘元年（公元420年），后历经北魏、北周、隋、唐，不断进行开凿修造，元明时期仍有修缮留存。石窟分上寺、洞沟、下寺三处，以下寺最为壮观。现存窟龛212个，其中下寺区191个，洞沟8个，上寺区13个[①]。共计石雕造像694身，泥塑82身，壁画约900平方米，分布在大寺沟西岸长约200米，高60米的崖面上。石窟以位于悬崖高处的唐代"自然大佛"及大佛顶部南侧崖壁的169窟为核心，与崖面中段的众多中小型窟龛构成其主体（图5-3-14）。

炳灵寺石窟现存早期重要的洞窟169窟，为一天然大洞穴。古称唐述窟，现称"天桥洞"，高15米、深8米、宽20米，窟内有佛龛、石雕、石胎泥塑三类造型。石窟北壁第6龛龛侧墨书题记有"建弘元年（公元420年）岁在玄枵三月廿四日造"，为中国最早已知造窟题记，为早期石窟断代提供了可靠的实物依据。

171龛，位于石窟悬崖上，有唐代石胎泥塑的弥勒佛大坐像一尊，塑建于唐开元十九年（公元731年），2013年6月重修。大佛高达27米，雄浑庄严。依山雕凿，上半身为石雕，腹部以下为泥塑。

原16号窟，1967年迁出原址，2001年归位于石窟群对面山崖卧佛院内保护。身长8.64米的释迦牟尼涅槃佛塑造手法秀骨清像，原塑于北魏年间，移位时将唐代、明清重塑层剥离，露出中国现存北魏时期的唯一一尊卧佛涅槃像，也是中原地区北朝最大的涅槃像，具有非常重要的研究价值。高25厘米的唐代侍女造像，是中国现存石窟造像中最为珍贵的一尊，充分体现了盛唐风貌。

另外炳灵寺石窟中建筑价值较高的有唐代开凿的第3窟，内有现存保存完好的石刻仿木质结构单层亭阁式方塔一座。洞窟坐西面东，为平面方形、平顶窟，高约3.5米，宽3.4米，深3.1米，石塔四坡顶做典型的唐代仿木斗栱结构、方形盝顶，塔高约2.2米、塔基宽1.4米。基座四侧有孔眼，推测原有勾栏，正面设弧形踏道。塔正面（东面）开一方形深龛，龛内及塔身绘有壁画，为明代重绘。塔顶部为三珠宝冠式，内有覆钵造型。这座唐塔巧妙地将印度塔幢建筑特点融入中国建筑形式之中，成为我国石窟建筑中的孤例（图5-3-15）。

炳灵寺石窟还存有一些浮雕塔，这些石塔形态各异，覆钵、莲花、重檐等式均有。从中我们可以看到一些印度石塔之风，另外又有中国传统建筑特点的融合。石刻房舍的形象较为普遍，石柱、斗栱等中国传统建筑形象特征鲜明。这些浮雕虽小，但与麦积山石雕崖阁式建筑同为我国罕有的建筑文化遗产（图5-3-16）。

石窟崖壁残存栈道木构件，可以看出原有每一处重要石窟前均可通行，供信徒观瞻（图5-3-17）。

三、榆林窟

敦煌石窟，其实是莫高窟、东西千佛洞、肃北五个庙、榆林窟等几处石窟的合称，除了莫高窟之外，榆林窟便是敦煌石窟中窟洞较多者，其艺术价值也同样不可估量。车行到瓜州县（原安西县）城西南约75公里的榆林河（亦名踏实河）畔，便是榆林窟的位置所在。因河岸榆树成林，因而称之为榆林窟（图5-3-18）。榆林窟距敦煌170多公里，俗称万佛峡。1961年3月，国务院公布其为全国第一批重点文物保护单位。

榆林窟西夏时期的洞窟壁画精美，弥补了莫高窟西夏壁画的不足之处，为敦煌石窟壁画中的代表作。榆林窟现存唐、五代、宋、西夏、元等朝代洞窟42个，分布在榆林河东、西两岸的悬崖峭壁上

 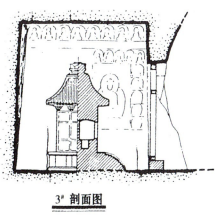 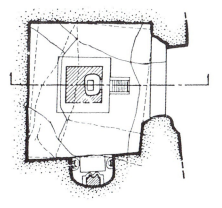

图5-3-15　第3窟唐塔（引用来源：王亨通、杜斗城《炳灵寺石窟内容总录》，孙毅华绘）

图5-3-16　浮雕塔

图5-3-17　崖壁木构留存

图5-3-18　榆林窟坐落在榆林河畔

（图5-3-19），东崖31个（分上下两层开窟）、西崖11个、壁画5000余平方米、彩塑200余身。[10]由于自然和人为等多种因素影响，榆林窟的彩塑原作已所剩无几，现存彩塑多为后代重修或重塑。

榆林窟从洞窟形式、表现内容和艺术风格看，与莫高窟十分相似，是敦煌艺术系统的一个分支，历来被国内外学者所重视。东崖一层多有窟前建筑，东西两崖上层洞窟前面多有较深的甬道，且横开连通毗邻各窟的长甬道，不同于莫高窟。

榆林窟至今创建年代虽无文字可考，但从洞窟形式和有关题记推断，当开创于隋唐以前。主室形态有3种：1. 主室呈长方形，偏后有中心柱，四面开龛，有前室及长甬道，多为唐初开凿，有的甬道长达8米；2. 主室呈方形，覆斗藻井，中心设须弥座（佛床），其余与前者相同；3. 主室呈方形，覆斗藻井，中心置圆坛，无甬道，多为密宗窟。

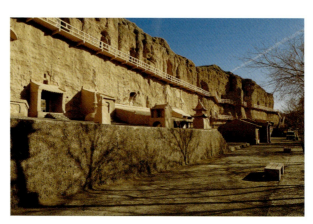

图5-3-19　榆林窟东崖全貌

榆林窟窟前建筑位于东崖第2窟至第11窟前约300平方米的空地上（图5-3-20），一层洞窟前部分有清代建窟檐。窟前有山门、土塔、门楼、观音阁等土木建筑，虽因场地限制规模较小，但造型精致、用材质朴，大大丰富了榆林窟的整体空间结构。

从现存壁画风格和游人题记衔看，榆林窟在

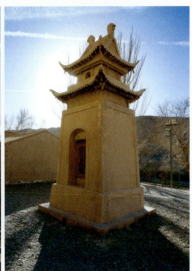

图5-3-20　榆林窟窟前建筑

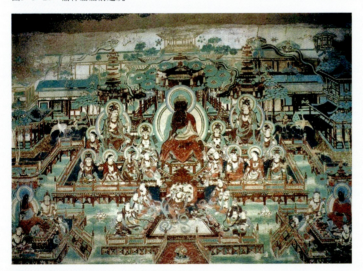

图5-3-21　第25窟《观无量寿经变》（引用来源：敦煌研究院编《中国石窟之安西榆林窟》）

图5-3-22　经变局部之伎乐天（引用来源：敦煌研究院编《中国石窟之安西榆林窟》）

唐、五代、宋、西夏、元、清各代均有开凿和绘塑。其中，第6窟高约25米的石胎泥塑大佛，全身涂金彩绘，金碧辉煌，庄严雄伟，虽经历代修葺，但依显盛唐风范。榆林窟的塑像虽有不少佳作，但不完全体现它的价值。榆林窟的价值主要表现在精美的壁画上，它较莫高窟同时期壁画保存完好，线条纯熟、色彩厚重。主室壁画中还出现绘制的支撑窟顶宝帐的排柱装饰，也是莫高窟中所没有的。榆林窟壁画题材选择有场面宏大的佛教故事画，有种类繁多的花卉禽兽，有极为精致的装饰图案，更有反映现实生活场景的耕获、棋弈、歌舞等画面。自唐至元，榆林窟壁画佳作辈出，其中第25窟中唐壁画《观无量寿佛经变》和第2窟、第3窟的《唐僧取经图》，堪称绝世珍品。

第25窟开凿于东崖中部，主室呈平面方形，有甬道与前室相连，中央设方形佛坛，顶部为覆斗形，建于吐蕃时期。主室西壁门两侧壁画为文殊、普贤，南壁为据《观无量寿经》所绘之"观无量寿经变"，其中心主体即佛经所说的"西方极乐世界"庄严美妙之景象。画面上七宝池中现出一片宫殿楼阁，曲栏平台，气势磅礴，辉煌壮丽（图5-3-21～图5-3-23），净土图的两侧绘有未生怨故事和十六

图5-3-23 经变局部之婆罗门外道拆楼图（引用来源：敦煌研究院编《中国石窟之安西榆林窟》）

图5-3-25 第三窟《普贤变》阁楼细部（引用来源：敦煌研究院编《中国石窟之安西榆林窟》）

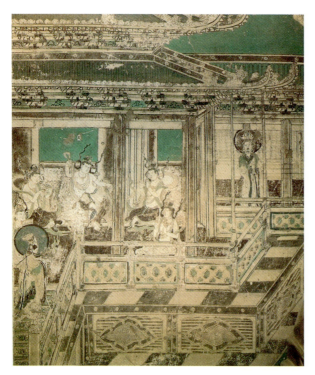

图5-3-24 第三窟《观无量寿经变》局部（引用来源：敦煌研究院编《中国石窟之安西榆林窟》）

图5-3-26 第三窟《文殊变》（引用来源：敦煌研究院编《中国石窟之安西榆林窟》）

观。主室北壁是以《弥勒下生成佛经》为据所绘之弥勒经变。值得一提的是其中描述了婆罗门外道拆楼的场景，此图中极为难得的古建筑内部结构图，历来为古建筑学家珍视。

第3窟开凿于西夏中晚期，此窟的洞窟内容和形制独具一格，大量的精美壁画是敦煌石窟晚期的巅峰之作（图5-3-24～图5-3-26）。《观无量寿经

图5-3-27 西千佛洞外环境

图5-3-28 西千佛洞崖壁远眺鸣沙山和党河

变》中有大量描绘中国古建细部壁画，为我国古建筑的构造研究提供了珍贵资料。最为经典的是此窟内的"普贤变"和"文殊变"。画中以山水楼阁为背景，群峰突兀、重峦叠嶂、烟云缭绕，轻微晕染的同时，大量地运用了素白为底之白描法，不同角度的人像和景物在同一平面和空间中自然表现，是为画语所言"咫尺之图，写千里之景"之绝佳写照，整面壁画为一大幅水墨，是那个时代山水画技法的最高成就。

榆林窟艺术的高度成就，弥补了莫高窟西夏艺术的不足，大大丰富了以莫高窟为首的敦煌石窟艺术体系。它与莫高窟、西千佛洞等石窟同属一个体系，但又各有特点。这些大大小小的石窟群相互依存、相互补充，共同成就了宏大的敦煌艺术。

四、西千佛洞

从敦煌市西南行至阳关途中，道左不远处即为党河，河床北岸为寸草不生的戈壁滩，南岸是逶迤蛇曲的沙山，西千佛洞就位于沙山尽头的河床北岸陡崖上（图5-3-27、图5-3-28）。因莫高窟俗称千佛洞，此地又西邻于它，故称"西千佛洞"。西千佛洞环境清幽陡崖深壑上有浓荫蔽天，崖下滩地红柳丛生，古木参天，涓涓小溪流过。西千佛洞开窟年代无从可考。巴黎藏敦煌遗书《沙州都督府图经》所记佛龛之文曰："右在县（寿昌县）东六十里，《耆旧图》云，汉……佛龛……百姓渐更修营……"推

测可知，西千佛窟始创年代应早于莫高窟，或至少应与莫高窟属同时代建造，目前尚未发现比北魏晚期更早的洞窟和遗迹。

现存洞窟22个，大都为北魏时所开凿，也有西魏、北周、隋、唐、五代、宋、回鹘、西夏、元代洞窟，其中9个保存较好，石窟的结构、彩塑、壁画艺术风格等与莫高窟体系相近。因而也成为敦煌艺术的一个不可或缺的组成部分。窟室中央大多有中心座，座四周凿龛，内塑佛像，四壁多绘贤劫千佛、佛跌坐说法图、佛涅槃像。中心座和四壁的佛像下，绘金刚、力士像。第12窟内南壁西段绘睒子本生经故事，东段绘劳度叉斗圣故事，填补了莫高窟北魏洞窟没有的佛本生故事的空白。

第6窟为北魏窟室，中心柱东面座下有发愿文一篇，为佛门弟子昙藏为其亡祖父母及父母造像所书，其中尚有70多字可以辨认，极为珍贵。这一北魏手书真迹，间架紧密、结构天成、拙厚质朴，对我国书法艺术的研究有很高的历史价值。

第4窟由前室和主室两部分组成，主室顶部为覆斗形，洞窟始建于隋。洞内大量存有回鹘时期（11世纪70年代至12世纪初）绘制的壁画，如前室的坐佛、普贤变、药师变及窟顶的藻井和图案，主室东、西壁的说法图。其构图特点是人物稀疏、结构松散、描绘粗略。在窟室内各种空间的顶部（窟顶、甬道顶、龛顶），满绘牡丹团花图案。其结构紧凑、色彩艳丽、工艺精细，反映了这一时期装饰

图5-3-29 西千佛洞第19窟北壁（引用来源：《中国石窟之安西榆林窟》）

绘画的特征。窟内壁画人物造型也是别具特点，强调了回鹘民族的外貌、气质，体态健壮、面形长圆、两颊丰肥、柳眉细目、鼻梁高直，是回鹘佛教艺术民族化的重要体现。

第19窟建于五代，是敦煌石窟中唯一用泥塑的形式表现十六罗汉题材的窟室。该窟形制较为独特，呈纵向的圆拱形顶，地面内高外低（图5-3-29），洞窟前部已毁，后部正壁1米高处开通顶大龛，与窟室同宽。龛内现存主尊倚坐佛，是西千佛洞保存最完整的一身五代时期的彩塑，这尊佛像体态端庄、肌肤丰满圆润、衣纹繁简适度、色彩素雅，颇有唐代造像之风格。沿东西两壁筑有像台，原塑十六罗汉像，现存13身，西侧8身，东侧5身。此窟十六罗汉像的出现，说明了敦煌佛教艺术与中原地区佛教艺术发展的一致性。窟室内壁画均为五代原作，正壁龛内绘了十大弟子、六菩萨、四大天王等内容。

东西两壁自顶而下，都绘了各种坐禅入定罗汉像，其中东侧存56身，西侧存108身，共计164身。在敦煌石窟中，以绘塑结合的手法在一个洞窟中表现如此多罗汉像的较为罕见。放眼西北地区，以此手法表现的罗汉堂也是颇为少见。

五、北石窟寺

陇东地处黄土高原，海拔在1100~1800米之间。黄土厚度达100米，境内沟壑纵横，在被河流冲刷及沟壑深切的黄土层下面，暴露出沉积岩的地质结构。这种沉积岩又称红砂岩，砂岩柔细，易于斧凿，宜于雕刻。多数石窟都选择在河流两岸及沟壑崖间红砂岩断面上开凿，构成了以红砂岩为主的佛教石雕造像艺术。

陇东的董志塬，沉积着世界上最厚重的黄土层。在董志塬的西侧，庆阳市西南25公里处的黄土高坡下，蒲河和茹河交汇处的东岸二级台地上，坐落着千年古刹北石窟寺（图5-3-30）。

北石窟寺始建于北魏宣武帝永平二年（公元509年），距今已有将近1500年的历史。相传是泾州刺史奚康生主持兴建。当时只有"七佛窟"一座大窟，因与永平三年的泾川南石窟几乎同时开凿，南北相距45公里，故名北石窟寺。其后历经北魏后期，至西魏、北周、隋代、唐代、宋代相继开凿增建，共计294个大小窟龛，形成了一处规模宏大的石窟群，雄踞陇东之首，成为陇东的佛教中心所在（图5-3-31）。

图5-3-30 北石窟寺外董志塬

图5-3-31 北石窟寺全貌

寺沟主窟群即昔日的北石窟寺。"石窟群坐东面西，背靠突兀的覆钟山，面临蜿蜒南去的蒲河水，在覆钟山西坡下高20米、南北长120米的黄砂岩崖面上，集中开凿了大小294个窟龛，分布密集，形如蜂巢。此处石雕造像有2120多身，现保存的还有历代石碑8通，彩绘壁画70多平方米，阴刻和墨书题记150多方"，[12]清代建筑遗迹3处，戏楼一座。

北石窟寺千姿百态的石雕造像代表了陇东地区石窟艺术的精华，也是中外文化交流汇集的结晶，堪称古代丝绸之路上的一颗明珠，在中国石窟艺术中占有一席之地。

北石窟寺曾建造有楼阁、廊檐、栈道等，其中楼阁建筑是北石窟寺最为宏丽的建筑之一，它位于窟群正中，即165号窟门前，现楼阁的基础与铺垫的石基仍历历在目（图5-3-32），石基宽9.7米、长7.1米，基本为长方形和四角带斗栱挑檐的建筑物。在楼阁的正前方左右两侧建造的两耳楼，按遗存痕迹看面积较小，为长约3米、宽约3米的方形建筑，估计是当时为阁楼附设的鼓楼和钟楼。至于这组建筑是何年代建造的，现无文字记载，从北石窟寺各朝代开窟造像数量以及所占面积分析，唐代的可能性比较大。石基西侧现存清代戏楼一座，已改为石窟寺出入口（图5-3-33）。北石窟寺窟龛有295个，其中百分之七十属于唐代雕刻的，唐代是北石窟寺发展历程中最为辉煌的时期。北石窟寺建筑类型大体有三部分：第一部分为地面建筑，有房舍等，位置均在窟院南北两处开阔地，这大概是当时寺院最早的建筑，为僧徒的食宿之地；第二部分是长廊雨檐建筑，位置在窟群的二三平台及走道处，这些建筑物大小不等，样式各异；第三部分为栈道建筑，位置在165号窟明窗断崖处及行人不能通过的地方。

北石窟寺北朝时期及隋代的窟龛形制主要有平面长方形，覆斗顶，盝形门窟；平面长方形，平顶窟；平面方形，穹隆顶，低坛窟；平面方形，穹隆顶龛；平面半圆形，平顶龛；方形浅龛等。唐代窟龛形制，主要是以方形、长方形或马蹄形平顶或覆斗顶、穹隆顶的中型佛殿洞窟为主。这类洞窟虽数

图5-3-32 北石窟寺165窟外景

图5-3-33 北石窟寺清代戏楼现为出入口

图5-3-34 北石窟寺165窟内环境

图5-3-35 北石窟寺165窟外力士造像

量不多，但具有典型的代表性。

北石窟寺165窟为佛殿式石窟，是我国北魏时期以洞窟为建筑形式的典型实例（图5-3-34）。覆斗顶大窟，平面为长方形，窟高14米，宽度21.7米，深度15.7米，面积为340.69平方米。盝形窟顶有仿斗帐造型构件，方形门、门上设明窗。窟内四壁下有宋代重砌的高坛，坛高1.2米，正壁及南北两壁雕7身立佛及10身胁侍菩萨；窟门内两侧各雕弥勒菩萨、乘象菩萨和三头四臂的阿修罗天造像。佛像高8米，胁侍菩萨高4米，弥勒菩萨高5.8米，乘象菩萨高3.05米，阿修罗天高3.1米。窟外两侧各有一力士像（图5-3-35）。

楼底村1号窟为中心塔柱式石窟。与泾川王母宫石窟和云冈石窟第5、6窟有很多共同之处。其壁面都分层开龛，中心塔柱分两层，四面造像。龛外浮雕佛传、本生故事。龛内外的装饰也非常相似，龛楣尾部都雕有回首龙头。因此，说明北石窟寺的楼底村1号窟无论从形制、造像布局、装饰特点等方面都可能是模仿云冈第5、6窟而开凿。

六、南石窟寺

南石窟寺位于甘肃省泾川县城东泾河北岸蒋家村，距泾川县城9公里。据南石窟寺碑记载，北魏永平三年（公元510年），为泾州刺史奚康生所造，是甘肃陇东地区比较著名的石窟寺。现保存在洞内的南石窟寺碑，有"大魏永平三年"题记，晚建于北石窟寺一年。1988年被列为国家重点文物保护单位。

南石窟寺又俗称为东方洞。窟龛开凿在泾河北岸红砂岩上，现存5窟，1号东大窟和2号西小窟保存较为完整（图5-3-36）。第1窟为南石窟寺的主窟（图5-3-37），平面长方形，覆斗式顶，窟门顶上凿方形明窗，窟高11米，宽18米，进深13.20米。形制、结构与北石窟寺165窟基本相同，但规模略小。窟内造像为7佛，布局为北壁3佛，东西二壁各两佛，佛两侧各雕一胁侍菩萨，佛高6米，菩萨高5米，均为立像。窟门内两侧各雕一尊高约3米余的交脚菩萨。门外两侧雕二力士。所有雕塑形态各异，栩栩如生，为北魏风格。窟顶浮雕满布，题材为树下诞生、舍身饲虎、宫中游戏之类的佛经故事。人物造像笑容可掬、形态秀美，表现出人文化的倾向。雕刻简练概括，线条生动流畅，充分反映了古代雕塑的极高造诣和艺术水平。余4窟皆小，剥落处露出早期壁画。其风格与北石窟寺极为相似，故称姊妹窟。窟外崖壁上有小龛10余个，均系北魏、中晚唐开凿。

图5-3-36　南石窟寺外环境（引用来源：网络）

图5-3-37　南石窟寺1号窟内环境（引用来源：网络）

结语

甘肃地处我国西北,为丝绸之路的必经之地。魏晋十六国时期统治者开始提倡佛教,莫高窟、麦积山、炳灵寺等河西石窟寺逐渐开凿。北魏时期在国家的推广和支持下,北方佛教有了飞跃性发展。大同云冈石窟、洛阳龙门石窟就是这一时期石窟造像鼎盛的代表。河西已有的石窟造像得到大规模的扩建与发展,陇东地区也陆续兴建了大量石窟寺,如南北石窟寺、泾川王母宫等。甘肃石窟寺建筑呈现出全面发展的状态,雕塑、壁画、建筑风格逐步融合中原内陆特点,呈现出民族化的全新特征。

北魏时期,甘肃各处石窟形制呈现出多样化、民族化倾向(图5-3-38)。窟内出现了人字形坡、阙形龛。为了满足众人礼拜的需求,单窟的空间体积不断增大,已经出现了面积约340平方米的大型窟北石窟寺165窟。麦积山石窟窟檐建筑出现了仿木构建筑的崖阁式建筑形态。

甘肃地形狭长,多民族聚居。河西接西域,较长时间受西域艺术风格影响。中部、东部靠近中原,受汉族文化影响较深。不同的地域文化特征造就了甘肃各地石窟寺的多种风格流派。这些石窟建筑在继承佛教文化艺术的基础上,充分吸收当地的优秀文化传统,形成了鲜明的时代共性和地域特性。

纵观甘肃石窟建筑艺术发展,我们不难发现,石窟建筑的民族化发展过程,佛教文化东进在甘肃留下了颇为丰富的石窟印迹,站在甘肃你可以窥到中国石窟的全貌。我们从中看到石窟建筑发展的延续性,看到每个朝代时间节点下从西到东石窟艺术发展的全过程,甘肃石窟艺术俨然成为研究我国各个时期建筑、佛教文化、绘画、雕塑艺术的凝固艺术宝库。

注释

① 孙毅华、孙儒僩,敦煌石窟全集·石窟建筑卷 [M] 商务印书馆,6页。

② 孙儒僩,敦煌莫高窟的建筑艺术 [J]. 敦煌研究 1993.12

③ 学术界对这类石窟形制的分类说法不一,孙毅华先生从使用功能的角度,将背屏式石窟归为中心佛坛窟的一

图5-3-38 莫高窟254窟人字坡顶(引用来源:敦煌研究院主编《敦煌石窟全集 石窟建筑卷》)

种衍生。萧默先生亦从建筑空间差异角度，将背屏式作为主要窟型，将中心佛坛窟纳入其中。也有罗哲文先生将两者分立，分述两类窟型。本文遵照孙毅华先生分类方法，从使用功能入手将背屏式纳入中心佛坛窟一类。

④ 从四川渠县汉阙（我国现存于地面上时代最早、保存最完整的仿木结构建筑遗存）到山西省五台山南禅寺大殿（我国国内现存最早的木构建筑）600余年间，我国除发现部分砖雕石刻建筑局部外，未出现完整的建筑形态图像。建筑形象的缺失，使得我国古建筑形态发展的流变无据可考。敦煌壁画的出现弥补了这一缺憾，构成了我国建筑史料的重要部分。

⑤ 竹子辟蒻编网，罩在殿阁檐下防鸟雀栖息于斗栱间，称为"护殿檐雀眼网"《营造法式》，第十二卷竹作制度。

⑥ 五代王仁裕撰《玉堂闲话》，书中主要记载了天水人王仁裕亲身经历或同期当事人叙述的唐末五代时期中原、秦陇和陇蜀地域的史事、传闻。

⑦ 傅熹年，中国古代建筑十论 [M]．复旦大学出版社，2004.5。

⑧ 姚桂兰、秦春梅，张掖马蹄寺石窟群早期石窟艺术概述 [J]．敦煌学辑刊，1999第2期。

⑨ 史岩，散布在祁连山区民乐县境内的石窟群 [J]．文物参考资料，1956.4。

⑩ 曹学文，炳灵寺石窟现存窟龛究竟有多少[J]．《丝路》，1997.6。

⑪ 对榆林窟现存洞窟数量说法不一，本文参考敦煌研究院编《中国石窟——安西榆林窟》文物出版社2012.8.第2版。

⑫ 宋文玉，北石窟寺 [J]．丝绸之路，2011.9

甘肃古建筑

第六章 公共建筑及军事建筑

甘肃公共建筑及军事建筑分布图

① 1 敦煌清代粮仓
② 1 瓜州破城子
② 2 敦煌汉悬泉置
② 3 嘉峪关汉建筑群
③ 1 酒泉钟鼓楼
③ 2 酒泉晋城门
③ 3 酒泉玉门关及长城烽燧
④ 1 高台骆驼城
④ 2 张掖鼓楼
④ 3 张掖东仓
④ 4 张掖黑水国遗址
⑤ 1 永昌钟鼓楼
⑥ 1 连城鲁土司衙门
⑦ 1 白银靖远钟鼓楼
⑧ 1 永泰城址
⑧ 2 平凉静宁成纪古城

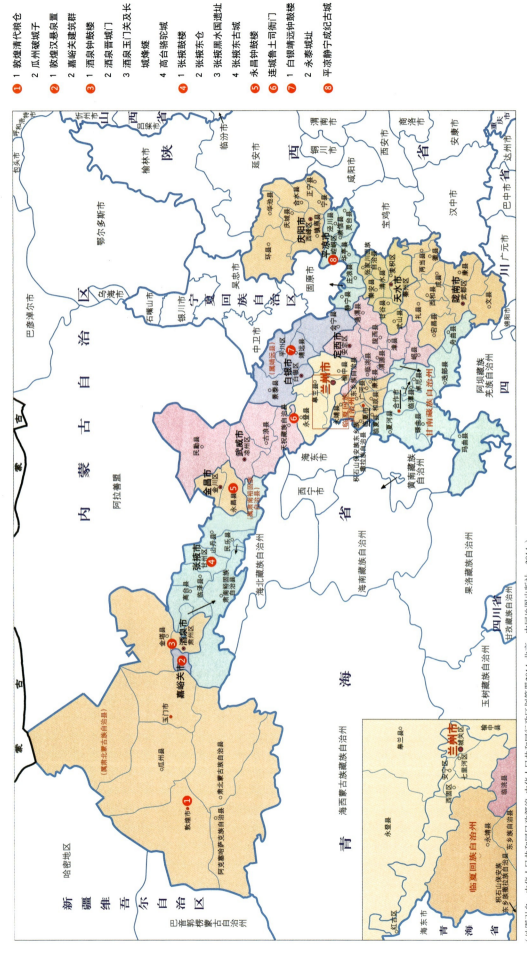

（地图引自：中华人民共和国民政部编. 中华人民共和国行政区划简册2014. 北京：中国地图出版社，2014.）

甘肃省境东西走向长度约1655公里，南北最宽530公里，最窄处仅有25公里，飘带般镶嵌在我国西部腹地。其地理区位位于黄河上游，黄土高原、蒙古高原和青藏高原相交于此，其文化联系着中原腹地，又绵延至西北边陲。东以陇山、秦岭与陕西为界；南以岷山，祈连山与川藏高原相邻；西部戈壁连接青海新疆；北部沙漠漫延至宁夏、内蒙古。历史上，甘肃自古为羌戎之地，华夏边陲。胡汉杂居，民族构成复杂。该地区是西北各游牧民族和中原王朝不断争夺经营之地，其城镇分布与发展，是在数千年来的征治交替，以及不断更迭的军事城防发展中逐渐演化而成的。

甘肃地域内的城防军事发展以时间顺序沿如下脉络发展：

1. 春秋战国至秦霸西戎时期；
2. 汉魏两晋时期；
3. 隋唐时期；
4. 明代九边设防之后。

本章基于西北疆域发展的空间格局进行分析，重点介绍近代行政版图中甘肃省行政区划内军事建筑遗存。据考古发现，甘肃省陇西地区为春秋时期秦国的发源地，历史久远。其营建最早始于秦国收复十戎，强盛于北地、陇西二郡设立之后，陇西疆域进一步拓展和稳固。至汉，北境匈奴侵扰频繁，《汉书》卷九六《西域传上·序》载："汉兴至于孝武，事征四夷，广威德，而张骞始开西域之迹。其后骠骑将军击破匈奴右地，降浑邪、休屠王，遂空其地，始筑令居以西、初置酒泉郡，后稍发徙民充实之，分置武威、张掖、敦煌，列四郡，据两关焉。"随着汉代边亭、烽燧的逐步修建，河西四郡及各辖县初具雏形，促进了当地发展，保障了中原地区与西域通商顺畅，加强了汉朝与西域各国的文化与经济联系，以及缓解匈奴对于汉王朝边境的军事压力。

至唐代，西北疆域更加辽阔，于是中央政府设立陇右道，分十八个州①，统辖除今陇东之外的甘肃全境以及周边地区。以军事防御为基本建城特点的众多郡县堡塞分布于祁连山脉、乌鞘岭、砟河沿线。

元代置甘肃中书省，"甘肃"作为行政区划第一次出现，取自甘州（今甘肃张掖年）、肃州（甘肃酒泉年）。元代在西部因无军事威胁，分散其中的各个边燧、障城、堡塞逐渐废用。

明代因初期的北元鞑靼、瓦剌对于北陲的不断侵扰，甘肃的军事设施建设依托前朝的边城遗存重新进行了大规模的建设，属陕西承宣布政使司明代的魏焕的《明九边考》载："甘肃即汉之河西四郡，武帝所开以断匈奴右臂者。盖兰州即汉金城郡，过河而西历城子、庄浪、镇羌、古浪六百余里至凉州，即汉武威郡；凉州之西历永昌、山丹四百余里至甘州即汉张掖郡；甘州之西历高台、镇夷四百余里至肃州，即汉酒泉郡；肃州西七十里出嘉峪关为沙、瓜、赤斤、苦峪以至哈密等处，即汉敦煌郡，与前四郡俱隶甘肃。至洪武五年宋国公冯胜下河西乃以嘉峪关为限，遂弃敦煌。自庄浪岐而南三百余里为西宁卫，古曰湟中；自凉州岐而北二百余里为镇番卫，古曰姑臧，此又河西地形之大略也。"长城沿线的堡、卫、镇又得到进一步修整使用。清代设甘肃布政使司，统辖今甘肃全境及青海、宁夏、新疆部分。政治及政治稳定，边塞长城又一次弃用，各府镇得到进一步发展。

第一节　公共建筑

城镇发展建设的过程中，大量的公共建筑在城镇内外不同地区构建，成为城镇空间格局的框架主体。有以司时为主的钟楼及鼓楼，有以负责民事公务的衙署，有以储备粮食的粮仓等各种公共建筑，并且各有其固定的建设位置和形制，如粮仓多建于干燥的高地，以处理公务、报时的衙署、钟鼓楼等多建在城的核心位置等。

本章以甘肃省自西向东的空间走向为主线，简要介绍各地区分布的公共建筑。

一、酒泉钟鼓楼

酒泉钟鼓楼位于酒泉市肃州区老城区十字街中

图6-1-1 酒泉鼓楼

图6-1-2 酒泉鼓楼北

图6-1-3 酒泉鼓楼东

心的一座砖砌高墩上，主体建筑为三层塔形木结构，据《西凉旧事》载，钟鼓楼最早修建于东晋穆帝永和年间（公元346—353年），是前凉政权酒泉郡太守谢艾主持重修的酒泉城（福禄县城年）的东城门。上部叫"谯城"，供守城戎卒打更巡逻、报时、防寇报警之用（图6-1-1年）。2013年被国务院公布为第七批全国文物保护单位。

明洪武年扩城时，将原有东门置于新城城中，改用作鼓楼。据载，明初时，钟鼓楼仅有南北两城门洞相通，后增设东西两城门洞，并四向依次开设东西南北四条主要街道，清雍正三年（1725年），整修城楼时以砖包砌鼓楼台基。清同治四年（1865年）毁于兵燹，清光绪三十一年（1905年）重修三层木楼。

鼓楼分台基与木楼两部分，通高24.3米。台基呈正方形，上小下大，内部夯土版筑，外包青砖，高7.4米，底边长26.33米，面积约674平方米（图6-1-2、图6-1-3、图6-1-4）。台基四向开券门，门宽3.6米，高4.2米，十字形相交的四个砖券洞门

图6-1-4 酒泉鼓楼全景

图6-1-5 酒泉鼓楼门楣

图6-1-6 酒泉鼓楼立面

图6-1-7 酒泉鼓楼东匾额

从台基四面正中穿过，穹隆顶中心为八卦结顶，悬置有伏羲八卦板一块。各门均有门额和彩楣。在门楣上部，皆嵌有仿木砖雕廊檐的神瑞图。东为"二龙戏珠"，西为"丹凤朝阳"，南为"河图洛书"，北为"八仙庆寿"。四门额题分别为"北通沙漠"（今内蒙古巴丹吉林沙漠）、"南望祁连"、"东迎华岳"、"西达伊吾"（图6-1-5、（图6-1-6）（伊吾：今新疆哈密）。台基东侧布置有登楼梯道。

方形台基上建有三层四角攒尖顶木楼，抬梁结构。首层每面面阔三开间，中柱12根，贯穿至二楼，其中有4根通天柱直贯三楼，四向边角砌砖墙，四面开槛门，楼外围立有20根檐柱。二楼12柱，位置分布同首层，建筑四面的柱间各有12槅雕花窗扇，共48扇。其外有回廊栏杆，无槅柱。三楼为单间，单檐四出，四角高挑，四面开窗，窗外回廊护栏。檐下花板代栱，四角置抹角梁，中有雷公柱，雷公柱周边抹角梁下为八角形藻井。顶部四戗脊会于攒顶，

图6-1-8 酒泉鼓楼西匾额

在戗脊两侧做垂脊，脊前施兽，脊上无小兽。瓦面上涂绿色。屋脊宝瓶顶为陶质，上下两层均为圆形。

整楼悬有不同时代题写的牌匾，在东面二层檐下挂"声震华夷"匾额（图6-1-7），上款"光绪丁未仲秋"，下款"建康聂吉儒敬书"；西面二层檐下挂"气壮雄关"匾额（图6-1-8），上款"光绪乙巳仲秋"，下

款"汉南符瑞题",三层为单开间、单檐,四面开窗,四角出挑,外有回廊护栏。在细部工艺做法上,酒泉鼓楼使用具有河西建筑典型风格的"花板代栱"的檐下做法和"吊花引龙"的翼角做法(图6-1-9)。

二、张掖鼓楼

张掖鼓楼又名镇远楼、靖远楼,位于张掖城中心。2006年被国务院公布为第六批全国文物保护单位。据《重修甘州吊桥及靖远楼》碑刻载,镇远楼始建于明正德二年(1507年),由都御史才宽主持修建,清顺治五年(1648年)焚毁于兵燹,清康熙七年(1668年)甘肃提督张勇重建,清乾隆、清光绪两朝均有修缮。

鼓楼整体为砖木结构,分楼台基座、楼阁两部分。楼体从底至顶高约30米,基座平面呈正方形,基座边长约32米,高度9米。夯土版筑,青砖包砌,基部衬砌石条,台顶砌女墙。基座四向开券形门洞(图6-1-10)。门洞平面呈十字形,贯通四条主要街道。门洞宽4米,高5米,洞口顶部砌5层砖券,上面嵌刻砖匾额,东为"旭升"、西为"宾晟"、南为"迎薰"、北为"镇远"。基座西北角用条石砌筑有登楼楼阶(图6-1-11),台上筑楼阁外三层,内两层木楼,面阔进深各三间,底宽16米,重檐四角攒尖顶。四面悬挂匾额,据记载,原匾额为东面:"金城春雨"、西面:"玉关晓月"、南面:"祁连望雪"、北面:"居延古牧"。清康熙七年(1668年)重建后,改为东面:"九重在望"、西面:"万国咸宾"、南面:"声教四达"、北面:"湖山一览"。钟鼓楼东南角有唐钟一口,高1.3米,径1.1米。下口6耳。铸有图案3层,每层6格,上层中间3格为飞天,飞天戴花冠,袒上身,下着裙,露脚,手拿花束;中层6格,其中3格是朱雀、玄武;下层6格,其中3格是青龙、白虎。格中无图案部分为对角线十字交叉,交叉点为双层椭圆,四个被划分的三角形内,各有乳钉一枚。全钟无铭文。基座平台北侧立有"重修甘州吊桥及靖远楼碑"。

图6-1-9 酒泉鼓楼外檐做法

图6-1-10 张掖鼓楼全景

图6-1-11 张掖鼓楼登楼梯部分

三、永昌钟鼓楼

永昌钟鼓楼又名"声教楼",位于金昌市永昌县城的全城四街交汇处的正中环岛。2006年被国务院公布为第六批全国文物保护单位。

声教楼始建于明神宗万历十五年(1587年)。分楼阁和楼台基座两部分。整个建筑砖木结构(图6-1-12)。楼台基座以夯土版筑,四周包砖,两道拱门纵横其间,通达四街。台基东西边宽22米,南北边长23米。高6.2米,通高24.5米,面积484平方米。楼体为重檐庑殿式盝顶,置八卦宝顶。二层三滴水,下层面阔三间,进深三间,南北正中置隔扇门,门左右置槛窗,檐下施单翘单昂五踩斗,卷刹弧线,斗彩最外一跳为花板。上层檐柱收分,屋檐及檐柱向内收分,檐下置望台(图6-1-13、图6-1-14)。楼内碑记两通。

楼体四面各悬巨匾三块,东面从上至下三匾为"丽日摩云"、"民淳俗美"、"金阙迎恩";南面从上至下三匾为"文运天开"、"魁壁联辉"、"云锦天香";西面从上至下三匾为"中天一柱","怀柔西域","玉关通道";北面从上至下三匾为"声闻四达"、"保障金川"、"威宣沙漠"。台基拱门四向各镌有:东"大观"、南"迎熏"、西"宁远"、北"镇朔"。一层楼台上置大铁钟一口,内置大鼓一面(图6-1-15、图6-1-16)。

四、定西市陇西威远楼

陇西钟鼓楼位于定西市陇西县城中心,又名威远楼、雄镇楼。2013年被国务院公布为第七批全国重点文物保护单位。

威远楼始建于北宋仁宗天圣元年(1023年)。韩琦新筑古渭寨于旧城东一里,于东北建谯楼,定名"威远楼",取"威震远方"之意。元世祖中统二年(1261年)扩建城垣时,将威远楼移建于城

图6-1-12 永昌钟鼓楼全景

图6-1-13 永昌钟鼓楼檐柱

图6-1-14 永昌钟鼓楼及唐钟

图6-1-15 永昌钟鼓楼立面

图6-1-16 永昌钟鼓楼庑殿式盝顶

图6-1-17 陇西鼓楼全景

图6-1-18 陇西鼓楼角1

图6-1-19 陇西鼓楼楼入口

图6-1-20 陇西鼓楼角2

图6-1-21 陇西钟鼓楼北立面

图6-1-22 陇西钟鼓楼台阶

中，筑台建楼三楹。元顺帝至正元年（1341年），设置更鼓于其上，以作鼓楼之用。明太祖洪武元年（1368年）依旧址重建，将楼阁改建为五楹，更名为"雄镇楼"。清康熙年（1716年）修葺时，扩建为今存的木架结构、四面半栱飞檐的三层楼阁。清道光十六年（1836年）又加修葺，移置北宋所铸铜钟于楼上，为"钟鼓楼"。宋钟铸于宋徽宗崇宁元年（1102年）（图6-1-17～图6-1-19）。

威远楼坐西朝东，占地面积459平方米。为砖基三层木楼，分基座与楼体两部分，通高26米。基座为梯形，高11米，长27米，宽17米，中间辟东西向券拱门，西设阶楼台级直通基顶（图6-1-20～图6-1-22）。建木楼三层，高15米，歇山顶。一层面阔七间，进深三间，周围有回廊，东西各辟四窗，对开一门，廊柱12根；第二层面阔五间，四面皆窗，出平坐栏杆，楼内有梯可上，廊柱12根。第三层面阔五间，四面皆窗，三层东西两面高悬巨匾"巩昌雄镇"、"声闻四达"（图6-1-23、图6-1-24）。平身科、柱头科五踩斗栱，重栱双下昂，卷刹弧线，里转出双杪，无昂并计心，角科如意斗，栱眼板绘陇西八景。（图6-1-25）

图6-1-23 陇西鼓楼匾1

图6-1-24 陇西鼓楼匾2

图6-1-25 陇西鼓楼山墙面

楼体入口小门硬山顶，檐下花板代栱。

威远楼是定西市现存时代较早、规模较大而又保存完整的钟鼓楼建筑之一，具有鲜明的地区特色和重要的历史、科学和艺术价值。

五、白银市靖远县钟鼓楼

白银市靖远县靖远钟鼓楼，位居县城中心，原名"谯楼"，古朴典雅，气势雄伟。1993年甘肃省人民政府公布为省级文物保护单位。

清道光年《靖远县志》记载："谯楼在城中大街协镇署前，基高三丈五尺，方周四十丈。楼三层七楹、高五丈五尺。"明正统二年（1437年）守备房贵始建，明弘治三年（1490年）守备曹雄增修。清同治五年（1866年）在兵燹中损毁严重。民国14年（1925年）重新修缮，在原基上建楼三层五楹，建筑面积约972平方米，坐北向南，砖木结构（图6-1-26），楼体建筑东西五间，通面阔20.8米，当心间宽3.2米。通进深11.7米，建筑通高17米，歇山顶。方形楼基高约7.8米，台下拱门南北相通。拱门南额篆刻张云锦所书"瑞丰"两个大字，拱门北额为清道光二十二年（1842年）知县李志学所书"天枢"二字。邑人陈国钧撰联赞曰："此亦天枢，众星环拱；俨然砥柱，万壑朝宗。"1987~1990年，先后对楼基和楼体进行加固维护。

六、敦煌清代粮仓（南仓）

敦煌清代粮仓位于敦煌城南沙州镇小南街，保存较好并仍在使用，1989年被敦煌市人民政府列为市级文物保护单位。现为省级文物保护单位（图6-1-27）。

据清道光十一年（1831年）《敦煌县志》载："南仓一处，在南关，计二百六十四间，乾隆四十三年建。"将军刘猛在敦煌监修粮仓，经踏勘，选择地势较高、土质干燥的城外东南角被称为"沙梁"的地方建造粮仓。原有粮仓15座，现存8座，大小相仿，每座约160平方米。清代称为"恒丰粮库"，民国称为"田粮处"，现属于敦煌市粮食局南关粮库。粮仓建筑为四梁八柱，硬山屋顶，砖砌墙基（图6-1-28~图6-1-30）。墙体由黄土、砂石、麦秆混合的材料夯筑，夯层厚度0.08~0.1米，每处粮仓的建筑结构都呈梯形，下大上小。墙用黄土

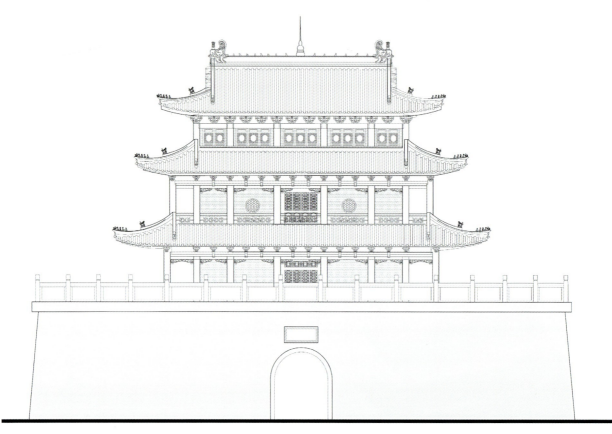

图6-1-26 靖远县钟鼓楼

图6-1-27 南仓碑

图6-1-29 南仓正面

图6-1-28 南仓全景

图6-1-30 南仓侧面

版筑，墙体勒脚处，室内外各包青砖一层。墙基宽约1米，粮仓长16.40米，宽9.20米。梁、柱、檩、椽材料以胡杨木为主（图6-1-31、图6-1-32），内分单排柱和双排柱两种，柱上按广伞形状，排布三层梁，粮仓建筑分为10间一座和15间一座两种形制。在粮仓底部铺砖下，散铺青沙隔潮层（图6-1-33、图6-1-34）。屋顶用红柳条编织的笆篱铺设，双面起脊，前后出檐，气窗等通风设施也为红柳枝条编制，粮仓内空气干燥（图6-1-35、图6-1-36）。仓门为板闸式，门宽4.5米，高3.5米。

图6-1-31　内部屋架

图6-1-32　屋檐椽子

图6-1-33　窗板

图6-1-34　地面砖

图6-1-35　内部屋架

图6-1-36　前后房屋檐接口

七、张掖东仓

张掖东仓,位于张掖市甘州区马神庙街东仓巷。又名"明永丰仓"。2003年被甘肃省人民政府公布为第六批省级文物保护单位(图6-1-37)。

东仓占地面积2430平方米,明洪武二十五年(1392年)及清代数次维修建造。现存仓房13座(图6-1-38),仓房墙体采用夯土内掺芦苇分层叠砌,砌筑完成后,在外面泥浆抹平(图6-1-39、图6-1-40)。墙基勒脚处为土砖砌筑,并留置通风口(图6-1-41)。现存仓房坐南向北4座,坐东向西9座。每座面阔五间约19米,进深三间12米,土木结构,悬山顶。屋顶由芦苇席搭接铺设。墙基宽1.2米、顶宽0.8米。中间辟门,门边青砖砌筑(图6-1-42、图6-1-43),现存"甘肃巡抚题记碑"一通。

其中由北至南九间的编号为:5"广成",6"广丰",7"广寿",8"广禄",9"广福",10"广积"11"广泰"12"广恒",13"广被"(图6-1-44)。

图6-1-37 东仓碑

图6-1-38 东仓全景

图6-1-39 土坯墙

图6-1-40 残破的土坯墙内部结构

图6-1-41 气窗

图6-1-42 仓门1

图6-1-43 仓门2

图6-1-44 门檐口

八、兰州永登连城鲁土司衙门

鲁土司衙门旧址坐落于兰州市永登县城西南，大通河畔连城镇连城村。是甘肃地区保存完整的宫殿式古建筑群。被国务院公布为第四批全国重点文物保护单位。

连城作为鲁土司的政权中心，也是西北地区甘青交接地带的一个重镇。连城鲁土司统治永登及周边地区长达500多年，其治所鲁土司衙门原占地4万平方米，现占地面积约3.3万平方米，建筑面积近8000平方米，其中明代建筑2877平方米。分为衙门、官园、妙因寺三各部分，每组建筑均坐北朝南，砖木结构，且东西相连，成为一个整体。建筑布局以衙门中轴线为主，东北角为官园，西侧为妙因寺。俗称"三十六院，七十二道门"。

鲁土司衙门始建于明洪武十一年（1378年），此后在明宣德、成化、嘉靖年间均有增建，至清嘉庆二十三年（1818年）再一次大规模重修后，就是现在保存下来的基本格局。

衙门由南到北依次排列着由大照壁、牌楼、仪门、提督军门、东西厢堂、大堂、如意门、燕喜堂、朝阳门、东西配楼、祖先堂和大库房等建筑组成的六组院落（图6-1-45）。院落与院落间利用地基由南向北逐渐抬升的处理手法，突出展现了衙门森严威仪的气势。衙门东侧配置书院、二堂、寝院等多重院落及花园，西侧列置山门、万岁殿、禅僧殿、德尔经堂、大经堂等。

中路衙署部分，从南至北依次布置衙署、内宅和家庙，共七进院落。最南端为青砖一字影壁，砖砌悬山顶，长20米，底宽1.7米，顶宽1.2米，高6.8米。明成化二年始建（1466年），题额"世笃忠贞"，明末被毁，清初重建改题"世笃忠诚"。牌坊正中四柱三间，明间为庑殿顶（图6-1-46~图6-1-48）。次间歇山顶，斗栱悬柱结构。两侧牌坊东西连缀单间二柱枋，庑殿顶，高度略低于明间，正、侧牌坊之间有小三间四柱平顶式小牌坊，共长约3米（图6-1-49~图6-1-52）。清乾隆年间重修葺。在牌坊和照壁间原建有东、西辕门，辅以拒马叉子连接照壁和牌坊。照壁前还曾有两个高大旗杆，悬"威震番夷"红旗。牌坊以北左右两翼原有东、西吹鼓楼。

衙门大门建于清嘉庆年间，俗称六扇门。面阔三间，三间均对开门扇，彩绘"神荼"、"郁垒"两门神（图6-1-53），硬山顶。两侧带八字影壁。中门原有纵匾，蓝底金字"世袭指挥使府"，门前东、西侧原有的班房已拆毁，一对石狮风化仅存基座。入大门为第三进院，正前为仪门，仪门俗称提督军门、鸣凤门。硬山顶，面阔三间，次间为砖墙封闭，东西各辟角门，"八"字形顶。东曰"生门"、西曰"绝门"。中门门楣上原有白底黑字"提督军门"匾（图6-1-54）。

左右建厢房各5间，分别是吏户礼房和兵刑工房。过仪门入第四进院，即大堂院，大堂为明代始建，清代重修，是土司发布政令、举行重大典礼、公开审理大案的场所。堂内悬"报国家声"横匾，堂前东厢房、西厢房分别是放置文案和案卷之所。大堂面阔五间，前出檐三间卷棚勾连搭，七架梁厅堂结构，进深12米、高14米，中三间前接卷棚抱厦。大堂脊枋题"大清嘉庆二十三年（1818年）岁次戊寅己未月辛卯日乙未时重建"。大堂的明间取消内部两金柱。后檐檐柱明间辟门，次间、尽间墙体施砖雕。

大堂后有一扇如意门，单檐硬山顶，两侧单坡硬山耳房，面阔一间，进深一间，"八"字形顶，檐下均采用"描檩花牵"。两侧砖墙，内廊两侧各为一小室。

如意门北为第五进院，即为内宅（图6-1-55、图6-1-56）。院内砖铺十字甬道。正房为燕喜堂，建于清嘉庆年间，曾挂赭底蓝字陕甘总督那彦成所书"燕喜堂"匾额（图6-1-57、图6-1-58）。单檐过厅硬山顶，面阔五间，进深八架椽10米，高13米，出檐廊，前檐两金柱取消。五架梁，为土司的迎客厅，院内原有两道蜈蚣墙（已毁），将东、西厢房隔成独立的两小院，西房为议事厅，东房为中军院。

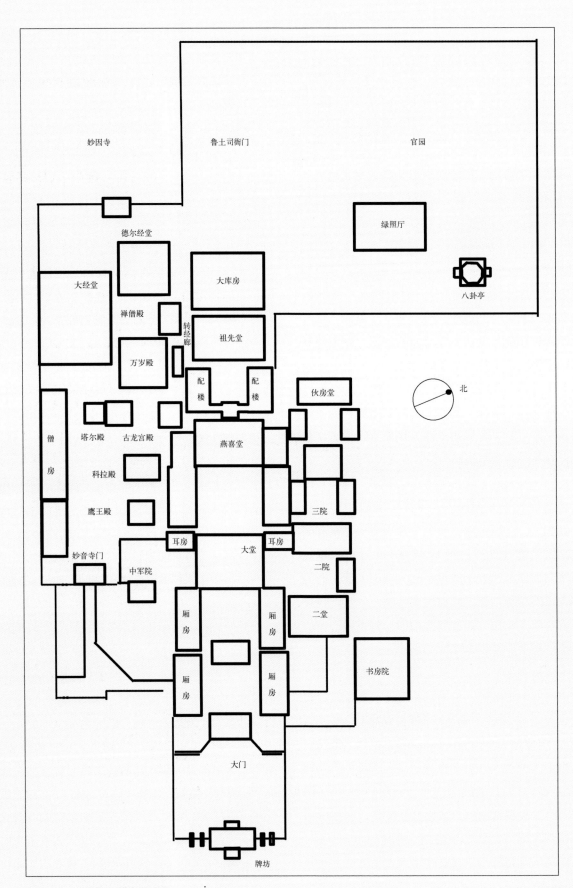

图6-1-45 连城鲁土司衙门平面图

图6-1-47 牌坊正立面

图6-1-48 西侧单间二柱小坊

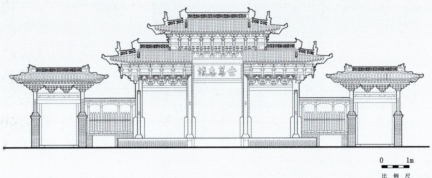

图6-1-46 牌坊

图6-1-49 牌坊立面测图

图6-1-50 牌坊细节

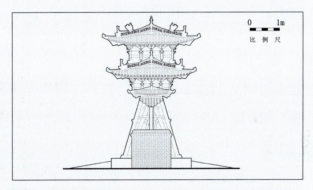

图6-1-51 牌坊剖面测图

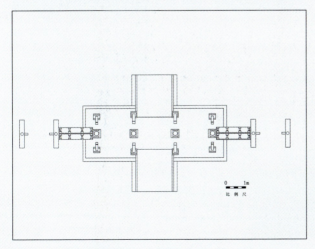

图6-1-52 牌坊平面测图

图6-1-53 大门门神

图6-1-54 提督军门内架

图6-1-55 内宅

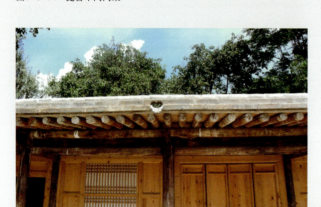
图6-1-56 内宅细节

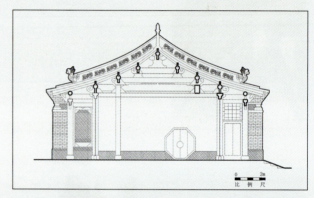
图6-1-57 燕喜堂剖面

图6-1-58 燕喜堂匾

朝阳门由大门和两侧廊庑组成，单檐歇山顶，面阔一间，进深一间，南侧进深大于北侧，双扇板门。门外两侧砖墙，内廊檐下各有小圆顶门，通东西配楼，配楼东西对称布局，均为三间二层硬山顶，出檐廊。楼阁式结构，东楼原为书房，西楼原存放祭器。每遇节庆时节，鲁土司就请寺里的喇嘛住在这里日夜诵经。

第六进院，正北升九阶而上是作为鲁土司家庙的二层楼祖先堂，原称忠孝楼（图6-1-59～图6-1-61）。祖先堂是因明洪武十一年（1378年）赐脱欢妻马氏"建楼七楹"原址和堂内供奉历代土司画像得名。建筑面积380平方米，二层楼阁式坐落在2米高台基上，建筑单檐歇山顶，面阔七间，进深十一架椽14米，七架梁，高22米，平面围廊式，内外两圈36根八角柱。曾挂"效忠以纯"匾额，后又增挂清末本邑贡生蒋毓麟在民国5年为鲁焘夫人

图6-1-59 祖先堂院子

图6-1-60 祖先堂入口

图6-1-61 忠孝楼

所题"谯国英风"匾。脊枋下题记"大清嘉庆六年（1801年）六月吉日重修"。旧时堂内二层供奉鞑靼三公、关公、旮旯爷等神像，一层供奉历代土司画像（图6-1-62~图6-1-64）。

二堂位于大门东侧厢房东部，面阔五间，出檐廊厅堂式，悬山顶，原为土司处理一般事物的场所，二堂东原有12间出檐硬山顶书房院。二堂北部的寝院，有三院建筑，现存前院12间、中院19间、后院11间，多为出檐廊悬山顶抑或卷棚顶。

最后一进院落为凹字形平面的大库房，东西北三面合围，可能是存放军火、枪支武器。院东南辟小门和官园相通。官园原占地1.5万平方米，现存约1.1万平方米，主要建筑有绿照厅、八卦亭。绿照厅为清代乾隆年间（1736~1795年）十三世土司鲁凤翥所建，是土司休闲娱乐和盛夏时避暑之所，面积180平方米，中间为南北向深廊大厅，面阔三间，进深14米，高8米，卷棚顶（图6-1-65~图6-1-67），东西各连五间出檐廊平顶，房屋与大厅

图6-1-62 祖先堂

图6-1-63 祖先堂院 细节

图6-1-64 外檐装修

图6-1-65 绿照厅

图6-1-66 绿照厅侧面

图6-1-67 绿照厅细节

呈方形整体建筑。各房间有门相连，人称"一通天下"。两侧有游廊与大库房相连。

八卦亭距绿照厅东约10米处，亭为八角攒尖顶，面阔一间，进深3米，高6米，内顶为一圈平板串连悬柱，上为木椽攒集成顶，亭基八角形圆台，边长8.3米，高1米。

第二节 军事建筑

汉朝建立之后，为抵御北方匈奴等游牧民族的侵扰，大规模修缮秦时堡塞，并且在浑邪王、休屠王降汉以后，在其旧地建立了河西四郡，据《汉书·地理志》载：公元前104年，西汉政府设置酒泉郡与张掖郡，公元前101年设武威郡，公元前88年设敦煌郡。据《汉书·武帝本纪》载，西汉元狩二年（公元前121年）浑邪王降，以其地为武威、酒泉郡；西汉元鼎六年（公元前111年），分置张掖、敦煌郡。设两关（玉门关、阳关）。

甘肃省境内现保存较完整的军事遗存多是明代之后进行建设的。明开国以后，明洪武五年（1372年），征西将军冯胜克甘肃，追败元兵于瓜（现甘肃瓜州县）、沙（现甘肃敦煌）二州。朱元璋"法汉武创河西四郡隔绝羌、胡之意，建重镇于甘肃，以北拒蒙古，南捍诸番，俾不得相合"。对于明代边镇的建设，据《罪惟录》载："若以地之轻重论，诸边皆重，而蓟州、宣、大、山西尤重，何则？拱卫陵寝，底定神京，宣、大右肩背，蓟、晋若肘腋也，以守之难易论，诸边皆难，而辽东、甘肃尤难，何则？辽东僻远海滨，三面皆敌；甘肃孤悬天末，四面受警也。"甘肃的城防设施，在明代得到空前的发展。

一、甘肃古长城

战国时期，秦、赵、燕、魏、楚、齐……诸国皆先后筑有长城，用以防御诸侯间的战争或者北部边境匈奴、东胡等民族入侵。秦统一中国以后，对建于原诸侯国之间的旧有长城，一律平毁，对于北部边境的边城，则根据需要分别进行整修，连接或者增建。甘肃境内的长城是以秦长城为基础修筑，秦昭王伐灭义渠戎，"于是秦有陇西、北地、上郡、

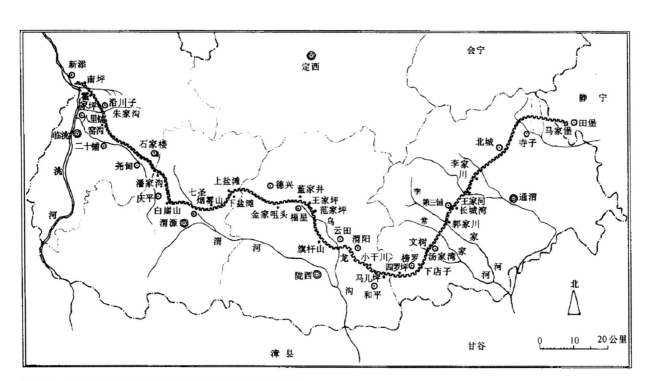

图6-2-1 甘肃定西地区秦长城分布（引用来源：《文物》1987年07期）

筑长城以拒胡"。秦长城又分为春秋战国时代的昭王长城，以及秦始皇长城。秦昭王长城在原甘肃境内，从临洮起，经渭源、陇西、静宁、环县、华池等地，现保存较为完整的部分主要有临洮渭源县之间的东峪沟北岸以及渭源城北地段，郑家坪"长城岭"保存较为完整。秦长城自今甘肃省岷县以西10公里处沿着洮河趋东至今岷县县城（秦临洮县）附近，始皇帝"使蒙恬将三十万众筑长城：因地形，用险治塞，起临洮，至辽东，延袤万余里"。《史记·卷六·秦始皇本纪》记载："三十三年（公元前214年）……西北斥匈奴，自榆中并河以东，属之阴山，以为三十四县，城河为塞。又使蒙恬渡河取高阙、陶山、北假中，筑亭障以逐戎人"。《史记·卷一百十·匈奴传》载："后秦灭六国，而始皇帝使蒙恬将十万之众北击胡，悉收河南地，因河为塞，筑四十四县城临河……自九原至云阳，因边山险堑溪谷可缮者治之，起临洮至辽东万余里。"可以推断，秦长城是黄河河套地区、阴山山脉收复以后兴建（图6-2-1）。秦代长城构筑情况因长城沿线的自然地形地貌以及地质情况差异明显，城墙的建造地点以及建造材料、建造方式都有明显不同。

汉长城随着疆域的西扩，长城的修筑从最初的陇西，一直逐步蔓延到湟水流域。另增筑了河西的令居至敦煌段（图6-2-2）。汉除了利用原有秦长城外，新修筑长城起于永登，分别南、北两段走向的长城。在汉代的文献中，长城的称谓也发生变化，以边墙、亭塞、烽燧为主。亭障设有烽火（烽燧）。"长城"演化为塞防的总称，具体的一段塞城称为某某塞，如《史记·韩长孺列传》："单于入汉长城武州塞。"塞上的险要处修筑小城屯守，名障。《汉书·李陵传》："障者，塞上险要之处，往往修筑，别置候望之人，所以自长蔽而伺敌也。"障城一般设置在长城内侧。

汉边塞系统在秦代长城基础上增建后，其防御体系构成较秦代长城更为完善，防御系统多以城墙主体、敌台、烽燧作为完整的防御体系共同构成，营造随着地形的变化更加充分利用断崖（因山为塞）、陡壁、湖泊（因河为塞）修筑（图6-2-3～图6-2-7）。

汉代对长城的修建，可以分为三个阶段，第一

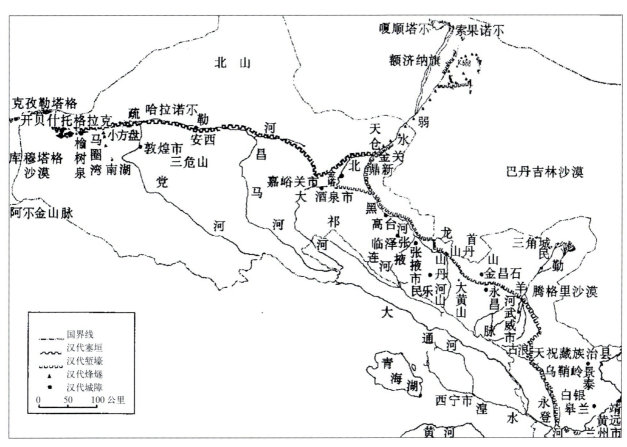

图6-2-2 河西汉塞分布图（引用来源：《文物》1990年12期）

图6-2-3 汉长城遗址1

图6-2-4 汉长城遗址2

图6-2-5 汉长城遗址3

图6-2-6 汉长城遗址4

图6-2-7 汉长城遗址5

图6-2-8 沙洲故城

阶段，西汉高祖至文帝时期。《前汉书》卷九十四（上年）匈奴传："诸秦所迁徙谪边者皆复去，于是匈奴得宽复，稍渡河南，与中国界于故塞。"第二阶段，西汉武帝时期，元光五年（公元前130年），"发卒万人，治雁门险阻"。第三阶段为东汉初期，匈奴分为南、北两部分之后，南匈奴归附汉王朝，随之乌桓与鲜卑崛起，主要防御该部分区域。甘肃境内的汉长城，大部分建立在河西地区，河西地区的长城，先是设置亭障，再根据地势筑城。河西汉长城按照地形，大致分为东、中、西三段。东段为令居至酒泉段，史称令居段。途经天古浪、天祝、民勤、永昌、张掖、山丹、临泽、高台等，基本顺延龙首山、合黎山构筑。由敦煌筑来的长城，顺弱水西侧而下，直抵居延泽畔，再沿着弱水东侧南行，至于合黎山下（图6-2-8）。在过了焉支山后，再顺谷水西侧而下，直抵休屠泽泽畔，又溯谷水东侧南行，到达武威郡治所姑臧县的东北。居延泽和休屠泽都是广大的湖泊，可以起到防御的作用。这样的曲折转向都是随着当地的地理形势而显现的变化，并非人为作用。现在这段长城的遗迹，有些段落都还存在。

汉承秦制，所修筑的长城并非都由地面垒高，有的则是掘成长堑。今永登县境的长城遗迹，就是掘成长堑的。令居以西的长城，由今永登县北至今金塔县和酒泉市，也多为就地掘成堑壕。酒泉市西，开始地面筑城。

酒泉至敦煌段是河西汉长城的终端，其东衔接令居塞，向西延疏勒河至大、小方盘城，至敦煌阳关，这段长城的修建约为汉武帝时期。《汉书·张骞传》："明年，（赵破奴）击破姑师，虏楼兰王。酒泉列亭障至玉门矣。"再往西则是敦煌至盐泽（新疆罗布泊）段。在玉门关段，保存仍较为完好的部分仍能感受到当年的气度。该段长城夯筑土层清晰，黄土为基，芦苇、红柳、胡杨、罗布麻分别夹至各层（图6-2-9），向东的汉长城永昌段长城是一条东西向横贯永昌腹地，西起红山窑乡，东经城关镇、河西堡镇、水源镇、朱王堡镇喇叭泉，与民勤县牛毛墩相连，全长约130公里的古长城，现存长度约20公里。该段长城的西段处于大黄山北麓，中段地处两山夹峙的峡口地带，东段地处荒漠戈壁。沿线烽燧多在长城外侧，现存5座，长城外侧另有宽3.5米、深1.5米的壕沟。该部分城墙、壕沟、烽燧从遗迹显示明代被修补沿用。

明代初期，元退出中原统治，蒙古贵族退回漠北，但仍有较强军事力量，对明朝北方边境频繁骚扰。据《明史》载："永昌、西宁、镇番、庄浪俱有险可守，惟凉州四际平旷，敌最易入，又水草便利，辄经年宿留，远调援军，兵疲锐挫，急何能济，请于甘州五卫内，各分一千户所，置凉州中卫，给之印信，其五所军伍，则于五卫内余丁选补，且耕且练，斯战守有资，兵威自振。"

甘肃境内的明代长城有两条，主要部分为西起

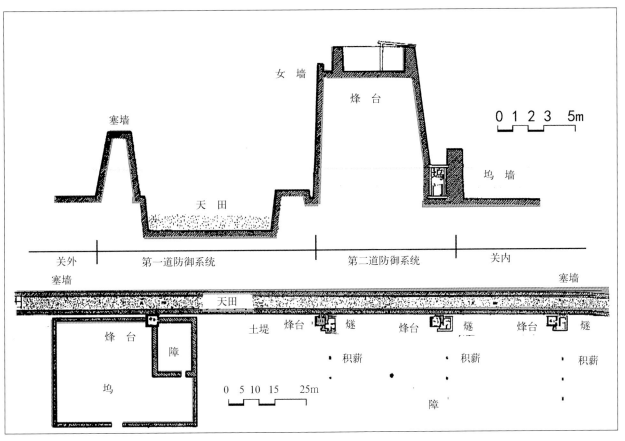

图6-2-9 汉代边城 障、燧、塞平面及关系示意（引用来源：《文物》1990年12期）

嘉峪关，向东经高台县石泉子至山丹，越永昌，穿金川峡，进入民勤后，南向进入武威，由白银景泰镇西向入宁夏。另一条是从武威黄岩镇出，穿古浪，翻过乌鞘岭，经永登至兰州后达靖远县。明长城的分布，据《甘州府志》载，"兵墩司守望，田墩守备清野"，"闻警清野固为收编常法，然零星小寨归入城堡，动辄一二十里，远至四五十里。汗漫奔驰，卒难毕至。敛之不豫，则虏已入境，而仓皇莫及；敛之太早，则虏未必来，而生物固毙。故以附近之乡或二三十家，或四五十家，督令共筑一墩，每墩设一总甲提调，如警报一至大城，四路各发柴烽、信跑传示各乡，即敛"。从建造过程来看，明代修筑长城三个阶段，明初，主要是以修葺前朝残留长城为主；明中期土木之变后，瓦剌、鞑靼犯边频繁，设九镇，其中甘肃镇建立后，大规模修建。明长城的防御工事，分为镇城、关城、堡城三类，有城墙、墙台、敌台、烟墩等设施。又总兵、副总兵、参将、游击、守备、把总等官员率领戍卒驻守。明代后期的长城随着火器的发展，以砖石包砌，加强防御能力。平地、山岭因地制宜，修筑河流等处增设关隘、堡寨、亭、障等构成部分。甘肃地形狭长，土质情况各异，因此，不同地区的长城结构体系也因地制宜，略有差异。

明悬臂长城嘉峪关段位于嘉峪关峪泉镇黄草营村南1公里，明嘉靖十八年（1539年）修筑，筑于石关峡河北岸至黑山之巅，残长490米，黄土夹石块夯筑，基宽2.3米、残高0.8~3.2米（图6-2-10、图6-2-11）。1987年嘉峪关市政府整修，重修烽火台三座，补筑长城620米。

在甘肃境内的全国重点文物保护单位部分的长城走向及主要情况如表6-2-1所示。

图6-2-10 明悬臂长城1

图6-2-11 明悬臂长城2

战国秦昭王长城遗址~秦始皇长城遗址　　　　　表6-2-1

		走向	全长（公里）	残长（公里）	墙体材料	基宽米	残高米	夯层厚米	主要分布特点及营建特点
1	环县段	西南→东北	140		黄土夯筑	3~5	1.8~4	0.08~0.1	烽燧30座，保存较好13座，城障5座。晴天梁长城，赵台长城、城子岗长城
2	华池段	西→东北	63	40	黄土夯筑		4	0.07~0.13	此段长城与陕西吴旗县长官庙乡长城相连
3	静宁段	西→东北	62		黄土夯筑	5~6		0.08~0.1	通渭县至红寺乡有部分黑土带，烽燧有大量圆石
4	通渭段	西南→东北	125		基部深入地下1米，黄土夯筑	2~8	0.3~1	0.08~0.1	部分外侧有5~10米宽壕沟
5	临洮段	西北→东南	45		黄土夯筑为主，部分堑山为墙	4~10	1~3	0.1	望儿嘴，水泉湾，杏树梁，雷祖庙，古树湾，李家湾，长城坡
6	渭源段	西段：西北→东南 东段：南→北	38		红、黄土加砾石夯筑	1~5	1~3	0.08~0.12	存烽燧37座，障城2座。部分下部堑削，上部夯筑
7	陇西段	西→东	50		黄土夯筑	5~12	0.5~6	0.08~0.14	夯筑为主，部分削山为障

汉长城遗址分布如表6-2-2所示。其中，汉长城遗址武威段：长城在武威东部九墩乡、下双乡、长城乡、黄羊镇范围内呈南北走向，在武威北部由民勤县境沿洪水河南下，经长城乡向南，由土塔东部进入古浪县境的胡家边乡，全长80公里。该部分汉长城遗迹多在明代被重修利用。明长城遗址武威段，大体南北走向，在汉长城基础上加高或者加宽修筑。夯土版筑墙体。

汉长城遗址瓜州段，始建于汉武帝元鼎年，属宜禾都尉辖。长城大体东西走向，西部衔接敦煌北湖长城，经西湖、瓜州、河东乡入玉门。全长276公里。现存南沙窝、东沙窝等14段，约180公里，墙体一般由红柳枝、芦苇等夹沙砾构筑，长城外侧有筑墙是挖设的壕沟。沿线两侧现存烽燧105座，间距1.8~2.2公里。

汉长城遗址　　　　　　　　　　　　　　　　表6-2-2

		走向	全长（公里）	残长（公里）	墙体材料	基宽（米）	残高（米）	夯层厚（米）	主要分布特点及营建特点
1	永登段	南北	90	1	夯筑	1~2.5	0.4~2.5	0.18~0.22	壕堑为主，墙为辅
2	永昌段	东西	130	20	夯土版筑	4~6.2	1~3	0.25	外侧壕沟3.5宽×1.5深
3	武威段	南北	80	5	夯土版筑	3~4.5	5~6	0.08~0.25	多明代重修利用。存桦杨滩、吴家井段
4	民勤段	西北东南	70	35	夯土版筑	4	3~5	0.08~0.12夹芦苇秆	残存烽燧5座
5	古浪段	北南	57	22.5	夯土版筑	2.3~5	1.5~6	0.08~0.3含立柱、草绳	烽燧、坞障16座，明代对西半壁修复、重新利用
6	敦煌段	西东	130.6		芦苇、沙石、碱土分层垒筑	3	1~3.25		烽燧89座，部分红柳、沙砾分层垒筑
7	金塔段	北线：西东；东线：南北	北线：202东线：130	北线15.5东线19.5	砂石片加红柳构筑	4	0.7~1.2		北线：烽燧19座，坞障1座。东线：烽燧29座，关城1座。外有壕堑宽4~5米，残深1米
8	瓜州段	东西	276	181	红柳枝、芦苇加沙砾构筑	2.5~3	0.6~1.3		烽燧105座，间距1.8~2.2公里
9	临泽段	北南			现存烽燧为石块、柴草、泥土混筑。长城外侧有壕沟一道				长城毁，仅存烽燧11座

续表

		走向	全长（公里）	残长（公里）	墙体材料	基宽（米）	残高（米）	夯层厚（米）	主要分布特点及营建特点
10	高台段	北东南	80	无	沙土加芦苇或草叠砌。夯层厚度约0.12～0.14米				仅存烽燧4座
11	山丹段	西北→东南	104.2	78.5	石块、红柳枝垒砌	1～2	1～1.7		存烽燧24座
12	永靖段	东北→西南		0.25	黄土、褐土、砾石夯筑	4～5	3～7	0.15～0.22	多依山傍水，就地取材，仅存小茨长城，烽燧建山顶或黄河二级台地。现存3座

明长城遗址分布见表6-2-3。

明长城遗址　　　表6-2-3

		走向	全长（公里）	残长（公里）	墙体材料	基宽（米）	残高（米）	夯层厚度（米）	主要分布特点及营建特点
1	兰州城关段	东→西	20	0.6	夯土版筑	2～7.5	0.4～7	0.18～0.22	
2	西固段	东→西	30	0.4	夯土版筑	2～3	0.4～2	0.1～0.22	
3	永登段	南→北	90	7	夯筑	1～4	1～5	0.2～0.24	
4	皋兰段	不明		0.663	夯土版筑	5	2～3	0.16～0.2	底石块
5	榆中段	东北→西南	50	0.5	夯土版筑	0.3～5	1.5～5	0.1～0.16	

续表

		走向	全长（公里）	残长（公里）	墙体材料	基宽（米）	残高（米）	夯层厚度（米）	主要分布特点及营建特点
6	嘉峪关段	丁字形	15	0.49	黄沙土夯筑	0.8～3.5	2.45～4.3	0.08～0.13	残壁、悬壁
7	永昌段	东→西	137	95	夯土版筑	3.6～5.5	4～5	0.18～0.2	外侧有7～8米宽，深2米壕沟
8	靖远段	南→北	32		黄土夯筑	10	2～7	0.12～0.14	
9	景泰段	东南→西北	90		黄土夯筑	3～4	1～8	0.12～0.16	烽燧61座
10	武威段	南→北	80		夯土版筑	3	3.5～6	0.12	烽燧36座
11	民勤段	南→西北	125	15	夯土版筑	2.5～3	2～4.5	0.08～0.12	烽燧9座
12	古浪段	北线：东→西；西线：南→北	112	78	夯土版筑	2.3～3	2～4	0.2～0.3	存烽燧60座。墙体塌落鱼脊状
13	酒泉段	东→西	60	49	夯土版筑＋黄土夯筑	1.3	0.5～3	0.15～0.18	墙体烽燧3座。两侧烽燧28座
14	金塔段	东→西	20	10.4	砾石堆筑	4～9	1.5		该段长城为壕堑，烽燧7座
15	张掖段	东北→西		壕堑3.5	石块加黄土砌筑	2	6～8	0.07～0.18	因山为塞，存烽燧20座，城障2处，堡址1处
16	高台段	东南→西北	170	41	沙土夯筑	3.5	1.5～2.5	0.18～0.22	烽燧69座，城堡3座
17	山丹段	东南→西北	98.5	85	黄土夯筑	4	1～5	0.15	烽燧82座，城堡、坞障8处

二、嘉峪关建筑群

嘉峪关是现存最完整、建造规模最大的中国古代边关之一，坐落在河西走廊中部，文殊山与黑山峡谷之间，东临酒泉，北接金塔，西扼玉门，南靠裕固县。扼守南北宽约15公里的峡谷地带，该峡谷南部的讨赖河谷，又构成关防的天然屏障。明代九关边镇之一。1961年被列入国家级文物保护单位，1987年被列为世界文化遗产（图6-2-12）。

嘉峪关结合自然地形的修建攻防兼备，烽燧、墩台纵横交错，其中明嘉靖十八年（1539年）修西长城，明弘治十五年（1502年）修北长城，明嘉靖二十七年（1548年）修东长城，并设城堡、驿站、隘口、墩台共计66座，构成了严密的军事防御体系。嘉峪关内城墙上还建有箭楼、敌楼、角楼、阁楼、闸门楼共14座，被誉为"天下第一雄关"、"中外钜防"、"河西第一隘口"。明洪武五年（1372年）修筑万里长城时，明征虏大将军冯胜将嘉峪山西北麓的险要地势选为河西第一隘口，筑城设关，后经历100多年时间扩建，形成较为完整的防御体系。明弘治年间，为防吐鲁番东侵，曾进行重修。号称"天下第一雄关"。

关城始建于明洪武五年（1372年），经明弘治、正德、嘉靖年间几次增建，历时168年，于公元1540年基本建成完工，与附近的堡寨以及烽燧共同形成完备的防卫体系。史料《秦边纪略》所记："初有水而后置关，有关而后建楼，有楼而后筑长城，长城筑而后可守也"。

内城是关城的主体和中心（图6-2-13），其周长640米，内城西宽东窄，东侧154米，西侧166米，南北关墙皆160米长，城墙高约9米，面积约2.5万平方米。内城除东西二门以外，都有瓮城回护，面积各有500余平方米。瓮城门均南向开。在西瓮城西面，筑有罗城，罗城城墙为夯土包砖，长约192米，宽8.2米，高10.5米。罗城城墙正中面西设关门，门楣上题"嘉峪关"相传为乾隆手书。关城内现有的建筑主要有游击将军府、官井、关帝庙、戏台和文昌阁（图6-2-14）。

图6-2-12 嘉峪关城楼

图6-2-13 内城

文昌阁：建于东瓮城外，始建于明代，清道光二年（1822年）重建。楼阁为两层重檐歇山顶式建筑，四周立红漆明柱18根，形成回廊。内为面宽三间、进深二间的官厅（图6-2-15）。

关帝庙：明末清初从内城迁到东瓮城西墙边，坐北朝南，庙内大殿一座，配殿两座，另有刀房、过厅、马房和五彩牌楼。关帝庙曾多次扩建，最后一次重修是嘉峪关游击将军熊敏谦主持的。1998年由嘉峪关关城文管所对关帝庙进行了重新修复，对牌楼进行了彩绘。

嘉峪关城关内有游击将军府，又称游击衙门，位于内城中，紧靠北墙，初建于明隆庆年间（1567～1576年），后来成为明清两代镇守嘉峪关的游击将军处理军机政务的场所。现在建筑是1987年在原建筑的基础上恢复修建的，三进两院，占地面积为1755平方米，建筑面积808平方米。游击将军府前院为议事厅，后院为内院生活区。大门面阔

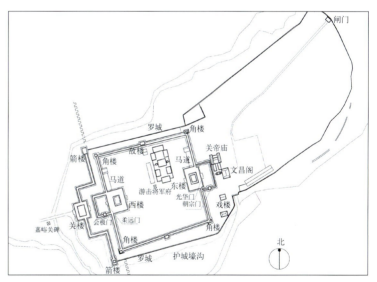

图6-2-14 嘉峪关建筑群

图6-2-15 文昌阁

三间，悬山顶，东西厢房三间卷棚顶。议事厅为中堂，悬山顶，面阔三间，当心间悬"神威永护"匾。中堂东西两侧设小门入后院，后堂面阔五间，卷棚顶。（图6-2-16）。

戏楼：位于关帝庙南侧，坐南朝北，清乾隆五十七年（1792年）建，其建筑中以"凤凰单展翅"的歇山顶样式建造（前歇山，后硬山或悬山），檐下保留有大斗、小斗，横梁处为花板（图6-2-17、图6-2-18）。

内城有东西两道大门，东门名为光化门，西门名为柔远门。门上方形平台东西两楼分别名为光化楼、柔远楼，东西城门大小、样式、做法相仿，皆为三层三檐三滴水歇山顶楼阁，面阔三间，进深两间，绿色琉璃瓦盖顶。均为砖砌拱券门洞，门洞宽4.2米，深20.8米，城门木质，黑漆铁皮包钉。门洞基础地面均采用2米长、5米宽、厚度约为0.35米的石条砌筑，门内方形城楼，内各有马道门楼一座。门楼内有照壁，照壁后为砖铺马道登楼。关内城墙四角各有方形角楼一座。内城除东西二门外，皆有瓮城围护，呈方形，夯土墙与内城等高。瓮城门均向南开启，砖砌筑，城楼对称，三层三檐五间式，周围有廊，单檐歇山顶，高17米。瓮城东城门首刻"朝宗"，西城门首刻"会极"。会极门阁楼后檐台，放置一块具有故事的青砖，又名定城砖。朝宗和会极门上各建一楼，高约5.8米，坐北朝南，面积约30平方米。阁楼一层面阔三间，楼顶四角檐龙首瓦，楼脊筒瓦覆盖。

西瓮城西侧，有重城一道，城高约10.5米，墙中设门，门洞砖砌拱券，墙基和门洞通道为大块石条铺砌。西门外套筑一道凸形城墙，构成一个罗城，这就是外城，外城比内城高2.7米。外城在内城东北"闸门"处连接，"闸门"上建一层闸楼，面阔三间。外城外距墙约一米，有一道宽两米，深两米的壕沟。西面罗城砖砌，东、南、北有土筑围墙，连接长城。城四隅有角楼，南、北墙中段有敌楼，一层三间式带前廊。两门内北侧有马道达城顶。关城正中有一官井，旧有亭，今已废。门顶原有城楼，与东西二楼形制相同，三楼东西呈一线分布，上悬"天下第一雄关"匾额。1924年城楼被毁（图6-2-19～图6-2-23）。

图6-2-16 游击将军府

图6-2-17 内城戏台

图6-2-18 内城碑廊

图6-2-19 关城1

图6-2-20　嘉峪关城

图6-2-21　关城2

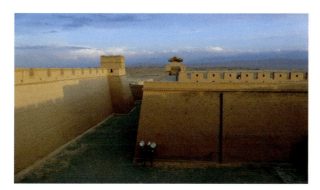

图6-2-22　关城3

图6-2-23　关城边墙

三、酒泉玉门关及长城烽燧

玉门关，汉代河西四郡中的重要关隘，通西域必由之路。随着置敦煌郡而设立，其位于今甘肃敦煌市西北的汉河西长城沿线，具体方位尚无定论。现所说玉门关及长城烽燧位于敦煌市西北90公里的戈壁滩上。1988年被国务院公布为第三批全国文物保护单位。

玉门关的设立主要随着几个的朝代更替发生变化。有汉玉门关之称的小方盘城保存完整。诗人王之涣《凉州词》："黄河远上白云间，一片孤城万仞山。羌笛何须怨杨柳，春风不度玉门关。"小方盘城（蒙古语跌烈半斤，意为方城）经文物专家考测，认为是"玉门都尉"（图6-2-24）。据考证，残存面积约630平方米，城墙东西长24.5米，南北宽26.4米，残高6.7米；城墙上宽3.7米，东墙下宽4米，北墙下宽4.9米，城顶四周宽约1.3米步道，内女儿墙厚0.85米，外女儿墙厚1.5米（图6-2-25、图6-2-26）。开西、北两门，周围尚有营垒、炮台、古塔等遗址。主要建造工艺为沙砾层上铺设芦苇层，夯土版筑（图6-2-27）。唐代玉门关经历过一个东迁的过程。据考证，认为其大约在瓜州县双塔堡附近，临疏勒河。唐玄奘取经，就经过了玉门关等几道关卡才得以出境。小方盘城外马圈湾烽燧发现"玉门千秋燧"。

坐落在敦煌古城西北80公里、玉门关东北11公里、汉长城南、丝绸古道北侧的大方盘城，遗址接近正方形，坐北朝南，四面墙垣已经坍塌，但残基可见。南北二垣残长150米，东西二垣155米。城内北有东西向自然土台，基高1米，台上仓房一座，东西132米，南北宽17米，中间筑隔墙两道成三间，均南向开门，残高6米，南北壁面上下各有分布有三角形通风口两排，墙厚1.5米。仓房外四角各有墩台，仅存西南墩台，高约7米。

长城烽燧位于玉门关北2公里处，东西走向。敦煌境内的汉长城全长约150公里，尤以玉门关附

图6-2-24 敦煌玉门关

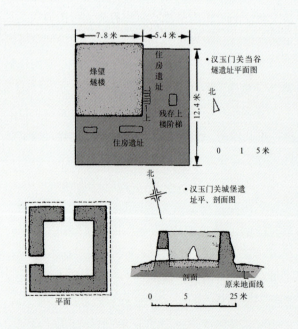

图6-2-25 敦煌市汉长城玉门关城堡及烽燧遗址平、剖面（引用来源：《文物》1964年04期）

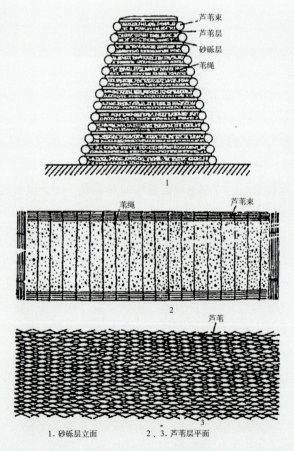

图6-2-26 敦煌市汉塞边墙结构示意（引用来源：《文物》1990年12期）

图6-2-27 敦煌玉门关残迹

近保存最为完整。在长城线上修筑烽燧近80座。西汉长城的结构是由沙砾石夹芦苇（或红柳）间层叠压版筑而成，保存最好的一段长约400米，残高3.25米，基宽3米，上宽1米。长城线内侧有一条宽6~7米的"天田"，为西汉边境的防御设施。该遗址群包括三个省级文物保护单位：玉门关故址、河仓城故址和马圈湾烽燧遗址。

四、敦煌市阳关遗址

阳关是汉长城重要关隘，位于敦煌市南湖乡阳关镇南工村西1公里处古董滩。因在玉门关之南得名。省级文物保护单位。

阳关始建于汉武帝元鼎三年（公元前114年），面积约5.5万平方米。据史料记载，西汉时阳关为都尉治所，魏晋时在此设置阳关县，唐代设寿昌县。根据《新唐书·地理志》寿昌县条目载："又一路自沙洲寿昌西十里至阳关古城。"现存古董滩北墩墩山上的烽燧保存较为完整。阳关遗址南边有一个水库，现名黄水坝水库，就是唐代闻名的寿昌海。寿昌因寿昌海得名，阳关在寿昌城西十里，古董滩沙梁，有较多版筑遗址，房基可见，位于南北烽燧之间，被认为是阳关故址，阳关烽燧呈四方形，位于高出周围地面10余米的基岩上。烽燧由土坯砌筑，土坯长约30厘米，宽23厘米，高9厘米。垒三层土坯，中间铺设一层芦苇。芦苇层厚约4厘米（图6-2-28~图6-2-30）。

唐代王维《送元二使安西》："渭城朝雨浥轻尘，客舍青青柳色新。劝君更尽一杯酒，西出阳关无故人。"

五、酒泉瓜州锁阳城遗址

锁阳城又名苦峪城，是酒泉通往敦煌的边城。位于河西走廊西端的瓜州县中南部的锁阳城南坝村南7公里。1996年被国务院公布为第四批全国重点

图6-2-28 阳关

图6-2-29 阳关夯土层

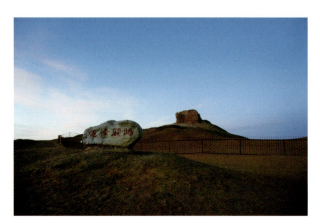

图6-2-30 阳关全景

文物保护单位。

锁阳城南临戈壁荒漠，北接锁阳城镇（2005年桥子乡、踏实乡合并为锁阳城镇），昌马洪积扇西缘，古代疏勒河流经该地，海拔1358米。锁阳城始建于汉代，兴盛于唐代，其后各代都有不同程度的重修和利用。其形制保存了典型的唐代古城风格。

锁阳城汉代属冥安县，晋属晋昌郡，北周凉兴郡，隋代属常乐县，唐代为瓜州晋昌郡治所，属于河西道，在西夏时废，元复立，属沙洲路，明置羊东卫，至成化、嘉靖时废。

城平面长方形，总面积约81万平方米，分内外两城，内城东墙长493.6米、南墙长457.3米、西墙长576米、北墙长536米，周长约2000米，面积约28万平方米。城墙夯筑，墙基宽7.5米、顶宽3～4.6米，残高9～12.5米，夯土层厚度0.1～0.14米。城四墙筑有马面24组，四角筑有角墩，东墙、南墙各有5座马面，西墙、北墙各有5座马面。顶部均筑有敌台，现已倒塌。城墙上下堆积大量礌石。四面墙共有5座城门，其中，北墙两门，门外筑有瓮城，瓮城宽12.6～32.4米，进深22.4～30.2米，厚度约10米。内城中部分城墙为宋代增修。将内城分为东西两个长方形城，两城均以夯土版筑。东城面积约为西城的十分之一，东城西北角有角墩，约高18米，为瞭望敌情所用。城门洞拱券形，东西贯通。西城有圆形土台26座，并围以土墙。西、北二门，宽约15米，侧边有马道可达城上。

外城称为"罗城"，是两道较内城墙低的环墙，平面呈不规则长方形。内墙基宽4.5米，顶宽2.8米、高3.2～4.5米，外墙周长约5350米，墙基宽8～14米，顶宽3.2～4.5米，高4.5～6.5米，均为夯筑。外城东墙正中有城门和瓮城的遗迹。城东北方向有一座大型寺院，名为塔尔寺，寺中存留大塔高14.5米，土坯砌筑，白灰抹面。塔顶为覆钵式结构，据《肃州新志·柳沟卫》载，该寺在唐代就有记载。

六、汉居延遗址——大湾城遗址（甘肃部分）

唐代大诗人王维在《使至塞上》："单车欲问边，属国过居延。征蓬出汉塞，归雁入胡天。大漠孤烟直，长河落日圆。萧关逢候骑，都护在燕然"。其中所提及的居延就是汉代居延泽边的居延遗址群。1988年被国务院公布为第三批全国文物保护单位。

居延遗址分布于甘肃酒泉市金塔县县城东北黑河两岸和内蒙古自治区额济纳旗的额济纳河流域两岸。金塔县内的主要有居延的"三城一关"遗址，分为大湾城（汉张掖郡辖肩水都尉府治所，黑水将其分为东西两城）、地湾城（汉张掖郡辖肩水都尉府肩水侯官治所）、肩水金关三部分（甲渠塞官驻地遗址在今内蒙古额济纳旗，本文不作叙述）。

古代所称居延，汉代属于张掖郡，为酒泉、张掖门户，自古为兵家重地。居延得名于居延泽，居延泽在唐代名为居延海。居延塞始建于汉代，以居延故城为中心，南达河西走廊北山的合黎山麓，北入蒙古，居延在西汉时置县并归属张掖郡都尉治所。

居延障塞呈自西向东略偏折北向，中间十余里筑烽燧一座，采用石材砌筑，并可见围墙、望楼遗迹为木构。居延汉塞遗址范围在甘肃境内主要遗存于金塔县、高台县、玉门、酒泉等地。

大湾城以黑河分为东、西两部分。东大湾城为汉代肩水都尉府所在地，由内城、外城和障三部分组成。遗址范围350米×250米，内、外城现仅存数段残高1米左右的城墙和两座残高7米的烽台。障面积90米×70米，障墙残高8.5米，基宽4～6米，墙系夯土版筑，夯层厚0.2米，夹棍直径0.1～0.2米不等，棍距4米，行距1.7米。城门在东墙，由两座10米×8米门橹构成，门宽5.2米，进深17.5米，有坡道可上门顶，顶上建筑已毁。障内有后期所筑土坯房三间，障四周有两道平行的土墙，现存东面一段，它们与障之间有一道7米的壕沟，据考证，此应为宋、元时期的建筑（图6-2-31）。

西大湾城距东大湾城2公里，两城隔河相望。面积180米×210米，墙系夯土版筑，其筑法同东大湾城完全相同。墙基现宽8米，顶宽3.4米，残高8米。门在北墙，已毁，宽9米，斜坡道进出，城内有两处后代所修土坯房。西大湾城由于紧靠黑河河岸边缘，随河床的自然扩宽，近年造成故址南墙、东墙分别被河水损毁150米、125米。1998年10月，国家文物局核准立项，修筑防洪大堤792米。

七、汉居延遗址——地湾城遗址（肩水堠官）

地湾城位于金台塔县东北航天镇的东北24.5公里的黑河北口东岸，属于居延遗址的一部分。全国重点文物保护单位。

由三坞和一障组成，遗址范围100米×100米，是汉代肩水堠官所在地。现仅存一障。平面正方形，范围22.5米×22.5米，城墙底部厚5米，残高8.4米，系夯土版筑，夯层厚度0.2米，中有夹棍，行距约1.7米，在北墙距地4米和东南墙角距地2米处，有成排木棍洞。障外有三道坞壁，第一道在障西，长约55米，宽48米，基宽1.3米，残高3米，坞门南开。坞内有长方形房屋。第二道坞从障东南角

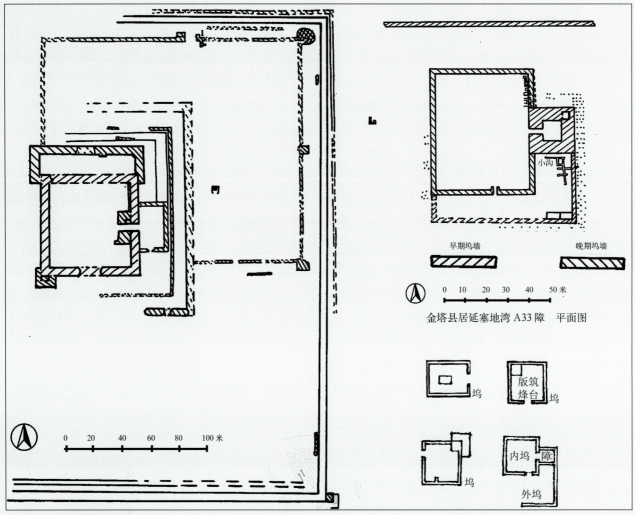

金塔县居延塞
大湾 A35（T48d，毛城）城 平面图

金塔县居延塞地湾 A33 障 平面图

其他障塞平面形式

图6-2-31 居延塞（引用来源：《中国古代建筑史》第一卷、《河西汉塞研究》吴初骧）

起，沿障东墙南延30米折向西。第三道在第一道北20米，长约100米，墙厚2米。

八、酒泉瓜州破城子遗址

破城子遗址位于酒泉市瓜州县锁阳城镇破城子村内，2006年国务院公布为第六批全国重点文物保护单位。

破城子又称常乐城（图6-2-32）。瓜州县城通往榆林窟的公路从城边穿过，平面长方形，南北长280米，东西宽150米，城墙夯筑，基宽4.5～6米，顶宽1.5～3.2米、残高4.8～7.5米。夯层厚度

图6-2-32 破城子碑

0.12~0.14米。四角筑角墩。东、西二垣置有马面三座，其中东垣北部一座已经损坏。间隔约70米，马面顶宽8米。城门向北，门外筑瓮城。南垣中部有宽10米的豁口一处，疑原设置门。西垣中部有登城龙尾。北墙外约30米处小城一座，方形，每边约30米，仅南垣存留，残高4米，其余三面损毁，中部存有南北长约18米、东西宽15米的大型夯土，俗称"望月台"（图6-2-33～图6-2-39）。

九、酒泉金台肩水金关遗址

肩水金关位于金塔县东北航天镇东北黑河北口东岸。全国重点文物保护单位。

肩水金关汉代边塞关城，属于居延遗址的一部分。距地湾城以南600米。关门宽5米，两侧为两座长方形夯筑土楼，基宽12米，底边长6.5米，宽5米，残壁最高1.12米。门楼外两侧筑土坯关墙，向西接到黑水河边，向东残存26米。关门西南侧筑坞，平面呈长方形，北墙残36.5米，南墙残长33.5米，东墙残长24米，坞墙夯筑，残高0.7米，夯层厚度0.7~0.8米，坞西南角残存烽燧和方堡。烽燧外壁贴土坯，内部夯筑，底边长7.8米。方堡接近方形，长边13米，宽约12.5米，墙厚1.2~1.3米，内有夹道。两侧有灶房、住室、仓库等。因常年遭风沙侵蚀，自然破坏严重，地面现除一烽燧外，其余不存。

图6-2-33 角墩

图6-2-34 边墙

图6-2-35 边墙夯层

图6-2-36 城角

图6-2-37 夯土层

图6-2-38 望月台

图6-2-39 边墙断面

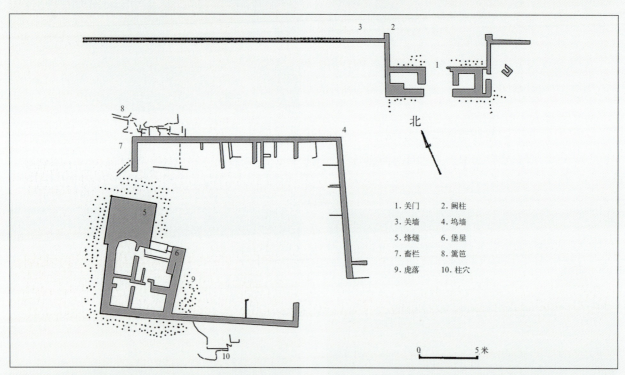

1. 关门　2. 阙柱
3. 关墙　4. 坞墙
5. 烽燧　6. 堡屋
7. 畜栏　8. 篱笆
9. 虎落　10. 柱穴

图6-2-40 金塔县肩水金关平面图（引用来源：《文物》1978年01期）

第三节　古城及堡寨

一、高台县骆驼城

骆驼城坐落于张掖市高台县城西南约20公里骆驼城乡坝口村西南3公里的戈壁滩，骆驼城古称建康古城，属凉州辖。第四批全国重点文物保护单位。

《重修肃州新志》载："骆驼城，在（高台县）城西南四十里。"古城长方形，东西425米，南北通长约700米，黄土夯筑，总面积约29万平方米，夯土层分层约100~200毫米，墙基残宽6米，顶宽1.8米，墙体残高5~8米（图6-3-1~图6-3-3）。

城址坐北朝南，古城城垣基本保存，城内有东西向内墙，将城分为南北两城。南城面积较大，南北宽494米，东西长425米。北城较小，南北宽210米，东西长425米，俗称"皇城"。在北城北垣外有干涸的河床一道，东西向延伸，宽度约30米，目前深度约3米。南城南垣外约40米处，也存在干涸河

图6-3-1 西南角全景

图6-3-2 夯土层

图6-3-3 中墙

床一道，并与城其余两侧的河床交汇，应为骆驼城的城河或者输水渠，在城西垣外，有明显冲沟，并且损毁部分墙垣，深度约4米。

城四角筑有角墩（图6-3-4），在南北城的隔墙处，也有角墩，各墩残高约8米，顶部长宽约6米见方，东南角墩顶有敌台残迹，在东西两垣各筑有马面3座（图6-3-5，图6-3-6）。南城有东、西、南3门，皆有瓮城，北城开南门，与南城相连（图6-3-7，图6-3-8），并且有瓮城嵌套。南城西南角有重城，方形，高大矗立，长宽约150米，有南向门一座。在重城北垣有大型台基一处，南北约30米，东西约50米，残高2.5米。临近南城中部偏西，有一口古井遗迹。

在黄土版筑的墙内仍可发现筑墙时使用的原木残存。南城的东墙以及北墙已经损毁，西墙靠近墙体处亦有平面近似方形的夯筑墩台，类似马面，与城墙连接处亦夯筑成高度相当但略窄的通道（图6-3-9～图6-3-11）。城西南、城北和城南有大面积魏晋墓葬群，墓葬封土有方形夯筑封土和圆形封土，有石块垒筑的茔圈（图6-3-12）[2]。

图6-3-4 角墩

图6-3-5 西垣马面城墩

图6-3-6 马面

图6-3-7 内城

图6-3-8 瓮城

图6-3-9 边墙

图6-3-10 墙与墩

图6-3-11 墙断面

图6-3-12 骆驼城碑

二、张掖黑水国故城城址

黑水国故城坐落于张掖市甘州区西北17.5公里明永乡下崖村312国道南北两侧，南北两城相距约1.7~2.2公里，因在黑河边营建而得名。北城始筑于匈奴占河西之时，汉代沿用并为张掖郡治觻得县城。南城始筑于唐代，宋、元、明沿用。

黑水国分南北两城，相距约3公里，两城平面皆呈长方形，南城南北长222米，东西宽248米，墙基残宽约8米，顶宽2.5米，残高3~6米，夯土层厚度15~20厘米，东垣北段有二次砌筑的痕迹。城垣四隅有方形角墩，在角墩遗址上，可以看到仍存有建造时穿插在墩内的圆木。南城的东北角墩残高约有13米，突出墙体约5米。城东西两垣的正中各开城门一个，宽约7米，并筑有瓮城。城内正北筑有高台，并发现建筑遗迹。《赣州府志》卷四："其地唐为巩笔驿，元为西域驿，明代称小沙河驿。"

北城呈平面呈长方形，东西长254米，南北宽228米，城墙黄土夯筑，基宽3.8米，顶宽3米，残高5.5米，夯层厚0.2~0.25米，城门开在正南，门残宽8米，有瓮城，墙垣无马面。城垣西南筑有四棱台形夯土角墩，底边长9米，顶边长7.2米，残高7米。角墩和城门已经部分被流沙埋没，城内发现有汉代子母泥质绳纹及素面灰陶。地表散见红、灰两色夹砂陶片及汉砖，并有明代黑釉、豆绿釉、白釉及青花瓷片等。

城址周围分布有大量汉-魏、晋时期的墓葬群及小城4座，两城间发现4处村落遗址。遗址范围内还有马家窑文化马厂类型遗存，采集有夹砂陶片，器形有鬲和双耳罐等，石器有双孔石刀和石斧，另有骨锥和泥质陶珠等。

三、敦煌汉悬泉置

悬泉置遗址位于敦煌市（古代沙州）东北方向约60公里与瓜州县之间的莫高镇甜水井东南2公里的吊吊泉沟西侧。1993年定为省级文物保护单位。2001年被国务院公布为全国重点文物保护单位。

图6-3-13 遗址区

遗址南侧为火焰山（三危山的余脉），北邻西沙窝盐碱滩，北与疏勒河流域汉长城烽燧遥望。因出土的汉简上书"悬泉置"三字而定名。遗址东南山顶有魏晋烽火台，西北有清代烽燧。

悬泉置是古代丝绸之路上重要的驿站。"置"是西汉驿站专名。西汉武帝时称"悬泉亭"，昭帝时期改称"悬泉置"。东汉后期又改称"悬泉邮"，魏晋时曾废弃。唐以后复称"悬泉驿"，宋以后又废置。清代又称"贰师庙"、"吊吊泉"或"甜水井"。其名取之南侧山中悬泉水（图6-3-13）。

悬泉位置据《元和郡县图志》卷四十："悬泉水，在县（敦煌）东一百三十里，出龙勒山腹。"遗址面积约2.25万平方米，悬泉置遗址主体部分为平面方形，边长约50米的坞院，坐西向东，大门朝东开，封闭式坞堡建筑群。在西南角残留有突出坞体的角楼。坞墙体用黄土坯垒砌，外敷草拌泥浆而成，墙基约1.8米，残高0.85米。

始建于汉武帝时期。由主体建筑城坞、置和附属的仓、厩、传舍、厨建筑组成。坞内部，在北、西两侧，建有历代遗存的土坯墙体平房3组10余间，为旧时住宿区，东侧、北侧残留建筑为处理公务的用房。西南及北有马厩3间。东一组两间，大间11米见方，小间11米×6米，靠西为大通间，与西南角楼相连，南北宽约15米，东西长28米，墙基宽约0.5米，残高1米。在坞堡外西南侧，有一处南北向马厩，长约50米，有小门与坞堡院相连（图6-3-14~图6-3-16）。

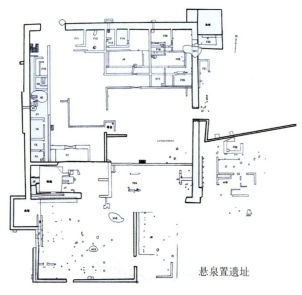

图6-3-14 悬泉置考古图（引用来源：悬泉置遗址发掘线描图）

图6-3-15 遗址复原区1

图6-3-16 遗址复原区2

四、平凉静宁成纪古城

成纪古城位于平凉市静宁县城南治平乡刘家河村南500米的川河台地。第七批全国重点文物保护单位。

成纪之名最早见于汉纬书《遁甲开山图》："伏羲生成纪，徙陈仓。"秦昭王二十八年（公元前279年）设陇西郡，郡治狄道（临洮县）。西汉初设置成纪县，县治所在旧位于成纪古城。汉武帝元鼎三年（公元前114年）从陇西、北地各取部分置天水郡。《新唐书·地理志》载："秦州，开元二十三年（公元734年）缘地震移治所于成纪县之敬亲川。"成纪县治从小坑川移新城。北宋之后成纪县治又有迁移。《水经注·渭水》："瓦亭水又南……经成纪县东，历长离川谓之长离水，右与成纪水合。"

成纪古城遗址位于静宁县治平乡南1公里的治平河与深沟河交汇处的西北方，雷大梁下，梁呈西北—东南走向。古城面积约20万平方米，平面呈方形，边长450米。现残存部分城垣，东垣残长180米，北垣残长435米，残高1.5米，基宽3～5米，夯层厚0.08～0.12米。东、西开门。东垣高约4.3米，外高约12米，墙底宽约6米，最宽处约8.7米，最窄处残宽约1.2米。城墙东北角有马面状突出，东墙东北角内高约3米，长约17米，宽约9.4米，残墙夯筑层厚度约0.13米。城墙西北面可以看到有明显的山体滑坡的痕迹。

五、酒泉晋城门

酒泉古晋城门位于今鼓楼以西，肃州区仓后街卫戍区南侧（图6-3-17、图6-3-18）。省级文物保护单位。

汉武帝元狩二年（公元前121年）设酒泉郡，置禄福县，王莽时期改称显德县，东汉建武元年（25年）改禄福县，至西晋初，晋惠帝元康五年（公元295年）称福禄县，隋文帝仁寿二年（公元602年）改置肃州，纳福禄县。汉元鼎二年至六年（公元前115～公元前111年），始筑成障。据

图6-3-17 晋城门

图6-3-18 正立面

《十三州志》载:"汉建康元年（公元114年）四月禄福城北地震震毁。"《重修肃州新志·城池》、《西河旧事》载:"福禄城，谢艾所筑。"晋穆帝永和二年（公元346年）谢艾重修城垣，东西宽约630米，南北长950米，仅开东门（今鼓楼）、南门（肃州区仓后街卫戍区南侧的晋城门），西北无门，城垣夯土版筑。军分区内保留古城遗址长144米，残高5～15米，夯土层厚度约10厘米。东晋义熙元年、西凉建初元年（公元405年），西凉王李暠迁都酒泉，修酒泉宫，造恭德殿。明洪武二十八年（1395年），指挥佥事裴成，增筑今鼓楼以东的半城4里80步（约2048米）。增筑后酒泉新旧城周围共8里3分（约3840米），墙高3丈5尺（11.2米），厚1丈（3.2米）。明成化二年（1466年），巡抚徐廷璋又增筑东关厢土城。明正德十三年（1513年）兵备陈九畴于东北、东南二隅各增筑敌楼，并于四面修筑敌台50座。明嘉靖九年（1530年），副总兵周尚文重建东城门楼。将原酒泉城址扩大一倍。使原东城门位居新城中心，改建成钟鼓楼；因城墙加厚，原南城门被夹裹在了城墙之中。明万历二年（1574年），兵备孙坤、参将姜显宗砖包肃州城，东西405丈，南北288丈，历时4年完工。

1964年发现于清代城墙内。残券门高6.7米，宽9.75米。门洞宽4.2米，深3.35米，高4.8米，两侧门墩各宽2.8米，残高6.7米，青砖平砌，唐、明时期有过修补（图6-3-19、图6-3-20）。

图6-3-19 背面

图6-3-20 侧立面

六、白银景泰县永泰城址

永泰城位于白银市景泰县寺滩乡永泰村,在景泰县向西约40分钟车程。永泰城南依老虎山,东北接永泰川,西临大砂河,曾经是河西走廊东端门户。是一座明清时期驻军防务的大型土筑古城。现为国家重点文物保护单位。因城平面略似乌龟,故名龟城。第六批全国文物保护单位(图6-3-21、图6-3-22)。

据《兰州府志》记载,永泰城建于明万历三十五年(1607年),距今也有近400年历史。松山战役之后,为了保障"松山新边"的防守,明朝守军选择在林木茂盛又有大量山泉涌出的寿鹿山北麓,建了一座驻扎军队的城堡,这就是永泰城。当时驻军200多人,马队500人,兵营、练兵场、火药场、武器库、草料场、马场等一应俱全。城墙上有炮台12座、城楼4座,城下有瓮城、护城河,城南北两侧分别指向兰州和长城方向建有绵延数十里的烽火台,是连接长城和兰州的兵寨要塞。如此完备的设计,堪称中国古代军事要塞典范。古城东西长520米,南北宽500米。

城墙黄土夹砂夯筑,基宽6米,顶宽5米,高8~12米,土厚0.12~0.14米。城东、西、北三面筑有城门,宽4米。整个城平面呈椭圆形,各门外筑半圆形瓮城,形似龟足,瓮城上建筑已毁。城门南开。外门叫"永宁门",内门叫"永泰门",门稍偏西,形似龟头。城四周有护城河,宽约6米,深约2~5米,现已干涸。

距北城墙20米处筑有大墩一座。墩东北有小墩5座,呈一字形排列,渐次远去,形似龟尾。城的四角马面,现城墙西北角有一个豁口,道路就从此穿城而入(图6-3-23~图6-3-25)。

城西有地下泉水串流城内五井之中。《永泰城铭记》载:"始于三十五年丁未春三月,迄三十六年戊申夏六月落成,城凡三:大曰永泰,次镇房,既

图6-3-21 航拍图(引自google地图)

图6-3-22 城碑

图6-3-23 瓮城

图6-3-24 羊马城

图6-3-25 南门瓮城

保定。"《皋兰县志》、《红水县志》："明万历三十五年年兵备副使刑云路建。周四百八十长,高四丈。"

半公里见方的城内,房舍鳞次栉比,纵横的街道排列得井然有序。城内现仍然留有居民居住,城内现有居民600余人。居住建筑以土坯房为主(图6-3-26~图6-3-28),另有部分新建的仿土坯建筑作为影视基地使用。城内还保留着两座清代民居,以及一所建于民国时期的小学。城内出土有石碑等文物。城内街东西,并西巷北角,设五眼井,以作五脏,又于北角设一大池,名甘露池,合诸井,并名六腑。由此而知,该城始建于明代,清代曾补筑。城内有军事机构,察院一条街,城墙内边修有马道,围城墙一周,城墙上有射击垛口,在4个瓮城上建有瞭望哨(图6-3-29)。城南有太极圆池,又名永泰海(汲海、涝池);南面曾建有李汶将军的公馆。城南一里处建有演武厅和教场,占地300亩。教场之南还留有一条长约6里的"龙沙"(山丘),"龙沙"之上架有炮台。城西北7里处设有军需草料储存处,城东南15里的骟马沟是当时的牧马场地。

城内有一座永泰小学,民国3年(1914年)建

图6-3-26 城景

图6-3-27 街景

图6-3-28 城墙下的民居

校，中西结合的建筑形式。原为关帝庙，1923年由李善澈牵头集资新建校舍。教舍占地约3400平方米，操场面积约1700平方米，校门坐北朝南，为青砖拱洞式大门，高6.4米、宽3.1米、进深4米。建筑分前后两院，内有校舍50间，均为廊房，砖土木混合结构，前院正北为教室12间，坐北向南两坡水，东西长36米，进深4米，两座教室相连为一字形。其门窗均为拱券顶。南侧校门门道两侧为两座教室，与门道共九间，廊房式建筑，坐南向北一坡水，间架尺寸同北校舍。东西两厢为教师办公室各九间，廊房式建筑，单檐。东南与西南各为两独立小院，各有房舍两间。后院正北有会议室三间。东西两面为学生宿舍（图6-3-30~图6-3-33）。

七、甘南洮州卫城

洮州卫城位于甘肃省甘南藏族自治州洮河上游的临潭县新城镇新城村。第七批全国重点文物保护单位。

古洮州地区包括今甘南藏族自治州的临潭、卓尼两县及迭部、夏河、碌曲的部分地区。历史上将卫城俗称新城，是与被称作旧城的旧洮堡址相对。据《洮州厅志》、《洮州卫城竣工碑》载，卫城为明洪武十二年（1379年）西平侯沐英、大都督金朝兴于东陇山地修筑，同时隍庙亦告竣。在藏族土司德协助下，将洮州卫旧城（旧洮堡）迁于此。明、清两代多次重修。1913年后为临潭县城。

洮州卫城坐北面南，依山而建，平面呈不规则长方形，城墙总周长5400余米，四周城墙及南门保存较好。该城依山而建，约三分之一在山上。东北高，西南低，呈多边形，周长5430米。总占地面积2.98平方千米。城墙夯筑，基宽8米，残高9米，顶

图6-3-29　城墙遗址

图6-3-30　永泰小学大门

图6-3-31 内院

图6-3-32 二院门

图6-3-33 门楣

宽6.7米，夯层厚0.15～0.18米。城墙上有马面16座、角墩9座，东、西、北门存瓮城。城门宽3.95米，高4.2米，砌筑拱形顶，顶部原有敌楼，两侧有门墩。又有水西门一处。南城墙外筑马面6座及角墩2座，背面沿山势筑环形障城，障城平面呈长方形，南北长50米，东西宽40米，障墙夯筑，基宽1.5米，残高2.5米，夯层厚度0.15～0.18米。

障城中心有烽墩一座。三座烽火台中，城背后一号烽火台遗址位于新城镇城背后村西100米，夯筑四棱台体，底边长15米，残高15米，顶边长9米，夯层厚度0.15～0.18米。城背后二号烽火台遗址位于新城镇城背后村西北150米，夯筑四棱台体，底边长15米，残高10.5米，夯土层厚度0.15～0.18米。新城东烽火台遗址位于新城镇新城村东50米，新城东门外，夯筑四棱台体，底边长12米，残高9米，夯层厚度0.15～0.18米。城西北、东北山头有多座烽火台，共同构成防御体系。

城内街道布局基本尚存。隍庙建筑群坐落在卫城中心偏北的台地上，坐北朝南，中轴对称，东西长51米，南北130米，现存主要建筑四座：大殿、东西庑殿、山门楼台和东西廊房，为清代建筑。

1936年8月，红四方面军在朱德、徐向前和李先念指挥下，攻克新城，成立临潭苏维埃政府，在隍庙召开了著名的"洮州会议"。1943年，由卓尼水磨川活佛肋巴佛和王仲甲领导的甘南各族农牧民大起义也爆发于此。城内部分民居保存较好，特色鲜明。

洮州卫城保存完整，是我国明代卫所制度的重要实物。在古洮州是"西控番戎、东蔽湟陇"的战略要地。

八、张掖东古城城楼

东古城位于张掖市城东25公里，碱滩镇古城村内。省级文物保护单位。

仁寿驿站为清时设立，明清时期，甘州（张掖）境内的丝绸古道基本沿用汉唐故道，还有递送官牒军情，转运粮秣用途，故道从山丹县经东乐堡、山阳铺向西进入到张掖的第一个驿站，就是东古城，也就是本文所述的古仁寿堡。

就是西汉张掖郡设十县，《汉书·地理志》载："觻得、昭武、删丹、氐池、屋兰、日勒、骊靬、番和、显美。"《读史方舆纪要》载："其位置在张掖县东北，东与汉张掖县相邻。屋兰得名自当地居民的称呼，屋兰当为乌犁部旧居之地，部落王降汉之后，汉以其地置屋兰县。"清时设仁寿驿（仁寿堡），俗叫东古城旧址为屋兰故城，《甘州府志·古迹》载："屋兰古城，城东五十里，今仁寿驿，俗称古城是也。汉张掖郡屋阑县，东汉及晋作屋兰即此。"

据重修东古城楼碑记记载，东古城原来是一座完整的城堡，周长约2公里，城垣黄土夯筑，筑有内外城，东西两面正中辟门，无瓮城，俗称算盘城（图6-3-34）。城内有东向西主干两街，建有寺庙、牌坊，现城垣无存，仅存为仁寿驿站的西城门，上筑城门楼，下为门道，砖砌拱券形城门。城门宽7.8米，进深12.6米，门楼为明代所修建，单檐歇山顶，覆绿色琉璃瓦。城门西侧残存夯土版筑的城墙，墙基宽12米，夯层厚度0.12米。

注释

① 唐陇右道：在现甘肃省内的有秦州（今甘肃秦安县）、渭州（今甘肃陇西县）、武州（今甘肃陇南市武都区）、兰州（今甘肃兰州）、河州（今甘肃临夏县）、岷州（今甘肃岷县）、洮州（今甘肃临潭县）、叠州（今甘肃迭部县）、宕州（今甘肃宕昌县）、临州（今甘肃临洮县）、成州（今甘肃成县）、凉州（今甘肃武威市）、甘州（今甘肃张掖市）、肃州（今甘肃酒泉市）、沙州（今甘肃敦煌市）、瓜州（今甘肃瓜州县），以及今甘肃省外的鄯州（今青海乐都县）、廓州（今青海化隆县）与安西都护府和北庭都护府同属陇右道。

② 骆驼测绘数据描述引自李并成《甘肃省高台县骆驼城遗址新考》，中国历史地质论丛，第21卷第1辑，2006年1月。在考察中，骆驼城东、南、西三面为农田，北部区域已经逐步沙漠化，东侧城墙较多损毁。

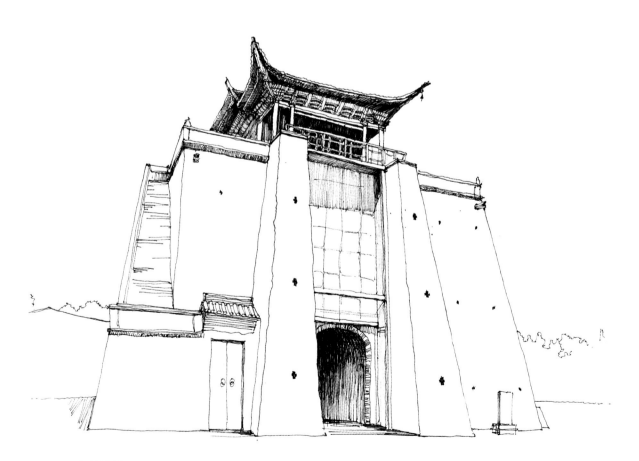

图6-3-34 东古城绘图

甘肃古建筑

甘肃古建筑

第七章 民 居

甘肃民居建筑分布图

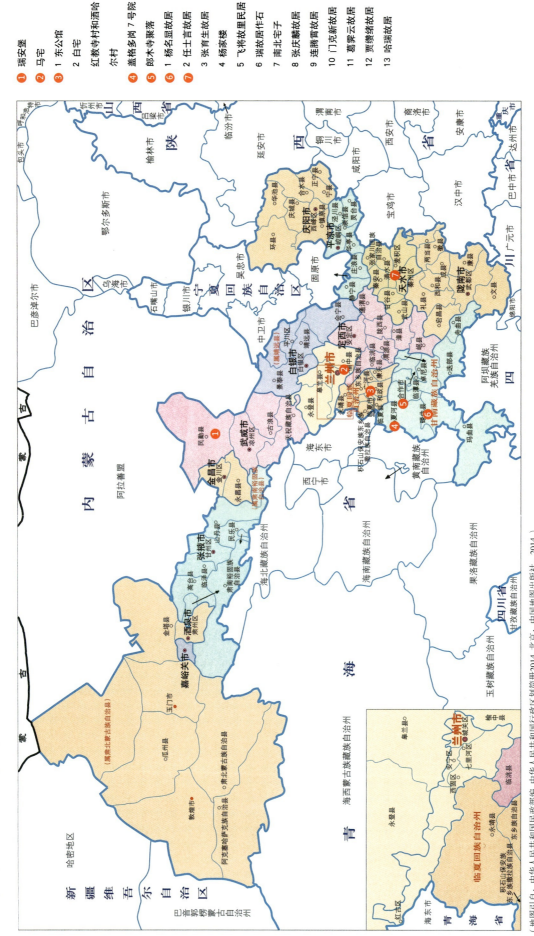

- ❶ 瑞安堡
- ❷ 马宅
- ❸ 1 东公馆
- 2 白宅
- 3 红教寺村和洒哈尔村
- ❹ 盖格多岗7号院
- ❺ 郎木寺聚落
- ❻ 1 杨名显故居
- ❼ 2 任士言故居
- 3 张育生故居
- 4 杨家楼
- 5 飞将故里民居
- 6 瑞故居作石
- 7 南北宅子
- 8 张庆麟故居
- 9 连腾霄故居
- 10 门克新故居
- 11 葛雯云故居
- 12 贾缵绪故居
- 13 哈瑞故居

（地图引自：中华人民共和国民政部编．中华人民共和国行政区划简册2014．北京：中国地图出版社，2014．）

在世界众多的建筑体系之中，中国古建筑源远流长，其自身形成独立完整的发展体系，在3000多年前的殷商时期这种体系已经初步形成，该体系风格雅致、结构灵活。而民居的出现，在保持自身独有的机构和布局外，对于外在的审美和实用性更是给人以深刻的印象。

古民居是人类建筑史上出现的独有的建筑类型，民宅组群布局及内院景观由于受到差异化的自然环境、经济条件及地区社会因素影响，在千年历史文化进程中凝聚了丰富的历史价值和文化价值。

西部地区土地广阔，民族众多，生态气候环境及人民生活方式均不相同，从而衍生出各地迥异的房屋样式和风格，各地的民居组成群落都不同程度地反映出当时的历史痕迹以及人们的生活状况。因此，古民居的历史价值不仅是气势恢宏的外表，更重要的是将其建筑规格与本身固有的气质、气派完美结合，同时融入历史信息，让后人通过民居的外部形态来感受先人的内涵。

甘肃是中华传统文明的诞生地之一，更是古丝绸之路的咽喉要道和黄金路段。

由于甘肃境内呈狭长走向，各地生土人文、民俗风情、生活习俗、文化形式都存在着巨大的差异，因此，甘肃文化的重要载体民居，也表现出多元化格局。受到当地的建造资源和文化交流影响，形成迥异的地方风格和流派：甘肃东部的陇东民居受中原文化影响显著，多以合院形式呈现；甘南民居建筑以土坯、土木藏族民居为主，形态特征鲜明；河西走廊地区大部分是土木、砖木的生土民居，民居形态差异大是甘肃民居显著特征。

甘肃古民居既具有社会性和文化性，又是地域文化和民族文化的典型载体。

甘肃民居由于受到气候与资源的约束、民族文化差异的影响，形成了多种多样的民居特征，如天水的中原文化经典民居、临夏回族民居、甘南藏族民居、陇东的窑洞民居等。这些民居形态经过长期的历史演变与进化，与大自然和谐相处，合理利用当地材料、抵御恶劣气候条件，因时、因地制宜，经过时间的沉淀和历练，凝结了当地人丰富而宝贵的智慧。甘肃民居中普遍使用生土材料，为当今寻求民居可持续发展、节约能源提供了重要的思路。如何使生土建筑走向现代化，使生土民居适应当代人的生活模式是民居研究者面临的挑战。在地域文化的传承上，我们也欣喜地看到，有像临夏回族白宅那样能将传统民居的形态与当代人的生活质量完美地结合，成为当今新民居典范的实例，其为现代民居的创新夯实了基础。

第一节　天水民居

天水因"天河注水"的美丽传说而得名，良好的自然环境和悠久的历史文化，使得古代的达官显贵、官宦把这天水作为修建自己宅第的风水宝地。作为他们的修建理念——风水观念和文人的山林情怀更是体现得淋漓尽致。

2005年6月，世界文化遗产基金会在纽约公布了2006年世界百大濒临危险的文化遗址，中国有六处遗址榜上有名，天水的古民居亦赫然在列。

天水是中国文化名城，以大地湾文化、伏羲文化、三国文化、宗教而闻名。作为秦的发源地，天水民居继承了秦风汉俗的建造特点，因此显得质朴清雅，古风犹存。天水虽然地处西北地区，民居建筑少砖石，多土墙，木装修也比较简单，但其土墙砖瓦、竹林木楼的建筑装饰风格，体现了明清大量南方移民带来的影响，建筑既有北方民居的古朴厚重，又融入了南方民居建筑的精巧细腻，此种结合在西北乃至全国都可堪称独一无二。天水民居总体布局疏密有度，主次分明，有开有合，风格美观大方。长期的文化浸润使得天水市传统民居建筑有着多民族、多宗教的印记，但是作为伏羲故里，又有着中规中矩、暗合风水的传统合院式布局。天水因其与秦地接壤，其风土文化更接近于关中，故该区域民居与甘肃其他地区民居有显著的差异。以下是不同天水民居类型的特点：

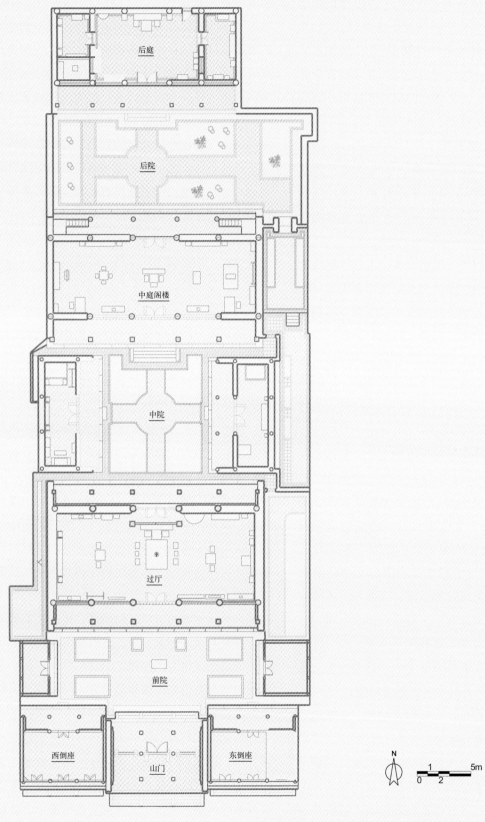

图7-1-1 天水院落平面（胡氏民居北宅子）

一、单体类型

天水古民居类型繁多，但是究其根本的平面形态来说，主要有三类：

第一类为"锁子厅"式，即平面五开间时，正中三开间为凹进的前廊，两边各一间卧室凸出，形成"锁子"式，一般内设火炕。平面如果只有三开间，大部分不采用"锁子厅"式。

第二类为"廊檐式"，即屋前设有通常的带柱前廊。

第三类是房前仅有挑檐而不设柱廊。

这三类单体平面基本形式，在天水古民居中被广泛地运用。

在天水城区古民居中，院落都是由上述三种平面组合而形成的。部分显赫的家族会把主房修成二层，而厢房、倒座则多见"廊檐式"。

二、院落类型

"合院"为传统天水民居采用的主要建筑式样。它是由多个建筑单体及回廊组成的三合院或四合院，其中绝大多数又都以四合院为原型基础。四合院民居建筑的选址、布局和朝向，在满足大家庭生活需求的同时，充分体现了儒家文化思想，同时也体现了封建宗法制度的需要，反映了内外有别、尊卑有序的儒家礼教和封建等级秩序。最终，由此衍生出多种院落空间布局形式。

（一）独立型

独立型是四合院的最初雏形，仅由正房、倒座各一间及东西厢房围合而成，通常具有明显的中轴对称关系。其空间结构虽简单明确，只由一进院落组成，但容纳了房屋使用的全部功能。

（二）串联型

为进一步扩展房屋本身居住的使用功能，满足多人口家庭的使用，以独立型院落为基本单元，沿院落中轴线纵向串联，打通两个或多个独立型院落，形成串联型院落。这种多院落布局不仅能体现房屋主人的权势和地位，更深刻地反映了当时森严的封建等级制度。

（三）并联型

最后，在串联型格局的基础上继续发展的就是并联型院落。并联型院落是在原有院落沿横向轴线再次组合、并排成型的建筑群。天水民居中并联型院落规划时，通常将两个院落连接，使用一个出入口，进大门后又分两种布局方式，一是大门内为砖雕照壁，两组串联型院落分左右对称建造，典型的是澄源巷的张庆麟故居南宅；二是砖雕照壁在院落一侧，绕过照壁是连接几组院落的回廊，通过回廊连接两到三组纵向建造的串联型院落，特征明显的是胡氏民居北宅子。

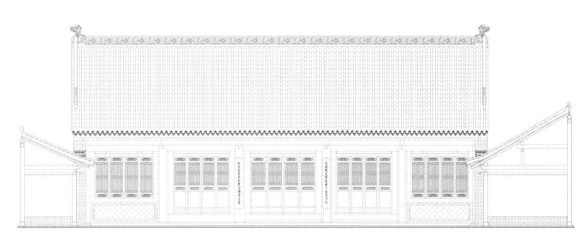

图7-1-2　天水特色的院落剖面图

三、民居建筑组成部分

典型的天水四合院建筑由大门、影壁、垂花门、倒座、正房、耳房、左右厢房及檐廊组成，房屋的每个部分都蕴含浓郁的地方特色（图7-1-2）。

1. 大门

大门是传统民居由室外向室内过渡空间转换的重要节点，天水民居的大门多数风格比较内敛、朴实。大门按构造、造型的不同，可以分为屋宇式和墙垣式两种（本文主要介绍天水独特的屋宇式）。

屋宇式大门是利用外墙改建房屋（通常为倒座）和大门组合，作为入口的一种建造形式。栅栏门和广亮门都属于屋宇式门，广亮门是天水民居中主要采用的大门，有与倒座连接在一起的，在倒座的梢间辟门，抑或者另外独立在门楼的，一般大门多为六柱三檩式，而南宅子倒座与四合院相同，均为六柱五檩，这与主人胡来缙曾于北京做官有关[①]。由于天水历史上战事频频，兵灾匪患较多，倒座后墙古朴、坚固，不易招来匪徒的窥探，所以屋宇式大门在天水传统民居建筑中比较常见（图7-1-3）。

2. 影壁

影壁是一种墙壁式附属建筑，一般设在门外正对大门处或院内正对大门、堂屋处。天水民居影壁主要起阻挡视线的作用，一般由上部的壁顶、中部的壁身和下部壁座三部分组成。壁顶有硬山式、悬山式、卷棚式等形式，中部为仿梁柱体系，下部为砖石的下沿或弥座。而壁座与壁身同宽，高度为壁身的四分之一到三分之一。壁起到空间序列中"引"的作用，与门楼一起组成空间有序转换的入口节点，构成一小天井，这种小天井的设计是天水传统民居融合南北方民居特色的重要体现[②]。（图7-1-4）

图7-1-3 屋宇式大门（南宅子）

图7-1-4 垂花门和影壁

3. 垂花门

垂花门是天水古民居中最精美的艺术品，也是一种标志性的建筑。它是大型宅院内部院落之间用来连通的门，具有承上启下的作用，把艺术性与政治性融为一体，一般中小宅院是不可设置的。在天水民居中，几乎每座考究的二进以上院落，都会建造一个做工精致、体现木雕超凡技艺的垂花门，与北京垂花门的一殿一卷或单卷棚式不同的是天水民居中的门均采用的是双坡悬山顶。天水垂花门不是仅一道垂花门，而是两道垂花门，按照门的级别和等级的位置，分别叫作垂花门和虎座门。天水的垂花门一般以二柱式为普遍，二柱式垂花门两柱落地，柱前后侧有门挺并且有曲纹的雕刻，形制小巧的木雕装饰是垂花门的点睛之处，精致别透的雕饰不仅透出天水民居秀气雅致的南方气质，同时也显示出对待富贵地位内敛的表达方式。由于沉重的装饰，使垂花门纤细的梁柱结构显得失稳，因此在天水某些垂花门上出现了两对支撑门楼平衡的特殊构件——戗柱和插花，这种添加便增强了垂花门的稳定性，木雕的垂花改为落地的檐柱，使门楼更为严肃庄重，这种门楼被称为"虎座门"，因为功能样式比较相近，在此不另作详述。

4. 正房、耳房、厢房

天水民居正房通常以三开间为主，"一明两暗"式，使用功能与北京四合院相同，为长辈住所。正房坐北朝南，体现了长幼尊卑的等级观念。在明代，天水民居中还没有出现耳房，至清代中后期，正厅房两侧的梢间才慢慢转变成耳房（图7-1-5）。耳房在平面上向后退，开间、进深比正厅房小，台阶比正厅房低，建筑体量较为低矮，与正房的关系就如同面部两侧的双耳，故称耳房。多层建筑中，耳房的位置布置于楼梯处，使耳房一侧是过道，另一侧是楼梯。厢房是除长辈外家庭其他成员的休息空间，私密性较强。面宽三开间，多数带有前檐廊，"一明两暗"式，单坡顶，山墙多用作影壁③。

5. 檐廊

天水民居中房屋经常出前檐廊（图7-1-6）。檐廊不但可以遮阴避雨，满足人们的多种使用功能，同时还是室内外空间的过渡区，在空间上起接驳作用，达到了丰富空间层次的作用。例如胡氏民居南宅，基本上都是带前檐廊的房屋围合成院落，檐廊宽度少则1.5米左右，多则2.5米，是院落空间中很有视觉效果的区域。

从天水民居的房屋结构看，既有土房、砖房、砖木结合房屋、土木结合房屋，又有风格奇特的木楼。民居的屋顶悬山、硬山和歇山都有出现。院落中，多选用有一定寓意的南方植物，如竹子、腊梅、银杏等，与院外高大的古槐树形成鲜明的对比。雕刻分石刻、木刻，既有行云流水的大手笔，又有精雕细刻的小细部，样式多见花草、鸟兽、吉祥图案等，种类丰富，手艺传神。

天水民居中名气较大的有胡来缙的南宅子、胡忻的北宅子，以及分布于东西关街巷内的张氏民居、哈锐故居、杨家楼等。这些民居院落大都由砖

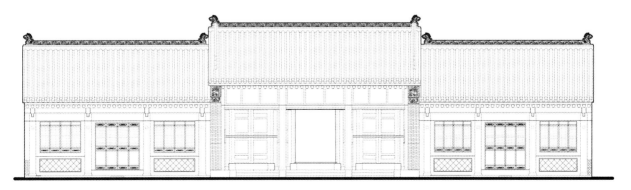

图7-1-5 南宅子大门耳房背立面图

图7-1-6 蝴蝶楼檐廊一角

图7-1-7 北宅子墀头

木混合结构建成，布局规整，形制完备，屋身尺度适中，屋面坡度虽不十分陡峭，但仍然有几分气势；屋身的铺作层有丰富的木雕内容和多种雕刻手法，以及富含文化意义的雕刻题材（图7-1-7）；砖雕照壁和木雕垂花门，雕刻线条简洁、粗犷流畅，雕饰风格美观大方而不细密繁缛；分布着许多凸出于单层房屋群体的两层楼。所有这些又使天水民居具有江南民居的几分"秀丽灵巧"。

四、天水民居实例（天水典型的名人宅居）

（一）南宅子

罗哲文先生在《中国古代建筑》中曾评价它："是甘肃省唯一的也是全国罕见的具有典型明代建筑风格的古民居建筑宅院群。"

天水南宅子是始建于明万历年间、坐落于天水秦州区的胡氏民居，南宅子为明代山西按察司副使胡来缙居所。南宅子较为完整地保存了从明代到清代民居的代表性建筑（图7-1-8）。其在合院基础上灵活地穿插严谨格局的院落、主次分明的风貌、朴素雅致的建筑风格，更是体现出深厚的传统文化的积淀，它是我国西北明清民居的活化石，展现了丰富的文化民俗价值和历史研究价值。

南宅子以南北为纵轴，并列三组院落（图7-1-8）。

从东到西分别坐落着主院、次院和杂院，形制完备。主院为主人起居、祭祀场所，次院是学习娱乐之地，杂院居住佣人及存放物品。

南宅子主入口大门为悬山顶，面阔三间，进深四椽，宽9米，进深5米（均为轴距），置于院落的东北角。后改为胡松秀之妻蒲氏的节孝牌坊，屋顶增加了四条垂脊。大门为明间辟门，门匾上有李国士题"副宪第"三个字，表明了主人高贵的身份（图7-1-9、图7-1-10）。院落现存两进四合主院及书院，房屋共计40间（图7-1-11）。从大门入内，为入口天井院，南边影壁与前院书房后檐墙合建一处，直对大门（图7-1-12）。由此往东，再向南拐，是一条分开主院与东院的过廊道，由此亦可进入杂院及仆院（图7-1-13）。此处往西是一垂花门，是门内主轴线建筑群序列的起点与标志构筑物。

天水民居的垂花门位置一般位于厢房与倒座的连接位置，而南宅子直接在厢房处做垂花门（图7-1-14），这是南宅子有别于其他民居之处。进入垂花门，便是中路主轴线建筑群的前院，有南正

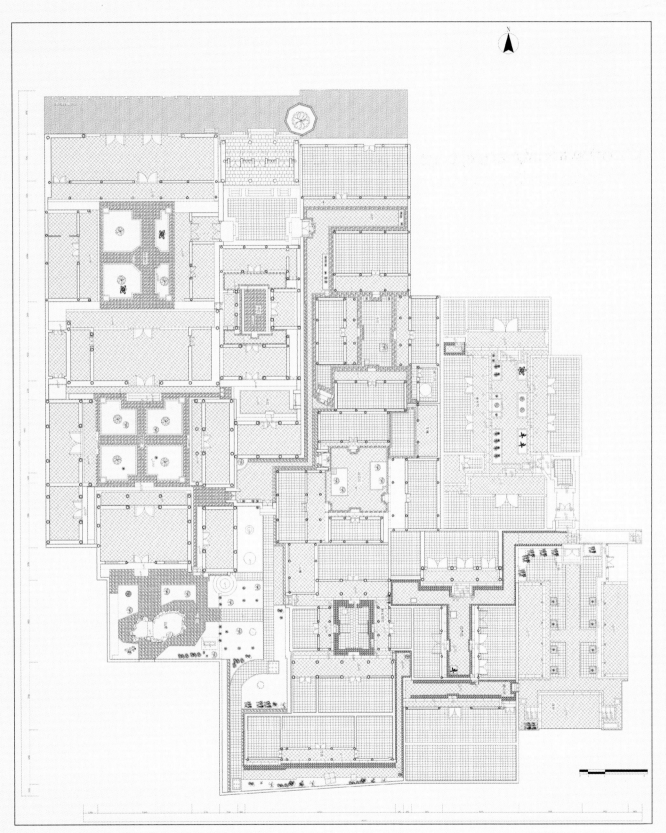

图7-1-8 南宅子合院式院落

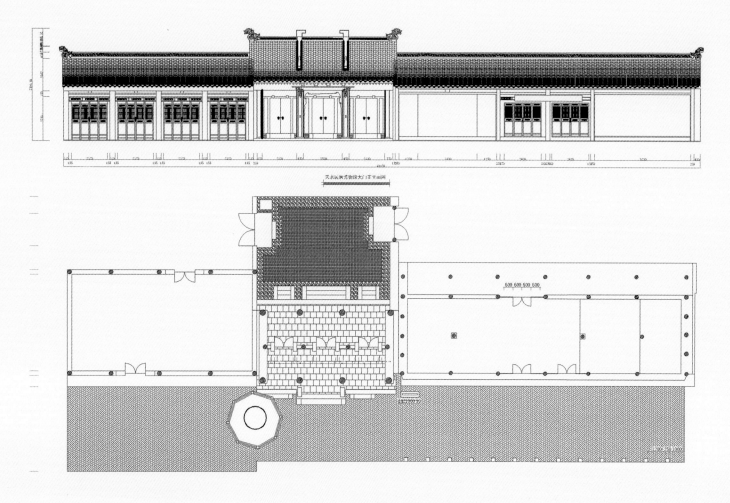

图7-1-9 南宅子大门立面测绘图

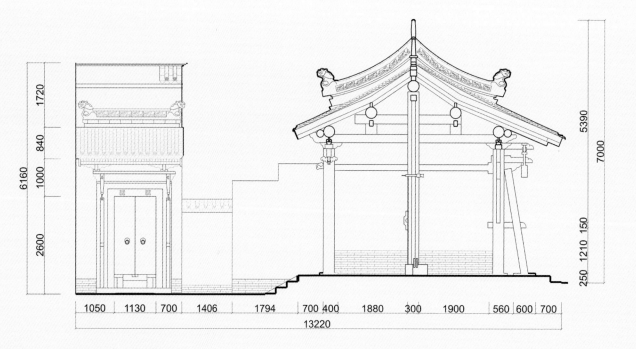

图7-1-10 南宅子西墙大门剖面测绘图

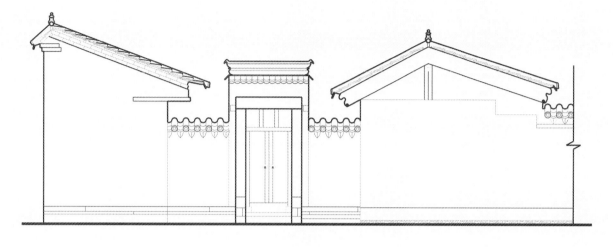

棋院东墙外面图

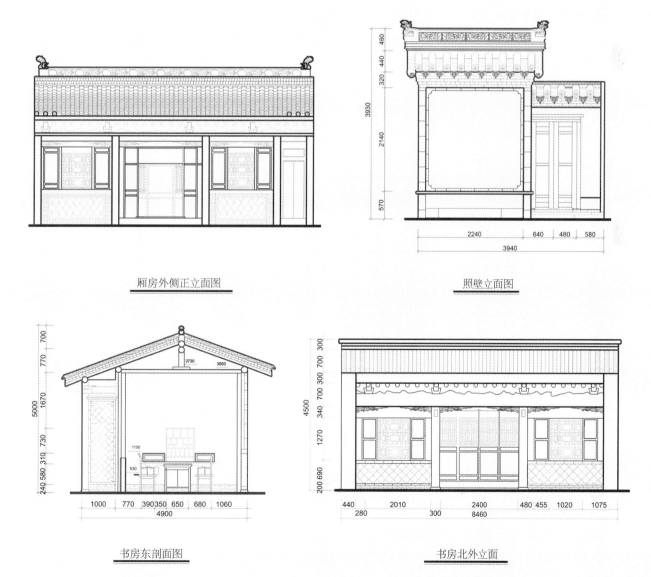

厢房外侧正立面图

照壁立面图

书房东剖面图

书房北外立面

图7-1-11 南宅子测绘组图

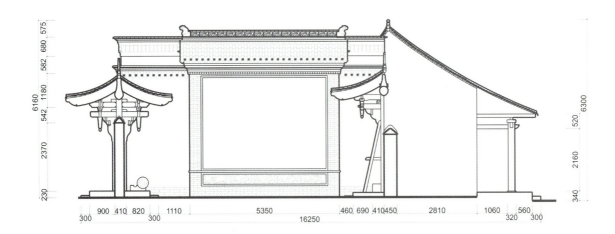

图7-1-12 南宅子影壁墙测绘图

图7-1-13 南宅子杂院入口

图7-1-14 南宅子垂花门木雕

厅5间，北倒座房6间（西端为后加），东西厢房各3间。

主院前院又名桂馥院，垂花门上有康熙皇帝（1669年）御笔所书的"桂馥"二字（图7-1-15）。院落长约为10米，宽约为8米，平面呈矩形。南正厅是明嘉靖年间始建的建筑物，五开间，进深四椽，前出廊，单檐悬山顶。建筑用料以大材为主，大屋顶、高台阶、粗柱子、宽走廊，以及面阔五间的厅堂，都是普通民居宅院无法比拟的。明间两次间会见宾客，用墙隔开的两侧梢间居住主人或年长者；东、西厢房各三开间，倒座六开间，明间面宽大于次间，明间面宽3.2米，次间面宽2.9米，梢间面宽3.4米，梢间的面积大于明间与次间，是晚辈居住之所。第二进院落为槐荫院，院落长宽均为10米，

图7-1-15 南宅子桂馥院入口大门　　图7-1-16 南宅子合院式院落　　图7-1-17 南宅子院落间过道

图7-1-18 南宅子后花园一角

平面呈方形。院落正房与东、西厢房均为三开间，中间正房用来祭祀先祖，两侧厢房为闺房（图7-1-16）。正房东有不到1米的过道（图7-1-17），隔壁是厨房，厨房北面为附属院落。后花园为东西长约17米，南北宽约10米的矩形空间，置江南园林风格的假山、流水[④]（图7-1-18）。

次院的第一进院落为书院和佛堂院，包括正厅、倒座、过门及佛堂，均面阔三间。从第一进院落的东厢房的山墙与正厅交界处有一小门可进入书房院（图7-1-19）。书院小巧而精致，书院的倒座后墙为入口的影壁，倒座和正房三开间带前檐廊，穿过书院正房即到棋院，棋院正房三开间。院落为狭长矩形，南北3.8米，东西长约9米。附属院落由大门东侧的垂花门进入，以示尊卑之别（图7-1-20）。附院一进院用来放置闲杂物品，进深7.5米。二进院为杂院，是佣人居住的地方。杂院以南为凌霄院，凌霄院是一个进深10米、面宽7米的矩形院落，因院内一株上百年的凌霄树而得名，是东区的主要建筑之一。

在院子的最后，有一绣楼，绣楼是专门为大小姐参加皇帝选秀住的地方，绣楼的墙体为土坯墙，硬山单坡梁架体系结构，绣楼的后檐墙出开一带披檐的木窗，窗棂图案精巧雅致，使得绣楼灵秀（图7-1-21）。

（二）北宅子

位于天水市秦州区民主东路中段，是甘肃省遗存较完整的明代民居院落，现属于全国重点文物保护单位。宅院是明万历时任太常寺少卿署正卿胡忻的府第，建于明万历四十三年（1615年）。

2002年4月，时任国家名城保护专家委员会副主任的郑孝燮和罗哲文先生参观北宅子后曾评价："胡氏民居北院子主厅楼应为典型的明代官式建筑。"其建设精湛、规模宏大、保护的完整性都体现出深厚的文化内涵，院落规模与建筑的气派与豪华程度都是南宅子所无法比拟的，在西北乃至全国都是罕见的。

北宅子与南宅子隔街相望，并且有地道相连。

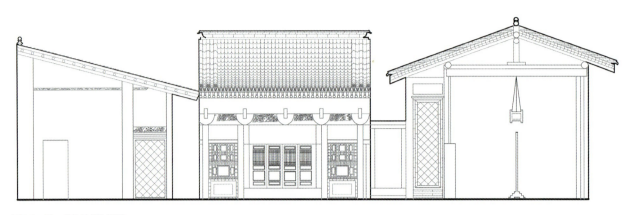

图7-1-19 南宅子书院测绘

图7-1-20 南宅子

图7-1-21 南宅子绣楼

北宅子原宅院由七进合院组成，样式规整，院落众多，细部简洁大方。宅院分为东、西两院，歇山顶三架檐楼大门位于宅院的东南角上，面阔三开间，门额上题"太常第"三字。现在仅存的有东主院过厅，中院主厅楼和后院主厅房三部分（图7-1-22、图7-1-23）。主厅楼是一座重檐硬山顶二层木楼，面阔五间，共计20米，进深三间计14.5米，至脊高10.5米（图7-1-24～图7-1-26）。屋面覆青筒板瓦，共有五条脊，脊端部位均有吻兽，俗称"五脊六兽"（图7-1-27）。主结构为抬梁式五架梁，使用大才通柱（图7-1-28）。上层的五架梁直接搭在通高的柱上，梁下有精美的雕花。一层用6根粗大方柱做檐柱，柱顶的抱头梁上施以短柱，上置月梁。这样的结构显得屋大廊宽，使建筑美观大方（图7-1-29）。二层建有外廊，走廊栏杆间的华板上雕刻有精美浮雕。

北宅子的楼式建筑栏板的雕刻工艺堪称一绝，采用深浮雕、透雕和浅浮雕的雕刻技术，雕刻题材以花卉和人物为主，花卉的造型雍容华贵，人物的造型栩栩如生。每一个开间栏板共5块，每一块的雕刻内容均不雷同。门窗的木构图案精细美好，变化多端（图7-1-30）。

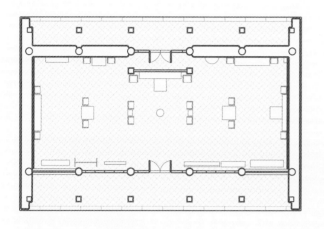
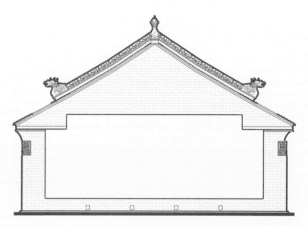

胡氏民居北宅子前厅平面图　　　　　胡氏民居北宅子前厅侧立面图

图7-1-22　北宅子前厅测绘图

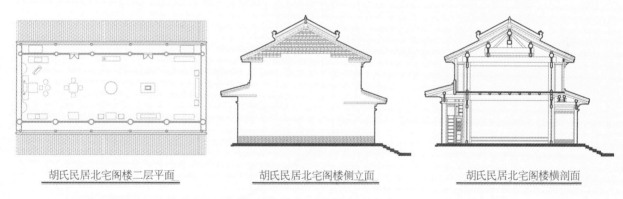

胡氏民居北宅阁楼二层平面　　胡氏民居北宅阁楼侧立面　　胡氏民居北宅阁楼横剖面

图7-1-23　北宅子阁楼测绘图

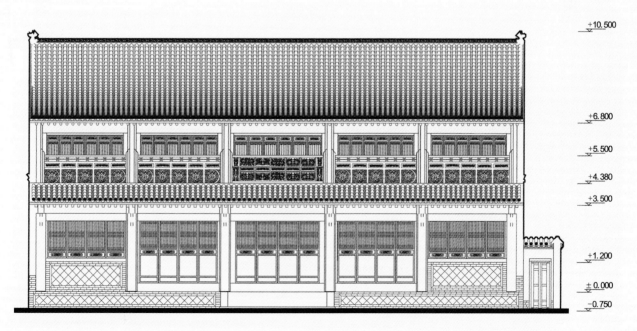

图7-1-24　北宅子中厅立面测绘图，刘建宁　绘

图7-1-25　北宅子正院主楼

图7-1-26　北宅子厢房

图7-1-27　北宅子屋顶角兽

图7-1-28　北宅子侧楼楼梯

图7-1-29　北宅子二楼内景

图7-1-30　北宅子木雕

（三）飞将故里民居

在国家级历史文化名城天水市的秦州区西关，有一处有名的巷道叫飞将巷。飞将巷历史风貌格局遗存，有些民居院落具有很高的建筑艺术价值。飞将故里不是特指的某一处宅院，而是构成"飞将巷"的古民居及其环境的组合。

飞将巷位于古代5座城之一的西关城。据考，属于飞将巷的古民居院落门牌号有25个之多。飞将巷有东西、南北走向两条巷道，其中东西巷道长约88米，南北巷道长约168米，两条巷道以"丁"字形相交形成外走廊，巷南口9号院大门内的两层明代古楼与巷北口12号院的两层古楼南北首尾呼应，凸显了飞将巷独有的规划内涵。飞将巷历经沧桑，保护不够完整，但从其中9号、12号、31号院落为代表的许多院落依然能看到当年的建筑格局与艺术特色。

1．飞将巷9号院

巷南口（即巷入口）9号院是一处明建清修的院落，大门位于东南角（图7-1-31），进入大门先是一处院外天井，此天井带三间两层明代土木结构的悬山古楼，梁架为四架梁。院外天井带古楼这种布局形式在天水现存古民居中绝无仅有（图7-1-32）。垂花门后，是由前后院组成的串联式一进两院的格局院落。

院内主房坐北朝南，为双坡硬山屋顶，面阔五开间，是明建清修，同时保留了明代的风格。院落院落呈东西窄、南北宽的长方形庭院，庭院的长宽比约为1∶3。东、西厢房各三间带檐廊，南侧倒座房3间，双坡硬山屋顶，北边设有檐廊。井房位于西厢房南侧，有水井一眼，水井直径约40厘米，深约10米。此院落建有围房。

院内房屋都带有檐廊，檐口椽不是常见的"飞椽"而是"滚椽"，属于仅存不多的典型构件形式。北过厅为五檩单廊的抬梁式梁架，柱高3米、间隔3米，使得房间展现出方正效果，借喻做人的品行。东、西耳房都有两个柱上科和一个补间科，没有科间阑板，是明显的时代特征。檐下柱上科为象鼻子形状的一朵云，在科间阑板透雕有牡丹花、葡萄、石榴等吉祥纹样。檐柱上的雀替透雕有夔龙（图7-1-33）。

2．飞将巷31号院

31号院主房为六檩单廊抬梁式梁架，屋面是典型的硬山双坡面。南、北厢房是单坡面硬山顶，带

图7-1-31 飞将巷9号院大门速写

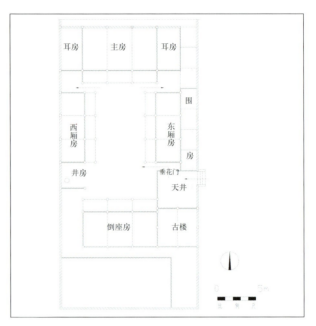

图7-1-32 飞将巷9号院总平面图（引用来源：《天水古民居》）

图7-1-33 飞将巷9号院

有檐廊。雀替雕刻有二方连续卷草纹。东面倒座也是单坡面硬山顶，科间阑板透雕有缠枝荷花纹样（图7-1-34）。

飞将巷31号院木雕是典型的明代风格，都以简洁明快、生动流畅的线条透雕而成，加上房间檐柱的径高比大于1∶10，南北厢房科均无斗，柱顶宽出平板枋等鲜明特征，建筑专家考证其为明代早期院落，因世代居住着姓李的人家而被称为是李氏老宅。

图7-1-34 飞将巷31号院大门速写

图7-1-35 飞将巷12号院大门速写

3. 飞将巷12号院

12号院坐落在飞将巷北后巷丁字路口东侧。院落坐北朝南，典型四合院形制，四面各三开间，东有围房院。北房、南房有斗，东、西厢房无斗（图7-1-35）。

主院北房单坡面四檩出廊式抬梁构架，柳条式窗户。西向小楼悬山抬梁式，两层高。柱上科为象鼻子形状的两朵云，檐柱上的雀替为二方连续回纹状浮雕，科间的闸板透雕有牡丹花、荷花以及寿字等吉祥图案。东、西厢房均带檐廊，三开间。倒座房坐南朝北，双坡面硬山顶，二开间。

（四）石作瑞宅院

石作瑞宅院位于秦州区西关街道解放路石家巷，是清乾隆时川南永宁道道台石作瑞故居，始建于清代早期。该院落按照北斗七星排列、八卦九宫图建造，由7个院落组成（现存6个院落），每院形成封闭式独院，建筑面积786平方米。2003年7月25日公布为省级文物保护单位（图7-1-36）。

石作瑞宅院分别排列于巷道的东西两侧，巷道的东侧是1号、2号院，3号、4号、5号、6号院在巷的西侧。巷东侧院落的平面路线为：进入宅院的宅门—小天井—垂花门—1号院（倒座院）—过厅—2号院（主院）。巷道西侧4个院位于同一侧，每个院落自身形成封闭式的独院，各院落都被赋予着不同的功能。

北方民居一般主房采用坐北向南，而石家巷东侧的主院落采用主房坐南朝北、倒座坐北朝南的形式。从石家巷建筑的整体布局上看，1号院有一株古梅，树形高大，枝叶繁茂。此株古梅约有150年历史，可称得上是梅中之王。此外，还有一株树围约1.2米、

图7-1-36 石作瑞故居

图7-1-37 石宅一号垂花门侧面

图7-1-38 虎座门

图7-1-39 石宅屋檐（云乐厅屋顶）

形似卧龙的桐树，同样的生机盎然。

6号院大门门楣间有穿壁如意云纹式栅栏门，门内过庭小天井有二柱廊式垂花门，门上上层花板为牡丹、金瓜透雕，中平板枋为二方连续回纹，下花板为白鹤、牡丹浮雕。这里众多院门所表现出的木雕技艺和文化寓意，是天水民居建筑中的精品（图7-1-37，图7-1-38）。

5号院是以伏羲"八卦九宫图"构建。6号院正厅屋顶装饰——伏羲八卦太极图（现已丢失），此图同伏羲庙太昊宫八卦图不分伯仲。1、3、7号院东西厢房及1号院倒座七座房均采用一坡半水的云乐厅屋顶，众多的一坡半水的云乐厅屋顶形式，在天水实属罕见，这种云乐厅屋顶是明代民居的显著特征（图7-1-39）。

石家巷民居的艺术价值在于其独特的木作艺术，门、窗图案花色品种繁多，样式脱俗，从铺作阑板、雀替等方面看雕刻手法，既有粗犷流畅的大写意，又有精雕细刻、小巧玲珑的微型雕刻作品。工匠们根据祖传技艺巧妙地将各种花草、翎毛、鸟兽嵌入门、窗工艺中，雕刻的荷花纹、牡丹纹、云纹、万字菱形纹、回字纹、九龙戏珠图、松鹤图等图案精妙绝伦（图7-1-40）。

其木雕刻分布广泛，题材丰富多彩，雕刻手法细腻，有浮雕、透雕、线雕和圆雕。可以毫不夸张地说，石氏6座院落是一处繁花似锦的木作艺术馆。美不胜收，百看不厌。

石家巷民居建筑群，无论是建筑结构、建筑构思，还是木雕艺术的熠熠生辉，或是建筑群中的一瓦一石，都是劳动人民高超精湛的技艺的完美体现，由于它的地理优势和伏羲文化的渊源，终将其与伏羲城纳为一体。

（五）哈锐宅院

哈锐宅院在天水市秦州区澄源巷13号、17号、42号和自由路12号都有建设，形制一样，明、清建筑风格在宅院都有发现。结构为串联式一进三院落，南北纵轴，大门位于东南角（图7-1-41），主厅房为上下两层，宅院有后院。均为土木混合结构，因

图7-1-40 木雕刻垂花门

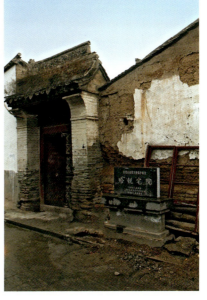
图7-1-41 哈锐宅院外围墙

保护不够完善,房体破损较为严重,现为甘肃省级文物保护单位。

原宅院正门有一照壁,进入垂花门(图7-1-42),宅院中依次是倒座、厢房、过厅房、两层主楼厅房,后院分布有两层戏楼、杂物房、厨房、厕所,以及后院门。故居原建有三进院落,后由于拆建,现只剩下第一进院的东西厢房,第二进院的四季厅与西厢房,第三进院的西厢房。17号院落正房为二层双坡硬山楼,院内南房三开间倒座,北面带前后檐廊五开间过厅。中院北有悬山顶式出檐二层小楼,三开间。前、中、后院均是三间无檐廊厢房,后院西房为两层三开间木楼(图7-1-43)。木结构的古楼在民宅中本不多见,可以说是稀缺的,不过这就是哈宅与众不同之处。

图7-1-42 哈锐垂花门速写

图7-1-43 哈锐宅院内景速写

据资料记载，原哈宅中，院落构思相当精巧，庭院中的空间过渡最具特色，它的过渡是由过厅和厅房西侧的有顶通道来界定的。通过以中轴线为主的空间流线，使得院与院相通，空间流动性加强。前院、中院注重中轴的对称，流线布置也相当之明确。厅堂布置在庭院深处的两层楼底层中间，客人在到达厅堂的路上，需经过古朴典雅的庭院，从中，可以领略到院内景物的精致，感受到空间的出彩，体会散发着富有魅力的四合院。哈宅中出现了太极八卦图、暗八仙、文房四宝等吉祥图案，以及大量的花草鸟兽，样式精雕细刻，图案内容也反映出主人趋利避害的富雅心态。

（六）张庆麟宅院

张庆麟宅院位于天水市秦州区市区澄源巷西北角，包括张庆麟在内的张氏家族曾经"四进八举"，所以澄源巷又被称为是秦州的乌衣巷。东西巷南侧的21号、23号院落以及东西巷北侧的42号院落，三座院落组成张庆麟宅院建筑群，均为清代建筑（图7-1-44）。

张庆麟宅院建筑群中有一座楼阁是该建筑群中保存较为完整的。另有3座照壁（其中23号大门内"五福捧寿"照壁十分精美），5座垂花门，院外还有一个上马石，院落共计60多间房屋，这些布局构造是其他民居所不具备的，它们为研究天水清代的建筑、绘画、雕刻、民俗等提供了宝贵的实物资料（图7-1-45）。

巷北的42号为小型四合院，建造年头较晚，为一进院，坐北朝南，建在南北的中轴线上，大门位于院落之东南角，门内依旧有照壁，二道垂花门坐西向东，雕饰美轮美奂，保存完好。院内南倒座房4间，东侧一间为屋宇门之通道。北房为两层主楼上下各3间，靠西为楼梯间。东、西厢房各3间，无廊道（图7-1-46）。

巷南21号、23号两院，坐南朝北，均为二进串联式院落，南北纵轴线（图7-1-47）。东南21号院为主院带偏院格局，正房面阔五间，锁子厅式，厢房带外檐廊，面阔五间，倒座也有外檐廊，面阔五间，墙垣式大门，置于院落西北角处，偏院为杂院，功能明确。这种形式四合院，有些类似北京的传统民居，在天水民居中很少见。23号院，也是墙垣式大门，第一进院落中，倒座双坡顶带前檐廊，面阔三间，东、西厢房面阔各四间，单坡前檐廊结构；前后两院设虎座门，第二进院正房面阔五间，双坡顶带前檐廊，东、西厢房面阔五间，单坡前檐廊结构。

图7-1-44 张庆麟宅院正门

图7-1-45 张宅垂花门

图7-1-46 张宅内院速写

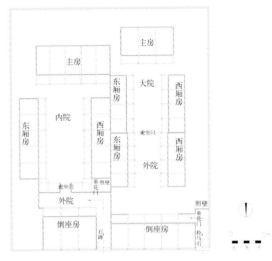

图7-1-47 张宅平面图（引用来源：《天水古民居》）

屋脊与虎座门上的吻兽都象征了主人的身份地位和官职大小，从屋架的整体结构上看，正房的等级较高，厢房次之。

（七）连腾霄宅院

连腾霄宅院，位于天水市区北关连家巷内，始建于清初，现有房屋30余间，建筑面积约1300平方米，占地面积约1500多平方米，是天水唯一的一座清代官邸式民宅合一的古建筑群，现为甘肃省文物保护单位。

连宅原为一进三院，三进院落依次为现2号院、4号院和6号院，现为三进三院，主房坐北朝南，依中轴线对称布置，院落规制齐整，前低后高，大门置于院西北角，屋宇式大门。

前院南为带前檐廊倒座，无檐廊东、西厢房，北侧居中建虎座门，虎座门高度达到5.7米，是现存的天水民居中体量最大的虎座门。第二进院双坡锁子厅正房，东、西厢房单坡无檐廊。第三进院正房为二层木楼，东、西厢房硬山顶单坡无檐廊（图7-1-48）。

连宅建筑的木雕堪称一绝，十分讲究，雕刻内容丰富，技艺精湛，题材多样，雍容华贵。绣楼栏杆图案更是考究。雕饰纹样有夔龙纹、植物花卉、吉祥鸟兽等，具有浓郁的生活气息，反映了主人对美好事物的向往。

（八）门克新宅院（已于2012年拆毁）

门家河门克新故居，为门克新祖居及其出生老宅，位于市区南郊约6公里的秦州区皂郊镇门家河村。门氏家族院落分布在秦州区皂郊镇门家河村中部最高处的三级小台地上，最高台地为一进三院格局，是门尚书居院，中二级台地为书房院，下三级台地院落建造最晚。5座院落占地面积共计约2064平方米。它是门氏家族早在元代就居住过的故宅，现仅剩独有的小木楼一座。

（九）任士言宅院（已于2012年拆毁）

天水市秦州区西关士言巷4号、5号院是任其昌（字士言）的宅院，两组院落各开东北角大门而后并列布局。两组院落各以东西向纵轴线排列布局，一进两院。4号院为穿过厅式两进院落，北侧附有偏院，进入大门，有一小天井，左转过二门入前院，前院东为单坡屋面倒座三间，南、北厢房各五间，西为过厅五间，硬山双坡屋顶，中间明间为通道。后院西为主房5间，南、北各有3间厢房，房屋均为土木结构。

（十）张育生宅院

"西厢张氏"原建筑布局为：育生巷12号院为张府老院，54号院是车马轿夫院，52号为张育生家祠，

58号、60号为张府新院，62号院为作坊院，64号为膳厨院，42号院为光绪武进士、紫阳县知县张仲武宅院，26号为张府家神庙院，61号为张府宗祠院，33号院为张氏祖内塾书院。现存的张氏故居中最完整的要数56号和42号院。

主院56号院为一进四院串联型院落，门阔屋高（图7-1-49）。入口是一处天井，影壁未见，侧面是垂花门。第一院为四合院，正房位于西面，是一过厅，面阔五间，南、北厢房各3间，东有倒座房5间，没有虎座门（图7-1-50）。院落中房屋柱网布置齐整，屋脊上都有吻兽，硬山顶，单檐，檐下雕花。屋门及隔扇均雕刻花心，雕刻工艺精湛（图7-1-51）。第二座院安宁静谧，北厢房东面山墙后为偏院，偏院主轴线与主院旋转90度，成为南北轴线，所以朝北的房间成为主房。第三座院为祠堂院，庄严肃穆。第四座院为书房院，简朴无华，有百年银杏遮阴。院东北为两间讲书房，南北5间藏书房，西面5间读书房，进深浅，取寒窗之意，是张育生中进士前最后读书的地方，后为张氏子弟读书授课之地，晚辈称此书院为育生书院。整个宅院以东西纵轴线对称排列，布局严谨，56号院落整体建筑均以平房为主，没有楼式建筑。

42号院与56号院基本相同，在此不进行过多描述。

（十一）葛霁云宅院

葛霁云宅院位于天水市秦州区西关三星巷51号院，原称柏树院，又称文魁红匾院。大门门额上曾悬挂"抱朴传家"大字匾额。现已丢失。一进院落，坐北朝南，由正厅房、东西厢房和倒座组成，均为清代建筑。院落破坏严重，但从遗留下来的部分构件仍然能反映出往日的气势（图7-1-52）。大门东南角，有一天井，迎门为一砖砌照壁，左转过二道门便入主院。院内原有主北房，在拓宽316国道时被拆除。倒座3间，坐南朝北，硬山单坡，檐下雕有卷叶及花卉。东西厢房单坡硬山顶三开间。门前植槐树两株，约400年树龄。

（十二）贾缵绪宅院

贾缵绪宅院，民间称为"贾家公馆"，位于今天水市秦州区中心街道民主路北宅子的后面，即砚房背后66号，始建于清乾隆年间，属于串联式一进三院，东侧为偏院，带后花园。前院在倒座居中的一间设大门，使大门位于主轴线上，在天水现存民居中独一无二。共有主要房屋50多间，均为土木混合结构，保存完整。属于清代建筑群。由于年久失修，贾家公馆现正在保护性维修中。

贾宅内有正门、景门、倒座、厢房、过厅房、偏院房等。前院正房为过厅，五开间（均为2.9米），前后均有檐廊。中院正房为过厅，三开间（均为3米）。后院正房为过厅，五开间（均为3米）。

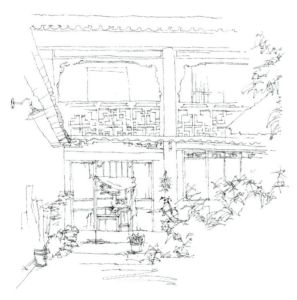

图7-1-48 连宅三间两层主楼速写

图7-1-49 张育生宅院 56号中院

图7-1-50 张宅内院速写　　　　图7-1-51 檐柱装饰速写

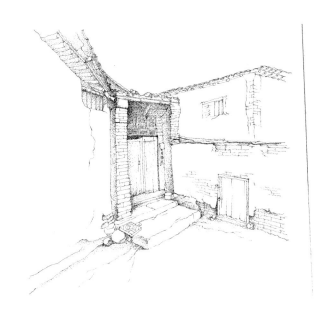

图7-1-52 葛宅大门速写

前、中、后院东西厢房均为三开间，且开间基本上都相等，均设前檐廊，厢房主要作为卧室之用。建筑大材为多，各院落划分均以券洞式拱门为主。设门庭、厅堂、走廊及后院大花园，在天水，这种民居建筑形式是最为理想化的人居环境。建筑室内外、庭院与庭院之间相互连通，过渡自然又相互呼应，形成了典型的"流动空间"。宅院中砖、木雕刻数量巨大：花草、鸟兽、夔龙纹及各种器物图案题材丰富，做工精细，多取吉祥如意、祈福免灾之意。

（十三）杨名显宅院

杨家宅子坐落在秦州区西关杨家楼65号、67号，系清初通奉大夫、广东承宣布政使司右布政使杨名显祖居。据载，原址建有门楼、广场、牌坊、大门及东、西两院，两院各为一进三院，两院三进50余间房屋。现留存只有东宅院落，包括中院过厅、东西厢房，为明建清修的宅院（图7-1-53）。西宅后院5间楼房上下两层，五架椽屋，通柱抬梁造，前出廊，上下以木梯相通，是典型的明代木构架楼房建筑物。2000年拓宽天水北外环路时拆除。

东宅中院过厅是南北纵轴线上的主要建筑之一，硬山顶，脊上有吻兽。东西面阔三间，左右耳房各一间，通长16米，宽7米，五架椽抬梁式结构，带前檐廊，梁柱用材粗大，无斗栱。东西厢房面阔各三间，通长10米，宽5.4米，四架椽屋顶，带前檐廊。

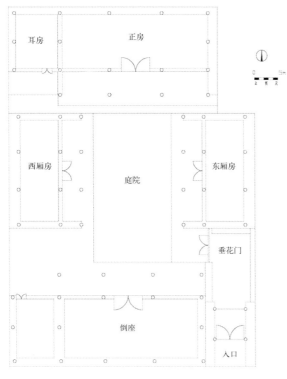

图7-1-53 杨家楼平面图（引用来源：《西北民居》）

第二节 临夏回族民居

临夏回族自治州位于兰州西南150公里，市区北、西、南被临夏县环抱，东与东乡县隔河相邻，形成北塬坡、南龙山、路盘山、凤凰山诸峰耸岭合围的黄土高原带状河谷阶地。临夏地狭人稠，其中以回族和汉族人口居多，而回族则多聚居在城外八坊（八坊一带最早有八个清真寺，形成了八个教坊因此得名）和西郊回族聚居区。

八坊的古老民居饱含着文化底蕴和历史信息，它不仅有中国传统的建筑学的价值，更是临夏几百年来各种文化共融共存，各民族相互学习、互帮互助唇齿相依的精神的浓缩。

临夏民居以回族民居为主体，拥有伊斯兰文化和回族风情。在与其他民族的长期共存和文化交汇中，充分融合其他民族传统的风格，形成了自身的多样性特征，在西北地区颇负盛名。同时，临夏民居又以砖雕装饰为突出特色，其风格朴素淡雅，制作精细娴熟，实为西部民间艺术的奇葩。

一、民居院落布局特点

临夏民居的院落类型总体分为合院式和廊院式两种。常见的合院式民居可分为：二合院、三合院及四合院，院落大多方正、宽敞，便于通风和摄取充沛的阳光。廊院式民居属于一种古老的形式，"明清两代已基本绝迹"。

回族民居布局较之汉族民居而言，不受汉族传统风水学说和的八卦方位影响，因此每户住宅朝向并不固定，更为自由。典型的临夏回族宅院按功能划分为居住院（前院）、杂院（后院）及花园三进。居住院为正规的四合院，正房建有耳房，这里是主人起居、会客的场所。杂院是厨房、厕所及杂物用房所在，以实用为主，布局灵活。因回族多喜植物花卉，民居厅院内中常常栽有果树花卉，并设置花台，环境幽雅。

二、建筑类型及特点

临夏民居的单体建筑多为抬梁式结构，覆草泥顶或瓦顶，通常有四种类型：虎抱头、廊檐式、一出檐、钥匙头(图7-2-1)。

虎抱头式平面是临夏回族传统民居正房最常用的一种建筑形式，其平面呈"凹"字形，即明间退后，形成单间前廊的形式。平面多为三开间，少数也有五开间，正中间一开间或者三开间为凹进的前廊，两端为凸出的卧室。

廊檐式是指建筑带前廊，常见于大型宅邸中。

一出檐指建筑前不带前檐廊，即房屋只有挑檐。

钥匙头指四合院正房两侧的耳房形式。

三、砖雕艺术形式

临夏砖雕历经千年，集数代匠人的辛勤智慧，吸收木刻、石雕、玉雕、绘画、书法等技法精华，有效地发挥出砖的特性，形成多元化的艺术形式，展示出美好的寓意。临夏砖雕大量应用于装饰佛教、伊斯兰教的寺院及园林、民居中，一般用于天

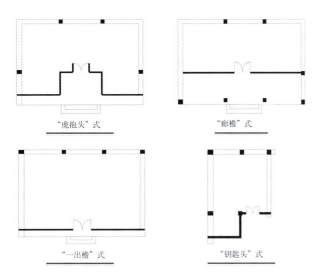

图7-2-1 房间平面形式图（引用来源：《甘肃回族穆斯林传统民居初探》李茹冰绘）

井、影壁、障壁、门楼、券门、台阶、墀头、墙垣、屋脊和山花等处，雕刻题材多见自然景观、花卉植物，受伊斯兰教义的影响，在传统的回族建筑中装饰题材不出现人物的形象，所以偶尔才会涉及社会生活及代表民族符号的特有装饰纹样。

四、临夏民居实例

（一）东公馆

东公馆为新中国成立前回族军阀马步青私人官邸，位于临夏八坊东南角的三道桥。马宅南临街道，原大门现已无存。

东公馆的建筑风格受近代殖民风格的影响（图7-2-2、图7-2-3），其院落布局是上述典型的回族院落空间序列，院落总体上虽然采用了中轴对称的手法，但入口处空间序列多次转折，轴线先是由东西向，后转折成南北向，继而再是由东向西的主轴方向。大门的开设也与汉族尊崇风水置于"东南角"不同，而是朝东而开，表达了回族以西为尊的宗教习俗。

东公馆是一座平面形式为"田"字形的院落，整座官邸由前院、正院、偏院、花园四座院落组成。四院毗邻，中间为穿堂小院，处于四个院落的交汇处，院落布局独具特色：正门是欧式风格建

图7-2-2 东公馆入口

图7-2-3 东公馆入口侧立面

筑，门道和过庭将院落串联为一个整体。进院后穿过花园行约40米，是一座中西合璧的砖砌二门，进门后迎面是一座砖雕照壁（图7-2-4）。左转可进入前院，前院为近似正方形的四合院，是接待宾客的场所。由前院西北角门可进入正面为精雕照壁，其他三面环以围廊的穿堂小院。小院正好位于前院、正院、偏院、花园的交汇处，是整个宅院的交通枢纽点，这样设计不仅方便了院落间的相互联系，而且由于大小空间的对比和变化，丰富了整个宅院的情调。

正院是主人居住的场所，主房是3层砖木构建楼房，由28根通天柱构成，面阔五间，前出廊，其余三面以砖墙包覆，在回族民居中是独一无二的（图7-2-5、图7-2-6）。两端是二层转角楼；东、西、南均为大五架旧式厅堂；西北、西南都是标准的独立式四合院，每进院落内正房厢房均是五开间

图7-2-4 东公馆影壁

图7-2-5 东公馆正房

图7-2-6 东公馆正房大厅入口

图7-2-7 东公馆偏院正房

（图7-2-7）；偏院西南角另有侧门，可直接对外而不必经过前院。偏院西侧原来还有一杂院，为厨房、库房和佣人住所，详情现已难以查证；外院由观花楼、卫兵院、车马院组成。

如上所述，东公馆的主要空间是由前院、主院和偏院构成，但是如果按照传统的轴线序列布局，难免会造成平面交通流线上的不便，因此，东公馆的设计匠心独具，特将房屋的主轴线设计成"L"形，并通过一个围廊小院将其三者联系，从平面中明显可以看到设计过的使用流线较之传统空间流线的优势所在。

东公馆内，不仅每处空间转折尺度宜人，而且在装饰上也是匠心独运。东公馆中有一座让人眼前一亮的"平安门"，是主院与偏院的过门。门柱的两端有别于中国传统门楣的形式，没有用斗栱而是采用砖雕宝瓶的形态，取意"平安"，宝瓶做成景泰蓝花瓶的形态，瓶中盛开的牡丹繁花似锦，花朵为半圆雕附着于墙上，从瓶两侧向外延伸，形成花朵拱券，具有一定的伊斯兰建筑拱券做法的特点。是回族砖雕艺术的创新之作，给人以典雅、华贵之感（图7-2-8）。

东公馆院内的木刻砖雕也是品种繁多，样样精品，简直是一座工艺展览馆。院内从上到下，大到房屋、柱、门、窗，小到栏板、扶手、雀替等，整个院落遍施砖木雕刻，再以金箔覆面，极尽奢华。图案多以花卉为主，其他植物、动物也雕刻的栩栩如生。主楼雀替上雕有牡丹花，取义富贵，施重彩贴黄金尽显富贵之气；观花楼上的木刻龙凤翩翩起舞，构图精巧。其不愧为临夏砖雕、木雕的艺术殿堂，凝结着临夏人民的聪明才智，具有极高的艺术价值和物质文化遗产的研究价值（图7-2-9～图7-2-15）。

图7-2-8　东公馆砖雕双瓶门楣

图7-2-9　东公馆檐廊

图7-2-10　东公馆雀替木雕

图7-2-11　东公馆雀替彩绘

图7-2-12　东公馆特色砖雕1

图7-2-13　东公馆特色砖雕2

图7-2-14　东公馆特色砖雕3

图7-2-15　东公馆特色砖雕4

(二) 蝴蝶楼

蝴蝶楼位于临夏市西南，前河沿路西端。建于1944年，系西北军阀为其四姨太张筱云修建的一座十分豪华的巨型庄园。初建时取名永乐园，继改作勤安楼，建成时因主楼平面布局形似蝴蝶，故名蝴蝶楼（图7-2-16、图7-2-17）。

蝴蝶楼占地40公顷，楼东西宽56米，南北长74米，占地2660平方米，为两层砖木结构，所需材料均是外地运来的上等材料。

蝴蝶楼是典型的廊院布局的方式，通长的回廊沿东、南、西三面院墙围成，在院子的最北端是一栋七开间的2层木楼。北面正中为主楼，面阔7间，歇山顶挑檐。左右两廊接长方形六角亭式楼阁，状如蝴蝶两翼。北面正中为主楼，为五间转七格局，堂后又筑有一园中院，正中楼阁为北面7间2层，两边二层飞檐凌空式八角楼，中间又以二层转角楼相连接，从空中俯视，整个建筑群恰似一只展翅欲飞的蝴蝶。主楼为蝶身，蝶尾朝北，蝶头为前客厅（图7-2-18）。

蝴蝶楼上下四周皆为回廊环绕，东西南三面长廊将楼紧围在里面，形成一个大合院（图7-2-19、图7-2-20）。楼中布置有客厅、书房、卧室，梳妆室、卫生间，中西结合，卧室内装也是具有西式生活特点的家具，钢丝弹簧床，玻璃镜面等。院内分成4块花圃铺设草坪，通过十字形的小道联系起来，颇有几何式花园的味道，但花圃中种植兰、柏花木又具东方情调。

蝴蝶楼结构精巧，整栋建筑全为榫卯结构，没有一枚铁钉，建筑样式既富有民族特色又独成一体，庭院则是蕴含中国造园精神，整个院落兼具西式生活和中国传统生活的功能需求。现为临夏市文物保护单位（图7-2-21）。

(三) 白宅

白宅位于临夏八坊王寺街内，原是一组规模较大的回族民居，由两个院落坐北朝南并排布置（图7-2-22）。两个院落的总出入口位于单入口巷道的终点，主入口分设两进入户门，大门与二门之间

图7-2-16　远观蝴蝶楼

图7-2-17 蝴蝶楼主体建筑

图7-2-18 蝴蝶楼侧面八角楼

图7-2-19 蝴蝶楼外廊1

图7-2-20 蝴蝶楼外廊2

图7-2-21 蝴蝶楼木雕

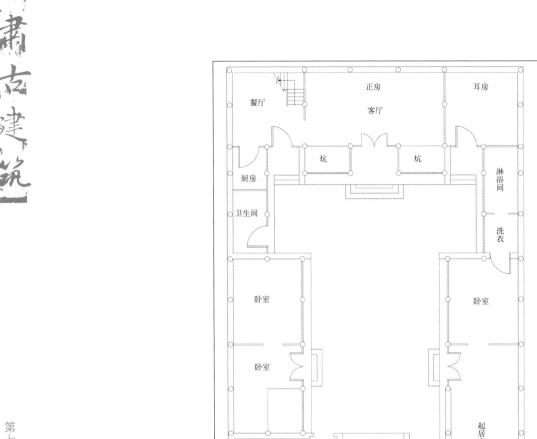

图7-2-22 白宅平面图（引用来源：《西北民居》）

建造一条比例狭长、相对封闭的过道，进入二门后是一个小院落，正对主墙配以砖雕照壁，左右两侧对称布置着东、西两个院落的院门。两个院落既有关联又相对独立，即可以实现独有的空间功能又可形成呼应。东、西两进院落平面功能结构类似（除套院略有区别），均为上房、耳房、东西厢房、下房和角楼组成。正门开在南边巷道，门楼高畅。一进大门的是砖雕精美的照壁，院墙、照壁和厢房的侧墙在院落入口处围合出一个精致的入口空间，墙面均布满砖雕，十分雅致。向西左转是入口空间，进入主院，主人在此特意设计了一个拱门作为空间的转折过渡。回族群众喜爱干净，在做礼拜前都要进行"小净"或"火净"，所以整座院落上下共设有4个卫生间，这也成为回族民居与汉族民居的显著区别之一。

主院落遍种花草加上白墙，油漆的外装修显得淡雅而有格调。院中保留了原来房屋的形制，上房为虎抱头式，厢房为一出檐式。下房（倒座处）改造后仅留一开间敞廊面向上房，有些像戏台，成为院落的休闲空间点缀其间。同时院落的西耳房均保留原制，有二层角楼，这是白宅区别于周边回族民居的重要特征，它从功能上可以俯瞰院内的景观；从造型上看，角楼丰富了建筑群的天际线。

第三节　甘南藏族民居

甘南地区指甘肃省甘南藏族自治州，甘南藏族自治州地处甘肃的西南部、青藏高原的东边，居住着汉、藏、回等民族，简称甘南州或者甘南。它是除西藏自治区外的10个藏族自治州之一，现辖7县1市。

图7-3-1 甘南地区藏式砌墙方式

藏族的民族个性和社会风尚在民居建筑运用上也显示出强烈的民族风貌,有别于其他民族的民居。

一、居住类型和特点

甘南地区的主要民居类型大部分是二或三层的土石木结构的小楼,俗称"碉楼"。建筑的形式为方形平顶,平面为错开造成体块搭接,高低错落而致,如果是3层楼,底层一般多为畜房或者用来储藏干草,二层一般为居室和厨房,三层为宽敞的晒台。

甘南藏族地区有熟练的砌墙技术,一般不用垂线矫正(图7-3-1)。楼层为土面层,在木梁上密布排列楞木,再铺一层树枝。楼层长出现在第二层的出挑墙外,既扩大了室内的空间,又显示出楼体与墙体的对比。甘南地区的藏式建筑习惯运用色彩,一般喜欢涂抹粉白或者红色,在出挑墙外的楞木上涂上蓝、绿、黄、青等各色,十分艳丽。藏式建筑线条鲜明、敦实浑厚、古朴雅致,反映出一派理性与超凡脱俗[5]。

二、传统甘南藏族聚落

甘南藏族聚落依据经济特点和人口,可以分为以牧业为主的村落、半农半牧型村落和以宗教贸易为主的集镇。其中以牧业为主的村落大多分布在临近水源、牧场且避风防寒的山川河谷地区,并依据草场的承载力,呈现分散特征。而较大的藏传佛教寺院附近的村落,则会发展出规模较大的聚落,因而扩大了集镇规模。藏族民居建设另有特色,住宅布局方式有两种:常见的一种是自然寨,多建在半山坡或高山上,根据地形灵活布局,没有明显的纵横轴线,有的聚居成团,有的延伸成带,规模不一,少则几户,多则几十户,一般都接近耕地和水源;房屋多为单层或双层,平顶,单层为板房,用原木互相垂直咬接、叠累,架成"井"字形的墙体,也有用模版覆盖成两坡屋顶的搭板房,外围涂以草泥,"内不见土,外不见木"。还有一种是官寨,高大森严,多以山石砌筑高楼,底层为畜圈,二层为灶房及储藏室,三层为卧室,顶层为经堂和晒台,房间敞亮,装修考究,因此形同碉堡,通常在

图7-3-2 郎木寺聚落鸟瞰

耸立的碉房下，有一群简陋矮小的房舍居住农奴，受农奴主统治、役使。

（一）红教寺村和洒哈尔村

拉卜楞红教寺是拉卜楞寺的子寺或直属经院，是甘南藏族自治州境内为数不多的藏传佛教宁玛派寺院之一，也是全州宁玛派寺院中建筑规模较大、僧人数额最多、宗教影响广泛、承传体系完整的寺院。

1887年4月，嘉木样四世请贡塔尔法师主持举行了禳灾仪轨。建寺初期近20年内，几十名宁玛僧仍然散居各自的村庄，只是到了定期法会时才从各村汇聚王府举行法会。为了对宁玛僧便于管理、促进其规范化，也为给他们创造良好的生活环境和活动场所，1946年，嘉木样五世择址于闹增胞章宫近旁，决定修建红教寺经堂，召集宁玛僧集中居住。鉴于宁玛僧在迁居问题上各家存在的困难，嘉木样又命拉章宫为每个宁玛僧家庭修建了一院住房（两间房屋，一个大门）。该寺与藏传佛教前弘期一样，僧人实为居士，虽然身着宁玛派僧装，也可娶妻成家、生儿育女，不脱离生产，各家集中一地，由此形成了红教寺村[6]。

红教寺位于夏河县城西侧、著名的藏传佛教寺院——拉卜楞寺的东面，聚落北倚曼达拉山（亦称凤凰山），南侧俯览大夏河，环境优美，交通便捷，民族历史文化氛围浓郁。其中红教寺村坐落于一个小山坳中，是典型的山地村落。村落形成年代较早，为自然形成的村落，地形条件成为村落形态的决定因素，它不仅限定了村落的规模、结构、景观效果，还限定了村落中宅院的方位、尺度、营建方式等。

（二）郎木寺聚落（图7-3-2，图7-3-3）

郎木寺镇是甘南藏族自治州碌曲县下辖的一个小镇。镇中有一条不足2米宽的小溪名叫"白龙江"，其北岸是郎木寺，南岸则属于四川若尔盖县。特殊的地理区位成就了碌曲有别于拉卜楞寺的民居形式和居住文化。

郎木寺镇以其神秘的佛教寺院和鲜明的藏式民居、民俗和独特的人文特色，被誉为"东方小瑞士"。

郎木寺镇独有的木质踏板房层叠错落（图7-3-4），形成甘南地区古民居的典型形制。踏板房一般为

图7-3-3 排列规整郎木寺聚落

两层，下层住人（图7-3-5），上层堆放草料、杂物。下层外墙为土墙，内层为实木，上层墙壁一般是柳枝编织的篱笆填充泥土。房顶为整块的木板作瓦，用石块压住固定。

碌曲藏族有聚族而居的习惯，郎木寺聚落大约于形成于明代（图7-3-6）。郎木寺所在地，气候湿润、雨量较丰富、树木茂盛，民居建筑为下部用厚实的夯土与木构架，上部在平屋顶上再架坡顶，木板条代替瓦。受气候的影响，这里民居的屋顶和甘南地区普遍的平屋顶相比有明显区别，建筑外形风格上明显受到四川民居的影响（图7-3-7）。建筑色彩上保留了藏族建筑特有的丰富色彩，房屋上的藏式彩绘、窗雕和八宝图案显示出郎木寺聚落独有的古老民居艺术风貌（图7-3-8）。

第四节 其他地区古民居

一、经典民居——瑞安堡

瑞安堡俗称"王团堡子"（图7-4-1），位于民勤县城南3.5公里的三雷乡三陶村，是原国民党地

图7-3-4 郎木寺聚落特色屋顶

图7-3-5 郎木寺踏板房1

图7-3-6 郎木寺踏板房2

图7-3-7 郎木寺踏板房屋顶

图7-3-8 郎木寺聚落巷道

方保安团长民勤县大富绅王庆云的私人庄堡（图7-4-2）。瑞安堡南北长92.25米，东西宽约54.5米，占地面积5085平方米，建筑面积2394平方米，堡墙高10米，上面有宽阔的步道和7座亭台楼阁，堡内有大小建筑140余间。瑞安堡既是庄院住宅又是防御堡寨，整个建筑群分七庭八院，沿中轴线对称，三道大门，门楼琼阁对峙。瑞安堡的整体色彩为沉稳庄重的黄土色，早期的建筑外墙原本施红泥，由于风沙的摧残，原色已经脱落，现在显现出的生土建筑的本色，显得大气蓬勃。瑞安堡的房屋布局十分讲究和别致，瑞安堡平面布局为"一品当朝"，形呈"凤凰单展翅"。其中有佛堂、祠堂、客厅、寝室、吸烟馆、逍遥宫赏月厅、双喜楼（图7-4-3、图7-4-4）、瞭望台、地道、暗堡、天井，以及四通八达的人行通道等。瑞安堡坐北向南，大门居中，内有两道大门。堡门和其内两道大门同在瑞安堡的中轴线上，呈前、中、后院式。第一道大门位于堡前外墙的中轴线上，高约10.8米，宽9.2米，大城砖砌筑，门扇为木质，外面包着铁。门楼位于堡墙之上，面阔三间，进深一间，硬山顶式。门楼下、堡门之上设一大砸孔，可以防御外界的打击。此外，瑞安堡还有暗道、暗室、砸孔和射击孔等防御设施。瑞安堡的房屋整体采用的是抬梁式，屋顶形式

图7-4-1 瑞安堡正门

的级别为从前到后依次升高，瑞安堡建筑中的屋顶装饰特色也与以往传统的覆盖瓦片不同（图7-4-5），瑞安堡采用的是一种新的方式——较厚的草泥抹面。硬山和歇山顶仅在脊部、檐部、两山加铺青陶

图7-4-2 瑞安堡外围防护城墙

图7-4-3 瑞安堡双喜楼1

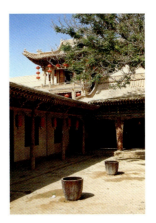

图7-4-4 瑞安堡双喜楼2

图7-4-5 瑞安堡屋面

小瓦，中间使用草泥，这种做法既保温又防水。同时，在瑞安堡的屋顶上常见的是大小不同的吻兽。

瑞安堡院落由前院、中院、后院和"月"字形院子等4个院子构成。进入前院，沿着堡门中轴线有一条长的甬道将前院和中院分为东西两个部分。前院紧挨堡墙在大门西侧建造一排雇工住平房。西南角建有马厩、磨房、下人房，内有一斜坡马道直达前门楼。前院东北角建有草料棚、农具房、车手住房。"一品当朝"的"一"字。过了前院就到了二道门。第二道大门面阔三间，进深为两间，土木结构，硬山顶式，木雕十分的精致巧妙，从整个瑞安堡的木雕来看，一般看不见复杂的斗栱，用来衬托出檐部分一般采用的是雕花式的挑枋。瑞安堡建筑采用的主要是抬梁式木构结构，选用挑枋去掉斗栱显得层次分明，木雕的挑枋虚实相间，雕刻细腻。第二道门左右各设有一小门，三个门一起将瑞安堡分成前后两部分。重要的建筑物都被安排在后面。二道门北是中院，面阔大概约50米，进深约13米，由东、西两侧厢房和左右倒座围成一回廊四合院，建筑均为七架前檐廊房。中院是"品"字的上"口"，是为客人提供住宿的客房。过中院向北是三道门。三道门是前歇山，后平顶，顶有天窗，东、西倒座各3间，设两耳门通后院。在后院中，特别设计一排南北排列的5间房和一间客厅，前后出檐廊式，中部有一过厅，过厅北为主人住房，南为客厅。东西两院子平面布局相近，西后院比东后院略窄，正房为佛堂，西厢房为书房和备留用房，倒座为伙房和家属住房。东后院正房为祠堂。东、西后院跟中院一起构成一个"品"字（图7-4-6~图7-4-8）。

后院和中院的西侧设有"月"字形的小院，有佣人房、伙房、厕所和水井。后院中间有中西厅和双喜楼。中西厅是中西结合式的建筑。双喜楼也叫绣花楼，为过去姑娘们绣花和出阁的地方，位置在祠堂和佛堂中间，正对客厅，单间回廊正方形3层小楼，单檐歇山顶，木楼梯，是院中标志建筑，前有天井小院，院中设有两耳门通东、西两小院。双喜楼内有木梯可以直达堡墙上的逍遥宫。

堡墙上的7座亭台楼阁是东南角的文楼、西南角的武楼、前墙上的门楼、西堡墙上的望月庭、后堡墙上的逍遥宫、西北角的眺望台和东南角的角楼，分别修建在7个夯土墙墩上。其中门楼、逍遥

图7-4-6 瑞安堡整体院落

图7-4-7 瑞安堡单体建筑

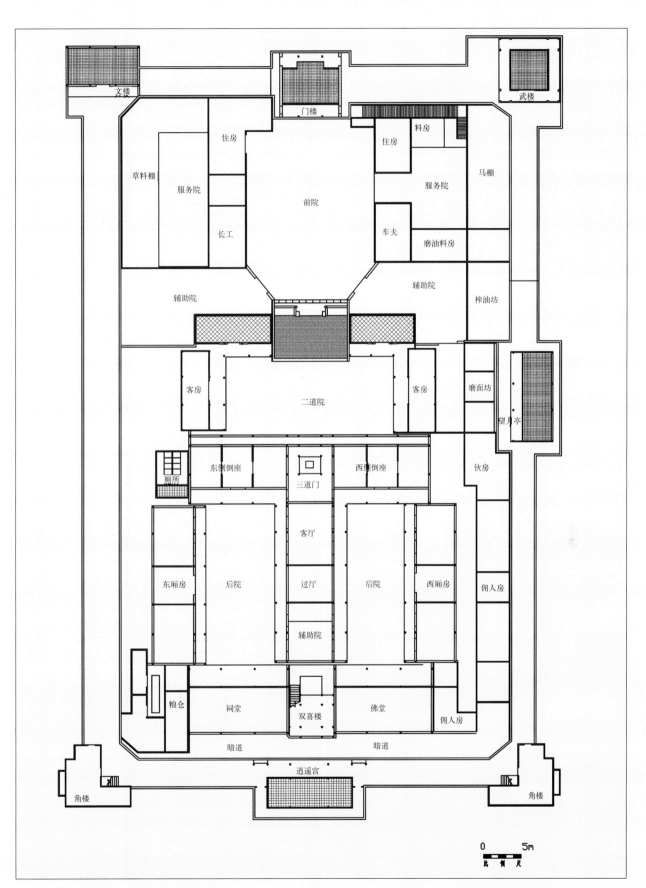

图7-4-8 瑞安堡平面图（引用来源：《西北民居》）

宫、望月庭都是很好的聚会场所。逍遥宫是三面绕廊单檐歇山顶式半亭。望月庭作为每逢赏月的地点，在西墙中心而设立，坐西向东，前出廊硬山顶式的敞亭，面阔三间，进深一间，室内地下有暗道，暗道可以通往堡外。文楼和武楼有文武双全的含义，建筑设计较为特殊，文楼像文官的帽子，武楼像武官的帽子。文楼前扑后敞，建于堡墙东南角，是主人藏书之地，前后出廊硬山顶式。武楼玲珑奇巧，为一层小木楼，但视觉效果却有两层，下层为单间回廊正方形四角飞檐，上层为六角攒头，筑有宝顶，为主人健身之处，建于堡墙西南角，与文楼相互呼应。西北角和东北角设有望楼，望台和角楼样子基本相似，都是哨所重地，下层哨室，装有望口，上层哨台，装有砸孔，遇外敌入侵时，可以通过砸孔掷石阻挡。

换个角度看，整个庄园被设计成一只金凤凰。凤头是门楼，凤脊是瑞安堡的中轴线，凤尾是逍遥宫、双喜楼。武楼、望月亭、瞭望台和西侧的月字院则构成了凤凰的一只翅膀。这就是所谓"凤凰单展翅"（两只翅膀就飞了）。

瑞安堡的木雕和砖雕技艺精湛，民居建筑以生土为本，由于身处恶劣的荒漠地区，屋脊的装饰相对较少，"齐头"墙比较多。以瑞安堡为代表的武威民居的门楼门罩装饰最具特色，除了一些砖雕的装饰之外，砖块的排列组合也颇具特色（图7-4-9）。

瑞安堡规模宏大、建筑壮观、设计奇特、设施齐备，既是家庭住宅，又是防御工事，融实用性和艺术性为一体，充分体现了我国古代建筑艺术和现代风格相结合的独特风格。

二、兰州地区民居——马宅

"在中国南、北两大古建筑流派中，兰州的四合院形式大体与北方常见的四合院相近。因为历史、文化、经济、习俗等共同影响，加之处于古丝绸之路的节点地带，受外来人口影响较多，兰州地区的四合院除保持兰州的风俗习惯外，又结合了主人原籍的民居特点，在建筑形式、装饰等方面均带有较突出的地域特色和古老的历史传承。兰州的四合院多为一进制长条形院落，左右厢房间距较窄，由于雨水少，房屋大多为'一坡水'；在建造材料

图7-4-9　瑞安堡雕饰

上，兰州四合院青砖、木材、土坯均有，但很少一砖到顶；屋顶多用方砖平铺，很少用筒瓦，也与兰州地区少雨有关；风俗上，有功名的官宦人家才能建造中门。总之，从兰州地区遗存下来的四合院特征中，充分展现出当时社会的政治环境、经济水平、文化习俗、艺术水平和建造工艺。体现出兰州人崇尚节俭、实用、朴实的民风，是社会历史的活化石。"

马家宅院位于兰州市城关区南关什字（图7-4-10），是国民政府甘肃保安司令马麟的旧居。马宅平面布局、立面造型，以及材料使用（图7-4-11），均为兰州地区传统典型建筑。院落由东西两部分组成，占地面积约1058平方米，建筑面积700余平方米。其西院为主人居住的上院，东院为从属所用下院。东西两院并联，各有大门出入，后增设偏门以便互相连通。两院均为带形四合院，一隔断为木屏风门，二隔断则为砖雕花墙圆门以增强庭园气氛。

院内建筑全部为砖木结构，木构架，木柱。方砖铺地而及屋面，上、下房为双坡屋面，东西厢房为单坡屋面，内檐排水。梁枋施彩画，入口及山墙均置砖雕，工艺精湛。

三、榆中县青城镇民居——西北民居建筑的活化石

从兰州出发向东北方向110多公里处，有座"黄河第一古镇"，这就是兰州市榆中县青城镇，青城镇坐落在榆中县最北端，黄河南岸，是古丝绸之路上的水旱码头和商贸中心。丝路重镇和唐、宋、元、明时期的边塞军事重镇的地位，通过形制完备的城镇规划和各色建筑体现出来。

据《甘肃通志》记载：青城又称"一条城"，它是宋代大将军狄青擢秦州刺史巡边时所筑。城因东西长，南北狭，故称一条城。后来，为了纪念狄青，人们就把整座城又称为青城。至2012，全镇拥有一个省级文物保护单位——高家祠堂，有三个县级文物保护单位：青城隍庙、青城书院、二龙山戏楼青城古民居。现存50多处四合院古民居。2013年青城古民居成为第七批国家文物保护单位，真正成为研究甘肃地区乡土建筑的"活化石"。为保持全书分类统一，这里仅对青城古民居建筑展开讲解，隍庙、书院以及戏楼则在相应章节分述详解。

青城古民居属于典型北方民居合院类型，主要有三种合院形式：三合院、四合院、条形院。又以四合院最为常见。青城古民居建筑的院落布局以基本构成单元为主体，以横向和纵向两种形式展开（表7-4-1）。

青城古民居建筑至今共保存了45处院落，其中明代1处、清代33处、民国11处。青城民居建筑的基本结构采用的是传统的抬梁式，上堂屋顶以硬山顶为主。如城河村376号院（图7-4-12、图7-4-13），上堂屋为单檐硬山六檩前出廊，面阔三间，明间开四扇抹棂隔扇门，两梢间个开一窗，斗栱仅出一跳为河州花牵代栱做法，柱间施平身科两攒，"牙子"⑦为卷草纹，雕工精美装饰性强，屋面覆以青瓦。北厢房为单坡水三檩屋面，面阔五开间，窗饰以"棋盘星"纹样，入口开两抹隔扇门，屋面覆青

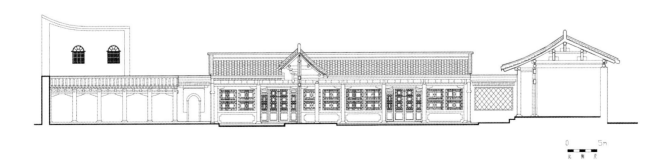

图7-4-10 马宅立面图（引用来源：《西北民居》）

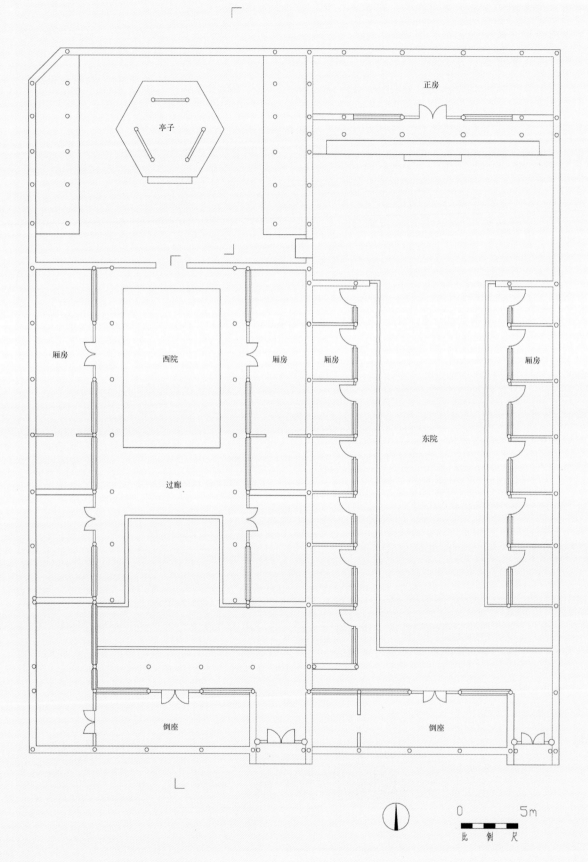

图7-4-11 马宅平面（引用来源：《西北民居》）

青城古民居院落平面类型总结　　　　表 7-4-1

院落编号	院落总平面形制	合院形式	布局走向
一号院 城河村 374 号		四合院	横向
二号院 城河村 376 号		四合院	横向
五号院 城河村 361 号		四合院	纵向
六号院 城河村 388 号		四合院	横向
七号院 城河村 392、394 号		三合院	横向
十号院		三合院	横向

续表

院落编号	院落总平面形制	合院形式	布局走向
十一号院 城河村 5 社 393 号		三合院	纵向
十八号院 城河村 133 号		四合院	横向
二十三号院 城河村 1 社 61 号		三合院	横向
二十四号院 城河村 2 社 339 号		四合院	横向
二十五号院 城河村 1 社 100 号		四合院	横向
二十九号院 青城村 3 社		条形院	纵向

瓦，举折平缓，屋面厚重，墙体厚实，除负荷量较大外，还带来很好的保温隔热作用。并且每屋都设火炕，烧火口和烟洞置于外墙，保证了居住舒适度（图7-4-14、图7-4-15）。

墙体做法现存三种形式：底部下碱位置毛石砌筑，上部土坯砌筑；底部下碱位置毛石砌筑，毛石上做木腰线，上部土坯砌筑；底部下碱位置毛石砌筑，上部240×115×55 青砖砌筑。⑧

青城民居的建筑装饰形式主要采用木雕、砖雕、石雕三种雕刻艺术。入口的门楼和墀头上多有砖雕，雕刻繁复，多为琴棋书画、渔樵耕读、花卉等寓意吉祥如意的图案(图7-4-16)。入口影壁也常以砖雕图案进行装饰，如8号院入口影壁"教五子"图中，雕刻暗八仙、耕读场景、寿石、石榴等图案，寓意吉祥、长寿、重文（图7-4-17）。民居的门窗多为木雕形式，窗棂图案丰富多彩；屋檐部分的雕刻方式为单层浮雕和双层透雕两种，另外色彩方面，多以素雅的青灰色为主色调，同时穿插具有乡土气息的黄色，整体色调显示出浓郁的乡土气息（图7-4-18、图7-4-19）。

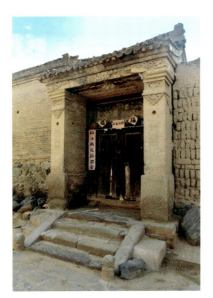

图7-4-12　青城古镇民居2号大门

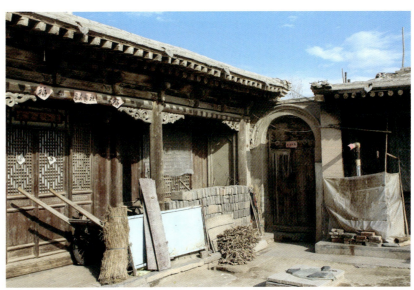

图7-4-13　青城古镇民居2号院

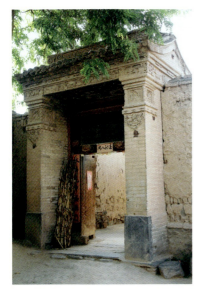

图7-4-14　青城古镇民居3号大门

图7-4-15　青城古镇民居3号院

图7-4-16 青城古镇民居8号大门

图7-4-17 青城古镇民居8号影壁

图7-4-18 青城古镇民居7号正房

图7-4-19 青城古镇民居8号正房

青城古镇的代表性建筑——罗家大院

罗家大院是由青城四大水烟坊之一的"永顺成"的老板罗希周建于民国16年，即1927年，占地面积7100平方米。整座院落坐北向南，具有标准的山西四合院的风格（图7-4-20）。总平面由东院、中院、西院三部分，共六进合院组成。

东院由前院、中院和后院三进院落组成为纵向轴线，它原来是罗家的水烟作坊，字号"永顺成"。罗家大院东院的门楼以砖雕富有代表性意义，门楼的门头为单檐悬山顶，虽然体积较小但砖雕的细节毫不逊色。

罗家大院的中院是罗家人居住的地方，属于三堂五厦的架构，即上下堂屋各为3间，东西厦房各为5间，上堂房的两边各有一间耳房，下堂房的左边也有一间耳房。上堂房一般是长辈们的起居室，也有一些是作为供奉祖辈的仙位牌或者招待客人用的。东厦房后面是走道，与后道相通，走道的东边是罗家的东院（图7-4-21）。西厦房后面是西院，上堂屋后面是后道，是停放马车和堆放杂物的地方，院落横向展开，设计合理，古朴典雅（图7-4-22、图7-4-23）。

西院由前院和后院两进四合院组成，院内有花园、水池和走廊，是罗家人休息娱乐的场所，也是用来招待客商的地方（图7-4-24、图7-4-25）。

青城古民居建筑充分吸收京派、山西和关中等地民居的建筑形制和建筑工艺特点，在结构、空间布局和组合等方面，形成了独特的地域特点。院落布局均采取避风向阳、背山面水的理想模式，建筑单体也合乎古建筑负阴抱阳的建筑选址、建造原则，因此对研究中国西北民居建筑结构及古镇布局是重要的实例。⑨

图7-4-20　罗家大院入口大门

图7-4-21　罗家大院水烟作坊

图7-4-22　罗家大院木雕檐廊1

图7-4-23　罗家大院木雕檐廊2

图7-4-24　罗家大院角楼

图7-4-25　罗家大院亭阁

注释

① ② ③ 王丽萍. 天水市传统民居的空间特质及装饰艺术研究. 西安建筑科技大学硕士生论文, 2009-06.

④ 刘复兴. 天水胡氏民居南宅子与山西乔家大院比较研究. 山西建筑, 2012-10.

⑤ 刘健, 李云峰. 甘南藏族民居建筑及其特点. 西北师范大学兰州城市学院, 2007.

⑥ 扎扎, 赵曙青. 拉卜楞红教寺及其法会考述. 西北民族大学学报（哲学社会科学版）2010-04-20.

⑦ 当地将官式古建筑"雀替"位置的结构构件称之为"牙子"，牙子分通口牙子、半通口牙子、普通牙子几种类型.

⑧ 李全武. 青城镇古建筑概述. 丝绸之路总第149期, 2009-02.

⑨ 本节为翁萌、屈伸合写。

甘肃古建筑

第八章 其他类型建筑

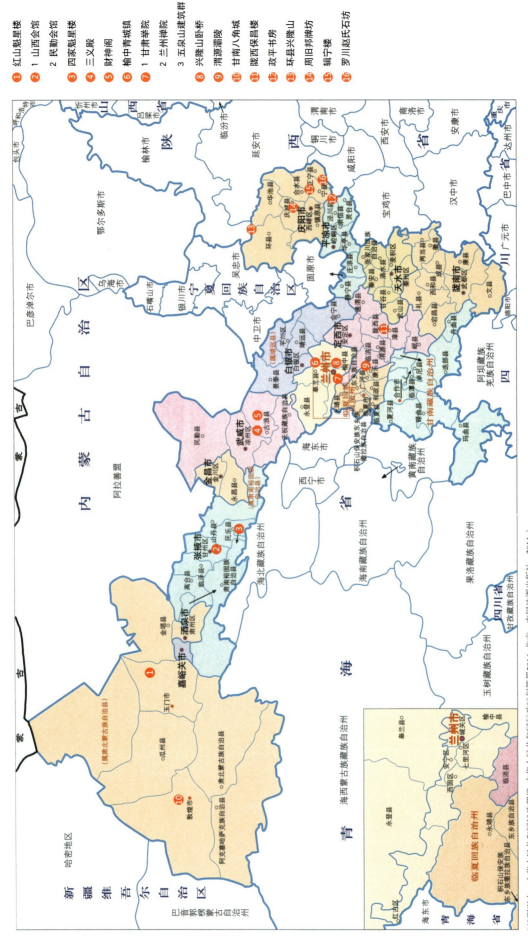

甘肃古建筑内容丰富、涵盖范围广泛，其中不乏一些独具特色的书院、楼阁、桥、枋等建筑形式，它们不但形态各异，而且具有很强的地域性及历史性特征。这些古建筑大多数保存较完整，在全国范围内有一定的典型性与代表性。它们的存在，丰富了甘肃古建筑的形制，也是甘肃古建筑中不可或缺的部分。本章就这些内容中较为突出的古建筑进行逐一罗列。

第一节　书院

书院建筑是我国特有的建筑形式，常以院落形式存在，反映出一个地方的文化教育水平，更反映出科举制度的变迁。甘肃书院兴于明盛于清现留存书院较少，且多处书院位于城市闹市中，建筑功能几经更迭，保护情况堪忧。本书仅对几处建筑形制保存较好的书院建筑作以概述。

一、甘肃举院

兰州市西关十字闹市区的临夏路老街上，兰州大学第二附属医院内藏着一座历史悠久的建筑——至公堂，这里承载着甘肃科举百年的历史巨变，百年名校兰州大学也渊源于此，这里是甘肃举院旧址（图8-1-1）。

1875年，陕甘总督左宗棠上《奏请甘肃分闱疏》后，主持修建。1885年，陕甘总督谭钟麟，再次增修了甘肃举院。据《甘肃新通志》记载，甘肃举院坐东向西，长140丈（南北方向约467米），宽90丈（东西方向约300米），占地14万平方米，坐东朝西，外筑城垣，内建棘围。西南角开贡院门，进门北行为大门。大门左右两侧设点名厅和搜拣厅。进大门，自西朝东，沿中轴线分布有龙门、明远楼、至公堂、观成堂、衡鉴堂、雍门、录榜所。明远楼两侧建南北号房，一次可容纳4000名考生参加考试。至公堂南北分设监临总督署、提调道署、监视道署、对读所、誊录所、弥封所、收掌所等。至公堂后为穿廊，穿廊两侧为走廊，中间穿廊紧接内帘门，门左为内收掌署，门右为内监试署。观成堂左为北衡文署，右为南衡文署。衡鉴堂前为北五房和南五房，堂后设有栅栏，中立牌坊一座，栅栏内南侧为执事厅，北为受卷所。可见当年甘肃举院建筑群布局合理，结构严谨，规模宏大，客观地反映了清末科举制度的基本面貌。

至公堂前倒放着一块铭石，刻"民国甘肃机器局旧址"。1917年，盘踞甘肃的军阀张广建，又将兰州机器局搬迁到城西旧举院萃英门内（图8-1-2）。

民国15年（1926年），冯玉祥部刘郁芬任甘肃省政府主席，刘将贡院外围城垣南墙上的一座城门改名为"萃英门"——意寓人文荟萃，并题写了门

图8-1-1　甘肃举院至公堂全景

图8-1-2　刻有"民国甘肃机器局旧址"的铭石

额。萃英门的牌匾不幸在军阀混战中遗失，萃英门名字却一直留存下来。

至公堂为甘肃举院的中心建筑，占地约600平方米，坐东面西，也是甘肃举院仅存的两座建筑之一，为监临（以纠察关防总摄闱场事务的大员）、外帘官（在考场提调监试的官员）办公的处所。

穿过街边医院大楼，在四周现代建筑中间夹着一座青砖黛瓦的传统古建筑，这就是至公堂。置身其中，你很难将它与占地14万平方米的甘肃科举重地联想在一起。现存至公堂为16檩五脊悬山屋顶，青砖砌五花山墙，青灰色筒瓦屋面，团花正脊。整个建筑置于砖砌的平台上。面阔七间，约21.7米，每间面阔相当，间广约与柱高等距。进深12米，高15米，前檐用一翘一升斗栱，无座斗为"檐上全"做法，檐下雕刻蝙蝠及十二生肖进行装饰。现有建筑外墙为民国初年加建，原有建筑柱体均被包裹其中，只

图8-1-3 至公堂山墙局部

能依稀看出当年的壮观景象（图8-1-3～图8-1-5）。

前檐下悬挂青黑色底金字木匾一块，上为左宗棠书行楷"至公堂"匾额（图8-1-6），原件已毁。上款镌写"光绪元年孟秋月吉日"及阴文小篆"千古大文章"压角印；下款刻"钦差大臣太子太保东阁大学士陕甘总督一等恪靖伯加一等轻车都尉左宗

图8-1-4 至公堂主立面及楹联

图8-1-5 至公堂斗栱

图8-1-6 左宗棠书写"至公堂"匾额

棠书"，落阴刻小篆"左宗棠印"及阳刻"东宫太保恪靖伯"两方印。左右悬挂左宗棠撰写的："共赏万余卷奇文，远撷紫芝，近搴朱草；重寻五十年旧事，一攀丹桂，三趁黄槐"楹联。

至公堂东侧60余米为观成堂。观成堂占地323平方米，坐东面西，面阔三间约19米，进深三间约12.5米，灰瓦歇山顶，高14米。

据史料记载，举院内标志性建筑明远楼，原为监临、监试登高眺望士子有无作弊之用。全木结构，高3层，1919年移至五泉山，改名万渊阁。衡鉴堂1997年被拆。

至公堂与观成堂是如今全国保存最为完好的举院主体建筑，它们代表了甘肃近代文明，甘肃的文化精英从这里走向全国。

二、兰州禅院

兰州禅院又名左营庙，始建于明末位于兰州市城关区山字石街12号，近邻肃王府。清光绪年间，洛桑慈成喇嘛从西藏学经归来后，任该寺主持多年，从此该处成为兰州的藏传佛教寺庙。2003年被列为省级文物保护单位。

左营庙的来历目前有两种说法：一种是清末，陕甘总督左宗棠来到金城兰州，看到这个禅院已经破旧衰败，就出资重新修缮了这个禅院，后人便称之为左营庙；另一种说法认为，清朝佛教盛传，信奉佛教的民众出资在城内东南西北各修建了一座庙宇，分别是左营庙（现山字石一带）、右营庙（现翠英门一带）、北营庙（现永昌路一带）和南营庙（现双城门一带）。由于后来多次战乱，目前仅存左营庙这一座庙宇。

左营庙大门处现悬挂有"甘肃省佛教协会文殊院"的铭牌，一寺三名，"文殊院"这一称呼当地较为普遍。由于历史的变迁，兰州禅院被埋藏在现代建筑的阴影之中。现存院落为三进两院，单体建筑有山门（图8-1-7）、前殿（图8-1-8）及大殿（图8-1-9）。其中大殿为主体建筑，2005年修缮。

兰州禅院大殿坐北向南，其木构结构基本完好，单檐挑角歇山顶，面阔三间，平面近方形。青砖山墙，通施彩绘。斗栱为七踩斗栱，用材较小，是河州地区斗栱简化的做法，每间施平身科两朵。中间雀替为二龙戏珠圆雕造型，形态栩栩如生。正脊中间插有三座莲花显佛宝瓶造型，脊两端是龙

图8-1-7 兰州禅院山门

图8-1-8 兰州禅院前殿

图8-1-9 兰州禅院大殿

图8-1-10　兰州禅院彩绘细部

图8-1-11　大殿屋脊

图8-1-13　大殿前廊包框墙砖雕

图8-1-12　兰州禅院大殿前廊

形吻，斜脊上蹲着砖雕瑞兽，层次分明，轮廓丰富。殿内有前廊，两侧为硬心包框墙（也有"青砖立皮"墙之说）。整个建筑置于砖石垒砌的台基上。正面每间面阔相当，间广略同于柱高，四周围有青石栏杆（图8-1-10～图8-1-13）。

前殿与大殿在同一轴线，单檐挑角歇山卷棚顶，琉璃屋面，青砖山墙，开间进深规格略同于前殿。

三、政平书房

政平书房位于庆阳市宁县中村乡政平村南的堡子山顶，北距县城32公里，东与正宁接壤，南与陕西省长武县为邻，东南与陕西省彬县隔河相望，泾河、马莲河、无日天沟河三水在此交汇。漫步堡子山，四周残垣断壁，草木丛生，保存较为完整的仅政平书房一处院落。政平书房也称张氏书房，系明清时期"巷子张"家所建的民宅。书房整体坐西向东，以东西纵轴线对称排列，布局严谨、曲折幽静，占地面积约817平方米。原为三进院落，现存书房为其中一进，分正房（上房）、南北厢房及倒座（下房），占地面积约475平方米。建筑造型独具匠心，集陇东地区民居建筑艺术之精华，是当地民居建筑的代表。2003年7月，被甘肃省政府公布为省级文物保护单位。

现存单檐砖木结构硬山顶正房、南北厢房及倒座，正房、倒座各7间，南北厢房各3间，倒座东侧设门楼，为清代典型的四合院风格建筑院落。正房面阔七间长17.6米、进深8.5米、高9米，台阶高0.9米。南北厢房面阔三间长10米、进深6.5米、高9米，台阶高0.4米，正房和两厢房走廊设有明柱，隔扇门做工考究，格心为龟背锦式样棂花满铺，寓意福寿安康，格心与绦环板、裙板比例接近于5∶5。隔扇窗为大型套格雕花，刻松鹤祥云、梅兰竹菊等图案，雕工精细，生动活泼，内涵深刻，富于变化。正房原正中设刻花檀木屏风，从屏风左右绕出后门，为后花园。张氏书房的建筑风格独特、为庆阳市民居古建筑的代表。工艺价值较高（图8-1-14～图8-1-16）。

政平书房具有典型的北方民居建筑特征，砖雕、石刻艺术丰富（图8-1-17）。书房内原有的家具、木刻楹联等均已被收藏至各处。一联曰："食

图8-1-14 政平书房正房

图8-1-15 政平书房倒座

图8-1-16 政平书房厢房

图8-1-17 政平书房装饰构件

旧德名氏笔花墨浪益信经训乃菑畬（zī yú）；服先畴畎亩火耕水耨稔知菽粟即金玉"。另一联是："肃雍萃一堂父慈子孝兄友弟恭方为诗礼人家；敬义浃百年思睿言从视明听聪即是圣贤学问"。现在楹联均为新作。

第二节　楼

楼阁作为古代城镇中的重要多层建筑，是每个城镇的标志。甘肃古建楼宇较多，一般为魁星楼，取科举及第、金榜题名之意。又有文昌楼、保昌楼，城内原意为永保平安昌盛。如陇西在新中国成立初期，城内原东、西各3层的城楼与城中央威远楼一字排列在中轴线上，高雄壮观。著名历史学家顾颉刚曾描述："城墙（楼）与古楼（威远楼）高雄，颇似省会气魄……"除此之外陇西还有新街西口的稽古楼、北关庙台楼、仁寿山的文昌楼（阁）、渭河北河浦山岘口的保昌楼等。虽然这些只是描绘陇西城中古建筑楼宇，但作为甘肃古代城镇的缩影，从中我们不难发现，在罕有高层建筑的过去，楼作为一个地区的地标性建筑，在城镇建筑中的地位不可小觑。楼阁建筑在甘肃各地分布广泛，也成为甘肃古建筑的一大风貌。

部分具有市政功能的楼阁在前章市政建筑中已作过详述，本章对各类钟楼、鼓楼就不再涉及，仅对遗漏部分作以补充。

一、四家魁星楼

张掖市四家魁星楼又名太和魁星楼，位于民乐县民联乡四家村内（图8-2-1）。据《甘肃新通治》载，四家魁星楼建于清乾隆年间，光绪二十年（1894年）修葺，民国10年、1959年、1998年分别进行了维修。该楼建于土夯台上，台高2.5米，长宽各为15.8米和13.2米，占地面积208平方米，土台四周用青砖包砌，饰以花纹，底层用石条砌筑。楼高三丈六尺（9.6米），为砖木结构的三级六角飞檐攒尖式建筑，每个翘角均镶有青砖雕刻的龙头，翘脊上饰麒麟、狮子等走兽。顶层翘角下悬铜"风铎"，微风吹动，音响清远（图8-2-2～图8-2-5）。

现存魁星楼被红砖围墙包裹，一楼北面辟门，五面开窗，原正中供孔子牌位，旁边设七十二贤人之位。二楼北面开门，其他五面砖雕有五行瑞

图8-2-1　四家魁星楼

图8-2-2　四家魁星楼斗栱

图8-2-3 四家魁星楼建筑细部

图8-2-4 四家魁星楼装饰彩绘

图8-2-5 四家魁星楼装饰

兽（龙、虎、金鸡、凤凰、牡丹等），内中塑仓颉像（已毁）。三楼有回廊，北面辟门，荷花格门四扇，上绘山水、花鸟，内顶部有六边形木盘，盘内蓝底金字书"笔点清池"四字，周边雕有连方花纹图案，外顶部攒尖上竖铁戟，戟下圆圈内有"大起（启）文明"四字，意为文运临儿，人才辈出。

三层楼壁，都饰有壁画，形象生动。顶层绘有魁星之像，赤发蓝面，立于鳌头之上，左手提斗，右手执笔，意为笔定科举中试。楼顶藻井之上，书有"笔点清池"四个遒劲大字，与楼门口对联"出门试看三级浪，动人更上一层楼"相映成趣。

二、红山魁星楼

红山魁星楼位于张掖市高台县罗城乡红山村（图8-2-6）。始建于明永乐年间，清康熙十八年（1679年）毁于地震，清乾隆三十年（1765年）重建，距今已有200多年的历史，原为黑河北长城防御体系中沙碗堡堡城东南角墩上建筑。现存红山魁星楼下有角墩高6.6米，立面斜度近45度，主体为夯土结构，石砌基础上水泥抹面。楼体为三枋、三檐、

图8-2-6 红山魁星楼

图8-2-7 红山魁星楼楼体

图8-2-8 红山魁星楼结构细部

攒尖顶六角阁楼式建筑（图8-2-7、图8-2-8），高9.6米，楼顶上置宝瓶造型。楼阁内有魁星爷的提斗肖像。魁星，指北斗七星中勺头第一颗星，其中组成勺子的4颗星，其形如"斗"又称斗魁。魁星主宰文章兴衰，左手持墨斗、右手握朱笔，点定科举中榜之人，在古代学子心中地位至高无上。民众为了祝愿学子们文运亨通、金榜题名，常建魁星阁或魁星楼崇祭之。

红山魁星楼建筑工艺之精美、造型之雄伟，为该县古建筑之冠。1982年3月19日被列为高台县人民政府县级文物保护单位。1990年6月被高台县人民政府立为遗址，1993年被公布为省级重点文物保护单位。

三、宁县辑宁楼

宁县古称宁州，为四塬三水①交汇之地，是陇上著名的千年古城。辑宁楼，即旧州署衙门楼，坐落于庆阳市宁县城东部，约建于五代后梁龙德二年（公元922年），为宁州刺史牛知业修复宁州衙门署时所建的正门楼。1987年进行了全面维修。因建在辑宁街得名，是宁县历史文化名城的象征。1993年经省人民政府批准为省级文物保护单位（图8-2-9）。

辑宁楼地处十字路口，四周环形盘道，坐北向南，通高25米，东西长23米，南北宽11.5米，楼台基为砖石砌筑，楼墩为青砖砌筑，高10米，正中辟券顶拱门一孔，门高3.8米，宽2.87米，西侧设有登楼台阶。楼墩上为二层砖木结构阁楼，面阔五间，高15米，东西长16米，南北宽6米。穿斗式木

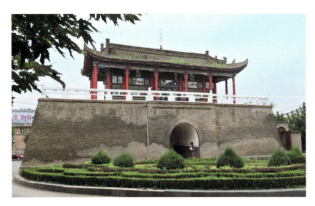

图8-2-9 辑宁楼全貌

架结构,单檐歇山顶,施五脊六兽,四檐出水。楼内置二层木楼板,四周施游廊围柱16根间距3米,前后装饰方棂隔扇门窗,雕梁画栋,气势颇为宏伟(图8-2-10)。楼前绘《狄仁杰骑青牛斩九龙》的神话故事,楼后绘《公刘拓荒》、《秦太后诱杀义渠王》、《付介子计斩楼兰王》等宁县历史画面。民国26年(1937年)2月,国共第二次合作时,新宁县委组织部长王秉祥与国民党宁县县长王序宾在此楼举行红、白区划界谈判,并达成协议,使这座古老的建筑物又留下了光荣的革命历史。

千百年来,宁州署衙已不见其旧貌,仅留辑宁楼巍然屹立,见证着宁县的沧桑巨变。有人曾为楼拟联一幅:"往事竟何如看青山横廓白水绕城思古伤今经营风雨飘摇后,此心别有意愿农服先畴士食旧德升高望远休戚楼台指顾间"。

四、文县文昌楼

陇南市文县文物古迹随处可见,最为耀眼的是城东南角的文昌楼,又称"魁星楼",2003年被列为省级重点文物保护单位。

文昌楼位于文县县城中心10多米高的明城墙上,始建于明弘治元年(1488年),清道光二十五年

图8-2-10 辑宁楼建筑装饰

图8-2-11 文县文昌楼1（引用来源：网络）

图8-2-12 文县文昌楼2（引用来源：网络）

（1836年）补修。其造型雄伟、工艺精巧，蔚为壮观，为古代楼阁式建筑之精华，被誉为"白水江上第一楼"。文昌楼坐北朝南，占地面积1082平方米，为3层木结构的阁楼式建筑，通高25米，一二层为四角形，有栏杆回廊，可远眺游憩；第三层为六角形，有穹隆式阁厅。门窗雕花，精细玲珑，绚丽夺目，斗栱飞檐，雕梁画栋，四壁镶嵌有古史题材的绘画，楼顶覆琉璃瓦，楼角上悬风铎，风吹穗摆，铃声悠扬（图8-2-11、图8-2-12）。1987年，重修文昌楼，建凉亭一处，连廊数十米。2010年因汶川地震损毁又再次修葺一新。

文昌楼上楹联匾额众多，王紫瞻先生撰写、书法家侯正荣先生书就的楹联："古城嵯峨，两城风物收眼底；雄姿挺秀，一江烟柳舞胸前。"登楼放眼俯瞰全城，古城风貌尽收眼底，远眺青山环抱白水江如银带绕城而过，自然与人文景观共赏，使人心旷神怡。

五、陇西保昌楼

陇西保昌楼位于甘肃定西陇西县渭河北河浦山岘口（图8-2-13、图8-2-14），1993年被列为省级保护文物。保昌楼地处城中醒目位置，是陇西北川游人入城的第一景观。陇西古称巩昌，据传其位置为城北风水要地，故保昌楼也有保一方繁荣昌盛之意。

保昌楼址原为拱北寺，清同治三年（1864年）拱北寺被焚毁以后，清光绪九年（1883年）由巩昌知府颜士璋筹划，本地木匠莫长泰、泥工蔡全福、画工李元等修建。建筑为3层木楼，长宽各10米，高14米，一、二层楼檐为四边形四角飞檐翼然，三层为八角攒顶式屋顶，吞脊兽吻（图8-2-15～图8-2-17），是研究陇中古代楼阁建筑艺术的珍贵史料。

保昌楼共有廊柱32根，斗栱52朵，椽檩勾心斗角，匠心独具。一楼砖砌墙面原有雕花，二层、三层为镂空套花木窗棂，外有雕刻护栏，内有楼梯护手，丹漆彩绘，棂栏竞秀。登楼俯眺，陇西城尽收

图8-2-13 山坳间的保昌楼

图8-2-15 保昌楼屋顶

图8-2-16 陇西保昌楼脊兽

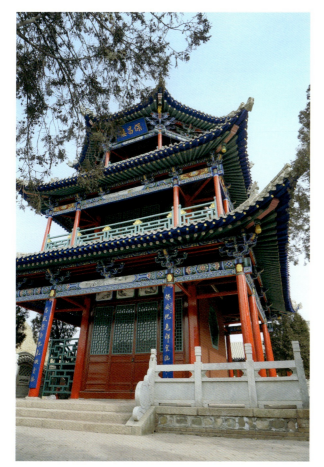

图8-2-14 陇西保昌楼

图8-2-17 保昌楼彩绘斗栱

图8-2-18 重新修葺的碑刻

图8-2-19 鸟瞰陇西县城

眼底，山坡下陇西八景之一的"洛浦荷盖"与木楼交相辉映，美不胜收②（图8-2-18、图8-2-19）。

保昌楼一层两根柱子上有楹联一副：上联是"保安化危祥云临福地"，下联为"昌盛繁荣紫气映重镇"，由陇西名人何光第撰并书。朝北墙壁上，镶有一块方形大理石，是莫建成亲自撰文并书写的《修葺保昌楼记》："丝路重镇西部锁钥，陇西自古名盛，李脉根深……清光绪九年巩昌知府颜士璋谋划，家祖莫公长泰掌尺，举各路贤达之力，凝智慧天工，于渭河之畔北山山麓，取拱卫巩昌之意建保昌楼。此楼依山傍势、画栋雕梁、雄姿耸翠，造型奇特，成陇西著名景观……筹资八十余万修葺……"二层原有一匾，上题"文魁武圣"四字，寓文韬武略之赞意。保昌楼院落入口为陆浩所题"拱昌北辰"四字，楼前植有侧柏数株，院北还有厢房5间，雕梁画栋，修缮一新，房前置一生铁香炉，铸"保昌繁荣"字样。

第三节 坊、桥、会馆及其他

一、罗川赵氏石坊及其他

罗川赵氏石坊，位于甘肃省庆阳市正宁县（山河镇）罗川乡罗川街东西两端。共3座：恩宠坊、天官坊、清官坊。分两部分：街东的是明万历四十五年（1617年），吏部稽勋司郎中赵邦清为其母刘氏高氏所建的"恩宠坊"（图8-3-1、图8-3-2）；街西的是明万历四十二年（1614年）四月，当时的庆阳府正宁县为纪念赵邦清的个人功绩所立的清官坊和天官坊。石坊底部风化严重，基本不见石刻模样，只能略识其形制。1963年2月，甘肃省人民政府公布为省级文物保护单位；2006年5月，国务院公布为第六批全国重点文物保护单位。据清《正宁县志》

图8-3-1 恩宠坊

载,罗川原有不同风格的牌坊13座,可惜今大多已毁。试想街道中央连绵不断的石坊形成的气势是何等壮观,在我国古建筑中当应称为一大壮景。

细读赵氏石坊中的精美石刻艺术,赵邦清的生平仿佛映入眼帘。据《正宁县县志》记载:赵邦清,字仲一,号乾所,明时真宁(今正宁永和)于家庄人。曾出任山东滕县县令,后被封为吏部文选司主事,官至吏部稽勋司郎中。他的父亲赵应魁也曾被封为奉政大夫。明万历二十五年,当汤显祖在山东滕县遇见这位罗川官员时,他已经在当地任职5年。经过打击豪强恶霸、重新丈量全县土地、彻底稽查税赋、招募饥民、以工代赈、兴修水利、完善生产设施、推广新耕作技术等一系列的工作,滕县由一个"民众吞树皮、吃草根、卖儿卖女、逃荒要饭、背井离乡"的穷县,变成了"禾穗登场谷满丰,家家鸡犬更桑麻;路边杨柳吐青翠,满县尽闻读书声"的人间桃源。虽然后来因为朝廷黑暗,赵邦清经历了再三的贬谪后被削为平民归乡,但回家后的他依旧对黎民百姓充满着热情,深受罗川人的爱戴。明熹宗天启二年,赵邦清被重新启用,出任四川遵义道监军参议,后在平叛的过程中病逝军中,被赐谥为"光禄侍卿"。

恩宠坊,高9.7米,宽约8.35米,面阔三间,五顶、四柱、三梁。斗栱样式循古制为石质仿木结构,出两跳,坐斗硕大,上承托的瓜子栱上雕刻精美春草纹,方形立柱,两侧立扶杆石。石坊上有浮雕人物。石匾题字讲述了赵母的生平故事。清官坊和天官坊,均为三间、四柱、三顶,高约8.4米,宽约8.2米,其规模气势略次于恩宠坊,上面的浮雕和石匾题字,均为赵邦清歌功颂德(图8-3-3、图8-3-4)。3座石坊全以红砂岩凿磨镶砌而成。通体雕饰人物、禽兽、山水、云朵、树木、花草、庭院等浮雕图案,石坊雕刻精细,形象生动,造型逼真,堪称明代石坊雕刻的典范。石刻匾额分左、中、右三品,上、中、下三层高悬。整个石坊雕刻叙事场景宏大,造型优美,形象生动,结构严谨,工艺细腻,罗川赵氏石坊是甘肃省境内现存的唯一石坊,具有很高的雕刻工艺和建筑艺术价值,是我国古代建筑艺术与石刻艺术完美结合的典范。

罗川小学(原城隍庙)大门两旁,距赵氏石坊约200米处,有一对高大的铁旗杆(图8-3-5),高约16米,旗杆穿过两尊侧首张目露齿相望的铁狮后部,顶有飞鹤展翅欲起,身盘双龙,方头四角各竖三角小旗,旗中有"卐"字饰,作飘扬状,斗角下系小铃,迎风作响。杆下部悬砌一对联,右联"社荐鸡豚留永日",左联"旗翻熊虎待灵风"。杆上铭文显示,铸于清代道光二十六年(1846年),为县级文物保护单位。

罗川的街道东部(今正宁二中院内)还有清代建造的文庙大殿(罗川古城内原有规模庞大的文庙,今仅存大殿)。大殿坐北面南,硬山灰瓦顶,房脊两端有鸱吻饰。面阔五间,柱头斗栱为双杪

图8-3-2 恩宠坊侧立面

图8-3-3 赵氏石坊动物、植物、人物石刻

图8-3-4 前为天官坊,后为清官坊

双下昂，昂嘴甚长，至今保存较完好（图8-3-6）。据史志记载，该文庙初建于元代至正年间，明洪武二年知县郭钧重修，明末毁于战乱，清顺治时重修，清康熙、雍正、乾隆时均进行修葺。大殿周围现保留有高大的"汉柏"，为古城罗川增添了古色古香气息。

图8-3-5　铁旗杆

图8-3-6　罗川文庙大殿

二、周旧邦木坊

坊是牌坊的简称，也称牌楼。明清时发展达到鼎盛，多立于主要街道上，起纪念、装饰等作用。周旧邦木坊就是昔日庆阳市老城横跨城区主道的装饰性建筑（图8-3-7），然而随着历史的变迁，周旧邦木坊便隐匿于庆城县南大街一侧的小巷子内。据史记载，明弘治十八年（1505年）为纪念周先祖在庆城教民稼穑、削土筑城等历史功绩随建周旧邦木坊。木坊为纯木质结构古建筑，坐北向南，四柱三间三楼庑殿顶，东西长14米，南北宽4.2米，高12米，占地面积约70平方米。木坊立通天柱4根，即4根立柱通顶且不过脊，其中中柱较粗，底围长1.95米，偏柱较细，底围长1.4米。两边偏间较小，长2.8米。柱下前后各砌以人字形辅肋支撑石桩一对，柱中有孔，由栓紧砌以固柱顶（图8-3-8、图8-3-9）。主体为五层斗栱叠涩镶砌负托坊顶结构。坊顶铺青瓦，饰五脊六兽及花饰图案等，檐下正中镶蓝匾，正面书"周旧邦"三字。匾下横梁题字："弘治十八年九月庆阳知府前监察御史郝镒建，光绪辛巳年仲冬中浣吉旦知府倭什鉴额重修，二十八年知府庆霖重修。"整体建筑未见彩绘，虽原有漆面已经大面积剥落，却更有一种沧桑庄严之感。1993年被甘肃省政府公布为省级文物保护单位，2013年被列为第七批全国重点文物保护单位。

周旧邦木坊历时500多年依然雄姿犹存，保存基本完好，气势宏伟，建造工艺精巧，具有很高的历史价值、艺术价值和科学研究价值。它从一个侧面印证了庆阳市周祖故里的悠久历史，更映射出古人以"周旧邻"命名此坊，而传达出的"周虽旧邦，其命维新"③的精神内含。

三、渭源灞陵（凌）桥

定西市渭源县原南城门外的清源河上，有一座全国独一无二的悬臂梁与叠梁拱结构相结合的木桥——灞陵桥，是研究我国桥梁建筑史的活标本。桥梁大师茅以升在他的《桥梁史》中对灞陵桥的评

图8-3-7 周旧邦木坊全景

图8-3-8 木坊侧立面

图8-3-9 木坊人字肋支撑石桩

价仅次于河北赵州同济桥（图8-3-10）。

灞陵桥始建于明洪武元年（1368年），初为平桥。因有"渭水通长安，绕灞陵，为玉石栏杆灞陵桥"之语，遂得名"灞陵桥"。后遇洪水屡毁屡修，现存灞陵桥为1919年何愚江、何愚河兄弟仿金城兰州的雷坛阿干河卧桥式样重新建造，形成现今廊桥初貌。1932～1934年由当地名匠何遇江、何遇海弟兄重建，将单梁变成叠梁，再经画师曹海山彩绘，始成今日的纯木悬臂拱桥。1981年列为甘肃省重点文物保护单位。1984和1986年两次进行了抢救性翻修。2006年5月为国务院列为重点文物保护单位。

灞陵桥俗称"卧桥"，因桥身拱起，宛如长虹，故又有"渭水长虹"之称。桥身全长41.5米，跨度27.46米，高15.4米，宽4.65米，13间64柱。桥身由两端桥台各出挑五层悬臂梁，最上层中部是由三间悬臂梁与几组栱梁相交而成，结构与《清明上河图》中"虹桥"相近。桥面为3条中间宽两边窄的台阶式通道，两侧有木栏杆，卷棚顶覆青瓦。桥梁主体每10根等大圆木纵列成排，共11组相连，每组均由横木相连，沿清源河两岸桥墩逐次递升，支撑桥体凌空横卧在清源河上。梁体两侧有博风板遮蔽，以减少风雨侵蚀。桥身两端建有卷棚式廊房，四角斗翘，脊耸檐飞（图8-3-11）。

灞陵桥工艺精绝、造型独特，历史上诸多名人要员均题留于此，现悬挂于桥内的"灞陵桥"三字的匾额为书法家启功所书，还有蒋介石题"绾毂秦陇"匾额，孙科题"渭水长虹"石刻；于右任题"大道之行"匾额，左宗棠所书"南谷源长"匾额等。清代诗人杨景熙的《渭水东注》："闻眺城边渭水流，长虹一道卧桥头。源探鸟鼠关山月，窟隐蛟龙秦地秋。远举斜阳光射雁，平沙击石浪惊鸥。一帆风顺达千里，东走长安轻荡舟"更成了千古绝唱。

四、榆中兴隆山卧桥

兴隆山位于甘肃省榆中县城西南部，距兰州51公里。兴隆山有东西二峰东为"兴隆"海拔2400米，西为"栖云"海拔2500米，因此兴隆山也称栖云山，又名争秀山，清康熙年间取复兴之意改名兴隆山。境内群峰层叠，森林苍翠，清溪奔流。兴隆山东有云龙桥、龙爪树、滴水岩、玉液泉、大佛

图8-3-10 渭源灞陵桥（引用来源：网络）

图8-3-11 灞陵桥桥廊建筑 （引用来源：网络）

殿、喜松亭、二仙台诸名胜。兴隆山气候湿润，峰秀谷幽，早在东汉时就有人凿洞修行。从唐开始，大兴土木，盛期两山建筑物达70余处。元代失修败落，明代重建，复毁。清代再建，"文化大革命"毁坏殆尽。后修复了太白泉、关圣殿、滴水亭等建筑。留存下来的标志性建筑就是兴隆山卧桥。

兴隆山卧桥也称云龙桥，初建于清乾隆二十八年（1763年），多次毁坏又重修。清光绪二十六年（1900年），甘肃布政使岑春煊拨银重建。云龙桥是一座画廊式木拱桥，桥身为木体弓形，雕梁画栋、横跨山间。桥全长23.6米，跨度9米，桥面宽3米，桥上设廊9间，廊顶覆盖琉璃瓦。桥的两头各有一阁，歇山顶四角飞檐（图8-3-12）。两侧出卷棚悬山顶侧房各一间，正面开圆形窗花，山面开六角形窗花（图8-3-13、图8-3-14）。按道家的义理，"龙腾云，云从龙"，这座桥使栖云、兴龙两峰贯通一气，所以知县陈昌把它改名为"云龙桥"。云龙桥是兴隆山古建筑之一，也是兴隆山的标志之一，列入省级文物保护名录。1981年，政府拨款修缮倾斜的桥身。1985年，兰州市园林局重新彩绘此桥，将陈昌所题的对联④删字后，由甘肃书法协会副会长赵正书写楹联："云比泰山多，霖雨苍生仙人悦；龙入沧海外，扑峦翠霭灵气来"悬挂亭前。

五、张掖民勤会馆

张掖民勤会馆位于张掖二中院内，是民勤商人于清光绪十八年（1892年），为聚会议事祭神所建。会馆坐北向南。四合院布局，沿中轴线分布着大殿、陪殿（配殿）、厢房、钟鼓楼、牌坊等，既对称又相互依衬，高低错落，勾心斗角，气势雄伟（图8-3-15）。

牌坊为四柱三间，坊身为木质结构，正楼大、左右次楼小，总面宽11.2米，歇山顶，斗栱华丽，出六跳，为"花踩板"做法，花板代栱，上施精美木雕。正楼正面刻行书"福荫苏山"，背刻"膏流瀚海"平板枋上为精美木雕二龙戏珠，雀替为"通呀子"做法，上雕草龙及凤凰纹饰，规格极高。左

图8-3-12 榆中兴隆山卧桥全景

图8-3-13 卧桥内廊图

图8-3-14 卧桥彩绘装饰

图8-3-15 民勤会馆全景

图8-3-16 民勤会馆木坊

图8-3-17 民勤会馆钟鼓楼

右次楼嵌板上刻有八字楹联一副（图8-3-16）。

牌坊左右，排列两座钟鼓楼，平面正方形，边宽6.2米，上下两层，四面坡攒尖顶，四周绕木构廊，下层或东或西正中向院内侧开门（图8-3-17、图8-3-18）。牌坊后的东西两侧为对称分布的厢房，均面阔九间，进深一间，悬山顶覆青瓦。1997年进行过大的维修，古建筑群现保存完好。

大殿位于院落最后正中，是会馆的主体建筑，古朴典雅，保存完整。平面呈方形，宽14米，深14.6米，面阔三间，进深三间，单檐歇山顶殿前加卷棚。

图8-3-18 民勤会馆钟鼓楼建筑装饰

图8-3-19 张掖山西会馆大殿

大殿两侧为东西配殿,规模略小,各面宽三间,进深一间,顶部结构与大殿相同。

民勤会馆整个建筑主次分明,构成了完整的清代古典院落的特色。2006年被列为国家级文物保护单位。

六、张掖山西会馆

张掖山西会馆,位于张掖市甘州区人民南街,始建于清雍正二年(1724年),原为关帝庙。清雍正八年(1730年),赵世贵、赵继禹、张朝枢等山西客商结帮会建会馆。张掖作为丝路重镇,商贸云集,山西、陕西客商开办的大型商号更是有几十家之多。山西会馆就是山、陕两地客商为了巩固和扩大自己经营的实力范围在张掖经商期间所建的活动场所,因此又称山西会馆(图8-3-19)。

张掖山西会馆坐落于著名的大佛寺旁,坐西向东,占地面积约2300平方米。会馆将宫廷建筑与民间建筑融为一体,形成起伏开阔、疏密相间、错落有致的院落群体。建筑群落沿中轴线依次展开为山门、戏楼、牌坊、钟楼、大殿(图8-3-20~图8-3-22)。分为前后两个院落,山门为二层悬山顶,戏楼为歇山顶,面阔三间,上下两层,上为台,下为通道。牌坊为四柱三楼,面阔五间。大殿为歇山卷棚顶,前接卷棚抱厦,阔、深均为三间。

图8-3-20 张掖山西会馆前院戏楼

图8-3-21 会馆钟鼓楼

内前院南北构成为对称的看楼各7间，上为台、下为廊，牌坊后的南北两面排列厢房各5间。布局严整，错落有致，建筑造型威严凝重。精美的木雕、石雕、彩绘、泥塑，遍布全馆，交相辉映，具有重要研究价值（图8-3-23～图8-3-26）。馆内原有"重修山西会馆碑"、"添建卷棚并献銮驾碑"两通石碑，今存于市博物馆内。

山西会馆是山西商人明清年间在全国各地晋商所到之处联合捐资建设的共同聚会、娱乐、议事的场所。狭义的山西会馆是名称中带有山西会馆四个字的，广义的山西会馆还包括有山陕会馆、全晋会馆、西晋会馆、秦晋会馆等。所有山西会馆的共同特征有二：一是都拜关公，有关帝庙或关公殿；二是都有戏楼。山西会馆是明清商人会馆的典型代表，其内在的商业议会、资本运作体制等对今天的商会、商人会馆等的运作具有相当的借鉴意义。张掖山西会馆有着重要的历史意义，记录了山、陕与甘肃西部的经济交流情况，更是西部地区与中原文化交流的见证。

图8-3-22　山西会馆前院

图8-3-23　建筑装饰1

图8-3-24　建筑装饰2　　　　　　　　　　　　　　　　　　　　　图8-3-25　大殿山花造型

图8-3-26 张掖山西会馆看楼斗栱

七、大靖财神阁

被誉为河西第一阁的大靖财神阁位于古浪县大靖镇中心,建于清康熙五十七年(1718年),1987年维修一新,现为省级文物保护单位。大靖镇位于甘肃省古浪县城以东约70公里处,南依祁连山余脉,北临腾格里沙漠。自古商贾云集,是甘肃四大古镇之一,素有"塞外小北京"之称。史书称其"控贺兰之隘,扼北海之喉,用以独当一面,而使凉镇无东西之忧者,不啻泰山之倚也"。古镇大靖原来庙宇楼阁众多,但随着时光流逝、岁月更迭,这里仅留财神阁一座阁楼。

财神阁分为三层,以16根通柱建起,总高21米,底层为青砖基础,周长30米,四周分别以楷书、篆书题写了"昌灵滴翠"、"高峡吐玉"、"古塬流金"、"瀚海藏珠"阳刻于青砖之中,蓝底金字颇为庄严肃穆。二三层为木质楼阁,单檐歇山顶。二三层进深一间,周围有绕廊,廊宽2米。廊檐中间施有三踩斗栱,次间一朵,每个柱头施一朵。每根柱子两侧施柱牙,刀刻缠枝纹。檐下有阑额,刻缠枝纹(图8-3-27、图8-3-28)。里面为伞盖尖顶建筑式。沿中轴线开十字通道,贯连四面大街。二楼四面敞开,依原匾文字重题4块匾额,北为"峻极天市",南为"恩施泽沛",东为"节荣金管",西为"永锡纯嘏"。在上层的东南角开一小门,内设阶梯,可以登上楼顶,全镇景象尽收眼底。

八、土门三义殿

三义殿位于武威古浪县土门镇东北隅土门大桥北侧的石河东岸台垒之上,因柏树苍翠,故名柏台三义殿,曾为古浪八景之一。柏台院前为一小广场,沿殿前19级台阶,拾级而上便来到挂有"三义殿"立匾的山门前(图8-3-29、图8-3-30)。院内占地面积6000平方米,原有殿宇多座,皆毁于民国16年(1927年)大地震,唯存三义殿。三义殿坐北向南,

图8-3-27 大靖财神阁全景

图8-3-28 大靖财神阁仰视

图8-3-29 三义殿前山门

图8-3-30 三义殿背立面

图8-3-31 土门三义殿近景

图8-3-32 山门与三义殿

建于清康熙四十三年（1704年）[5]，面阔三间，进深一间，前为重檐，后为单檐，五檩歇山顶，前后有廊。屋顶为青灰板瓦、筒瓦覆顶，正脊中部有两层楼阁式建筑。整体建筑形体厚重古朴（图8-3-31、图8-3-32）。殿内有刘备、关羽、张飞3尊塑像，塑像面容丰润，体态端庄，形神逼真。殿中挂"忠臣良将"八卦匾，东面挂"英风绝世"匾，还有"循环今锡福"和"威烈昔忠君"两匾。大殿东西两侧是新建平房。为省级文物保护单位。

九、榆中青城镇

青城又名一条城，位于兰州黄河下游50公里处，陆路距离兰州110公里、白银23公里，自古以来是西北商贸集散地，古丝绸路上的重镇。青城古镇历史悠久，为宋仁宗年间秦州刺史狄青巡边时所筑，所以叫青城。青城地理条件优越，历史上是水烟等货物集散地，水陆交通发达，北京、天津、太原等地商贾云集，舶来文化使得青城古民居既有山西大宅院风味，又有北京四合院的格式。这里历代文人墨客荟萃，有英雄武鼓、烧秦桧、柴山等独具特色的传统民俗活动，西厢调、剪纸、刺绣等民俗活动创造了灿烂的青城文化，留下了许多珍贵的历史文化遗产和遗迹。

青城镇素有"陇上平遥"之誉，全镇有始建于清乾隆四十四年（1779年）的高氏祠堂（2003年被列为甘肃省文物保护单位）（图8-3-33、图8-3-34），有青城隍庙、青城书院（图8-3-35）、二龙山戏楼，有50多处保存较完整的明清时期的古民居四合院，有400余株百年以上的各类树木。前文中已对高氏祠堂等建筑作了详细描述，本处不再涉及。2004年10

设从明初开始，街巷呈棋盘格局，整齐有序，主次分明，主街相对宽阔、东西走向；而小巷则以主街为轴对称分布。

青城古民居分为公共建筑、宗教建筑和民居建筑三类，占地面积约29000平方米，均为砖木结构。公共建筑包括青城书院和二龙山戏楼。宗教建筑包括高家祠堂和青城隍庙。民居建筑包括45处，其中明代1处、清代33处、民国11处。占地总面积20000多平方米，现存间数505间，建筑总面积9000多平方米。青城书院始建于清道光十一年（1831年），坐北朝南，三进院落共33间，呈条形分布，民居院落避风向阳、背山面水，以院落式布局为主，多为三堂三厦、三堂五厦、三堂七厦等形式。采用单面坡或人字梁架形式、单檐硬山顶前出廊结构等建筑工艺。门楼有砖雕门楼、六柱门楼、垂花门楼，有的还建有木质大车门。此外，石雕、砖雕、木雕也是技艺精湛，独具地方特色。从大门到照壁，从堂屋到厦房，从墙肘到屋檐，从门扇到窗户，处处都有精美的图案，以物寄情。

青城古民居集民居建筑、公共建筑、宗教建筑为一体，构成一个有机系统，是中国传统社会形态的实物证据，对研究地方乡土建筑具有独特科学价值。

十、环县兴隆山建筑群

庆阳市环县兴隆山又名东老爷山，位于该县四合原乡中部，距乡政府约6公里。兴隆山近邻宁、陕两省，是三省交界之处，属于子午岭北部余脉，海拔1774米，四周梁峁交错、沟壑纵横，素有"鸡鸣听三省"之称（图8-3-36）。

山南两道山梁形若游龙，蜿蜒而上，从东西两方相向而遇，有"二龙戏珠"之象。两道山梁的顶部呈对称状排列于主峰脚下，分别是东峰魁星峁和西峰玉皇山。兴隆山以道教著称。相传此山以东1公里有座云盘山，那里曾是轩辕黄帝羽化升天的地方。人们为了祭奠黄帝，决定在云盘山建道观，不料夜间有神狐将五色道旗衔至兴隆

图8-3-33 高氏祠堂入口

图8-3-34 高氏祠堂内景

图8-3-35 青城书院入口

月，青城镇古建民居被甘肃省政府列为全省民族民间文化保护工程十大项目之一，青城镇被甘肃省政府为省级历史文化名镇。2013年青城古建民居被列为第七批国家文物保护单位。

青城东西长，南北狭，故名一条城。其城镇建

山，于是便易地而建，兴隆山也由此披上一层神秘色彩。

兴隆山庙宇建筑始建于明代中后期，至清顺治、道光及光绪年间达到72座，几经朝代更迭，现存建筑15座[6]（一说14座），占地面积约40000平方米（图8-3-37）。分三个区域：一是东南峰外围建筑区域，现存有牛马王庙、城隍庙；二是中峰东南坡上分布的建筑群，它们不规则地分布在许多小平台上，依次由下而上有前门楼、牌坊、中门楼、三进门楼、关帝庙、药王洞等建筑；最高处即是中峰峰顶主建筑群，这里寺庙建筑最为集中，占地816平方米，东西长34米，南北宽24米。以无量祖师大殿、献殿和山门为中轴线，旁有佛殿、菩萨殿、钟楼、鼓楼，共同构成了对称规整布局（图8-3-38）。

现存的庙宇建筑多为清末建筑，保存现状较为完好，尤其是砖雕建筑装饰内容丰富、雕刻精细，是不可多得的艺术珍品。15座建筑物的砖雕共有1036件（组），使用砖雕最多的前门楼，砖雕数量达到184件。兴隆山砖雕的题材内容十分丰富，大体上可分为人文象征图案、动物图案、人物图案、花卉图案和几何图案等，其中奇禽怪兽图案中的人头鸟、人面龙等图案国内罕见，有相当高的艺术价值和历史价值，其不仅反映了晚清时期建筑装饰图案的艺术风格和发展成就，同时还折射出当时的社会意识形态。[7]

兴隆山古建筑以中峰最为集中。沿东坡拾阶而上，3座双层灵官楼因地势而建。穿过两层门洞，再沿南侧绝壁边缘踏着石板路。途经关帝庙、药王（孙思邈）洞、三官庙、林公寺等建筑，便到达主庙祖师官山门下。

踏过极陡的33级台阶，至中峰峰顶平台，带有"兴隆宝山"四字门匾的山门建筑映入眼帘。山门为单间砖木结构歇山顶，面阔3米，柱高3.3米。四角柱露明，上托角科，下座鼓形基石。前檐檐枋、额枋均有彩绘，额枋下面为镂空二龙戏珠图案的骑马雀替，雀替下为云角。梁架结构为四角亭式结构，屋顶青色板瓦、筒瓦覆顶，中脊、垂脊、戗脊均为堆花脊，脊上均为张口龙兽。

山门内两侧为钟楼和鼓楼，两建筑造型无异，均为高台基二层歇山顶建筑（图8-3-39）。台阶高1.3米，平面为四方形，边长3.3米，檐高2.8米，顶高1米，通高5.1米。面向山门处开拱券门洞，高1.83米，宽0.69米。其余三面围墙均有圆形窗。木质窗棂为"八字连环"式，窗周饰以"鹊雀探梅"或栀子花图案。

过山门，中为祖师殿。祖师殿由献殿与大殿组合而成。献殿为砖木结构卷棚顶过庭，与大殿相通。面阔三间，总宽约7米，两梢间宽略窄于明间，檐高2.8米，进深约6.3米。正门和隔扇均为六抹，条形板、隔心、裙板遍施彩绘。廊进深1米，两边廊墙上各有屏风形砖刻。东廊墙上部展示"琴、

图8-3-36 环县兴隆山周边自然环境

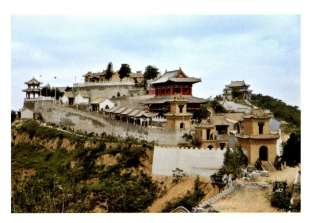

图8-3-37 远眺环县兴隆山

棋、书、画"四样文化生活，下部为"四福降临"图案。西廊墙上部则为"耕、读、渔、樵"四种经济生活方式，下部为"丹凤赐福"图案。献殿屋架结构为三架梁结构，斗栱结构为一斗二升交麻叶。两山墙饰以砖雕博风，顶有蜷蚣垂脊和龙兽。墀头顶部装饰成四面坡屋顶的牌楼形，平身科、如意科、平板枋、檐枋、檐檩以及椽和飞头等仿木构件样样俱全，还有仿木雀替和倒挂垂莲柱等装饰砖雕（图8-3-40）。在戗砖位置有三层砖雕，上下均为条砖所刻，上为双鹤，下为单鹿，中间为方砖雕刻的麒麟图案。

祖师殿大殿为歇山顶，各脊均为团花脊，正脊中部有三层楼阁式建筑。四个翼角均有套兽。屋顶为青灰板瓦、筒瓦覆顶，大殿各檐下的斗栱为单斗只替，屋架结构为穿斗式结构。与献殿的开间、面阔、檐高完全相同，两者山墙相连共成一体，前后檐紧接，仅留半米宽天井。内彩绘无量祖师成道壁画。

祖师殿东侧三米处为大佛殿。佛殿坐北面南单间歇山顶，四面平砌砖墙，五层叠涩出檐。屋顶为青灰板瓦、筒瓦覆盖，正吻为龙形兽，正脊为堆花脊，中部有立狮，左为狻猊，右为天马。佛殿面阔5米，进深4.8米，通高6.1米。圆券顶板门，高2.8米，宽1.15米。门两侧各镶石碑一块，左为《兴隆山地形碑记》，右为功德碑。殿内有西游记故事彩绘壁画。

祖师殿西1.5米处为观音菩萨殿。菩萨殿坐北面南，砖木硬山顶结构，面阔7米，进深8米，通高5.5米，原为五架梁，前带廊。因经改造，将前廊、前檐用砖墙包砌，五层叠涩出檐，再用砖件刻出仿木椽头和飞头，形成与大佛殿的对称关系。菩萨殿

图8-3-38　中峰峰顶主建筑群

图8-3-39　主峰山门与钟鼓楼

图8-3-40　主峰献殿墀头

图8-3-41　环县兴隆山建筑装饰及壁画

面墙有圆券顶板门，门两侧有砖刻楹联："摆动慈云救八难，施行法雨淋苍生"，对联外侧各有一直径为88厘米的圆形窗。屋顶也是青灰板瓦和筒瓦覆顶，五脊六兽，正脊为堆花脊，脊中有轮状装饰，正吻和垂兽均为龙形。⑧

环县兴隆山古建筑群，建筑体量小巧且不失精细。庙林相映，颇为壮观。建筑造型多为单体歇山顶或硬山顶，结构为砖石、砖木结构，檐角飞翅，脊兽望空，古朴典雅而又肃穆森然（图8-3-41）。庙内塑像壁画，无不神采奕奕，生动逼真，令人叹为观止。纯砖叠涩仿木出檐与砖混造型假歇山顶结合，用于庙宇建筑的建造实属兴隆山首创。建筑布局因地制宜、疏密有致，充分体现了我国传统道家"顺天而为"的思想特质。兴隆山古建筑群是庆阳地区古建筑中规模最大、艺术成就最高、保存最完好的一处古代建筑群落。它打破了我国传统古建筑所规范的以中轴线为中心左右分布的建筑布局方法，是庆阳地区建筑史上的一个创新范例。

十一、五泉山古建筑群

五泉山古建筑群位于兰州皋兰山北麓，为金城林泉圣地。2013年公布为全国重点文物保护单位。五泉山因甘露、掬月、摸子、蒙、惠五泉得名。五泉山古建筑群始建于元，后经历代整修、迁移隋、唐、明、清建筑，形成了现在的格局。现存建筑群始建于元代，历经明、清两代不断修葺增建，民国8年（1919年），由兰州人清翰林院编修刘尔炘主持重新修葺扩建而成。五泉山古建筑群分为庄严寺古建筑群、浚源寺古建筑群、二郎庙、文昌宫古建筑群、大悲殿、武侯祠、地藏寺、卧佛殿、嘛呢寺古建筑群、酒仙祠古建筑群、千佛阁、三教洞、清虚府古建筑群、万源阁、青云梯、木牌坊、山门、半月亭、企桥、秦公庙、太昊宫古建筑群、子午亭、八卦台、澄碧滴翠水榭和漪澜亭共25组，⑨占地面积约26.7万平方米，建筑面积1.05万平方米（图8-3-42～图8-3-44）。

图8-3-42 五泉山入口牌楼

图8-3-43 入口牌楼内影壁所绘五泉山全景

图8-3-44 五泉山山门

图8-3-45 五泉山庄严寺入口牌楼

古建筑群以中麓牌坊至文昌宫为主轴，并有东西两翼，以两条山脚至半山的爬山廊将整个中轴线上及其两侧的建筑环拱，形成闭合空间，使各组建筑遥相呼应。坐南向北，五泉山中峰山路上沿中轴线由北向南依次有牌楼、金刚殿、钟楼、鼓楼、观音殿、地藏殿等建筑。在山麓上还有明清增加的卧佛殿、文昌宫、地藏寺、嘛呢寺、酒仙祠、千佛阁等建筑群，1919～1929年刘尔炘通过对建筑群园林总体布局的规划，迁建万源阁、明远楼，增建牌楼、太昊宫等，搭配景观营造和植物，使五泉山成为融儒释道为一体的规模宏伟的山水宗教园林。

庄严寺原位于城中鼓楼西，唐初建，元至元年间重修，明成化十六年（1480年）再修，1996年整体迁入五泉山保护，现存大殿3座，以"塑绝"、"写绝"、"画绝"而闻名，其彩塑生动传神，书法雄浑遒劲，壁画栩栩如生（图8-3-45）。

图8-3-46 五泉山浚源寺入口

浚源寺位于五泉山中麓始建于元皇庆年间（1312～1313年），称皇庆寺，经历代重修，寺院坐南向北，原为三进院落，现仅存二进合围院落（图8-3-46）。主体包括浚源寺寺门、金刚殿、大雄宝殿、藏经阁等。

千佛阁始建于明英宗天顺六年（1462年），是五泉山东岩顶端的悬楼，下临悬崖，以木柱支撑，危楼悬空，极具特色。

万源阁始建于清光绪元年（1875年），为全木结构楼阁，四角攒尖，其三层通柱，在西北地区明清建筑中独具一例。

金刚殿始建于元代，明洪武五年（1372年）修葺，据考为明崇庆寺中殿，坐北向南，殿基平面长方形，月台高2.15米。殿面阔三间16.2米，进深一间5.5米，高13.5米，单檐歇山顶。七架梁，四檐角起翘，顶脊饰绿色琉璃瓦，一斗三升式斗栱。隔扇门宽4米，前后廊宽3.1米，长19.8米，耳房位于两侧。殿内原塑有四大金刚（已毁），后将接引寺1868年铜铸"接引佛"立像移于殿内。是古建群现存最早的一所建筑。

大雄宝殿始建于元代，明洪武及永乐年间重新修葺。清代同治元年（1862年）毁，刘尔炘重修，坐南向北，面阔五间，歇山顶殿堂式建筑，前端勾连搭面阔三间卷棚顶前厅。前厅面阔32米，进深三间9.2米。殿堂面阔28.1米，进深两间6.6米。

千佛阁位于五泉山北部，始建于明代初年，占地约一亩，坐南朝北，三层楼阁式建筑，通高约13米，首层、二层为长廊，迂回56米，宽1.9米，七架梁，廊高4.6米。顶层楼阁，四坡攒尖顶，面阔三间8.7米，进深3.5米，七架梁，高7米。

文昌宫，始建于明洪武年，毁于兵燹，清光绪十二年（1886年）重建，坐南朝北，是五泉山中轴线建筑群最高建筑，大殿坐落于高台之上，供奉文昌帝君，二层楼阁式砖木结构，底层面阔三间11.6米，进深三间7.4米。悬山顶，九架梁。顶层三面施回廊，通高12.5米。下台为两层宫院，上为三层悬楼，中间魁星阁。

嘛呢寺位于五泉公园东北西龙口惠泉西侧。始建于明初，为喇嘛庙形制。清同治六年（1867年）毁于火，十三年（1874年）重建，民国10年（1921年）重修。该寺占地四亩，坐南向北。砖木结构，从北向南依次为山门、重重院、仄仄门、延月楼、观音大殿、三圣殿。其中，重重院、仄仄门面阔三间13米，进深3.7米，高6米，硬山屋顶。

武侯祠位于千佛阁西南角大悲阁西侧，明建文元年（1399年）始建，民国刘尔炘重修，建筑坐南朝北，为四合院式结构，东西两侧有廊，殿前悬楼3间，名曰"一览楼"，正殿四柱三间带檐廊砖木结构，面阔三间9米，进深6.9米，高4米，灰瓦硬山顶，五架梁。内供奉诸葛孔明，1966年被毁。

大悲殿位于武侯祠东侧，明建文元年（1399年）始建，清光绪年重修，坐南朝北，砖木结构，面阔三间9.2米，进深9米，其中廊深3米，通高6.5米，悬山顶，五架梁。内供奉千手千眼佛。

卧佛殿，位于地藏寺南、文昌宫东南侧，明建文元年（1399年）始建，民国刘尔炘1923年重建，占地一亩二分。正殿面阔三间10.6米，进深两间5.1米。悬山顶，九架梁。殿内释迦牟尼涅槃像，两侧塑十八罗汉像，东西配殿各面宽三间9米，进深两间5.1米，高9米。悬山顶，七架梁。卧佛殿北为畅空楼，面阔九间29米，进深一间5.4米，通高7米。北侧悬空。

地藏寺原名地藏庵，位于文昌宫东、五泉山公园西北角。始建于明代，清代重修，占地一亩二分，坐北朝南，由正殿及东西配殿组成，正殿面宽三间9.6米，进深三间7.5米，悬山顶，七架梁高9米，东、西配殿面阔各三间6.8米，进深5.5米，悬山顶，七架梁，高8.7米。

左公祠，若文昌宫西侧，始建于顺治十一年（1654），原为清虚府，清康熙年间改清晖阁，清光绪年重修，该灵佑祠，供奉泉神和雹神。1921年重修，奉岳飞、杨继业和左宗棠。占地约6分，坐南朝北，面阔三间9米，进深一间，高8米，灰瓦歇山顶，东西厢房各5间。

万源阁，位于大雄宝殿后，原名"明远阁"，始建于清代光绪元年（1875年）甘肃举院的重要建筑，民国刘尔炘1923年迁于此，更名万源阁。坐南朝北，占地260平方米，平面呈方形，三层木构楼阁，带回廊，四角攒尖顶，上层名万源阁，中层名思源楼，底层望来堂。面阔三间13.3米，通高28米。

太昊宫位于五泉公园南部燃灯寺旧址，民国刘尔炘1919年募银重建。占地2000平方米，坐南朝北，砖木结构，由北向南分为四个组团，依次为山门，秦子祠，东、西祠宇，伏羲殿。东、北、西三面设游廊，两侧半月厅。置"五泉太昊宫记"碑8通。秦子祠面阔三间15.2米，进深一间3.5米，通高7.5米。灰瓦歇山顶，五架梁。东、西祠宇面阔三间，进深一间，高7.5米。灰瓦歇山顶，七架梁。伏羲殿面阔三间17.4米，进深两间8米，高7米。灰瓦歇山顶，七架梁。

五泉山建筑群汇聚了儒、释、道三教寺庙、景园、民居、桥梁、娱乐等不同功用的建筑群组于一处，展现了歇山、悬山、硬山、卷棚、攒尖等不同形式的建筑单体，是一处多元建筑文化的荟萃地，对研究西北地区古代建筑史、建筑技艺、建筑文化、建筑美学等有重要价值。建筑、泉水、园林共同构成了丰富的文化内涵，五泉古建筑群更是我国古典园林史中不可多得的艺术精品。

十二、甘南八角城

甘南八角城位于甘加滩偏东央曲河与央拉河交汇处东北岸台地上，距夏河县城北行约33公里，是甘南藏族自治州夏河县甘加乡境内的一座土筑古城遗址。2006年6月被国务院列为国家重点文物保护单位（图8-3-47～图8-3-51）。

据有关资料记载，八角城原为汉代白石县旧址，《汉书　地理志》："白石，离水出塞外，东至枹罕入河。"八角城是河州通往西南蕃的要道隘口；是当年汉、羌、唐、蕃之边塞重镇；亦是历史上羌、突厥、吐蕃、回纥与汉角逐争斗的战略要冲。千百年来这里虽几经易主，但八角城却依旧安静地矗立在甘加草原。100多年前，八角城成为夏河拉卜楞寺活佛四世嘉木样大师属地，藏族人开始迁入城中居住，八角城藏汉混居的格局逐渐形成。

八角城平面呈空心"十"字形，城垣外凸的八

图8-3-47　八角城城墙

图8-3-48　甘南八角城鸟瞰

图8-3-49　八角城进出的豁口

图8-3-50　八角城内道路

图8-3-51　八角城内民居入口

角均倒45度角边，形成八角三十六个面，"八角城"城名由此而得，藏文史书称"卡尔雍仲"，意为"万字城"。八角城打破一般正方形城池常规，城墙呈多边形排列，外凸形成等边夹角，各面之间相互照应无死角，易守难攻。八角城是历代各族剧烈争夺的缩影，也是我国劳动人民智慧的结晶，它在我国现有古城城池建筑形式上成为绝无仅有的范例。

八角城周长1960米，占地面积约16万平方米，城墙沙土逐层夯筑，系唐以前建筑工艺。城基宽14米，残高6～13.5米，顶宽5.2米，夯层厚0.1米。城外有护城河、城壕等防御设施，河宽4.5米，深3.5米。城北依白石崖无城门，东西有瓮城、内有"S"形通道，从西城经南门至东城筑有外廓，南门外另有外城。

近几年来，八角城出土了大量的新石器时代陶片，汉、晋、唐、宋、明以来的砖、瓦、钱币等文物，亦成为其久远历史的佐证。

注释

① 黄土高原城池选址，首先要考虑水源、交通的问题，宁州古城有早胜、春荣、南义、和盛四塬交汇于此，有马莲河、城北河、九龙河三条河流汇聚于此。

② 张红霞. 陇西现存古建筑概述[J]. 丝绸之路，2011（22）（总第215期）：39-40.

③ 出自《诗经·大雅·文王》："文王在上，於昭于天。周虽旧邦，其命维新……"意为："周文王禀受天命，昭示天下，周虽然是旧的邦国，但其使命在革新"，后发展为《易传》"刚健自新"思想，反映了中国文化的不断创新、生生不息的思想内涵。

④ 陈昌以为连接两山道路相通，也连接两山灵气相通，命名为"云龙桥"，并撰联：云比泰山多年年霖雨苍生岂徒供仙人怡悦，龙如沧海卧面面林峦翠霭都觉有灵气往来。

⑤ 三义殿脊檩有康熙四十三年始建题记。

⑥ 柳庆龄. 环县兴隆山清代砖雕艺术研究[D]. 西北师范大学，2007，6：4.

⑦ 路远. 环县兴隆山发现清代砖雕群. 兰州新闻网.

⑧ 赵志强. 探古觅胜——兴隆山古建筑群. 甘肃省庆阳市人民政府网.

⑨ 杨涛，兰州市五泉山地藏寺建筑群概述[J]. 丝绸之路 2012.1.

甘肃古建筑地点及年代索引

	建筑名称	地点	类型	建成年代（变化情况）	材料结构	规模	文保等级	涉及的古建筑名词
1	莫高窟	敦煌市	石窟寺	十六国北凉北魏时期开始建造至唐、宋、元代规模宏大，后世逐渐续建或重修	木构窟檐建筑 窟龛	现存735个洞窟，分布在南北长约1600米的悬崖之上	第一批全国重点文物保护单位	壁画遗存 窟檐建筑 洞窟形制
2	麦积山石窟	天水市麦积区	石窟寺	创建于十六国后秦（或西秦）北魏至明续建或修缮	木构崖阁建筑 窟龛	共有窟龛194个凿于高20~80米、宽200米的麦积山上	第一批全国重点文物保护单位	泥塑艺术 崖阁式建筑 摩崖造像
3	马蹄寺石窟群	张掖肃南裕固族自治县	石窟寺	始建于北凉时期	窟龛	共存有70余窟龛	全国重点文物保护单位	喇嘛式塔浮雕
4	榆林窟	瓜州县	石窟寺	北魏至清	窟龛	现存41窟	第一批全国重点文物保护单位	壁画遗存
5	西千佛洞	敦煌市	石窟寺	北魏、唐	窟龛	现存洞窟17座	全国重点文物保护单位	洞窟形制
6	炳灵寺	永靖县	石窟寺	创建于西秦北魏至清代续凿或重修	窟龛	较完整的窟龛共196个	全国重点文物保护单位	摩崖石刻
7	北石窟寺	庆阳市西峰区	石窟寺	北魏至宋	寺沟石窟	开凿于覆钟山长120米，共282个窟龛	第二批全国重点文物保护单位	石刻造像
8	南石窟寺	泾川县	石窟寺	北魏至唐	窟龛	保存最好的是1、5号窟	第二批全国重点文物保护单位	殿堂式佛窟
9	拉卜楞寺	夏河县	佛寺	始建于1709~1958年，经过历代嘉木祥不断扩充	木构建筑 石砌墙	占地面积86.6万平方米，建筑面积40余万平方米	第二批全国重点文物保护单位	活佛府邸 藏式建筑 边玛墙
10	郎木寺	碌曲县	佛寺	始建于1720年，大部分建筑已毁，1983年重建	木构建筑 石砌墙	建筑面积约为575平方米	第二批全国重点文物保护单位	藏式建筑 边玛墙
11	张掖大佛寺	张掖市甘州区	佛寺	创建于西夏，明正统、成化、万历和清雍正、乾隆年间屡有修葺	木构建筑、大佛殿为抬梁式结构	占地面积约2.3万平方米	第三批全国重点文物保护单位	十三重相轮
12	秦安兴国寺	秦安县	佛寺	元代，明清多次修缮	木构建筑	占地面积240平方米	第三批全国重点文物保护单位	般若殿
13	红城感恩寺	永登县	佛寺	明至清	砖木结构	占地面积1.5万平方米	第五批全国重点文物保护单位	"伽蓝七堂"
14	妙音寺	永登县	佛寺	明、清	砖木结构		全国重点文物保护单位	
15	庄严寺	兰州市城关区	佛寺	明代，1995年移至五泉山公园	砖木结构	现存三大殿	省级文物保护单位	
16	蔡家寺	甘谷县	佛寺	清代	木构建筑	建筑面积约为1200平方米	县级文物保护单位	壁画

续表

	建筑名称	地点	类型	建成年代（变化情况）	材料结构	规模	文保等级	涉及的古建筑名词
17	武威海藏寺	武威市凉州区	佛寺	明至民国	土木结构	占地面积14770平方米	省级文物保护单位	
18	圣容寺	民勤县	佛寺	始建不详，明成化十三年（1477年）移建今地，清道光十三年（1833年）至民国	土木结构	南北长125米、东西宽50米	省级文物保护单位	
19	宋代福津广严院	陇南市武都区	佛寺	宋、清	土木结构	占地2000平方米	省级文物保护单位	
20	天堂寺	天祝藏族自治县	佛寺	清代	土木结构	占地面积5200平方米，建筑面积300平方米	省级文物保护单位	
21	东大寺	天祝藏族自治县	佛寺	清代	土木结构	占地面积1000平方米建筑面积710平方米	省级文物保护单位	
22	合作米拉日吧佛阁	合作县	佛寺	始建于1619年，1982年重建	土木结构	建筑面积538米		藏式平顶建筑
23	天水后街清真寺	天水市秦州区	清真寺	始建于明洪武七年（1374年），清代重修	木构建筑	占地面积1674平方米	第五批全国重点文物保护单位	勾连搭形式屋顶
24	静宁清真寺	静宁县	清真寺	明、清	砖木建筑	占地面积2721.4平方米	省级文物保护单位	象鼻昂
25	玉泉观	天水市秦州区	道观	始建于元代，明成化年间重修至清	木构建筑	占地4.15万平方米	第五批全国重点文物保护单位	三清宫
26	金天观	兰州市七里河区	道观	始建于唐代，明、清修葺	砖木结构	占地面积3.996平方米	省级文物保护单位	
27	雷台观	武威市凉州区	道观	始建年代不详，现存建筑为1933年重建	土木结构	地形南北长108米，东西宽60米	省级文物保护单位	
28	白云观	兰州市七里河区	道观	明、清	砖木结构	占地2000平方米	市级文物保护单位	
29	崆峒山建筑群	平凉	道观	唐代至清代				
30	武威文庙	武威市凉州区	坛庙宗祠	始建于明代，明清修葺	木构建筑	占地1.53万平方米	第四批全国重点文物保护单位	
31	天水伏羲庙	天水市	宗庙	始建于元代，明1490年重建，明清6次扩建	木构建筑	占地1.3万平方米	全国重点文物保护单位	
32	崇信县武康王庙	崇信县	坛庙	明洪武三年（1370年）由城外迁入城内、清代修葺	木构建筑	占地3337万平方米，建筑面积280米	第五批全国重点文物保护单位	
33	秦安县文庙	秦安县	坛庙	创建于元大德元年（1297年），明代重修，清多次修葺	木构建筑	大成殿占地面积240平方米	第五批全国重点文物保护单位	
34	兰州文庙	兰州市城关区	坛庙	始建于明、清代修葺	木构建筑	面阔七间，进深四间	省级文物保护单位	

续表

	建筑名称	地点	类型	建成年代（变化情况）	材料结构	规模	文保等级	涉及的古建筑名词
35	下双大庙	武威市凉州区	坛庙	清代	木构建筑		省级文物保护单位	
36	泾川城城隍庙	泾川县	坛庙	始建于明洪武三年（1370年），清道光十年（1830年）、光绪七年（1881年）修葺，现仅存前殿、后殿	砖木结构	前殿面阔五间13米进深三间9米	省级文物保护单位	
37	静宁县文庙	静宁县	坛庙	明、清	木构建筑	占地2721.4平方米	省级文物保护单位	
38	两当县文庙	两当县	坛庙	始建于明代，清顺治八年（1651年）重修	土木结构	建筑面积119平方米	省级文物保护单位	"人"字形梁架
39	甘谷县文庙	甘谷县	坛庙	明代	木构建筑	占地1400平方米，大成殿面阔五间18米进深三间	省级文物保护单位	
40	兰州市皋兰文庙	兰州市城关区	坛庙	始建于1666年，1740年改建为文庙	木构建筑	占地1100平方米	市级文物保护单位	
41	会宁文庙	会宁县	坛庙	明代	木构建筑	宽21米，进深21米，高15米	全国重点文物保护单位	
42	礼县文庙	礼县	坛庙	清代	木构建筑	面阔5间，长22米，进深4间，宽17米	县级文物保护单位	
43	徽县文庙	徽县	坛庙	明代	木构建筑		县级文物保护单位	
44	天水市纪信祠	天水市秦州区	宗祠	始建于明代清代先后6次大修	木构建筑	占地3500平方米	省级文物保护单位	琉璃脊
45	青城高氏祠堂	榆中县	宗祠	清代	木构建筑	占地2000平方米，建筑面积221平方米	县级文物保护单位	
46	凝寿寺塔	宁县	塔	唐代	砖塔	边长7米通高约19米	第五批全国重点文物保护单位	楼阁式
47	圆通寺塔	民乐县	塔	明、清	砖土结构	通高23.37米	第五批全国重点文物保护单位	金刚宝座式
48	圣容寺塔	永昌县	塔	唐代	砖塔	通高16.2米	第五批全国重点文物保护单位	
49	东华池塔	华池县	塔	北宋	砖塔	通高26米	第五批全国重点文物保护单位	楼阁式
50	湘乐砖塔	宁县	塔	宋代	砖塔	边长6米通高约22米	第五批全国重点文物保护单位	楼阁式
51	延恩寺塔	平凉市崆峒区	塔	明代	砖塔	高33.3米	第六批全国重点文物保护单位	楼阁式

续表

	建筑名称	地点	类型	建成年代（变化情况）	材料结构	规模	文保等级	涉及的古建筑名词
52	北海子塔	永昌县	塔	明代	砖塔	通高33米	省级文物保护单位	实心砖塔
53	罗什寺塔	武威凉州区	塔	始建年代不详唐代扩建1927年毁于地震，现为1934年重修	砖塔	通高32米	省级文物保护单位	八角十二级密檐塔
54	镇国塔	民勤县	塔	始建于明1440年，清重修	砖塔	通高12米	省级文物保护单位	
55	白马塔	敦煌市	塔	清、民国	土木结构	通高15.9米	省级文物保护单位	喇嘛塔
56	塔院寺金塔	金塔县	塔	明、清	土木结构	边长20米	省级文物保护单位	喇嘛塔
57	肖金塔	庆阳市西峰区	塔	宋代	砖塔	高约20米，顶残	省级文物保护单位	楼阁式
58	环县塔	环县	塔	宋代	砖塔	高约22米	省级文物保护单位	楼阁式
59	白马造像塔	华池县	塔	北宋	石塔	残高5米	县级文物保护单位	造像塔
60	盘龙寺造像塔	华池县	塔	宋代	石塔	十一层高6米	省级文物保护单位	造像塔
61	双塔寺造像塔	华池县	塔	金代	石塔	一座高12米，另一残高11米	省级文物保护单位	造像塔
62	凌空塔	平凉市崆峒区	塔	明代	砖塔	通高32.6米	省级文物保护单位	楼阁式
63	塔儿湾造像塔	合水县	塔	北宋	石塔	通高12米	省级文物保护单位	造像塔
64	成城湾花塔	敦煌	塔	宋代	土坯垒筑中立木刹柱	通高9米，直径为3.98米		花塔
65	兰州白塔山白塔	兰州市城关区	塔建筑群	明代	砖塔	占地40平方米	省级文物保护单位	覆钵式楼阁塔
66	白衣寺塔	兰州市城关区	塔	明、清	实心砖塔	通高25.33米	省级文物保护单位	覆钵式楼阁式塔
67	敦煌土塔群	敦煌	塔	元、宋、明清	土塔			
68	敦煌粮仓（南仓）	敦煌市	军事建筑	清代	砖砌墙基	仓房八座	市级文物保护单位	
69	靖远县钟鼓楼	靖远县	市政建筑	始建于明代，民国十四年（1925年）重修	砖木结构	建筑面积为972平方米	省级文物保护单位	
70	酒泉市钟鼓楼	酒泉市肃州区	市政建筑	始建于公元346~353年清代重建	砖土木结构	建筑面积676平方米高24.3米	省级文物保护单位	谯楼

续表

	建筑名称	地点	类型	建成年代（变化情况）	材料结构	规模	文保等级	涉及的古建筑名词
71	永昌钟鼓楼	永昌县	市政与军事政权建筑	明代	砖木结构	高25米，建筑面积484米	第五批全国重点文物保护单位	
72	张掖市鼓楼	张掖市	市政与军事政权建筑	始建于明正德二年，康熙七年（1668年）重建	砖土木结构	高21米，分楼台楼阁两部分	全国重点文物保护单位	夯土版筑
73	连城鲁土司衙门	永登县	衙府	明清	砖木结构	现存3.3万多平方米	全国重点文物保护单位	
74	嘉峪关建筑群	嘉峪关市	军事政权建筑	始建于明洪武五年（1372年）清代续建或补修	砖木结构	建筑面积33万平方米	全国重点文物保护单位	关隘
75	酒泉晋城门	酒泉市	城门	晋至明，唐代和明代补修	砖木结构		省级文物保护单位	
76	庆阳古城	庆阳						
77	高台县骆驼城	高台县	古城遗址	汉代、唐代		南北长704米东西宽425米	全国重点文物保护单位	
78	锁阳城							
79	张掖黑水国	张掖市	古城	青铜时代		占地35万平方米	全国重点文物保护单位	
80	敦煌汉悬泉置	敦煌市	古城	汉代		占地2.25万平方米	全国重点文物保护单位	
81	静宁成纪古城	静宁县	古城	汉代、宋代		占地20万平方米	省级文物保护单位	
82	居延汉塞							
83	北宅子	天水市秦州区	民居	明代	砖木结构	占地面积1600余平方米	全国重点文物保护单位	
84	南宅子	天水市秦州区	民居	明代	砖木结构	占地面积2400余平方米	全国重点文物保护单位	
85	飞将故里民居	天水市秦州区	民居	清代	砖木结构			
86	石作瑞故居	天水市秦州区	民居	清代	砖木结构	房屋总数约为150间占地面积5000余平方米	省级文物保护单位	照壁
87	哈锐故居	天水市秦州区	民居	清代	砖木结构		省级文物保护单位	
88	张庆麟故居	天水市秦州区	民居	明、清	砖木结构	一座楼阁，三座照壁，房间60多间	省级文物保护单位	
89	连腾霄故居	天水市秦州区	民居	明、清	砖木结构	占地约为1100平方米	省级文物保护单位	

续表

	建筑名称	地点	类型	建成年代（变化情况）	材料结构	规模	文保等级	涉及的古建筑名词
90	门克新故居	天水市秦州区	民居		砖木结构	占地面积约2064平方米		
91	任士言故居	天水市秦州区	民居	清代	砖木结构	一进二院，占地1100平方米		
92	张育生故居	天水市秦州区	民居	清代	砖木结构	一进三院占地1200平方米		垂花门
93	葛霁云故居	天水市秦州区	民居	清代	砖木结构			大要头象鼻状单云纹
94	贾缵绪故居	天水市秦州区	民居	清代	土木结构	主要房屋50多间		
95	杨名显故居	天水市秦州区	民居	清代现仅存东宅中院	土木结构			
96	东公馆	临夏	民居	民国	砖木结构	占地约10万平方米	省级文物保护单位	砖雕
97	蝴蝶楼	临夏	民居	民国	砖木结构	占地约2660平方米	省级文物保护单位	随楼边楼
98	白宅子	临夏	民居	清代	土木结构	两个院落		
99	红教寺村和洒哈尔村	夏河县	民居聚落					
100	郎木寺聚落	碌曲县	佛寺	始建于1748年，1981年重建				
101	瑞安堡	民勤县	堡寨	民国	砖木结构	南北长100米，东西长56米	第六批全国重点文物保护单位	
102	马宅	兰州城关区	民居	明代	土木结构	房屋9间		
103	甘肃举院	兰州市城关区	书院	始建于清代光绪元年	木构建筑	致公堂占地600平方米	省级文物保护单位	
104	兰州禅院	兰州市城关区	书院	清代	木构建筑	占地面积约600平方米	省级文物保护单位	
105	政平书房	宁县	书院	清代	木构架	占地面积约800平方米	省级文物保护单位	
106	四家魁星楼	民乐县	楼	清	砖木结构	建筑面积213.3平方米	省级文物保护单位	
107	红山魁星楼	张掖市高台县	楼	始建于清末，1679年毁于地震，1765年重建	土木结构	楼高9.6米	省级文物保护单位	攒尖顶亭式建筑
108	宁县辑宁楼	宁县	楼	清代	砖木结构	占地面积300平方米	省级文物保护单位	
109	文县文昌楼	文县	楼	清代	木石结构	占地面积92平方米	省级文物保护单位	

续表

	建筑名称	地点	类型	建成年代（变化情况）	材料结构	规模	文保等级	涉及的古建筑名词
110	陇西保昌楼	陇西县	楼	清代	木构建筑	三层木楼，面阔三间5米，进深三间5米	省级文物保护单位	
111	陇西威远楼	陇西县	市政与军事政权建筑	明代	木构建筑	建筑面积约459平方米	省级文物保护单位	
112	罗川赵氏石坊	正宁县	石坊	始建于明万历四十年至四十二年（1612~1614年）	石结构	四柱三间通高10米，面阔8米	第六批全国重点文物保护单位	
113	庆城周旧邦牌坊	庆城县	桥梁	始建于明弘治十八年（1505年），清光绪二十八年（1902年）重修	木结构	三间四柱通高12米、面阔三间	省级文物保护单位	
114	榆中兴隆山卧桥	榆中县	桥梁	清代	木结构	全长23.6米，跨度9米	省级文物保护单位	
115	张掖民勤会馆	张掖市甘州区	会馆	清、民国	木构建筑	南北60.9米，东西宽37.5米	全国重点文物保护单位	
116	张掖山西会馆	张掖市甘州区	会馆	清代	木构建筑	建筑面2300平方米	第六批全国重点文物保护单位	
117	大靖财神阁	古浪县	坛庙	清代	砖木结构	建筑面积100平方米	省级文物保护单位	
118	土门三义殿	古浪县	坛庙	清代	砖木结构	占地面积6000平方米	省级文物保护单位	
119	土门罗汉楼	古浪县	楼	清康熙九年（1670年）建	木构建筑	楼高20米	市级文物保护单位	
120	环县兴隆山	环县	建筑群	明、清	砖木结构	占地面积1.8万平方米	省级文物保护单位	
121	榆中青城镇	榆中县	建筑群	明、清	木构建筑		县级文物保护单位	
122	甘南八角城	夏河县	古城	唐至明	墙体夹棍版筑	周长1960占地面积为20万平方米	第五批全国重点文物保护单位	
123	永泰古城	景泰县	古城	明	黄土加沙夯筑	东西长520米，南北宽500米	第五批全国重点文物保护单位	瓮城

参考文献

[1] 梁思成. 中国建筑史 [M]. 天津：百花文艺出版社, 1998.

[2] 梁思成. 清式营造则例 [M]. 北京：清华大学出版社, 2006.

[3] 刘敦桢. 中国古代建筑史 [M]. 北京：中国建筑工业出版社, 1980.

[4] 傅熹年. 中国古代建筑十论 [M]. 上海：复旦大学出版社, 2004.

[5] 王其钧. 华夏营造——中国古代建筑史 [M]. 北京：中国建筑工业出版社, 2005.

[6] 吴良镛. 梁思成全集（1-9卷）[M]. 北京：中国建筑工业出版社, 2001.

[7] 葛剑雄. 中国移民史 [M]. 福州：福建人民出版社, 1997.

[8] 郭厚安, 陈守忠主编. 甘肃古代史 [M]. 王永曾等撰稿. 兰州：兰州大学出版社, 1989.

[9] 胡国庆. 甘肃宗教 [M]. 兰州：甘肃人民出版社, 1989.

[10] 张振光. 中国美术全集·建筑艺术编：宗教建筑分册 [M]. 北京：中国建筑工业出版社, 2004.

[11] 唐晓军, 师彦灵. 古代建筑遥望星宿——甘肃考古文化丛书 [M]. 敦煌：敦煌文艺出版社, 2004.

[12] 敦煌研究院主编. 敦煌石窟全集·石窟建筑卷 [M]. 北京：商务印书馆, 1999.

[13] 白文明. 中国古建筑艺术（第二册）：宗教建筑 [M]. 济南：黄河出版社, 1999.

[14] 夏朗云. 麦积山石窟考古断代研究——后秦开窟新证 [M]. 兰州：甘肃人民出版社, 2010.

[15] 邓明. 兰州史话 [M]. 兰州：甘肃文化出版社, 2011.

[16] 张克复. 甘肃史话 [M]. 兰州：甘肃文化出版社, 2007.

[17] 李中峰. 民乐史话 [M]. 兰州：甘肃文化出版社, 2005.

[18] 潘从学. 民勤史话 [M]. 兰州：甘肃文化出版社.

[19] 石为怀. 甘南史话 [M]. 兰州：甘肃文化出版社, 2007.

[20] 杨万民, 著. 临夏县史话 [M]. 周德祥, 张克复, 编. 兰州：甘肃文化出版社, 2010.

[21] 祝巍山. 永昌史话 [M]. 兰州：甘肃文化出版社, 2004.

[22] 郭文奎. 庆阳史话 [M]. 兰州：甘肃文化出版社, 2004.

[23] 包继红. 永靖史话 [M]. 兰州：甘肃文化出版社2006.

[24] 中国科学院自然科学史研究所, 主编. 中国古代建筑技术史 [M]. 北京：科学出版社, 1985.

[25] 唐栩. 甘青地区传统建筑工艺特色初探 [D]. 天津大学, 2004.

[26] 李江. 明清甘青建筑研究 [D]. 天津大学, 2007.

[27] 范鹏. 甘肃宗教：理论分析、文化透视、历史追踪、现状扫描 [M]. 甘肃民族出版社, 2006.

[28] 罗哲文. 古建筑"流动"着文化传统 [N]. 中国社会科学报, 2010, (003).

[29] 梁思成. 中国的佛教建筑 [J]. 清华大学学报（自然科学版）. 1961, (02).

[30] 梁思成, 林徽因, 莫宗江. 中国建筑发展的历史阶段 [J]. 建筑学报, 1954, (02).

[31] 吴良镛. 吴良镛选集：广义建筑学 [M]. 北京：清华大学出版社, 2011.

[32] 王军. 西北民居 [M]. 北京：中国建筑工业出版社, 2009.

[33] 桂发荣, 王鸿国. 金塔史话 [M]. 兰州：甘肃文化出版社, 2005.

[34] 祝巍山, 李德元. 金昌史话 [M]. 兰州：甘肃文化出版社, 2006.

[35] 中共兰州市委宣传部. "再造兰州"战略解读 [M]. 兰州：甘肃文化出版社, 2011.

[36] 张津梁. 兰州历史文化 [M]. 兰州：甘肃文化出版社, 2005.

[37] 白贵怀. 青城史话 [M]. 兰州：甘肃文化出版社, 2010.

[38] 马琦明. 兰州笔记:城市建设与发展[M]. 兰州：甘肃人民美术出版社，2010.

[39] 翟存明. 甘肃少数民族风俗文化[M]. 兰州：兰州大学出版社，2009.

[40] 甘肃省地方史志编纂委员会，编. 甘肃省志：大事记[M]. 甘肃人民出版社，1989.

[41] 吕宝林. 珍视甘肃的古代建筑[N]. 甘肃日报，2004.

[42] 何如朴. 论甘肃传统建筑技术[J]. 建筑学报. 1996，(01).

[43] 朱立芸. 甘肃古代建筑艺术的特点[J]. 丝绸之路，2000.

[44] 李江. 明清时期河西走廊建筑研究[D]. 天津大学，2012.

[45] 张顺尧. 甘肃伊斯兰教建筑的演变[D]. 同济大学，2007.

[46] 郭志奇. 甘肃天水伏羲庙建筑特色初探[J]. 天水师范学院学报，2004.

[47] 贾学锋. 藏传佛教在河西走廊的传播与发展[J]. 西藏研究，2003.

[48] 隋建明. 临夏回族砖雕艺术[J]. 丝绸之路，1998，(2).

[49] 孙雅华. 砖雕艺术的历史与现实价值初探[J]. 内蒙古社会科学（汉文版），2001，22（5）.

[50] 常青. 西域文明与华夏建筑的变迁[M]. 长沙：湖南教育出版社，1992.

[51] 李并成. 甘肃历史文化在中国文化史上的地位[J]. 陕西社会主义学院学报，2006，(02).

[52] 中国科学院自然科学史研究所，主编. 中国古代建筑技术史[M]. 北京：科学出版社，1985.

[53] 宿白. 藏传佛教寺院考古[M]. 北京：文物出版社，1996.

[54] 陈耀东. 中国建筑艺术全集（14）. 佛教建筑（3）. 藏传[M]. 北京：中国建筑工业出版社，1999.

[55] 马立斯. 中国古建筑文化之旅——甘肃·宁夏·青海[M]. 知识产权出版社，2002.

[56] 永昌县志编纂委员会. 永昌县志[M]. 兰州：甘肃人民出版社，1993.

[57] 张掖市志编修委员会. 张掖市志[M]. 兰州：甘肃人民出版社，1995.

[58] 傅熹年. 傅熹年建筑史论文集[M]. 北京：文物出版社，1998.

[59] （清）钟赓起. 甘州府志[M]. 兰州：甘肃文化出版社[M]. 1995.

[60] （清）杨春茂. 重刊甘镇志[M]. 兰州：甘肃文化出版社，1996.

[61] 杨静. 甘肃张掖大佛寺大佛殿的建筑特征[J]. 文物春秋，2005，(4)：41-47.

[62] 李靖，丁垚. 甘肃武都广严院及陇东南古建筑考察记略[J]. 建筑创作，2009，(1).

[63] 林秀珍，张立方. 甘肃秦安兴国寺建筑年代分析[J]. 文物春，2004，(5).

[64] 李江. 明清甘青建筑研究[D]. 天津天津大学硕士学位论文，2007.

[65] 吴葱，吴晓冬，阴帅可. 张掖大佛寺大佛殿的空间图式和法式特征[D]. 天津大学学报（社会科学版），2007，(9) 3.

[66] 吴晓冬.张掖大佛寺及山西会馆建筑研究——兼论河西清代建筑特征[D]. 天津大学硕士学位论文，2006.

[67] 唐栩. 甘青地区传统建筑工艺特色初探[D]. 天津：天津大学，2004.

[68] 程静微. 甘肃永登连城鲁土司衙门及妙因寺建筑研究——兼论河湟地区明清建筑特征及河州砖雕[D]. 天津：天津大学，2005.

[69] 张克复. 甘肃史话[M]. 兰州：甘肃文化出版社，2007.

[70] 李中峰，编. 民乐史话[M]. 兰州：甘肃文化出版社，2005.

[71] 潘从学. 民勤史话[M]. 兰州：甘肃文化出版社.

[72] 石为怀. 甘南史话[M]. 兰州：甘肃文化出版社，2007.

[73] 杨万民，著. 临夏县史话[M]. 周德祥，张克复，编. 兰州：甘肃文化出版社，2010.

[74] 祝巍山．永昌史话［M］．兰州：甘肃文化出版社，2004．

[75] 郭文奎，主编．庆阳史话［M］．兰州：甘肃文化出版社，2004．

[76] 包继红．永靖史话［M］．兰州：甘肃文化出版社，2006．

[77] 李允鉌．华夏意匠——中国古典建筑设计原理分析［M］．天津：天津大学出版社，2005．

[78] 楼庆西．中国古建筑二十讲［M］．上海：生活、读书、新知三联书店，2001．

[79] 梁思成．清式营造则例［M］．北京．清华大学出版社，2006．

[80] 潘谷西，何建中．营造法式解读［M］．南京：东南大学出版社．

[81] 杨益民，唐晓军．甘肃文物古建筑巡礼［J］．丝绸之路，1996，(02)．http://www.cnki.com.cn/Article/CJFDTotal-SCZL602.011.htm．

[82] 胡爱玲．武威海藏寺［OL］．http://www.cnki.net/．

[83] 李慧．甘肃建筑文化的传承与发展［M］．兰州：甘肃人民美术出版社，2012．

[84] 魏文．甘肃红城感恩寺及其壁画研究［D］．首都师范大学，2009．

[85] 丹珠昂奔，著．藏族文化发展史［M］．甘肃教育出版社，2001．

[86] 萧默．拉卜楞寺的建筑艺术［M］//拉卜楞寺．文物出版社，1989．

[87] 杨德禄．神秘的郎木寺［N］．甘肃日报，2005．

[88] 李焰平．甘肃窟塔寺庙［M］．兰州：甘肃教育出版社，1999．

[89] 张驭寰．中国佛教寺院建筑讲座［M］．北京：当代中国出版社，2008．

[90] 王康．藏传佛教与张掖大佛寺［J］．丝绸之路，2003．

[91] 王国华．张掖揽胜西来圣寺张掖年鉴［M］．兰州：兰州大学出版社，1998．

[92] 董彦文．张掖大佛寺及其佛教文物［J］．敦煌研究，2003，(5)．

[93] 孙宏武．张掖卧佛是否世界之最［J］．丝绸之路，2000，(1)．

[94] （清）吴广成．西夏书事史料续编．卷三十一［M］．台北：广文书局，1968．

[95] 陈明达．中国古代木结构建筑技术：战国——北宋［M］．北京：文物出版社，1990．

[96] 陈耀东．中国建筑艺术全集（14）：佛教建筑（3）藏传［M］．北京：中国建筑工业出版社，1999．

[97] 方步和．张掖史略［M］．兰州：甘肃文化出版社，2002．

[98] 古浪县志编纂委员会．古浪县志［M］．兰州：甘肃文化出版社，1996．

[99] 胡小鹏．西北民族文献与历史研究［M］．兰州：甘肃人民出版社，2004．

[100] 酒泉市史志办公室．酒泉市志［M］．兰州：兰州大学出版社，1998．

[101] 临夏州志编纂委员会．临夏回族自治州志［M］．兰州：甘肃人民出版社，1993．

[102] 刘致平．中国伊斯兰教建筑［M］．乌鲁木齐：新疆人民出版社，1985．

[103] 史金波．西夏佛教史略［M］．银川：宁夏人民出版社，1988．

[104] 中国佛教协会．中国佛教：第一辑［M］．北京：知识出版社，1980．

[105] 孟凡港．从碑刻看张掖明清时期的佛教［J］．河西学院学报，2005．

[106] 中国文物研究所，编．祁英涛古建论文集［M］．北京：华夏出版社，1992．

[107] 庄裕光．古建春秋［M］．成都：四川科学技术出版社，1989．

[108] 白虹．高台县志（卷）［M］．1925．

[109] 何如朴．论甘肃传统建筑技术［J］．北京：建筑学报，1996，(1)：50-54．

[110] 马炳坚．中国古建筑木作营造技术［M］．北京：科学出版社，1991．

[111] 刘致平．中国伊斯兰教建筑［M］．乌鲁木齐：新

疆人民出版社，1985．

[112] 郝毅，张小莹．拉卜楞寺文化与艺术［M］．兰州：甘肃文化出版社，2001．

[113] 白文明．中国古建筑工艺［M］．济南：黄河出版社，1999．

[114] 潘古西．中国古代建筑史［M］．北京：中国建筑工业出版社，2001．

[115] 中国科学院中华古建筑研究社：中华古建筑［M］．北京：中国科学技术出版社，1990．

[116] 张驭寰．中国西部古建筑讲座［M］．北京：中国水利水电出版社，2010．

[117] 张宝玺．兰州庄严寺及其塑写画三绝之考释［J］．敦煌研究，2002．

[118] 何如朴，许新亚．甘南藏族的宗教建筑和拉卜楞寺［C］//首届中国民族聚居区建筑文化遗产国际研讨会论文集，2010．

[119] 王琪．玲珑蔡家寺［J］．丝绸之路，2010，（9）．

[120] 范三畏．神秘蔡家寺［J］．丝绸之路，2004．

[121] 李传永，雷华．甘肃名胜古迹录［M］．兰州：甘肃科学技术出版社，1990，（8）．

[122] 荣宪宾．中国名寺观赏［M］．北京：金盾出版社，2003，（8）．

[123] 张得智．永昌圣容寺［M］．兰州：甘肃文化出版社，2013，（1）．

[124] 丝路名刹圣容寺［N］．金昌日报，2011．

[125] 杨益民，宋钢．宋代福津广严院［J］．丝绸之路，1996．

[126] 百度百科．天堂寺［OL］．http://baike.baidu.com/subview/236907/11083434.htm．

[127] 切排．安多合作米拉日巴佛阁已重建［J］．西藏艺术研究，1996．

[128] 乜文建．陇上明珠——天水后街清真寺［J］．中国宗教，2007．

[129] 杨焕成．甘肃明清木构建筑地方特征举例——兼谈与中原"地方建筑手法"的异同［J］．古建园林技术，2007．

[130] 贠信常．天水玉泉观名胜［J］．中国道教，1988．

[131] 王超．兰州金天观古建筑群分析［J］．山西建筑，2010．

[132] 赵娅利．崆峒山古建筑群浅释［N］．平凉日报，2013．

[133] 中国孔庙网．http://www.chinakongmiao.org．

[134] 傅熹．中国古代城市规划、建筑群布局及建筑设计方法研究（上）［M］．中国建筑工业出版社，2001．

[135] 柳雯．中国文庙文化遗产价值及利用研究［D］．山东大学，2008：15．

[136] 百度百科．城隍庙［OL］．http://baike.baidu.com/view/68876.htm#sub5071547．

[137] 全国重点文物保护单位·第一至第五批·第Ⅲ卷．文物出版社．2004：457．

[138] 国家文物局，主编．中国文物地图集：甘肃分册（上）［M］．测绘出版社，2011：354．

[139] 全国重点文物保护单位·第一至第五批·第Ⅲ卷．文物出版社，2004：465．

[140] 张驭寰等．中国古代建筑技术史［M］．中国科学院自然科学史研究所．科学出版社，1985．

[141] 陶荣．甘肃崇信武康王庙［J］．文物，2006，（3）．

[142] 下双大庙．魁星阁．凉州区文化体育局印．

[143] 中国秦安官网．http://www.qinan.gov.cn/html/2011/msgj_0705/632.html．

[144] 孙崇玉．两当县文庙大殿木结构分析［J］．丝绸之路，2003，（2）．

[145] 国家文物局，主编．中国文物地图集：甘肃分册（下）［M］．测绘出版社，2011：7．

[146] 礼县新闻门户网站．礼县之窗［OL］．http://www.lxzc.gov.cn/lixianlvyou/ShowArticle.asp?ArticleID=441．

[147] 新华网甘肃频道［OL］．http://www.gs.xinhuanet.com/dfpd/2006-06/15/content_7269381.htm．

[148] 李景春．会宁文庙//甘肃省文史资料选辑：铜城白银，2002．

[149] 赵世英．兰州府文庙话沧桑［M］//兰州文史资料选辑：第二十三辑．兰州大学出版社，2004．

[150] 天天水网. 走进秦州——纪信祠 [OL]. [2013-01-13]. http://www.tsrb.com.cn/xwzx/2012-09/26/content_410464.htm.

[151] 郭黛姮. 中国古代建筑史（第三卷）：宋、辽、金、西夏建筑（第二版）[M]. 北京：中国建筑工业出版社，2009：144，150.

[152] 傅熹. 中国古代城市规划、建筑群布局及建筑设计方法研究（上）[M]. 北京：中国建筑工业出版社，2001.

[153] 王贵祥. 明清地方城市的坛壝与祠庙 [J]. 建筑史（第28辑）. 清华大学.

[154] （清）秦蕙田. 五礼通考：卷四十五//钦定四库全书·经部·礼类·通礼之属.

[155] 百度百科. 城隍庙. http://baike.baidu.com/view/68876.htm#sub5071547.

[156] 胡广华，纂修. 明太祖实录.卷五十三：洪武三年六月戊寅条. 台北："中央研究院历史语言研究所"校印，1962.

[157] 全国重点文物保护单位·第一至第五批.第Ⅲ卷. 文物出版社，2004：457.

[158] 魏峰. 地域文化视野下的天水伏羲庙及伏羲城空间研究 [D]. 西安建筑科技大学，2011.

[159] 胡鼎生. 浅谈武威下双大庙古建筑风格 [J]. 丝绸之路，2014，(6).

[160] 李江. 明清时期河西走廊建筑研究 [D]. 天津大学，2012：103.

[161] 王科社. 静宁州庙学修建述略 [J]. 丝绸之路，2009，(12).

[162] 刘袖瑕. 甘肃省孔庙遗存状况研究 [D]. 兰州大学，2010.

[163] 甘肃省文物局网站. http://www.gsww.gov.cn/Web_Detail.aspx?id=8191.

[164] 礼县新闻门户网站. 礼县之窗. http://www.lxzc.gov.cn/lixianlvyou/ShowArticle.asp?ArticleID=441.

[165] 新华网甘肃频道. http://www.gs.xinhuanet.com/dfpd/2006-06/15/content_7269381.htm.

[166] 国家文物局，主编. 中国文物地图集：甘肃分册（下）. 测绘出版社，2011：98.

[167] 王贵祥等，著. 明代城市与建筑——环列分布、纲维布置与制度重建 [M]. 北京：中国建筑工业出版社，2013.

[168] 甘肃省文物局网站. http://www.gsww.gov.cn/Web_Detail.aspx?id=11510.

[169] 甘肃省文物局网站. http://www.gsww.gov.cn/Web_Detail.aspx?id=8664.

[170] 陈谦，郭兴华，毕晓莉. 甘肃省青城镇保护研究初探 [J]. 兰州理工大学学报，2011，(37).

[171] 李全武. 青城镇古建筑概述 [J]. 丝绸之路，2009，(04).

[172] 何瀚. 青城高氏祠堂考析 [J]. 丝绸之路，2013，(06).

[173] 罗哲文. 中国古塔概览 [M]，北京：外文出版社，1996.

[174] 刘致平. 中国建筑类型及结构 [M]. 北京：中国建筑工业出版社，1987.

[175] 梁思成. 图像中国建筑史 [M]. 上海：生活·读书·新知三联书店，2011.

[176] （明）文震亨. 长物志.

[177] 国家文物局，主编. 中国文物地图集 [M]. 测绘出版社，2011.

[178] 张驭寰. 中国塔 [M]. 太原：山西人民出版社，2000.

[179] 罗哲文. 古塔摭谈 [J]. 文物，1982，(03).

[180] 常青. 中国古塔的艺术历程 [M]. 西安：陕西人民美术出版社，1998.

[181] 民乐县志编纂委员会. 民乐县志 [M]. 兰州：甘肃人民出版社，1996.

[182] 民勤县志编纂委员会. 民勤县志 [M]. 兰州：兰州大学出版社，1994.

[183] 张克复. 甘肃史话 [M]. 兰州：甘肃文化出版社，2007.

[184] 李中峰编. 民乐史话 [M]. 兰州：甘肃文化出版社，2005.

[185] 潘从学. 民勤史话 [M]. 兰州：甘肃文化出版社.

[186] 祝巍山. 永昌史话 [M]. 兰州：甘肃文化出版社，2004.

[187] 郭文奎，主编. 庆阳史话 [M]. 兰州：甘肃文化出版社，2004.

[188] 包继红. 永靖史话 [M]. 兰州：甘肃文化出版社，2006.

[189] 甘成福. 平凉史话 [M]. 兰州：甘肃文化出版社，2007.

[190] 李允鉌. 华夏意匠——中国古典建筑设计原理分析 [M]. 天津：天津大学出版社，2005.

[191] 楼庆西. 中国古建筑二十讲 [M]. 上海：生活·读书·新知三联书店，2001.

[192] 梁思成. 清式营造则例 [M]. 北京：清华大学出版社，2006.

[193] 潘谷西，何建中. 营造法式解读 [M]. 南京：东南大学出版社.

[194] 李慧. 甘肃建筑文化的传承与发展 [M]. 兰州：甘肃人民美术出版社，2012.

[195] 吴庆洲. 佛塔的源流及中国塔刹形制研究（续）[J]. 华中建筑，2000，(1).

[196] 吴庆洲. 佛塔的源流及中国塔刹形制研究 [J]. 华中建筑，1999，(4).

[197] 杨益民，唐晓军. 甘肃文物古建筑巡礼 [J]. 丝绸之路，1996，(02). http://www.cnki.com.cn/Article/CJFDTotal-SCZL602.011.htm.

[198] 刘治立. 秦直道与子午岭地区的佛教遗存 [J]. 敦煌学辑刊，2003，(2).

[199] 张得智. 圣容寺与圣容寺塔 [J]. 丝绸之路，1998，(04).

[200] 罗哲文，柴福善. 中华名塔大观 [M]. 北京：机械工业出版社，2009.

[201] 张驭寰. 中国古塔集萃：第3卷 [M]. 天津：天津大学出版社，2010.

[202] [百度百科词条. 东华池塔 [OL]. http://baike.so.com/doc/6501334.html.

[203] 李保栽，赵涛. 中国古塔大观 [M]. 郑州：河南科学技术出版社，1987.

[204] 陈传席. 中国早期佛教艺术样式的四次变革及其原因 [J]. 美术研究，1994.

[205] 李传永，雷华. 甘肃名胜古迹录 [M]. 兰州：甘肃科学技术出版社，1990.

[206] 郎云鹏. 甘青传统建筑屋顶探析 [J]. 华中建筑，2007.

[207] 田疃. 玲珑木塔逾千秋 [J]. 丝绸之路，2002.

[208] 王峰. 甘肃徽县栗川白塔维修工程报告 [J]. 华中建筑，2012.

[209] 陈思侠. 寥落的白马塔 [J]. 丝绸之路，2007.

[210] 拉毛杰. 藏传佛塔文化研究 [D]. 中央民族大学，2007.

[211] 李焰平. 甘肃窟塔寺庙 [M]. 兰州：甘肃教育出版社，1999.

[212] 孙毅华，孙儒僴. 敦煌石窟全集·石窟建筑卷 [M]. 商务印书馆，2003.

[213] 西北师范大学古籍整理研究所. 甘肃古迹名胜辞典 [M]. 兰州：甘肃教育出版社，1992.

[214] 中国名胜词典 [M]. 上海：上海辞书出版社，2003.

[215] 萧默. 敦煌建筑研究 [M]. 文物出版社，1989.

[216] 孙毅华，孙儒僴. 敦煌石窟全集·石窟建筑卷 [M]. 商务印书馆，2003.

[217] 罗哲文等. 中国名窟——石窟寺、摩崖石刻与造像 [M]. 百花文艺出版社，2005.

[218] 傅熹年. 中国古代建筑十论 [M]. 复旦大学出版社，2004.

[219] 王亨通，杜斗城. 炳灵寺石窟内容总录 [M]. 兰州大学出版社.

[220] 王亨通，杜斗城. 炳灵寺石窟研究论文集 [C]. 炳灵寺文物保管所.

[221] 敦煌研究院. 榆林窟研究论 [M]. 上海辞书出版社，2011.

[222] 敦煌研究院. 中国石窟之安西榆林窟 [M]. 文物出版社，1989.

[223] 李慧. 甘肃建筑文化的传承与发展 [Q]. 甘肃人民美术出版社，2012.

[224] 孙毅华，孙儒僩．解读敦煌——中世纪建筑画［M］．华东师范大学出版社，2010．

[225] 徐艺．敦煌北朝彩塑造型语言研究［D］．中央美术学院，2013．

[226] 胡同庆．敦煌石窟艺术概述［J］．敦煌研究，1993．

[227] 樊锦诗．敦煌西千佛洞各家编号说明［J］．敦煌研究，2007．

[228] 闫婷婷．甘肃石窟寺时空分布特征述论［J］．和田师范专科学校学报，2007．

[229] 胡同庆．甘肃石窟艺术概况［J］．敦煌研究，1994．

[230] 王进玉．中国古代石窟寺彩塑的种类、分布及其彩绘研究［C］．2005年云冈国际学术研讨会论文集（保护卷），2005．

[231] 敦煌文物研究所．西千佛洞的初步勘查［J］．文物参考资料，1953．

[232] 姚桂兰，秦春梅．张掖马蹄寺石窟群早期石窟艺术概述［J］．敦煌学辑刊，1999．

[233] 宿白．凉州石窟遗迹和"凉州模式"［J］．考古学报，1986，（4）．

[234] 胡同庆．甘肃石窟雕塑艺术概论［J］．敦煌研究，1997，（4）．

[235] 薛常．西塞雄风陇右长城文化［M］．甘肃教育出版社，2007．

[236] 顾颉刚，史念海．中国疆域沿革史［M］．北京：商务印书馆，2000．

[237] 杨永生，郭辉军．酒泉古城墙历史考述与调查［D］．丝绸之路，2011，（2）．

[238] 张红霞．陇西现存古建筑概述［D］．丝绸之路，2011，（22）．

[239] 甘肃省文物局网站威远楼条目．http://www.gsww.gov.cn/Web_Detail.aspx?id=11503．

[240] 甘肃省文物局网站靖远钟鼓楼条目．http://www.gsww.gov.cn/Web_Detail.aspx?id=8759．

[241] （清）曾诚纂．敦煌县志苏履吉修．

[242] 汪国兴，武国信．敦煌清代粮仓保护不容缓［J］．甘肃日报，2003．

[243] 甘肃省文物局网站．http://www.gsww.gov.cn/Web_Detail.aspx?id=2659．

[244] 筱华，吴莉萍．河西走廊的古建筑瑰宝：甘肃永登鲁土司衙门［J］．古建园林技术，2003，（1）．

[245] 赵鹏矗．连城鲁土司［M］．甘肃人民出版社，1994．

[246] 国家文物局主编．中国文物地图集：甘肃分册［M］．测绘出版社．

[247] 罗文华，文明．甘肃永登连城鲁土司衙门属寺考察报告［R］．故宫博物院院刊，2010，（1）．

[248] 程静微．甘肃永登连城鲁土司衙门及妙音寺建筑研究：兼论河湟地区明清建筑特征及河州砖雕［D］．天津大学建筑学院，2005．

[249] 西域传［M］//明史：卷330．

[250] 张驭寰等．中国古代建筑技术史［M］．中国科学院自然科学史研究所．科学出版社，1985．

[251] 匈奴列传［M］//史记．

[252] 蒙恬列传［M］//史记．

[253] 吴礽骧．河西汉塞［J］．文物，1990，（12）．

[254] 明史：卷177．王复传［M］．中华书局1974：4717．

[255] 甘州府志：卷8．

[256] 景爱，苗天娥．剖析长城夯土版筑的技术方法［J］．中国文物科学研究，2008，（02）．

[257] 梁份，秦边纪略：卷4［M］．西宁：青海人民出版社，1987：236．

[258] 李严，明长城．九边重镇军事防御性聚落研究［D］．天津大学，2007．

[259] 刘碧峤．明长城肃州路嘉峪关防区军事防御体系研究［D］．天津大学，2012．

[260] 候玉臣．汉玉门关与西域南北道．甘肃社会科学［J］．2002，（1）．

[261] 赵评春．西汉玉门关、县及其长城建置时序考［J］．中国历史地理论丛，1994，（2）．

[262] 李正宇．敦煌大方盘城及河仓城新考［J］．敦煌研究，1981，（4）．

[263] 城西十里有古阳关［M］//敦煌市志．

[264] 李正宇．阳关区域古迹新探［J］．敦煌研究，1994，（4）．

[265] 郭青林，王旭东等．敦煌阳关烽燧现状调查与保护研究［J］．敦煌研究，2007，（5）．

[266] 李并成. 唐代瓜州治所及其有关城址的调查与考证 [J]. 敦煌研究, 1990, (3): 26.

[267] 李旭东. 锁阳城的形制及城垣的"夯土版筑" [J]. 阳关, 1999, (5).

[268] 李宏伟, 谢延明. 锁阳城遗址形制及相关遗存初探 [J]. 丝绸之路, 2011, (18).

[269] 杨永生. 浅述金塔文化遗产的保护与利用 [J]. 丝绸之路, 2013, (22).

[270] 吴礽骧. 河西汉塞调查与研究 [M]. 北京: 文物出版社, 2005.

[271] 李旭东, 罗明. 瓜州县古城遗址的保护与开发利用研究 [J]. 中国长城博物馆, 2012, (3).

[272] 李并成. 汉敦煌郡广至县城及其有关问题考 [J]. 敦煌研究, 1991, (4).

[273] 李并成. 甘肃省高台县骆驼城遗迹新考 [J]. 中国历史地理论丛, 2006, 21 (1).

[274] 李并成. 张掖"黑水国"古绿洲沙漠化之调查研究 [J]. 中国历史地理论丛, 2003, 18 (2).

[275] 甘肃省文物考古研究所. 甘肃敦煌汉代悬泉置遗址发掘简报 [J]. 文物, 2000 (5): 4-20.

[276] 王文杰. 汉成纪县治考 [J]. 甘肃联合大学学报 (社会科学版), 2008, 24 (3).

[277] 薛方昱. 唐宋成纪故址及秦安县名考 [J]. 敦煌学辑刊, 1999, (2).

[278] 张志宏. 汉代成纪故城考 [J]. 鸡西大学学报, 2012, 12 (11).

[279] 王仲宪. 成纪城古址及其周围环境考 [J]. 丝绸之路, 2009, (18).

[280] 杨永生, 郭辉军. 酒泉古城墙历史考述与调查 [D]. 丝绸之路, 2012, (2).

[281] 师容, 苏建宁. 永泰古城的文化价值及保护方法 [J]. 城市建设, 2013, (3).

[282] 杨士钰. 明初加强洮州卫建设的原因初探 [J]. 中央民族大学学报哲学社会科学版, 2010, 37 (5).

[283] 吴正科. 汉张掖郡故城址及迁建时代考 [J]. 西北史地, 1994, (2).

[284] 张志纯, 陈全仁. 明清时期甘州丝绸古道上的驿递塘铺和防御设施 [J]. 西北文地, 1998, (1).

[285] 九边表总序 [M] //罪惟录: 卷12.

[286] 董智斌. 甘肃传统民居建筑装饰艺术研究 [D]. 西北师范大学, 2009.

[287] 唐晓军. 甘肃古代民居研究与居住文化研究 [M]. 甘肃人民出版社, 2012.

[288] 侯秋凤. 甘肃天水明清民居研究 [D]. 西安建筑科技大学硕士生论文, 2006.

[289] 余平, 董静. 黄河岸边的青城古镇 [J]. 室内设计与装修, 2009, (12).

[290] 王志军. 临夏东公馆砖雕艺术研究 [J]. 民俗民艺, 2010.

[291] 王军. 甘肃民居 [M] //西北民居. 中国建筑工业出版社, 2009.

[292] 张伯智. 论临夏砖雕的艺术特色 [J]. 社科纵横, 2007, (2).

[293] 嘎玛沃赛. 浅谈藏式建筑的装饰艺术 [J]. 青海民居研究, 2001, (04).

[294] 王卓. 浅谈临夏砖雕艺术 [J]. 甘肃科技, 2008, (08).

[295] 王丽萍, 王军. 浅谈天水市传统民居"南宅子"的空间处理 [M] //第十六届中国民居学术会议论文集.

[296] 南喜涛. 天水古民居 [M]. 甘肃人民出版社, 2007.

[297] 胡圭如. 天水胡氏民居. 天水金荣印务有限公司, 2005.

[298] 白丽. 羲皇故里的两种景观-古城天水的城市现代化与古建筑保护 [J]. 南京艺术学院学报, 2007, (3).

[299] 汪瑞霞. 中国当代佛教建筑装饰的文化多样性 [J]. 兰州大学学报 (社会科学版), 2011, (04).

[300] 董智斌. 甘肃传统民居建筑装饰艺术研究 [D]. 西北师范大学硕士生论文, 2009.

[301] 侯秋凤, 唐晓军. 甘肃古民居建筑文化研究 [J]. 丝绸之路, 2013, (6).

[302] 杨宇辉. 临夏砖雕艺术初探 [D]. 西安美术学院硕士生论文, 2012.

[303] 李慧. 甘肃建筑文化的传承与发展 [M]. 甘肃人民美术出版社, 2012.

[304] 王丽萍. 天水市传统民居的空间特质及装饰艺术研究 [D]. 西安建筑科技大学硕士生论文, 2009.

[305] 王其钧. 中国民居三十讲 [M]. 中国建筑工业出版社, 2006.

[306] 徐聪慧. 天水胡氏民居浅谈 [J]. 文物春秋, 2004, (5).

[307] 闫有喜, 吴永诚.《河西走廊生土民居—瑞安堡》, 出自《建筑设计管理》, 2011年01期。

[308] 中国科学院自然科学史研究所主编. 中国古代建筑技术史 [M]. 北京科学出版社, 1985.

[309] 孟祥武, 叶明晖. 西北古民居建筑的活化石——兰州市青城古镇民居研究 [J]. 华中建筑, 2009 (12).

[310] 邓明. 明远楼与甘肃贡院的兴废 [J]. 档案, 2008.

[311] 高小平. 青城镇古建筑风格和形制概述 [J]. 中小企业管理与科技, 2010.

[312] 陆杰仁. 兰州市五泉山园林古建筑群价值评估 [J]. 甘肃科技纵横, 2010.

[313] 贺秋萍. 庆阳市旅游资源开发利用刍议 [J]. 陇东学院学报（社会科学版）, 2004.

[314] 杨忠芳. 古镇土门 [J]. 丝绸之路, 2001.

[315] 常霞. 陇西郡历史文化考辨 [J]. 丝绸之路, 2011.

[316] 张红霞. 陇西现存古建筑概述 [J]. 丝绸之路, 2011.

[317] 郑宇新, 郑本法. 庆阳地区的人文旅游资源 [J]. 开发研究, 2002.

[318] 陈元. 兰州握桥与渭源灞陵桥 [J]. 丝绸之路, 1994.

[319] 李云鹏. 渭水长虹灞陵桥 [J]. 丝绸之路, 2002.

[320] 李培洁. 彩虹云龙桥 [J]. 丝绸之路, 2002.

[321] 杜生坚. 古镇大靖陶人醉 [N]. 甘肃经济日报, 2000.

[322] 蔺学伦. 话说魁星楼 [N]. 张掖日报, 2006.

[323] 唐栩. 甘青地区传统建筑工艺特色初探 [D]. 天津大学, 2004.

[324] 柳庆龄. 环县兴隆山清代砖雕艺术研究 [D]. 西北师范大学, 2007.

[325] 李江. 明清甘青建筑研究 [D]. 天津大学, 2007.

[326] 吴晓冬. 张掖大佛寺及山西会馆建筑研究 [D]. 天津大学, 2007.

[327] 李慧. 甘肃建筑文化的传承与发展 [M]. 甘肃人民美术出版社, 2012.

[328] 久西草. 略论安多甘加八角古城之历史 [D]. 中央民族大学, 2010.

[329] 王小忠. 安静的八角城 [J]. 西藏文学, 2013.

[330] 余平. 八角古城 [J]. 室内设计与装修, 2009.

[331] 刘明书. 独特的八角城 [J]. 消防月刊, 2002.

[332] 祝三. 苍松翠柏的兴隆山 [J]. 兰州学刊, 1985.

[333] 程袅翀. 城市化背景下的文物建筑保护——以历史文化名城张掖为例 [J]. 中华建设, 2012.

[334] 王恩涌. 从甘肃渭源霸陵廊桥谈起 [C] //中外力学思维纵横——第四届全国力学史与方法论学术研讨会论文集. 2009.

[335] 孙儒僩. 甘肃渭源灞凌桥 [C] //建筑历史与理论（第一辑）. 1980.

[336] 张玉镐. 从五泉山公园古建测绘浅议甘肃园林 [J]. 长安大学学报（建筑与环境科学版）, 1990.

[337] 郎云鹏. 甘青传统建筑屋顶探析 [J]. 华中建筑, 2007.

[338] 李并成. 甘肃历史文化在中国文化史上的地位 [J]. 陕西社会主义学院学报, 2006.

[339] 陈谦. 甘肃省青城镇保护研究初探 [C] //建筑历史与理论第十一辑：2011年中国建筑史学学术年会论文集. 兰州理工大学学报, 2011, 37.

[340] 陈华. 兰州五泉山古建筑群研究 [D]. 西安建筑科技大学, 2009.

[341] 马伟. 陇西保昌楼修缮竣工 [N]. 定西日报, 2008.

[342] 宋伦. 明清山陕商人在甘肃的活动及会馆建设 [J]. 西安电子科技大学学报（社会科学版）, 2008.

[343] 李江. 明清时期河西走廊建筑研究 [D]. 天津大学, 2012.

[344] 赵志强. 宁县政平张氏书房维修保护工程竣工 [N]. 陇东报, 2009.

[345] 陈治军. 浅析陇西文物资源的保护与利用 [J]. 丝绸之路, 2012.

[346] 李并成. 清代甘肃书院的时空分布特征 [J]. 青岛

科技大学学报（社会科学版），2005.

[347] 高丽萍. 清代甘肃书院研究 [D]. 西北师范大学，2007.

[348] 涂文奎，刘永堂. 庆城县"周旧邦木坊"被国务院列为全国重点文物保护单位 [N]. 陇东报，2013.

[349] 朱观海. 五泉山公园的整修和改建 [J]. 中国园林，1986.

[350] 郑海晨. 榆中青城古镇空间特征解析 [J]. 中外建筑，2009.

后记

甘肃的古建筑、民居长期以来一直吸引着我及众多的艺术家、建筑师、摄影师等。记得在20世纪90年代中期，西安美术学院组织大型采风活动——"华夏纵横"时，我就选择了去河西走廊一线。值得一提的是在时隔十年后重温此事的纪念活动中（2006年8月），我仍然不放弃重温丝绸之路，并且亲自带领采风队伍即建筑环境艺术系的课题组，再度对甘肃境内民居建筑及部分古建筑进行专题式的阅读与考察，并拍摄了大量的图片，并将甘肃传统民居保护研究与测绘作为西安美术学院的写生实习基地，硕博研究生大量的论文与毕业课题，均着眼于对甘肃历史人文及古丝绸之路的研究。

2010年有幸得到中国建筑工业出版社大型出版工程——"中国古建筑丛书"的诚邀，撰写《中国古建筑——甘肃分册》一书，这不仅是对我本人的信任，也是一份历史的重托。这让我感动，让我感激，更让我们自信，第一是我们作为西北地区唯一的老字号美术类高等院校，应有历史的担当，这是我们的责任，当然也是西安美术学院建筑环境艺术系长期以来关注的重要课题。西安美术学院，长期以来不断地深入丝绸之路沿线，探索与挖掘甘肃的历史人文并取得了丰硕的成果，河西走廊的历史文脉始终是美术创作的重要题材。不仅如此，作为丝绸之路重要的交通枢纽，甘肃有着丰富的文化遗存，无论是古建筑、民居、石窟、佛教文化、雕塑、壁画、民间美术、风土人情及民俗等都是非常值得研究的艺术资源。第二，陕西与甘肃属西北五省中最具有影响力的两个文化大省，它们不仅是代表着西北的文化符号，也是黄河文化的代表，更是华夏文明的重要发源地。对其两地古建筑的研究是具有划时代意义的学术研究与探索，更是我们西安美术学院建筑环境艺术系深入学习考察甘肃古建筑的最好机遇，我们非常有幸获此机遇。第三是陕西与甘肃同属古丝绸之路的重要节点，作为黄河儿女，共饮黄河水，有责任对黄河沿线传统民居及古建筑进行梳理与调研。

正因如此，我们组织成立了《甘肃古建筑》课题组，并带领博士研究生、硕士研究生投入了3年时间，调研了甘肃境内几乎所有的古建筑。对重要的古建筑进行了实地的测绘，初步完成了对甘肃古建筑的全面梳理。

本书的定位专业性较强，文中有大量的图像资料和测绘资料，绝大部分都来自于甘肃古建筑课题组的调研与绘制。甘肃古建筑课题组由三个部分组成，甘肃古建筑课题组和甘肃古建筑测绘小组与甘肃古建筑图纸绘制小组，各组精诚合作才有了今天本书的面貌，下面详细介绍一下各组成员，以示感谢。

甘肃古建筑课题组成员有：

教师组：吴昊教授、翁萌、张豪、吴晓冬、屈伸、胡月文

博士研究生：李晓亭、潘园飞、叶劲松、郭志辉、吴尤、郭语、谭明洋、冯琳、张令轲

甘肃古建筑测绘小组成员分批次有针对性的外出调研与绘制：

1. 第一次田野考察：吴昊、吴尤

2. 第二次田野考察测绘：冯超、叶劲松、李晓亭、翁萌

3. 第三次田野考察测绘：吴昊、李晓亭、潘园飞、叶劲松、郭志辉、汤九宽、冯琳、谭明洋、郭语、张豪、吴晓冬、屈伸、胡月文、翁萌、张令轲、曹峻博、史鹏飞、王昱婷

4. 第四次田野考察测绘：李晓亭、叶劲松、冯琳、翁萌

5. 第五次田野考察测绘：吴晓冬、李晓亭、潘园飞、翁萌

6. 第六次田野考察测绘：翁萌、冯超

7. 第七次田野考察测绘：张豪

甘肃古建筑绘制小组成员：

1. 第一次手绘绘制小组：李晓亭、叶劲松、

文古、侯岳、惠亚妮、金夏梦、李乃琪、张静、刘秦青、曹娜、常彤彤、魏珉、张砺欣、吴娜

2．第二次绘制小组：潘园飞、刘建宁、谭敏洁、王子林、李晓亭、叶劲松、冯琳、刘少康、夏轩、段少雄、刘茜、吴振中、高凯新

3．南北宅子测绘小组：

马敏组（北宅子大门与前庭及前庭东西厢房）：马敏、周莉莹、张潇丹、刘晶、周子竣、王昱茗、徐琨

党林静组（北宅子前厅与中庭及中庭东西厢房）：党林静、王丹、豆瑞、谭敏浩、王子林、刘俊杰、王佳、肖柯瑶、王璞

呼师琪组（北宅子中庭与后厅）：呼师琪、刘晓、刘建宁、马艺霖、刘力超、赵文倩、刘蔚、白天怡

付鹏组（北宅子前厅与中庭及中庭东西厢房）：付鹏、肖翀、康文、李诗睿、闫夏、桑薇、张颖红、尹迪

小组的成员付出了艰辛的劳动，在此表示感谢，许多资料通过几年的整理归类终于成型。课题组结合着对古建的保护与研究就甘肃地区重要的古建进行测绘。

本书的第一章、第二章由吴昊、翁萌撰写，第三章、第六章由吴晓冬撰写，第四章由翁萌撰写，第五章、第八章由张豪撰写，第七章由屈伸、翁萌撰写。希望能够给读者提供比较全面的甘肃古建筑的风貌，仅限笔者对甘肃古建筑之所见，仍不够全面，只能大略述之，故文中有所缺漏在所难免，望读者批评指，今后定当继续补充。文中图片的采集工作也是异常艰辛，拍摄人员为此付出的艰辛在此也深表感谢。拍摄的团队人员组成有：吴昊、翁萌、张豪、吴晓冬、吴尤、冯超、叶劲松、李晓亭、屈伸、曹峻博等。在很多情况下拍摄的场地条件、天气条件、环境条件，不能满足我们希望的标准，难免有不尽如人意之处。

本书的完成是合众家之力，才得以成型，调研考察的路途中有收获、有惊喜也有艰难和苦楚，在遇到困难时候得到友人及热心人士的帮助让我们时刻感动。在写书的过程中我们得到了方方面面的帮助支持和协作，在此一并感谢。还要特别感谢：原天水市博物馆高世华馆长、胡氏民居北宅子李茵馆长，热心人士：仲志根、冯超对本书给予的支持帮助。感谢谊切苔岑的北京建筑工程学院建筑与城市规划学院院长刘临安老师为本书撰写前言，感激陕西省建筑科学研究院副院长设计院院长孙西京院长在百忙之中为本书校审。要感谢兰州交通大学的黄跃昊老师能着眼于对甘肃古建筑专业研究及保护的贡献，无私地提供拉甘南卜楞寺部分重要资料，让《甘肃古建筑》内容更加充实。

由于时间的仓促有限和课题组成员学识的有限，《甘肃古建筑》一书中的部分内容也有待深度考证，其内容难免存在疏漏错讹之处，故请专家同仁指教斧正。

吴昊
2013年12月于西安美术学院日月掬

作者简介

吴昊，二级教授、博士生导师，西安美术学院学术委员会委员、学位委员会委员。

兼任教育部高等学校设计学类专业教学指导委员会工业设计专业教学指导分委会委员，中国美术家协会会员，中国美术家协会环境艺术委员会委员，陕西省美术家协会理事，中国建筑学会室内设计分会副会长，中国室内装饰协会设计委员会副主任，中国建筑装饰协会设计委员会副主任，西安市规划委员会委员。

近年来出版教材及专著十余部，国家级、省部级科研立项近十项，主持完成大型社会实践项目十余项。2010年被陕西省教育厅评为"省级师德标兵"；2013年12月在北京荣获中国室内装饰协会颁发的"中国室内设计教育贡献"奖等各项荣誉。省级教学改革项目"专业绘画"、"陕北窑洞民居测绘"获得省政府评选的两项陕西省普通高校教学成果二等奖；2014年作品《为西部农民生土窑洞改造设计》荣获中国美术家协会第十二届全国美展"中国美术奖、创作奖"金奖；2015年被陕西省教育厅评为"省级教学名师"。

翁萌，西安美术学院建筑环境艺术系讲师，建筑学硕士，中国室内装饰协会会员、陕西省土木工程协会会员。

历经八年建筑学专业学习，现为一名环境艺术设计专业教师，一直致力于进行传统建筑文化特色与现代建筑创作结合方法研究工作，师从西安建筑科技大学原建筑学院院长李志民教授，进入西安美术学院后仍然致力于中国传统建筑和地域性建筑的研究。

公开发表论文十余篇，参与《中小学建筑设计》教材的重新修订工作，参与中国劳动社会保障出版社《室内设计概论》编写工作。参与作品《"吾土情深"柏社村地坑窑洞民俗博物馆整体设计》荣获第四届全国环境艺术设计大展"中国美术奖"提名作品。2013年荣获北京国际设计周设计大奖。2014年作品《为西部农民生土窑洞改造设计》荣获中国美术家协会第十二届全国美展"中国美术奖、创作奖"金奖。并多次荣获全国环境艺术设计大展优秀指导教师奖。